SAUDADE

SAMUEL DE JESUS

SAUDADE

DA POESIA MEDIEVAL À FOTOGRAFIA CONTEMPORÂNEA, O PERCURSO DE UM SENTIMENTO AMBÍGUO

TRADUÇÃO
Fernando Scheibe

PREFÁCIO
Augustin de Tugny

autêntica

Título original: *Saudade. Parcours d'un sentiment ambigu*

EDITORA RESPONSÁVEL
Rejane Dias

EDITORA ASSISTENTE
Cecília Martins

INDICAÇÃO E CONSULTORIA EDITORIAL
Joaci Pereira Furtado

REVISÃO
Aline Sobreira

CAPA
Diogo Droschi
(Sobre Aniversário de Joaquim Pedro Pereira
[Campos Gerais, MG, 1º ago. 1964], fotógrafo não
identificado, © Acervo da família Forlani Pereira)

DIAGRAMAÇÃO
Christiane Morais de Oliveira
Waldênia Alvarenga Santos Ataíde

Dados Internacionais de Catalogação na Publicação (CIP)
(Câmara Brasileira do Livro, SP, Brasil)

Jesus, Samuel de
    Saudade : Da poesia medieval à fotografia contemporânea, o percurso de um sentimento ambíguo / Samuel de Jesus ; tradução Fernando Scheibe. -- 1. ed. -- Belo Horizonte : Autêntica Editora, 2015.

    Título original: Saudade. Parcours d'un sentiment ambigu
    Bibliografia
    ISBN 978-85-8217-391-6

    1. Saudade 2. Saudade - Aspectos psicológicos 3. Saudade - Filosofia 4. Saudade na literatura 5. Saudade nas artes I. Título. II. Série.

14-13448   CDD-128.4

Índices para catálogo sistemático:

1. Filosofia da saudade   128.4
2. Saudade : Filosofia   128.4

 GRUPO **AUTÊNTICA**

Belo Horizonte
Rua Aimorés, 981, 8º andar . Funcionários
30140-071 . Belo Horizonte . MG
Tel.: (55 31) 3214 5700

Televendas: 0800 283 13 22
www.grupoautentica.com.br

São Paulo
Av. Paulista, 2.073, Conjunto Nacional,
Horsa I . 23º andar, Conj. 2301 . Cerqueira
César . 01311-940 . São Paulo . SP
Tel.: (55 11) 3034 4468

7   PREFÁCIO – O presente da saudade
Augustin de Tugny

11   INTRODUÇÃO

PRIMEIRA PARTE: Aforismo de uma contradição
25 Gênese de uma complexidade

CAPÍTULO I
31   De uma deliciosa dor no coração...
36   ...a "um delicioso pungir de acerbo espinho"
38   Da outra margem
43   Uma paixão ambígua da alma

CAPÍTULO II
51   Ontologia de um sentimento intraduzível
58   Um estranho eufemismo musical
69   Uma arte do agenciamento

CAPÍTULO III
73   Linha de ruptura
83   Uma justa da alma
86   *Melancholia mentalis* e *melancholia generosa*

CAPÍTULO IV
97   Encarnar o indizível
106   O sopro tênue da sensação
113   Dar forma aos fantasmas
121   A parábola do espelho

SEGUNDA PARTE: Aporia do efêmero

131 Da ausência

CAPÍTULO I

137   O corte irreversível
146   Desaparições
152   O palimpsesto mecânico

CAPÍTULO II

159   O olhar humanista
167   O gosto pelo pitoresco
179   O tempo da inquietude

CAPÍTULO III

197   O ponto e o espinho
214   O jogo do véu
229   Da imagem cristalina ao fora-do-tempo da imagem

TERCEIRA PARTE: Elegia de uma perpétua ausência

243 Nostalgias

CAPÍTULO I

251   A queda do Éden: contra a estética da compaixão
259   Impressão da ausência
267   Por uma iconografia contemporânea da ruína

CAPÍTULO II

275   Saudades urbanas
287   Caminhos de exílios
298   Dos terrenos baldios às terras da seca

CAPÍTULO III

311   A experiência solitária
322   O último Éden
333   A paisagem como oferenda última

341 CONCLUSÃO

347 BIBLIOGRAFIA

O presente da saudade

Augustin de Tugny[1]

Para quem não pertence ao mundo lusófono, a saudade é um enigma. O sentimento que ela nomeia parece ser exclusivo de quem fala a língua portuguesa, sem equivalente possível nas outras línguas. Um sentimento, um modo de se relacionar com o espaço, com o tempo e com os outros que constrói uma identidade particular e se torna marco reivindicado de uma cultura. Quantas vezes no Brasil, quando me perguntam se tenho saudade de minha terra, devo explicar que não sei o que é a saudade, por não saber o sentido da palavra ou não saber traduzi-la? No entanto, procurando equivalentes, evoco a nostalgia, a ausência, a falta, o pesar que despertam a tristeza e a melancolia. Mas nada parece encontrar o todo e as particularidades da saudade tal como ela é sentida, construída, curtida pelos brasileiros. Cada língua determina uma realidade, como diz Vilém Flusser, e também uma sentimentalidade que funda um modo de ser. Na lusofonia, a saudade parece dizer duma situação do sujeito no tempo e no espaço que se constrói entre a perda do passado e a esperança de um retorno. Uma construção mesmo, porque cada momento vivenciado no presente aparece como susceptível de se projetar na futura saudade de seu acontecimento e assim é plenamente vivido. Uma profundidade temporal é acrescentada aos eventos que se projetam em sua falta e na esperança de sua volta. Os tempos saudosos são chamados para retornar, mas esse chamado é sempre colocado em dúvida. Assim como a fé portuguesa no retorno do rei dom Sebastião – o desejado – sustenta a *História do futuro* do padre Antônio Vieira, o retorno esperado dos tempos saudosos é mais uma aposta utópica, um instrumento para sonhar com um futuro melhor

---

[1] Professor da Escola de Belas Artes da Universidade Federal de Minas Gerais.

na permanente dúvida de seu advento. A saudade é ao mesmo tempo profundidade para o passado, desvio do presente e imaginação para o futuro. Ela procede de uma colocação a distância que não deixa de estar presa sobre o aqui e agora, assim como estabelece uma profundidade, uma perspectiva sobre a vivência dos eventos. Essa colocação a distância é simétrica à posição do exilado, longe de sua origem, desviado em seu presente e sonhando com um futuro melhor e indeciso.

A saudade vale tanto para quem vai quanto para quem fica. É o momento da separação que determina a entrada da saudade, como foi o da saída do amante da jovem Dibutadia que a fez desenhar sua sombra na parede, tal como Plínio, o Velho, nos conta a lenda do nascimento do desenho. Revelação da imagem em sombra, a luz delineando a forma da perda – assim funciona a fotografia. No instantâneo de sua tomada ela fixa uma ausência futura. Na materialidade de sua fatura ela perpetua o que já foi e o que nunca mais será. Ela se apresenta como "presença que afirma a ausência, ausência que afirma a presença", segundo as palavras de Eugène Green. Por isso talvez entre todos os objetos e símbolos que sustentam a economia da saudade, a imagem fotográfica tenha se tornado suporte e instrumento privilegiado, os álbuns de família nas casas brasileiras perpetuam como que pequenos altares aos Lares, uma coleção de evocações do passado acariciadas pelo olhar de quem os vivenciou e tenta reavivá-los. Abertos à luz, cada imagem que eles contêm exala suas evocações como perfumes, um culto íntimo se estabelece e deixa aflorar detalhes do instante perdido coletados na imagem, palavras são de repente pronunciadas e dizem nomes de pessoas desaparecidas, de lugares longínquos, que dizem a falta, a ausência, o tempo que passou, chamam para uma impossível volta. Essas imagens servem para matar a saudade que nos mata. A essa evocação mortífera da saudade – "morri de saudade" – responde a tentativa de acabar com ela – "vou matar a saudade" –, a primeira diz da falta, enquanto a segunda pretende suspender sua presença. Mas ninguém morre de saudade, ao contrário de seu equivalente na escravidão, o banzo, essa nostalgia profunda, essa melancolia irremediável que leva à morte. A saudade não mata, ela mantém vivo quem sofre dela, ela instala o sujeito em seu tempo de origem e destino, ela assegura tanto os limites quanto os sonhos e a imaginação. E também ninguém mata a saudade, mas toda tentativa de acabar com ela a renova, instaura-a de novo. Afinal, "morrer de saudade" é dizer desse doce sofrimento que ela inflige, e "matar a saudade" é tentar se livrar dela para a ela melhor se entregar. Uma contradição permanente parece animar quem se entrega à saudade, sentimento que se define no oximoro e na contração de um tempo que ela estende ao mesmo tempo.

A fotografia compõe, com a mesma contração e extensão do tempo, uma condensação. Entre a instantaneidade da tomada e a sobrevivência do clichê, o tempo se estabelece na fotografia em um oximoro. Aqui podemos lembrar das duas partes da arte que fundam a modernidade segundo Baudelaire. Entre o fugaz, o efêmero e o eterno, Baudelaire estabelece a modernidade numa tensão similar a essa que a fotografia parece condensar. Sabemos da rejeição violenta à fotografia que ele expôs, por avaliá-la como expressão técnica e fruto exclusivo da técnica: preferia o desenho, que é determinado pela mão e pela intenção do artista e que assegura sua presença. Mas hoje avaliamos que uma autoria se impõe no gesto fotográfico, e faz tempo que o "pintor da modernidade" e a "serva das ciências e das artes" se reconciliaram.

Condensação do fugaz e do eterno, a fotografia não é somente índice de um instante passado prorrogado no presente, estendido no futuro, ela não se limita a ser mero instrumento e gatilho da saudade. Ela é, e aqui está o que Samuel de Jesus nos ensina, por si própria, saudade. A imagem fotográfica – imagem-saudade, assim como a denomina – é o lugar onde a perda se perpetua. É a parede móvel na qual, à saída do amante, permanece à nossa vista o desenho de sombras. É a presentificação do que foi e que nunca mais será, apesar de nela demorar. É a frágil presença do que não pode ser esquecido e que sempre chama nossa lembrança, nossos pesares e a esperança ilusória de um retorno. O que a imagem fotográfica – imagem-saudade – mostra, o conjunto de formas luminosas que na operação de sua captação ela sublimou, é por ela projetado na ambiguidade da perda e da permanência que a saudade imprime. A fotografia feita pelos artistas, que usam dessa técnica com pleno conhecimento das consequências do gesto instantâneo da captação que suspende o tempo, pode definir um evento que se estabelece e se projeta numa saudade a ser inventada. Essa suspensão temporal, a *fantasmata* do Domenichino que Giorgio Agamben cita como "afetação, *pathos* da sensação ou do pensamento" que suscita e fixa a memória, a reconhecemos na fotografia. Assim, o gesto fotográfico, pela interrupção do curso do tempo e dos eventos que efetua, é inaugural da saudade, instaurando a perda, sua perpetuação em presença da ausência e o desejo insaciável da volta do que com ele se consumou, se desfez e nunca mais será.

Além do gesto que perpetua sua aparição, a imagem fotográfica é – por si – uma fonte de saudade. No jogo de luzes e sombras que ela faz aparecer na alteração da matéria argêntica ou na fugacidade da tela digital, ela define um espaço e um tempo que se abrem para alojar o vago de nossos olhares em busca de visões, de desejos e de sonhos, à procura de presenças. Nela, inquietos que somos em nos reconhecer, depositamos o imaginário, caçamos na descoberta de momentos perdidos e desconhecidos, talvez nunca vivenciados, que ela nos faz rememorar e nos ajuda a esperar. Ela determina a invenção de uma saudade que dorme em cada um de nós e que muitas vezes não sabemos nomear, a saudade de nós mesmos.

INTRODUÇÃO

A sala de leitura de uma biblioteca, cercada de cada lado por três níveis sucessivos de estantes sobre as quais repousa toda uma série de prateleiras onde está cuidadosamente disposta uma série interminável de obras de que a fotografia nos apresenta uma visão de conjunto frontal. Sua composição é de uma perfeita simetria, dando conta de toda a amplidão do lugar. Para o visitante avisado que tivesse transposto a soleira da porta principal, depois de ter tomado uma rua estreita que dá na praça em frente à qual repousa discretamente este edifício, essa visão frontal se faria ainda mais preciosa pelo fato de que essa sala central, de dimensões modestas, torna difícil qualquer tomada mais abrangente. Situado no ponto central desse espaço solene, o olho que se dá o tempo de observar sua estrutura percebe rapidamente que a essa estrita simetria dos três níveis de prateleiras compactas corresponde o espaço central dessa sala, mobiliada apenas com mesas de leitura, no seio da qual reina o vazio e o silêncio absolutos. O visitante que conhecesse seus princípios estilísticos de ornamentação perceberia ainda que essas três estantes estão enfeitadas com finas balaustradas, pilares angulosos trabalhados com alizares e franjas esculpidas, acessíveis graças a escadinhas de ferro situadas nos quatro cantos da sala de leitura.

Essa descrição é proposta aqui não à maneira de um guia turístico e sim para esclarecer um enigma que nos propomos a resolver, ou, pelo menos, do qual tentaremos decifrar alguns mistérios ao longo deste estudo. Pois, bem no meio dessa preciosa coleção de obras, muitas vezes raras, conservadas com grande cuidado, encontra-se aquilo que serviu de ponto de partida para este estudo. Um objeto, ou mais exatamente uma motivação, cuja força performativa está ela própria consignada numa palavra, ao mesmo tempo habitual e desconhecida, que desvela toda a sua complexidade quando tentamos descortinar sua significação. Um clima estranho surge a partir do momento em que nos detemos nessa fotografia. Onde fica isso exatamente? É claro, reconhecemos esse lugar por sua função. Podemos reconhecer o estilo que o ordena mesmo sem jamais tê-lo percorrido, já que se aparenta a tantos outros lugares similares. Mas onde estamos precisamente, geograficamente falando? Qual pode ser a cidade que não cessa de carregar os estigmas de uma cultura de que essa palavra, aparentemente simples, parece conter e resumir por si só, de maneira analítica, o estranho espírito que nos acompanhará até o fim dessa busca?

Basta-nos ler o título dessa imagem, fotografada por Candida Höfer, para logo nos situarmos. Ela foi feita no Rio de Janeiro, em 2005, num de seus edifícios "porta-joias", marca de uma ligação longínqua com a presença portuguesa de além-Atlântico (Fig. 1), conhecido como Real Gabinete de Leitura, instituição fundada em 1837 por um grupo de 43 emigrantes portugueses, tendo sido um deles Marcelino Rocha Cabral, seu primeiro presidente. Se a arquitetura interior do espaço seguiu um estilo neogótico, a fachada do acesso principal do edifício foi concebida num estilo tipicamente manuelino, tal como este se desenvolveu na península portuguesa desde o século XVI. Reavivando assim a glória de sua expansão marítima, que, hoje, não é mais do que uma lembrança longínqua, essa referência continua ativa nos espíritos e sobretudo no imaginário. A perturbação se intensifica aqui, uma vez que o vazio imanente desse espaço – esse vazio de edifícios públicos de que Candida Höfer, inicialmente formada em Düsseldorf sob a égide de Bernd e Hilda Becher, fez o pivô de toda sua obra – reforça paralelamente essa curiosa sensação de um lugar congelado no tempo, indefinidamente, uma espécie de lugar outro. Apenas os computadores, com sua fria brancura, restituem-nos à nossa própria contemporaneidade.

Figura 1 – Candida Höfer, *Real Gabinete Português de Leitura*, Rio de Janeiro IV 2005. Cópia c-print, 180 x 219 cm.

Qual pode ser portanto a força evocatória dessa palavra que nos retém desde agora? E como ela vem então convocar todo um regime iconográfico de que teremos que explorar, pouco a pouco, tanto o mistério labiríntico quanto a complexidade de seu significado? E, antes de mais nada, de que palavra se trata? Presente no título de nossa pesquisa, essa palavra remete a uma noção bastante particular, que a língua portuguesa designa com o nome de *saudade*. Expressão literária e artística maior da cultura lusófona, a saudade, noção singular em si mesma, transformou-se progressivamente num sentimento universal. Universal porque constitui não apenas um dos eixos principais do pensamento lusófono, mas também na medida em que sua expressão artística e literária se reforçou e enriqueceu ao longo do tempo por numerosos movimentos migratórios importantes que acompanharam a história de uma pequena nação encravada na pontinha da Europa. Uma nação prometida a um destino – outrora glorioso, depois caído em desgraça pelos infortúnios do tempo – que talvez só possa ser comparado ao dessa modesta palavra que consigna todavia uma força imaginativa particularmente fértil. Esse imaginário, como vamos descobrir, à diferença dessa sala de leitura, não designa um espaço "homogêneo, vazio e silencioso", mas, bem pelo contrário, um espaço "carregado de qualidades, um espaço que talvez esteja assombrado por nossos fantasmas", ou ainda "o espaço de nossa percepção primeira, aquele de nossos devaneios, de nossas paixões [que] detêm em si mesmos qualidades que são como intrínsecas".[1]

Dessa força, aliás, ainda podemos perceber os ecos e avaliar toda a importância que continua a ressoar hoje em todos os países ligados a um longo passado colonial português, do Brasil ao Cabo Verde, mas também em países que, no século XX, exerceram um papel, mais ou menos ambíguo, de asilo – para aqueles que fugiram da ditadura salazarista em Portugal, mas também para aqueles que fugiram do Brasil após o golpe militar de 1964 –, entre os quais a França constituiu então um dos exemplos mais representativos. E é por isso que a saudade permanece hoje uma das chaves indispensáveis para a compreensão das culturas lusófonas através do mundo, tendo sua herança permanecido profundamente ancorada nas diferentes camadas culturais e sociais portuguesas e brasileiras, principalmente desde as primeiras expedições marítimas. Além disso, podemos constatar que o sentimento de saudade difere bastante em função dos lugares onde foram parar os expatriados lusófonos.

---

[1] FOUCAULT. Des espaces autres. In: *Dits et* écrits, t. 4, p. 754.

Na França, minoritária, a saudade se manteve de um modo exclusivo, à margem de uma cultura dominante; no Brasil, de um modo inclusivo. Consolidada ao longo dos cinco últimos séculos, ela permanece, não obstante, o denominador comum de uma mestiçagem que reúne vários povos de práticas e referências culturais provenientes de diversas regiões do mundo.

Foi portanto desse enigma que nasceu nossa problemática, tendo por objeto principal a análise do fenômeno da saudade. Chamaremos esse fenômeno de "sentimento" em relação a uma seleção de fotografias francesas e brasileiras contemporâneas – densa, há de se convir, mas longe de ser exaustiva. Uma vez que a noção de contemporâneo, como veremos, tem na verdade contornos bastante vagos, embora possa parecer falsamente evidente, decidimos não limitar nem encerrar nosso propósito num quadro estritamente cronológico e linear. Com efeito, não se trata de modo algum de propor aqui uma história completa da saudade propriamente dita, muito menos da fotografia. Ainda menos de um estudo comparado, apesar do recurso plenamente assumido a uma escolha de textos que fazem referência a isso de maneira clara e evidente. Nossa atitude se aparenta mais, pelo contrário, a uma abordagem "heterocrônica" e "heterotópica" da imagem fotográfica, ou seja, a uma atitude que visa compreender como uma fotografia pode constituir algo definitivo como espaço heterotópico que "funciona plenamente quando os homens se encontram numa espécie de ruptura absoluta com seu tempo tradicional".[2]

Se nosso propósito se inscreve numa abordagem preocupada sobretudo em discernir sua presença na imagem que se inscreve numa perspectiva essencialmente estética, pareceu-nos, no entanto, fundamental não nos circunscrevermos unicamente a esse campo. Eis por que utilizaremos referências teóricas originárias tanto dos campos da literatura e da estética – de um *corpus* que foi constituído não apenas pelo valor literário em si desses textos, mas sobretudo por sua capacidade de ressoar através das imagens – quanto da antropologia. Isso nos ajudará a compreender em que medida a saudade não seria "uma categoria explicável pela trajetória que vai dos *indivíduos* para a *sociedade* por meio de imposições e de negociações que teriam magicamente se cristalizado numa linguagem e numa memória coletiva como reflexo empírico da experiência da perda", mas se revela ao contrário como "um conceito duplo. De um lado ela trata de uma experiência universal, comum a

---

[2] FOUCAULT. Des espaces autres. In: *Dits et* écrits, p. 759.

todos os homens em todas sociedades [...] Do outro, porém, ela singulariza, especifica e aprofunda essa experiência".[3] Convocaremos também o campo da filosofia, sobretudo teorias que se refiram à história das artes, ao cinema e às artes plásticas. Isso, como nosso título dá a entender, com o objetivo – talvez utópico, dada a pluralidade e a diversidade de nosso objeto – de pôr à prova os fundamentos tanto visuais quanto teóricos de uma possível iconografia fotográfica da saudade, de uma verdadeira imagem-saudade.

O percurso que oferecemos ao leitor se organizará em três etapas. Em primeiro lugar, nos concentraremos na complexidade específica do próprio termo "saudade", observando como sua compreensão se faz um tanto aporética em função de sua intraduzibilidade. Nesse sentido, sua significação e sua interpretação dependem antes de tudo de uma abordagem por equivalências. Essa é a razão pela qual iniciaremos sua análise interessando-nos tanto por uma breve evolução histórica de seu emprego quanto por sua dimensão ontológica. Esse ponto de partida nos conduzirá assim a considerar dois outros termos aos quais a noção de saudade frequentemente se aparenta: a "melancolia" – com seus dois derivados longínquos, a acédia e a loucura – e a "nostalgia". A saudade, percebida por nossa consciência de maneira homogênea e coerente, parece no entanto proceder da mesma maneira que uma montagem subjetiva de imagens plurais que acaba por recriar seu objeto perdido e distante.

Quer se trate de uma distância, quer da perda desse objeto, é a sensação causada por sua falta que constitui a essência e a razão de ser desse sentimento. Esse princípio de montagem, a que chamamos aqui agenciamento, remete, por exemplo, ao episódio representado em uma celebre gravura executada por Dosso Dossi, que consegue, graças a uma perfeita maestria da composição, reunir através da divisão tripartite espaçotemporal de um episódio extraído do *Orlando furioso*, de Ariosto, numa única imagem, uma sequência de acontecimentos que vai desde o combate de Ruggiero até sua chegada ao palácio da maga Alcina. Veremos aqui que esse agenciamento pode ele próprio encontrar uma forma de aplicação concreta relacionada àquilo que François Soulages chama uma aliagem, uma forma característica de numerosas obras fotográficas produzidas nos últimos 30 anos que consegue reunir os caracteres documentais e

---

[3] DA MATTA. Antropologia da saudade. In: *Conta de mentiroso: sete ensaios de antropologia brasileira*, p. 39-40.

artísticos, respondendo assim às numerosas mutações, tanto estéticas quanto sociopolíticas, atuais.

Por outro lado, é essa mesma distância que dá lugar a toda problemática. Naquilo que define como uma "história das problemáticas",[4] Michel Foucault opera inicialmente uma distinção entre a "problemática" em si mesma, que ele julga estática, e a "problematização" como pensamento em movimento. Isso não concerne nem à história das ideias (uma análise dos sistemas de representação) nem à das mentalidades (uma análise dos sistemas de comportamentos e de suas relações com as ideias comuns), mas sim ao pensamento. A problematização provém essencialmente dessa "elaboração de um dado em questão, dessa transformação de um conjunto de embaraços e de dificuldades em problemas aos quais as diversas soluções buscaram trazer uma resposta, é isso que constitui o ponto de problematização e o trabalho do pensamento".[5] Pois o pensamento, segundo Foucault, permanece antes de tudo "A liberdade em relação ao que se faz, o movimento pelo qual nos separamos disso, constituindo isso como objeto e refletindo-o como problema [...] É a problematização que responde a essas dificuldades, mas fazendo algo totalmente diverso de traduzi-las ou manifestá-las; ela elabora a seu propósito as condições em que respostas possíveis podem ser dadas".[6]

Essa distância mantida diante de um objeto que não existe anteriormente resulta de uma intervenção (originada de um real, de uma experiência). O objeto "distante" se torna um correlato construído pelo pensamento, constituído e estudado como objeto de pensamento. De seu estudo sobrevém a interrogação, que tem por finalidade questionar um determinado objeto cuja existência só podemos fundar se damos conta de sua significação. Esse questionamento culmina numa última fase, durante a qual se coloca a problematização: ela se manifesta por uma tomada de liberdade e um desprendimento de um determinado movimento e recebe então seu sentido pela constituição de um objeto refletido como problema. É a razão pela qual, além do caso dedicado à análise da presença e dos modos de representação da saudade na imagem fotográfica, tentaremos propor paralelamente um *corpus* iconográfico da saudade que compreende obras provenientes da pintura, da gravura, do cinema e instalações, efêmeras ainda por cima.

[4] FOUCAULT. *Dits et* écrits, t. 2, p. 597-598.
[5] FOUCAULT. *Dits et* écrits, t. 2, p. 597-598.
[6] FOUCAULT. *Dits et* écrits, t. 2, p. 597-598.

Se o sentimento de saudade está sempre ligado à experiência subjetiva de um objeto perdido, seu agenciamento participa da imagem e nela se funda. O caráter ao mesmo tempo universal e plural de seus diversos enunciados se apresenta sob a forma de mito – um rei, por exemplo, cujo perturbador desaparecimento é apreendido como "sombra do passado e luz do futuro"[7] e cujo retorno esperamos em vão; ou o de um Jardim do Éden perdido – e podemos considerar, como o faz Gilles Deleuze, que

> Os enunciados não são a ideologia, não há ideologia, os enunciados são as peças e as engrenagens no agenciamento, não menos do que no estado das coisas. Não há infraestrutura nem superestrutura num agenciamento [...]. Os enunciados não se contentam com descrever estados de coisas correspondentes: são antes como duas formalizações não paralelas, formalização de expressão e formalização de conteúdo [...]. São como as variáveis da função, que não cessam de entrecruzar seus valores ou seus segmentos.[8]

Nesse sentido, determinar uma possível manifestação da saudade na imagem não deixa de ser um empreendimento paradoxal: tentamos tornar eternamente presente aquilo que é por essência indefinidamente ausente. Ou ainda, ao contrário, colocar-se a questão de compreender em que pode consistir o próprio ato de fotografar "senão [em] fazer a luz na câmara escura sob o risco de ver o objeto até então obscuro do desejo se perder no próprio momento em que chegaria à visibilidade", fazendo assim "surgir alguma coisa do fundo sobre o qual erguem-se figuras elas próprias mais ou menos fantasmáticas".[9]

No Brasil, ainda que o termo seja análogo, seu significado varia muito sutilmente. Com efeito, a saudade traduz em si mesma uma relação dolorosa, evocando incessantemente a perda, "pior do que o esquecimento que torna a dor estranha", deixando seu sujeito "prisioneiro de uma consciência que o faz experimentar o vazio que o habita".[10] No entanto, se o sentimento de saudade designa um estado de falta ou de perda em face de seu objeto – nisso sua estrutura permanece idêntica –, sua manifestação,

---

[7] SARDOEIRA; PASCOAES, *Antologia poética*, p. 23.
[8] Cf. DELEUZE; PARNET, *Diálogos,* p. 86-87.
[9] DAMISCH. Préface. *Ellipse et laps*, p. 16-17.
[10] BRAZ. L'Universel et le Singulier dans la saudade: la saudade au Brésil. In: *Le Singulier et l'Universel dans la saudade*, p. 71.

quer se aplique ao campo da literatura, quer ao das artes visuais, opera-se segundo eixos bastante específicos, dificilmente transponíveis para aquilo que poderíamos definir como uma *racionalidade* ou uma *lógica discursiva* portuguesa.

Isso na medida em que ela integra igualmente uma dimensão quase carnal e em que "o corpo não é mais do que uma superfície deslizante, indiferenciada [...] aquela de não mais pertencer a si mesmo [...] ela nos separa de nós mesmos. [...] A saudade brasileira pertence ao laço e, sendo assim, está inscrita numa dinâmica entre a união e a desunião, a unidade tanto desejada e a multiplicidade tão dolorosa sentida até no corpo".[11] Evitando no entanto a armadilha de permanecer circunscrito a uma visão fixa do homem pensado em sua relação com outrem, com o tempo e com os múltiplos lugares de que ele pode extrair uma experiência, o fenômeno da saudade dota-se então de um verdadeiro movimento dinâmico. E isso porque ela nos conduz a "uma experiência universal, comum a todos os homens e a todas as sociedades. É a experiência da viagem e do transitório, da demarcação e da consciência reflexiva do tempo", ainda que o caráter singular da saudade brasileira indique "elementos dificilmente presentes em outras modalidades culturais de experimentar a temporalidade".[12]

Trataremos portanto de experimentar essa temporalidade que nos conduzirá, numa segunda etapa, ao coração aberto de nossa problemática, considerando e aprofundando a saudade em sua dimensão temporal por sua presença na imagem. Buscaremos assim discernir os fatores temporais próprios à imagem que permanecem particularmente representativos. Não pretendemos estabelecer uma síntese cronológica da relação entre a saudade e a fotografia, do pós-guerra a nossos dias, nem impor uma compilação de exemplos puramente ilustrativos. Nossa intenção é explorar e analisar sua presença em meio a um conjunto de obras – majoritariamente composto de referências francesas e brasileiras –, entre as quais algumas, preciosas, permanecem frequentemente acessíveis ao público, mas vêm aumentar nosso panorama iconográfico. Um panorama de que nos aproximamos por "saltos", com o risco (ou com o proveito) de despertar certos anacronismos, mas sempre sensíveis às suas ressonâncias. Consequentemente, reivindicamos uma afiliação ao método de Aby Warburg que o levou à constituição de seus quadros de

---

[11] BRAZ. L'Universel et le Singulier dans la saudade: la saudade au Brésil, p. 71.
[12] BRAZ. L'Universel et le Singulier dans la saudade: la saudade au Brésil, p. 67.

figuras. Esse método visava não apenas redefinir um novo pensamento da história das artes e de suas formas de expressão, mas, sobretudo, definir em função de sua linguagem – se assim podemos dizer – uma postura singular naquilo que ela podia ter então de mais inabitual, surpreendente e dinâmico.

Uma postura que isola a fim de melhor colocar em evidência, como um *comput digitis*, o que continua ainda hoje a ser a melhor forma de dar conta de nossa relação com a arte em geral, e com a imagem em particular, em sua própria sobrevivência. E se trata aqui justamente dessa sobrevivência da imagem, bem como da ressurgência dos gestos, cujo regime expressivo próprio queremos amplificar. Nessa perspectiva, utilizaremos numerosos exemplos representados aqui por pares, salvo no caso dos fotogramas extraídos de certas sequências cinematográficas, aos quais, preocupados por não podermos restituir seu movimento, pareceu-nos fundamental poder ressituar seu contexto de agenciamento. Um agenciamento de imagens virtuais, portanto, ligado e organizado por nossa memória de maneira inegável, edificando, como um palimpsesto, uma forma bastante complexa.

De fato, assim como procede a um verdadeiro trabalho de escritura – de palavras, mas também de luz, como nos sugere a fotografia, relíquia de uma defunta colocada em abismo em sua própria moldura – desse retrato *desbotado* feito por Antonio Saggese, esse mesmo palimpsesto parece então indicar que "a fotografia escapa aqui da instância dos simulacros e de uma película apenas de superfície para conquistar uma outra dimensão, aquela do plano" (Fig. 2). Mas um plano que "se presta a outros efeitos que não apenas os de superfície, um plano que tem sua espessura e cuja densidade aumenta, paradoxalmente, pela redução da profundidade de campo que os efeitos de transparência e de superposição autorizam."[13] Esse palimpsesto nasce também do efeito do tempo, corrosivo, que vem apagar progressivamente de nossa consciência seu precioso capital mnemônico. É por isso que a saudade se constitui, nesse sentido, como uma força visual e sentimental, por sua capacidade de despertar, como por extravio, sem realmente avisar, a doce e triste lembrança do objeto que nos falta. Isso não é aceitar, em definitivo, que "o ato fotográfico equivale à relação que o inconsciente (querendo-se imortal) sustenta com o corpo, infelizmente perecível."[14]

---

[13] Cf. DAMISCH. Préface, p. 17-18.
[14] Cf. DAMISCH. Préface, p. 23.

Figura 2 – Antonio Saggese, *Trindade, Goiás*, 1992. Cópia colorida c-print, 50 x 60 cm.

Se a fotografia é uma questão de plano, ela é também, portanto, uma questão de espaço. É justamente sua dimensão espacial que será abordada, no final, na ligação que pode manter com o sentimento de saudade, oferecendo-lhe um lugar de consignação, podendo perfurar, dilacerar, até mesmo destruir o quadro bidimensional. Dilacerar seu quadro de representação tradicional é permitir que nos aproximemos mais e apreciemos melhor o valor de sua especificidade, considerando novamente o laço que ela tece e mantém com o espaço fotográfico, assim como com o espaço pictórico. Exploraremos então os lugares "físicos" urbanos e as paisagens possíveis em que ela vem hoje se imiscuir, transbordando e ultrapassando as fronteiras geográficas e culturais. Pois colocar a questão do papel da fronteira se tornou aqui primordial, partindo do postulado de que esta, como marca simbólica de delimitação espacial, supõe um deslocamento físico, uma travessia que leva a uma confrontação com o "outro", mas também um paradigma, já que: "E justamente nesse movimento de deslocamento se dá a imobilidade do sujeito, que precisa parar e refletir acerca da possibilidade ou não de se deixar ver pelo Outro, em sua singularidade e semelhança [...] Isto implica uma reconfiguração das fronteiras que nos separam, a partir mesmo de uma linha imaginária".[15]

---

[15] ALEKSANDRAVICIUS. *Brasil e Portugal: reflexões em torno da saudade*, [s.p.]

Longe de estar confinada ao estrito espaço do imaginário, a fronteira continua inscrita em sua dimensão simbólica, marcando assim com seu selo um território, separando duas entidades distintas no chão de um só e único lugar. Nada de fronteira simbólica, marcada por um monumento, mas apenas sugerida, lá onde "sua ausência de legibilidade na paisagem nos interroga sobre seu sentido". Pois, assim como pôde ser descrita, tanto pelo poeta quanto pelo romancista, ela "desposa a profundidade dos vales, percorre o cimo dos telhados, desliza ao longo dos rios e atravessa as planície" e torna também visível "aquilo que, no dia a dia, faz-se invisível a nossos olhos, lá onde as fronteiras interiores tendem a se atenuar, na periferia, estas tomam uma forma extraordinariamente concreta".[16]

Provavelmente, é no seio desses lugares que o espaço e o tempo da saudade melhor se conjugam. Lugares que até hoje não cessam de revelar paisagens marcadas pelos estigmas da história que um território pode conter. Eis por que o sentimento de saudade, longe de ser, como sua derivada, a melancolia, uma atitude prostrada, olhando, resignada, os vestígios de um passado desaparecido, remete-nos, ao contrário, a um fenômeno que Ernst Bloch, numa época particularmente sombria, exprimiu através do conceito de "não contemporaneidade", postulando que "...Tempos mais antigos do que os de hoje continuam a viver em camadas mais antigas [...]. Numa época em que tanto reprimido volta à superfície, imagens 'pelásgicas' vagam nos campos, mas encontram-se também, na cidade, imagens 'antigas'";[17] e deplorando, já naquele momento, que o recurso reconfortante a essa nova forma de simulacro permanecesse "uma estranha maneira para a civilização burguesa de tentar buscar refúgio na Antiguidade, de que ela pensa provir".[18]

---

[16] FUSSLER, 1917 kms. In: *Le long de la ligne*, p. 7.
[17] Cf. BLOCH. *Héritage de ce temps apud* CLAIR, De la métaphysique à l'inquiétante étrangeté. In: *Malinconia*, p. 83.
[18] BLOCH. *Héritage de ce temps apud* CLAIR, De la métaphysique à l'inquiétante étrangeté, p. 84.

Aforismo de uma contradição

Gênese de uma complexidade

A vida: esperança, amor, saudade é o título de um tríptico executado pelo pintor simbolista português António Carneiro entre 1899 e 1900. A formulação do título desse tríptico pode parecer estranha *a priori*, e sua composição, no mínimo desconcertante – tanto pelo seu registro figurativo quanto pelo "espírito" de que ele parece impregnado (Fig. 3). A resposta a essa escolha pode se revelar, no entanto, tão simples quanto seu título pode parecer, ao leitor curioso, complexo, talvez mesmo opaco: anunciado como preâmbulo desta primeira parte, o título desse quadro nos permite operar uma abertura ideal em vista da problemática que indagaremos ao longo de todo este estudo. Estudo cujo desígnio tem por finalidade específica uma "exploração" iconográfica do tema lusófono da saudade, apoiando-se em sua análise etimológica, semântica e filosófica, sem omitir a evolução histórica de seu uso.

Isso a fim de melhor poder delimitar suas direções e aplicações no seio de suas possíveis representações no campo da fotografias francesa e brasileira contemporâneas. Mencionando e incluindo pela primeira vez na história da iconografia luso-brasileira seu emprego – ao menos a partir do século XIX, simultaneamente em Portugal e no Brasil –, esse título, assim como o de um segundo exemplo que o seguirá, associa o termo diretamente a uma imagem, de maneira explícita, sem por isso diluir todo o seu mistério. Um mistério cujo conteúdo e cujas especificidades esta primeira parte tentará esclarecer.[19]

A partir de então, a escolha desse tríptico nos revela diversas direções a percorrer, preciosas sob muitos aspectos. Pintado numa época-chave, reconhecida em Portugal como emblemática da idade de ouro do Renascimento português, ele é particularmente citado na obra do poeta Teixeira de Pascoaes, cofundador da revista que lhe será associada: *A Águia*. Esse movimento literário e ideológico não promulga uma ruptura estilística radical. Aspira, pelo contrário, a revalorizar, superando – tanto por suas ideias e referentes quanto por suas apostas literárias e suas formas poéticas –, obras que emergiram ao longo de todo o período romântico, conduzido por um de seus líderes mais eminentes, João Baptista da Silva Leitão, conhecido sob o patronímico de Visconde de Almeida Garrett. Este, assim como António Nobre, seu contemporâneo, reatualizará em pleno século XIX esse sentimento no coração da poesia portuguesa, quer se trate da própria essência do sentimento de saudade, quer de sua dimensão fenomenológica. Associado então à consciência singular de uma condição de ser – verdadeiro "estado d'alma" –, ele será desenvolvido e enriquecido a partir das experiências do poeta vividas fora de Portugal (ligadas à sua condição de exilado político), principalmente através de seus contatos estabelecidos no seio dos círculos culturais londrinos e, sobretudo, parisienses.

António Carneiro se impregnará, ele próprio, durante uma estadia artística na capital francesa, entre 1897 e 1899, de todo um registro iconográfico e plástico promulgado pelo movimento simbolista, animado pelos pintores Odilon Redon e Gustave Moreau e pelo poeta

---

[19] A complexidade do termo "saudade" se anuncia tanto mais densa dado que suas variações semânticas são numerosas, tendo em vista as diversas áreas de desenvolvimento da língua portuguesa. É por isso que privilegiaremos aqui o estudo de sua formação etimológica e semântica, já que, segundo Adelino Braz: "Compreender a semântica de um termo significa compreender sua história gráfica e suas raízes filológicas", pois "essa abordagem se revela tanto mais decisiva na medida em que a etimologia da saudade é um objeto de controvérsia, que exprime assim todo seu mistério e toda sua complexidade de sentido." (BRAZ. *L'Universel et le Singulier dans la Saudade*, p. 12).

Stéphane Mallarmé. O ano 1899 é também um ano-chave: o da Exposição Universal de Paris – de que Carneiro participará de maneira um bocado fortuita: *La Vie*, tríptico recém-acabado durante sua estadia parisiense, será apresentado por engano junto com seus croquis preparatórios realizados com sanguina. Esse quadro lhe valerá, não obstante, o primeiro prêmio de pintura da exposição. Paris é nessa época um polo de efervescência, um *carrefour* cuja aura centrípeta exerce um papel cultural federador. Um *carrefour* em que se encontram numerosas figuras emblemáticas de uma cena artística e literária internacional efervescente, em que se formam e se reúnem já diversos elementos de ruptura invocados nos futuros manifestos de vanguarda, e que exercerá sobre as pesquisas de Carneiro uma influência importante. A alternativa pictórica que emerge progressivamente, nascida da ruptura estilística protagonizada por Edouard Manet, leva os impressionistas – e depois os simbolistas – a se confrontarem com o impiedoso peso do "bom gosto" burguês de uma tradição acadêmica já caduca (de que Carneiro carregará alguns estigmas, tendo escolhido se formar na Académie Julian).

Essa atividade estética se manifesta por uma série de pesquisas – através de uma busca pictórica constituída de "quadros" históricos, mitológicos ou às vezes domésticos –, cujas composições acabam por se sujeitar essencialmente à primazia da representação do sentimento, ou ao menos de seu potencial expressivo íntimo singular, ou universal, recusando a de um ideal já então ultrapassado. A atividade pictórica de seus atores "tradicionais" ou radicais motivará esse pintor a vir completar sua formação na capital francesa, aproveitando assim diretamente da proximidade de obras cuja temática comum pode ser colocada em relação direta com aquela explorada nesse tríptico. Este atinge, nesse sentido, em toda a obra pintada de Carneiro, seu zênite, pela maestria de sua composição e por sua originalidade iconográfica. Todo esse clima artístico se concentra ao redor de Stéphane Mallarmé e Alfred Jarry, publicados pelo *Mercure de France*. Carneiro tem também verdadeira admiração por Paul Gauguin, Henri de Toulouse-Lautrec e sobretudo Edvard Munch, cujo quadro pintado em 1897, *O friso da vida*, ponto culminante de uma pesquisa empreendida desde 1892, traz uma temática que será adotada tal qual pelo pintor português.[20]

---

[20] Num texto-manifesto redigido em 1889, Edvard Munch declara: "Não pintaremos mais por muito tempo interiores com homens lendo e mulheres tricotando. Queremos pintar seres vivos, que respiram, sentem, sofrem e amam". Essa reflexão nos esclarece sobre a

No mesmo ano, no Brasil, o pintor José Ferraz de Almeida Júnior apresenta um quadro que faz um uso similar do termo e forma, nesse sentido, o título epônimo do seu: *Saudade*.[21] Podemos observar aí um primeiro deslocamento que intervém pela substituição de uma cena histórica ou mitológica em proveito de um único personagem, agindo da mesma maneira que uma figura alegórica (Fig. 4). À diferença da obra de António Carneiro citada anteriormente, este quadro propõe uma representação da saudade cuja concepção, menos "esotérica", aproxima-se do termo comumente admitido no imaginário da língua portuguesa. Se a saudade continua a manter todo o seu mistério, podemos no entanto deduzir daí duas primeiras direções apontadas por nossa problemática em relação a sua representação iconográfica. De fato, como veremos mais adiante, essas duas obras tendem a expressar duas abordagens particularmente divergentes da saudade: a primeira resultaria de uma manifestação "distanciada", inerte e introvertida, enquanto a segunda proporia uma manifestação "aproximada", dinâmica, oferecendo e interpelando a emoção "direta" do espectador.

Se o quadro de Carneiro descreve esse sentimento através de uma composição narrativa tripartite, constituída de três "cenas" distintas cujo resultado final constitui a transcrição pictórica de uma visão enfática e melancólica da saudade, esta se concentra na figura do terceiro painel: uma mulher vestida de preto, com o rosto vago, evanescente e inexpressivo, sentada ao pé da figura mitológica da esfinge. Essa figura é a chave de leitura do quadro. Seu par brasileiro, ao contrário, remete-nos a uma encarnação da saudade originária de um imaginário popular que continua em vigor hoje, ou ao menos de seu arquétipo. Trata-se também de uma figura feminina vestida de negro, lendo uma carta – principal símbolo que age como elemento performativo – que provoca nela uma tristeza legível em seu rosto. A partir de então, à figura da esfinge do quadro de Carneiro responde essa carta "pintada" de Almeida, elemento verdadeiramente centrípeto que traduz assim o laço profundo que une a imagem da Saudade à escrita, seja ela poética, seja romanceada, mesmo

---

mudança temática de sua obra a partir de 1890, na qual ele introduz e desenvolve temas universais ligados ao amor, à ansiedade, à morte, associados na execução de um "arranjo sinfônico" a que deu o título de *O friso da vida*. (MUNCH. *The private journals of Edvard Munch: We Are Flames which Pour out of the Earth*, p. 19).

[21] Cf. Oswald de Andrade, "Estética e política", texto publicado originalmente na sessão Lanterna Mágica da revista *O Pirralho*, em São Paulo, em 2 de janeiro de 1915, *apud* PHILIPPOV. *Saudade* e *Nhá Chica: duas cenas de gênero de José Ferraz de Almeida Júnior*.

que, como descobriremos ao longo destas páginas, ela ultrapasse amplamente seu campo cognitivo. A essa concepção *mística* do termo (herança,
ou, mais exatamente, renovação da busca messiânica, um dos principais
pivôs da literatura portuguesa da época), do que ele pode conter de sa-
grado, ou mesmo de *sublimado*, expressa pelo primeiro, responde aquela
modestamente "comum e íntima" do segundo.

Podemos entretanto perceber esses dois exemplos como a síntese e o
reflexo de uma experiência do mundo e de outrem, tanto que suas apostas
tendem não apenas a valorizar sua especificidade, sua diversidade e sua
riqueza, mas parecem igualmente integrar os primeiros sopros de uma
modernidade, antes da ruptura que emergiu das vanguardas da Europa
setentrional. Desdenhando os códigos estéticos, filosóficos e ideológicos
da época, que alimentavam um espaço luso-brasileiro no mínimo estig-
matizado, tanto pelos olhares e interesses vindos do exterior de suas áreas
geográficas quanto por seus próprios autores e principais representantes,
essas apostas nos conduzem a abordar nesta primeira parte a evolução
histórica e a dimensão ontológica desse termo, que juntas definiram esse
sentimento singular.

Esses dois exemplos pictóricos nos convidam a colocar logo a
questão que animará o espírito de todo esse estudo: a partir de um
termo tão específico quanto "saudade", como ele pode se manifestar e ser regido no seio de um registro iconográfico, em geral, e na
fotografia, em particular? Além disso, como o desenvolvimento do
sentimento de saudade, oscilando entre uma discreta alegria e uma
profunda tristeza, testemunha ainda hoje uma certa dicotomia que
não cessa de se intensificar desde o fim da Idade Média, numa época
em que aparecem todos os estigmas de um continente absorvido por
uma profunda crise espiritual, roído pelas guerras e pela peste negra?
A importação progressiva desse flagelo para o Novo Mundo terá como
principal consequência, assim como o comércio de escravos, produzir
marcas indeléveis, dotando a saudade brasileira de uma dor "corporal"
singular. Tentaremos compreender por outro lado, na última parte
desse capítulo, segundo quais critérios a saudade se aproxima da melancolia – e, de certo ponto de vista, da loucura – e que fenômenos
específicos explicam como difere dela. Um primeiro percurso que
se revela necessário para que possamos avançar em seus meandros.
Aproximemo-nos pois dessa saudade misteriosa, de sua força e de seu
sentido tão singulares, penetremos no coração de sua dimensão mais
universal, ou seja, humana, vivaz e sensível.

Figura 3 – António Carneiro *A vida: Esperança, amor, saudade* (tríptico), 1899-1900. Óleo sobre tela. Painel central: *Saudade*. 238 x 140 cm. Painéis laterais: 209 x 110 cm. Lisboa. Coleção Manuel de Brito.

Figura 4 – José Ferraz de Almeida Júnior, *Saudade*, 1899. Óleo sobre tela. 197 x 101 cm. São Paulo. Pinacoteca do Estado.

CAPÍTULO I

De uma deliciosa dor no coração...

Os dois quadros citados anteriormente nos apresentam o postulado de uma problemática cuja dificuldade é enunciada pelo termo "saudade". Não somente em relação a sua significação, mas também por sua representação na fotografia contemporânea: à raridade dos estudos que analisam seus supostos registros iconográficos eventuais acrescenta-se igualmente a complexidade semântica do próprio termo. Suas formas linguísticas e etimológicas atuais resultam com efeito de múltiplas transformações, e, fato singular, estas atestam elas próprias as diversas relações culturais que Portugal e os países lusófonos puderam consolidar, superpostas progressivamente em diversas camadas, no encontro de diferentes encruzilhadas históricas e geográficas. Para melhor compreendê-las, vamos agora considerar a formação desse termo e seu uso histórico.

O nome atual "saudade" é uma forma que deriva assim de diversas modificações ocorridas principalmente entre os séculos XIII e XVI, mas que se estabiliza durante o período clássico, fixando sua ortografia atual. Apenas sua abordagem essencialmente fenomenológica sofrerá algumas alterações até a metade do século XIX. Essas primeiras indicações prevalecem em primeiro lugar em Portugal. Por isso, podemos afirmar que, no Brasil, a formulação do termo "saudade" – e a própria ideia de saudade – aparece no emprego do adjetivo "saudoso", indicando o estado ou o fenômeno que lhe está associado, e cuja forma será empregada desde o século XVII. Seu sentido e seus efeitos serão todavia eles próprios sujeitos a numerosas mutações, devido às numerosas confluências culturais que intervirão até a metade do século XX, fortemente ligadas aos grandes movimentos migratórios de ordem econômica, política ou artística.

No século XV, em seu tratado intitulado *Leal conselheiro*, dom Duarte, rei de Portugal, analisa a saudade como um conjunto composto ao mesmo tempo de tristeza, desgosto e prazer. Redigida entre 1437 e 1438 – época particularmente rica em função da consolidação da expansão marítima portuguesa –, essa obra constitui, na verdade, um tratado ético e moral cujo argumento se articula em torno do conceito de lealdade, como indica seu título. Pedro Calafate esclarece que essa coletânea resulta de "uma elaborada capacidade de análise das situações concretas da existência humana, apresentadas 'misturadamente e não assi por ordem'" de um rei autodidata formado nas mais altas funções.[22]

Se o discurso desenvolvido ao longo desse tratado, expondo conselhos e alertas, baseia-se sobretudo na experiência sensível – na sua própria vivência transmitida diretamente pela palavra –, o *Leal conselheiro* expõe uma argumentação concreta fundada em questões diretamente ligadas a seu poder de governar. Dom Duarte procede assim a um exame minucioso de sua consciência individual e dos sentimentos que se desenvolvem nela, e seu tratado permanece de uma importância crucial não apenas pela menção do termo "saudade", ainda redigido em sua forma arcaica *suydade*, mas também na medida em que esse termo se reveste de um sentido que servirá de "substrato" para numerosos empregos ulteriores. Segundo ele, saudade constitui um sentimento introspectivo nascido de uma causa particular:

> E a míngua do desejo, por juízo determinado da razão nos tira tanto aquele sentido que faz a saudade, que mais sentimos a folgança por nos lembrar o que passámos que a pena da míngua do tempo ou pessoa. E aquesta saudade é sentida com prazer mais que com nojo nem tristeza, quando aquela lembrança faz sentir grande desejo, outorgado por toda maior parte da razão, de tornar a tal estado ou converção, com esta saudade vem nojo ou tristeza mais que prazer.[23]

Atribui-se comumente como base etimológica do nome "saudade" o plural latino *solitates*, que deu o nome plural "solidões", a partir da raiz *solu*, encontrada na língua portuguesa nomeadamente no adjetivo "só". Consequentemente, essas duas bases etimológicas produziram as formas primitivas das palavras *suidade*, *soedade* e *soidade*, cristalizadas de

---

[22] CALAFATE, Pedro. Dom Duarte. In: *História do Pensamento Filosófico Português*. Vol I. Idade Média. Lisboa: Caminho, 1999, p. 379-411

[23] DUARTE, *Leal conselheiro*, cap. XXV *apud* COSTA; GOMES. Introdução à saudade, p. 18-19.

certo modo na forma moderna "saudade". Essas três formas remetem diretamente ao termo "solidão", mas se referem também, segundo José Antônio Tobias, a "saudação": "Mais melodiosa e também mais expressiva por ter havido fusão inconscientemente com a ideia de sa (l) dade ou salvação e redenção da alma".[24]

Esse estado de solidão, cuja principal característica resulta de um sentimento de abandono e de tristeza, vai rapidamente emergir na literatura medieval, principalmente a partir do século XIII, e se consolidar sob a terminologia de *soidão* e depois "solidão". Carolina Michaëlis de Vasconcelos atribui-lhe, além disso, raízes provençais, considerando que "Alguns trovadores já tinham chegado mesmo a ligar a soïdade, o significado de sensação de soidão ou solidão e de abandono que inspiram o amor e a ausência".[25] Assim, a relativa mobilidade dos poetas viajantes teria permitido sua rápida expansão, sob forma cantada e transmitida através de suas queixas. Encontramos alguns vestígios disso em Portugal no *Cancioneiro*, coletânea de poemas cantados ou declamados.[26]

A fim de completar nossa análise etimológica, podemos acrescentar, além disso, outra variação lexical. Ou, mais exatamente, uma equivalência a que o termo "saudade" pode se aparentar, alimentada respectivamente pelos sentimentos de perda, ausência e abandono: trata-se do termo *coita*, que formou o adjetivo "coitado" (pobre, infeliz). A *coita* foi igualmente utilizada pelos trovadores como alternativa à palavra *soidade* e resulta de uma transformação similar: de *cuita*, a *coyta* e depois *coita*. A *coita* exprimia uma forma de amor por uma pessoa querida e amada. Pela fórmula *"coitas d'amor"*, especialmente cantada pelo trovador, exprimia-se o desejo da volta da pessoa amada.[27] Segundo Segismundo Spina, o enunciado, "Hoje desusado, significava o drama passional do trobador, o seu tormento amoroso em toda a sua complexidade".[28] Uma complexidade que reside, por outro lado, na dimensão semântica do termo. Dom Duarte emite aliás uma reserva, distinguindo a "coita" da "saudade" ainda que

---

[24] TOBIAS. *O mistério da saudade*, p. 8.

[25] VASCONCELOS. *A saudade portuguesa*, p. 35–36.

[26] ANTUNES, Alfredo *apud* BRAZ.*L'Universel et le Singulier dans la saudade: une philodophie de l'interculturel*, p. 16.

[27] A *coita* se exprime também por um sentimento ou ação de benevolência, traduzindo-se em português pelo nome "coitado". Esse sentimento pode remeter ao objeto de nosso desejo ou significar o sofrimento causado pela falta e pela ausência do objeto amado. Cf. BRAZ. *L'Universel et le Singulier dans la saudade: une philodophie de l'interculturel*, p. 16.

[28] SPINA. *Apresentação da lírica trovadoresca*, p. 386.

seus respectivos sentidos se assemelhem: "E, contudo, parece-me êste nome de saudade tão proprio, que o latim ou outra lingua, que eu saiba, não possui para tal sentido semelhante."[29]

Uma segunda fase intervém na literatura portuguesa na época clássica. Essa fase é de particular importância, já que engendra as premissas de uma difusão não mais apenas interna, limitada ao continente europeu, mas externa, acompanhando as grandes descobertas, o que nos permite introduzir aqui a questão da saudade brasileira. A saudade se torna no século XVI, com a obra *Os Lusíadas* (1572), de Luís de Camões, um vetor de consciência nacional, mas ultrapassa essa única característica. Um dos versos mais emblemáticos aparece desde o Canto I (Fig. 5), em que Camões, declamando uma elegia a todos os navegadores e marinheiros ligados às viagens das grandes descobertas, dirige uma dedicatória particular ao lendário rei dom Sebastião:

> Vereis amor da pátria, não movido
> De prémio vil, mas alto e quase eterno;
> Que não é prémio vil ser conhecido
> Por um pregão do ninho meu paterno.[30]

Esse fervor encontra réplica num episódio narrado desde o Canto III e nos informa sobre o laço que pode unir então os iniciadores das grandes descobertas e seu amor pela pátria distante. Trata-se de um episódio simbólico em que o poeta relata a chegada da frota de Vasco da Gama, antes de seu retorno a Portugal, à "Ilha dos Amores", descrita como paradisíaca, povoada de ninfas que vêm recompensar os esforços dos navegadores por terem atingido sua meta; esse episódio constitui um verdadeiro elogio do poeta ao grande viajante, morto nas Índias sem jamais rever Portugal. Mas igualmente à glória do povo português, por sua perseverança na realização das descobertas de novas terras e por nelas difundir a fé cristã. Além disso, essa passagem demonstra como o fervor dessa busca por espaços novos é acompanhada de uma crença fiel no sentimento do amor: um amor desinteressado, coletivo, dirigido ao mesmo tempo ao reino e à fé, que permitiu a Vasco da Gama e a seus companheiros provarem por seus esforços sua capacidade de se liberar da "lei da morte".[31]

---

[29] DUARTE. *Leal conselheiro, o que fez dom Duarte*, p. 95.

[30] CAMÕES. *Os Lusíadas*. Canto I, oitava-rima 10, p. 8.

[31] Essa relação foi analisada pelo frei dom Francisco Manoel de Mello em sua coletânea *Epanáfora amorosa*, redigida em 1676. Ele especificou assim o caráter singular da saudade

Os *Lusíadas* conquistaram assim um tal prestígio e importância, tendo em vista suas diferentes traduções e menções feitas sobretudo na época das Luzes, que estabeleceram uma ponte literária e cultural entre Portugal e França, especialmente desde Michel de Montaigne. E isso a despeito do pequeno interesse que a França atribuía a esse país longínquo, encravado entre as montanhas e o oceano, no extremo sudoeste da Europa. Assim, o próprio título estará sujeito a estranhas modificações, entre as quais uma, ligada a uma moda em voga, apresenta o título da obra afrancesado, sob o nome de *La Lusiade*. Segundo Raphael Bluteau, clérigo da Ordem de São Caetano, autor do *Vocabulário portuguez e latino* – iniciado na cidade de Coimbra em 1712 –, uma mesma dificuldade semântica reside em Camões, e mais especificamente no Canto III, oitava-rima 120 (Fig. 6). Essa dificuldade será objeto de um comentário do mesmo canto feito por Manuel de Faria e Sousa, para quem: "E alfim a corrupção de Soidade em Saudade, para os ouvidos portugueses, veio a parar em voz regalada, mais expressiva que a primeira, e sem igual nos idiomas mais cultos e elegantes da Europa".[32] Citemos por exemplo estes versos em que o poeta rememora a defunta Inês de Castro:

> Do teu Principe ali te respondiam,
> As lembranças que na alma lhe moravam,
> Que sempre ante seus olhos te traziam,
> Quando dos teus fermosos se apartavam
> De noite, em doces sonhos que mentiam,
> De dia, em pensamentos que voavam;
> E quanto, emfim, cuidava e quanto via,
> Eram tudo memorias de alegria.[33]

---

enquanto sentimento cuja existência só existiria, de certa forma, como faculdade exclusiva. A hipótese emitida pelo autor considerava a especificidade semântica da saudade como indissociável de uma razão de ser portuguesa. Ela é percebida ali como um sentimento cuja essência, apesar de seu caráter individual, só é sentida como tal pelos nativos da língua: "E como nosso natural é, entre todas nações, conhecido por ser amoroso, e nossas viagens dilatadas tinham ocasionado as maiores saudades, dai vem, de onde encontra-se muito amor e de larga ausência, as saudades estão mais certas, e esta foi sem falta a razão, porque ela mora dentro de nós como no seu centro natural." (MELLO, *Epanáfora amorosa*, p. 286).

[32] BLUTEAU. *Vocabulário portuguez e latino*, v. 1.

[33] CAMÕES. *Os Lusíadas*. Canto III, oitava-rima 120, p. 123.

Figura 5-6 – Luis de Camões, *Os Lusíadas*. Da esquerda para a direita: frontispício e extrato do Canto I, oitava-rima 10 e do Canto III, oitava-rima 21. Primeira edição (1572). Rio de Janeiro, Biblioteca Nacional.

...a "um delicioso pungir de acerbo espinho"

A difusão de *Os Lusíadas* no século XVIII deve portanto sua fortuna essencialmente ao episódio dramático de Inês de Castro, apesar de uma tradução um tanto aproximativa desse poema épico. Além disso, ela não concerne a mais do que dois episódios mencionados por Voltaire. Essa menção mostra no entanto um certo interesse por essa obra–mestra, embora seja preciso esperar o fim da Revolução para que o autor e suas histórias suscitem alguns estudos biográficos ou históricos no seio do círculo literário parisiense,[34] numa época em que, segundo Daniel-Henri Pageaux: "Portugal é tão dependente da Espanha que está seguro de que apenas esta estimula a imaginação francesa através de alguns tipos literários, de alguns modelos estéticos".[35]

A isso se acrescenta o fato de que Portugal era sempre percebido do exterior, e sobretudo de Paris, como uma nação sob o jugo da Inquisição, o que, aos olhos das Luzes, constitui um de seus motivos condenáveis e explica indiretamente uma certa reserva mantida em relação à cultura portuguesa, já que numerosas críticas virulentas lhe foram feitas, sobretudo pelo próprio Voltaire. Mesmo assim, é nesse século que se desenvolve o interesse pelas letras portuguesas, embora sua introdução

[34] Cf. PAGEAUX, *Images du Portugal dans la culture française*, 1984, p. 99.

[35] PAGEAUX, *Images du Portugal dans la culture française*, 1984, p. 91.

na França já tivesse ocorrido timidamente em 1645, com a tradução das *Peregrinações* de Fernando Mendes Pinto por Bernard Figuier, dedicada ao cardeal Richelieu, e sobretudo de *Os Lusíadas*, em 1735, por Jean du Perron de Castera, diplomata em Lisboa, ou seja, um século e meio depois da morte do autor.

Será preciso, não obstante, esperar até a metade do século XIX para ver ressurgir esse sentimento que se tinge então de um certo *vago n'alma*. Um dos mais célebres poetas da época, Almeida Garrett, o expressará em um de seus mais belos versos, descrevendo-o como a sensação de um "delicioso pungir de acerbo espinho" cujo efeito só pode acabar em lágrimas:

> Saudade! Gosto amargo de infelizes, Saudade!
> Delicioso pungir de acerbo espinho,
> Que me estás repassando o íntimo peito
> Com dor que os seios d'alma dilacera,
> – Mas dor que tem prazeres – Saudade!
> Mysterioso numen que aviventas
> Corações que estalaram, e gottejam
> Não ja sangue de vida, mas delgado
> Soro de estanques lagrymas – Saudade![36]

A saudade adquire assim uma dimensão contemplativa cuja forma tende a se aproximar do sublime, insistindo na sedução das lembranças, boas ou ruins. A obra de Almeida Garrett produzirá assim, desde a segunda metade do século XIX, um impulso que favorecerá a emergência de numerosas publicações de obras de poesia publicadas em Portugal e no Brasil. Seus autores não mais abandonarão uma longa busca que prosseguirá ao longo de todo o século XX, explorando todas as riquezas linguísticas, semânticas e, sobretudo, fenomenológicas desse sentimento. Essa abordagem filosófica emana também na poesia desde sua forma mais acadêmica até uma desestruturação do verso, cuja perfeita maestria encontrará seu ponto culminante na obra de Fernando Pessoa.

---

[36] GARRETT. *Camões*, p. 41-42. Esse espinho é mencionado desde a Antiguidade por Arquitas de Tarento, sábio pitagórico para quem: "Assim como é difícil encontrar um homem sem espinha, assim é difícil encontrar um homem que não tenha em si algo de doloroso como um espinho". Esse espinho/espinha é portanto entendido em seu duplo jogo e em sua dupla função, como confirma Jackie Pigeaud: ele é "a expressão da dor melancólica já no *corpus hipocrático*. Mas, para o peixe (e para o homem, como parece sugerir Arquitas), é também aquilo que o constitui, que lhe dá sustentação e forma." (PIGEAUD, *De la mélancolie: fragments de poétique et d'histoire*, p. 9).

Esse entusiasmo será seguido também por numerosos críticos literários. Uma primeira fase encontrará seu apogeu em Portugal com a publicação da revista *A Águia*, em 1912, marcando assim a questão específica da saudade e de sua herança, tanto cultural quanto política, por tomadas de posição muitas vezes julgadas conservadoras e nacionalistas. Aquela que pode ser considerada como a segunda idade de ouro da literatura portuguesa será também o lugar de uma profunda mutação, operada no registro semântico, graças a Fernando Pessoa, que reatualizará o conteúdo ontológico, fenomenológico e dialético da saudade, superando especialmente a única relação que unia o homem a Deus, ou, ao menos, a seu ser, sensível e criador.

Da outra margem

Depois de termos tratado das principais linhas da evolução histórica do emprego do termo "saudade" em Portugal, assim como de sua recepção na França até o início do século XX, fecharemos esse primeiro ponto interessando-nos por sua abordagem percebida do outro lado do Atlântico, já que igualmente numerosos são os exemplos de obras da literatura brasileira em que a saudade se constitui como via de expressão privilegiada. Seu desenvolvimento coincide com o da descoberta do Brasil, em 1500, pelo navegador português Pedro Álvares Cabral, que declarou que as terras descobertas pertenciam de direito à Coroa de Portugal, direito confirmado pelo Tratado de Tordesilhas.

Se a origem da implantação portuguesa respondeu antes de tudo a imperativos de ordem econômica de expansão e de exploração comercial (e não, inicialmente, de colonização humana), a implantação recente nessas novas *terrae incognitae* – nomeadas mais tarde Brasil em referência ao pau-brasil, principal material de comercialização em razão de sua cor vermelha, dita de brasa, que servia como corante para a tintura – se torna efetivamente mais consequente a partir de 1530, sob o reinado de dom João III. Insuflando, por um lado, uma nova dinâmica migratória, ela dará assim nascimento, por outro lado, a uma verdadeira campanha de implantação colonial com a fundação do primeiro vilarejo, o de São Vicente, em 1532.

A França não fica indiferente ao projeto de uma eventual implantação nesses territórios, iniciada secretamente em 1554, por Nicolas de Villegagnon, que acabará escolhendo a Baía da Guanabara, situada no estuário do Rio de Janeiro, que os portugueses evitavam em razão da hostilidade das comunidades indígenas da região. O projeto era transformar essa zona numa poderosa base militar e naval, a partir da qual a Coroa francesa tentaria controlar o comércio com as Índias ocidentais, marcando assim o início da aventura da "França Antártica", nome dado à efêmera colônia francesa implantada de 1555 a 1567. Em resposta às outras tentativas francesas de conquista territorial no Brasil, a Coroa portuguesa decide intensificar a colonização do Brasil e ampliar seu estatuto de colônia.

É portanto nesse clima que se funda a Companhia de Jesus, no Rio de Janeiro, por intermédio de seus dois principais representantes: José de Anchieta, desembarcado em terras brasileiras em 1549, e Manuel da Nóbrega, que funda a mesma companhia em São Paulo, em 1554. O único que se distinguirá desse grupo de jesuítas é o poeta Gregório de Matos. Sua obra poética, dividida entre o tom satírico e o tom lírico, foi assim impregnada por numerosas influências europeias, esboçando com espírito vivo e subversivo o retrato de uma época preocupada com o caráter efêmero da existência e da morte, transtornada tanto pelas sucessões de conflitos (políticos e religiosos) quanto pelas epidemias, sobretudo de peste negra. Assim, o poema intitulado "Inconstancia dos bens do mundo" evoca de maneira pungente uma saudade particularmente sombria, desenvolvida através de uma montagem poética operada a partir da ideia de uma "estabilidade na inconstância", herdada da poesia de Luís de Camões:

> Comece o mundo enfim pela ignorância.
> Pois tem qualquer dos bens por natureza,
> A firmeza somente na inconstância.[37]

O desenvolvimento literário do sentimento de saudade, quer se manifeste sob uma forma romanceada, quer poética, quer musical, vai ele próprio conhecer no Brasil um aumento de interesse a partir do fim do século XIX, revelando-se tanto mais presente especialmente pela influência do movimento simbolista, levado a seu zênite pelo escritor João da Cruz e Sousa – a quem se costuma atribuir sua introdução no Brasil.[38] Muitos de seus autores participam assim de uma produção

---

[37] MATOS, Gregório de. *Obras completas de Gregório de Matos, crônica do viver baiano seiscentista*. Org. James Amado. 2. ed. 2 v. Rio de Janeiro: Record, 1990.

[38] Segundo Antonio Candido, se essa influência permanece delicada, numerosos manuscritos de relatos de viagem mostram, por outro lado, "que se pode perceber neles, em face da nossa paisagem, uma emoção que tem muito de ternura e exaltado deslumbramento dos naturalistas do século XVIII, que passou aos românticos. [...] É preciso lembrar que esses homens descreveram frequentemente a natureza como fonte de emoções, atuando sobre a sensibilidade, que se exaltava ao seu contato, mostrando aos brasileiros que a sua contemplação pode despertar verdadeiro rejuvenescimento espiritual". Esse

literária que se situa num cruzamento de caminhos, dividida entre uma adesão às influências de obras realistas e naturalistas e o desejo crescente de se orientar cada vez mais para experiências cujas transformações estruturais e temáticas parecem anunciar os futuros transtornos estilísticos do movimento modernista. Podemos notar que esses autores tendem a modificar, sem deixar de lado sua concepção tradicional, o valor poético e imaginário da saudade, percebida então de uma maneira mais ou menos intuitiva, em direção a um devir futuro, sem cortar os fios com o passado ultrapassado. É o caso, por exemplo, dos poemas intitulados "Velhas tristezas" e "Tristeza do infinito", em que Cruz e Sousa não menciona a saudade explicitamente, preferindo descrever sua manifestação à maneira de uma metáfora que aparece no primeiro dos versos seguintes:

> Diluências de luz, velhas tristezas
> das almas que morreram para a luta!
> Sois as sombras amadas de belezas
> Hoje mais frias do que a pedra bruta.[39]

É uma tristeza cuja origem permanece indefinível. Estranha e melancólica, ela não parece exprimir nenhum lamento por um mundo já deixado para trás. Sublimada e infinita, ela conduz o ser contemplativo a seu devir incerto:

> Dessas tristezas incertas,
> Esparsas, indefinidas...
> Como almas vagas, desertas,
> No rumo eterno das vidas.
> Dessas tristezas sem fundo,
> Sem origens prolongadas,
> Sem saudades deste mundo,
> Sem noites, sem alvoradas.
> Ah! tristeza imponderável,
> Abismo, mistério, aflito,
> Torturante, formidável,
> Ah! tristeza do Infinito![40]

---

argumento se baseia no comentário de Spix e Martius, quando de sua viagem ao Brasil, de 1820 a 1823, em que "A ideia que nos ocorria diante deste quadro melancólico era de saudade de um paraíso perdido." (Cf. CANDIDO, *Formação da literatura brasileira*, v. I, p. 261).

[39] SOUSA. *Obra completa*, p. 77-78.

[40] SOUSA *apud* MOISÉS. *A literatura brasileira através dos textos*, p. 308-309.

Cruz e Sousa é reconhecido por ter realmente integrado e desenvolvido, como o demonstra sua obra poética, os elementos próprios ao simbolismo no seio da literatura brasileira de maneira enfática, organizando todo um registro lexical fortemente influenciado por Charles Baudelaire, particularmente evidente num célebre poema intitulado "Antífona", de que segue aqui um trecho bastante significativo:

> Flores negras do tédio e flores vagas
> De amores vãos, tantálicos, doentios...
> Fundas vermelhidões de velhas chagas
> Em sangue, abertas, escorrendo em rios...[41]

Segundo Massaud Moisés, esse poema constitui uma "Apologia da brancura mística, da sinestesia baudelairiana ('harmonias da Cor e do Perfume')".[42] Harmonias cujas "flores negras do tédio e flores vagas" dos amores infelizes evocam "A nota sensualista, que pode atribuir-se ao influxo de Baudelaire e às próprias circunstâncias genéticas e biográficas de Cruz e Sousa, marca a etapa inicial da sua trajetória".[43] O poema "Tristeza do infinito" trata, por sua vez, de uma saudade cuja dimensão metafísica se traduz numa forma de "desprendimento" platônico em relação à alma e à matéria. Alma cujo desejo de uma certa transcendência só pode intervir através da dor.

A importância da obra de Cruz e Sousa pode ser observada em vários de seus contemporâneos, como o poeta Mário Pederneiras, em quem encontramos diversas semelhanças. "Saudades" é um poema estruturado a partir de uma reminiscência das lembranças do autor. Esse poema, cuja singularidade e originalidade provêm não apenas da escrita, mas também de suas inspirações temáticas, descreve paradoxalmente um universo cotidiano, banal. Mas anuncia sobretudo uma distância em relação ao movimento simbolista pela presença da maiúscula no meio dos versos, empregada geralmente a fim de sublinhar a importância do objeto evocado. Isso para se distanciar das "fórmulas" estilísticas associadas geralmente a esse movimento, às quais o poeta prefere a utilização do verso "livre" e de uma métrica irregular:

> Longo bando de Monjas maceradas
> Pelo palor vernal das Agonias,
> Que nascem ao luar das Invernias
> E vivem no silêncio das estradas.[44]

---

[41] SOUSA *apud* MOISÉS. *A literatura brasileira através dos textos*, p. 317-318.
[42] SOUSA *apud* MOISÉS. *A literatura brasileira através dos textos*, p. 317-318.
[43] MOISÉS. *A literatura brasileira através dos textos*, p. 323.
[44] PEDERNEIRAS *apud* MOISÉS. *A literatura brasileira através dos textos*, p. 324.

Essa busca por uma renovação identitária, promovida tanto pelas artes plásticas quanto pela literatura, não chega a se colocar em outros termos no que concerne ao Brasil. É preciso aguardar as mutações que sobrevêm com a era industrial para ver se operar uma mudança no seio de sua abordagem, tanto por sua adequação aos novos regimes formais acionados quanto no que se refere a temáticas específicas alteradas. Relações internacionais se consolidam nesse intervalo, ao longo de diversas estadias – Oswald de Andrade viaja para a Europa em 1912 e descobre o futurismo de Marinetti; enquanto Tarsila do Amaral entre no ateliê de Fernand Léger. Essas estadias têm por consequência um advento maior que ocorre no Brasil durante os anos 1920: a célebre Semana de Arte Moderna de São Paulo de 1922. Acontecimento maior cuja amplidão privilegiará a partir de então uma ligação artística e literária entre os dois continentes, consolidada no seio do movimento modernista. A ruptura começa, irreversível.

Ora, se a revolução estética pregada por esses artistas se apoiará nas fórmulas estilísticas definidas pelas vanguardas francesas, alemãs e russas, sua postura e, sobretudo, sua reflexão interrogarão também seu próprio espaço imaginário de criação e a "validade" da herança artística brasileira. As consequências estéticas dessa exposição constituirão o embasamento do movimento modernista. Essa ligação se aplicará a ativar novas formas de ação, mas visou também instaurar uma nova reflexão teórica que recusou desde então toda tradição realista e recolocar de certa forma "na ordem do dia" a questão da saudade, fixada num academicismo um tanto obsoleto, sem deixar de questionar sua herança.

Se acabamos de apresentar um panorama ao mesmo tempo etimológico e histórico, embora sintético, da formação e das principais manifestações e "usos" da Saudade, principalmente literários, não podemos esquecer as imagens, objeto desta discussão. Pois esta é também a época em que aparecem as premissas, no campo da fotografia, de um novo código visual que, cansado da estética picturalista, busca questionar e desafiar as próprias possibilidades técnicas desse suporte. Fotografias que vão progressivamente adotar o partido de explorar e incorporar as fórmulas originadas de uma Nouvelle Vision, que vêm recolocar em questão não apenas o imperativo estético do *belo ideal* pictural, mas também a crença e a confiança absoluta no poder mimético dessas imagens diante do real. A partir de então, será preciso apreciar em que medida a saudade poderá progressivamente se manifestar no seio de uma paisagem iconográfica. Pois essa saudade moderna já não encarna mais a expressão do lamento de uma idade de ouro perdida, mas prega, ao contrário, a afirmação de uma solidão moderna que reflete, ela também, uma nova maneira de perceber o mundo, como convida a fazê-lo, por exemplo, Guillaume Apollinaire, em seu poema "Zona", publicado em 1913.

Isso nos conduz a colocar duas questões maiores que consistem em saber, por um lado, o que esse sentimento de saudade pode designar mais precisamente e quais são suas principais características ontológicas e fenomenológicas; por outro, em que medida ele se aparenta a sua homóloga direta, a melancolia, mantendo embora sua especificidade. É preciso também tentar compreender, nesse sentido, como seu regime iconográfico pode ser identificado, de uma maneira análoga ao que foi feito em torno da melancolia, a partir de um conjunto de elementos que nos ajudem a discernir sua presença no seio da imagem fotográfica. Pois, longe de ser um simples estado de alma de tristeza contemplativa, inerente a uma condição própria do ser, a saudade revela uma estrutura complexa que agencia diversas porções de espaço-tempo num só segmento, presente e atual.

Uma paixão ambígua da alma

Prossigamos no caminho que nos levará progressivamente ao coração de uma *razão* da saudade. Se a abordagem etimológica utilizada anteriormente começou a nos revelar, pouco a pouco, toda a sua complexidade e riqueza poética, é preciso constatar que seus valores semânticos (via seu significado) e filosóficos (via sua abordagem fenomenológica) permanecem ainda misteriosos. Uma nova dificuldade se apresenta então, nascida de seu caráter intraduzível: se consideramos o fato de que existe, com efeito, em outras línguas, um vocábulo específico cuja equivalência de sentido vem dar conta ou ao menos esclarecer em parte esse termo específico, este permanece, não obstante, compreensível apenas de maneira aproximativa, por equivalência ou por parentesco com termos vizinhos. Em primeiro lugar, a melancolia.

Portanto, se o termo "saudade" se compara a certos equivalentes como a "melancolia", por vezes interpretada como o *regret* francês, o *spleen* inglês, a *Sehnsucht* alemã ou ainda a *anyorenza* espanhola, é preciso constatar uma falta, e mesmo uma real incompletude. Evitemos portanto a armadilha – tentadora – de considerar a saudade como um elemento, *a priori,* exclusivo da cultura lusófona – luso-brasileira no caso que nos interessa –, em que ela encontra seu substrato linguístico. Uma tentação que representa nesse sentido um erro que consistiria em desmentir e até em refutar seu caráter profundamente universal. Parece, mesmo assim, que a questão da saudade permanece indissociável do imaginário lusófono, enriquecido em Portugal e no Brasil, passando por Cabo Verde, Angola e Moçambique, e alimentado ao longo dos séculos por uma experiência cuja história humana, filosófica e artística confirma a unicidade. Entretanto, tratando-se em primeiro lugar da unicidade da língua, esta não exclui sua própria expressão, como nos recorda Adelino Braz, no Brasil: "O termo saudade existe tal qual na cultura brasileira, considerando o fato de que o Brasil e Portugal partilham a mesma língua. Isso não implica no entanto que a saudade brasileira não seja por sua vez a expressão singular de um fato cultural que lhe é próprio".[45]

O que pode portanto evocar para nós o sentimento de saudade? A fim de dar conta da maneira mais justa e mais precisa da complexidade desse termo, escavemos sua "ganga" semântica, isolando cada um dos elementos que compõem seu sentido, levando em conta sua dimensão particular e universal. Assim, como observa Christian Auscher, referindo-se ao célebre aforismo de dom Francisco de Mello, essa palavra, embora dificilmente definível, "mistura em si *soledade* e saudação, a solidão e a saudação daqueles que se deixam ou se reencontram, menos introspectiva e sombria do que o *spleen*, menos definitiva do que o *regret*, nostalgia que seria também 'nostalgia do futuro', ela é 'um mal, de que se gosta, e um bem, que se padece'".[46]

Embora essa proposição seja plausível e nos traga um primeiro indício sobre o valor ontológico da saudade, temos de emitir algumas reservas. Essa combinação de solidão e salvação, judiciosa e sutil, precisa de alguns esclarecimentos. Por que razões? Em primeiro lugar, o autor a associa ao termo "nostalgia". Ainda que possa constituir uma de suas causas, a palavra "nostalgia" tem sua origem no grego antigo pela justaposição das palavras *nostos*, que significa "retorno" e, *algos*, "dor". A nostalgia designa portanto literalmente um "*mal du pays*"[47], e encontra sua forma atual a partir do latim *nostalgia*, mencionado notadamente em 1678.[48]

---

[45] BRAZ. *L'Universel et le Singulier dans la saudade: une philosophie de l'interculturel*, p. 67.

[46] AUSCHER. *Portugal*, p. 68.

[47] Numa tradução necessariamente perifrástica: a dor que se sente por se estar longe de sua terra. (N.T.).

[48] A terminologia latina *nostalgia* é mencionada em 1678 por J. J. Harder, em seu livro intitulado *De nostalgia*, e definida como uma "dor sentida ao se pensar no retorno à casa familiar, *mal du pays*", depois, em 1769, no *Précis de la médecine pratique* [Compêndio da medicina

A fim de melhor perceber o valor ontológico da saudade – exercício tanto mais importante e delicado uma vez que se tratará de levantar e analisar algumas figuras predominantes que possam ser transpostas para o campo da iconografia fotográfica contemporânea –, podemos orientar seu estudo segundo dois tipos de abordagem. A primeira, analítica, refere-se principalmente a sua ontologia como tal, remetendo aos teóricos que buscaram defini-la. A segunda, *poiética*, reúne os autores e artistas que tentaram representá-la, através da pluralidade de seus registros, constituindo assim uma verdadeira *arte de fazer*, ou ao menos uma *arte de exprimir* esse sentimento.

Voltemos agora ao caráter intraduzível da saudade, que permanece, segundo Ramón Piñeiro:

> Uma realidade escura – escura, como o todo profundo – [...] Não há nenhuma correspondência entre a pobreza significativa das palavras e a plenitude complexa do conteúdo dos sentimentos. [...] A partir disso resulta que as palavras do vocabulário sentimental são escondidas por uma polifonia confusa, porque cada uma só poderá designar conteúdos sentimentais distintos.[49]

De uma maneira geral, a saudade designa um sentimento que exprime simultaneamente a alegria, a solidão e a tristeza, ainda que, segundo João Ferreira: "Não podemos afirmar que possuímos uma definição da saudade. Existem alegorias, constituídas de elementos úteis que nos ajudam a entender o fenômeno saudosista".[50] Essa definição remete ao sentido mencionado a partir do século XIV, como vimos em dom Duarte. A saudade se formou a partir de elementos heterogêneos, o que explica toda a sua especificidade. Essa especificidade está ligada diretamente ao ritmo poético e musical, mas também está baseada nas relações que a saudade implica com nosso próprio ser, com outrem, com o tempo e com o espaço. Essa formação explica em parte como ela pode se diferenciar da melancolia. Ponto a que voltaremos ulteriormente.

---

prática] de J. Lieutaud; em 1834, volta na pena de Honoré de Balzac como "melancolia vaga, tédio". (Cf. BALZAC. *La recherche de l'absolu*, 1993, p. 199). Na qualidade de estado d'alma, a nostalgia se aproxima bastante da figura da *Sehnsucht* alemã. Freud a menciona pelo termo *Wunsch* [desejança], cuja falta é compensada graças ao recurso à imaginação. Essa imaginação, formada a partir das experiências que temos durante nossa vida – às quais se acrescentam as coerções impostas ao sujeito por seu meio real e imediato –, vem então trazer ao sujeito tudo quanto é tipo de fontes de consolo.

[49] PIÑEIRO. *Pra unha filosofia da Saudade*, p. 5-12.

[50] FERREIRA. Nova dimensão psíquica do homem. In: *Miscelânea de estudos a Joaquim de Carvalho*, p. 928-938.

Apesar de todas as discordâncias no que se refere a sua tradução, um dos primeiros elementos postos em relevo é o da solidão, já que a maioria dos linguistas consideram antes de tudo sua raiz latina *sol*, encontrada no plural do nome latino *solitates*. A esse elemento se acrescenta o da ausência. Na verdade, é através da reunião desses dois sentimentos que a saudade toma realmente forma. Quer se sinta saudade de um ser amado, quer ou de um lugar querido, só a consciência de sua ausência pode revelar o valor a partir do qual o ser pode então experimentar esse sentimento. Mas igualmente a possibilidade de despertar e de dar sentido à experiência psicológica da solidão, física (pela distância de um lugar de que gostamos) e emocionalmente (estar afastado do ser amado ou de um grupo de pessoas). Esses dois sentimentos permanecem animados pelo desejo de amor que o ser consegue satisfazer ou não.

Quer o sentimento de saudade surja da ausência, quer da solidão, a razão de seu fenômeno parte de um ponto comum que Manuel Alves Pardinhas identifica como "consciência da perda". Nessa perspectiva, ele esclarece que:

> A saudade é, em termos mais concretos, a consciência da perda do que queríamos presente e nosso mas, porque ela está sendo transformada em consciência, continua a ser conhecida [...] É o desejo de "super-ação" em nossa consciência, o amor pelas pessoas e os afetos pelas coisas e pelos lugares que nos pertenceram e que continuam, por milagre psicológico, a ser nossos na lembrança e no reviver da saudade.[51]

Essa *super-ação* equivale portanto a uma luta que visa fazer o luto daquilo que perdemos, convidando-nos então a sair de uma espécie de "letargia da lembrança", território reservado da melancolia. Sigmund Freud interessou-se pelo problema da melancolia, que ele opõe ao luto – um luto pelo objeto perdido –, numa série de ensaios reunidos na coletânea *Metapsicologia*, publicada em 1915. No capítulo intitulado "Luto e melancolia", Freud explica que:

> O luto, via de regra, é a reação à perda de uma pessoa querida, ou de uma abstração que esteja no lugar dela, como pátria, liberdade, ideal, etc. [...] O luto profundo, a reação à perda de uma pessoa amada, contêm o mesmo estado de ânimo doloroso, a perda de

---

[51] PARDINHAS. A psicologia da saudade. *Lumen*, Lisboa, n. 23, p.126-135, *apud* COSTA; GOMES. *Introdução à saudade*, p. 29-30.

interesse pelo mundo exterior – na medida em que este não faz lembrar o morto –, a perda da capacidade de escolher um novo objeto de amor – em substituição ao pranteado – e o afastamento de toda e qualquer atividade que não tiver relação com a memória do morto."[52]

A importância atribuída ao luto pelo objeto perdido é igualmente sublinhada por Joaquim de Carvalho. A saudade só pode se manifestar no seio de um espírito consciente, de acordo com uma duração indeterminada. Ela é, além do mais, própria ao ser humano, não podendo concernir nem ao ser divino – entidade por essência "pura e realizada", que está *além* desse sentimento, já que nada pode lhe faltar – nem aos animais – restritos unicamente ao real sensível. Ela aparece como "um estado psicológico intransferível e como correlato às presencialidades que transcendem a consciência".[53] Seu caráter transcendental merece também ser evocado, pois constitui para numerosos autores da primeira metade do século XX uma de suas prerrogativas e um de seus fins constitutivos, defendido como um de seus elementos particulares. Carvalho opera a distinção entre um sentimento de saudade que se manifesta por um objeto (esclarecendo que essa forma costuma predominar entre os poetas) e aquele que emana do objeto. No entanto, seu advento permanece sempre dependente de uma consciência íntima que não pode ser transferida a outrem.

Essa distinção é importante, pois o fato de sentir saudade de um objeto só pode se dar pela transmissão de um desejo ou de um afeto como a tristeza ou a solidão. Estar com saudade de um objeto, efeito mais raro, supõe ao contrário uma habilidade de abstração mais elevada, só tornada possível por intermédio de algumas de nossas intuições, a partir daquilo que é fonte de saudade, como a ausência, e que permanece presente e vivo em nossa consciência. Joaquim de Carvalho define portanto três casos constitutivos da saudade: o do ser subjetivo, particular; o dos seres ligados a situações já vividas; e, por fim, o da correlação de nosso eu singular com esses seres ou essas situações. Ora, dessa correlação nasce uma contradição de natureza temporal em relação ao estado e ao objeto de saudade: "O estar saudoso exprime psicologicamente um estado em que a consciência opõe ao que lhe é dado na experiência patente a preferência de algo já vivido e ausente. O passado é representado em conexão de

[52] FREUD. *Luto e melancolia*, p. 47.
[53] CARVALHO. Elementos constitutivos da Consciência Saudosa, p. 250-254.

algo atual e presente, cuja dimensão afetiva é inferior à dimensão afetiva do passado representado".[54]

A partir de então, o sentimento de saudade gera um estado que parece se verificar no próprio coração dessa contradição e resulta, segundo o autor, do encontro de duas realidades que se cruzam: uma, originada de uma "percepção" atualizada; a outra, produzida a partir de uma simples "evocação". A evocação de uma realidade (ou de uma experiência) já vivida é então projetada como realidade atualizada por nossa consciência, à medida que o sentimento de perda sofrido é compensado pelo desejo de recuperação de seu objeto. Assim como a saudade se liga a um objeto (material ou afetivo) singular, a projeção desse objeto ausente ou perdido – situado num tempo passado, deixado para trás – só advém paradoxalmente num tempo presente e subjetivo de nosso ser consciente, e não pode então ser alterada por qualquer fator emocional exterior, como o medo. Ao contrário, a representação desse objeto provido de qualidades particulares só é possível pela falta que o sujeito sente e por seu desejo de reatualizá-lo ou de reviver sua experiência.[55] Essa tensão temporal entre passado e presente se encontra já, segundo Adelino Braz, no *Filebo*, de Platão, em que o desejo é designado pela noção de *epytimia*, ou seja, uma tensão entre emoções que se opõem.

À questão de saber como pode ser resolvida a equação que consiste em desejar um objeto ausente ou perdido e satisfazer sua falta criando, através de sua satisfação, seu contrário, Braz responde afirmando que "é o corpo que sente a falta, mas é a alma que deseja, ou seja, é a própria alma que se põe em movimento para representar para si mesma e adquirir o objeto de seu desejo".[56] A importância desse desejo, que está na origem da manifestação da saudade, sob a forma de estado d'alma, constitui um dos elementos motores primordiais desse sentimento identificado por dom Francisco de Mello como uma "paixão da alma". Essa paixão é analisada em uma de suas obras mais célebres, intitulada *Epanáforas de vária história portuguesa*, editada em 1676. A saudade resulta assim de uma mistura feita de gozo e de sofrimento, cujo afeto produzido permanece inteiramente autônomo em relação à razão.

A dor que a saudade pode causar à alma, segundo Mello, tem por origem o fato de que "A saudade é a paixão graciosa da alma, e por isso

---

[54] CARVALHO. Elementos constitutivos da consciência saudosa, p. 252-253.
[55] CARVALHO. Elementos constitutivos da consciência saudosa, p. 253.
[56] BRAZ. *L'Universel et le Singulier dans la saudade: une philosophie de l'interculturel*, p. 19.

tão fútil, porque ela experimenta-se de modo equivoco e, por deixar uma dor indistinta, nos traz satisfação".[57] Eis por que – e Almeida Garrett o confirmará dois séculos mais tarde – a saudade se encarna naquilo que se tornará um de seus aforismos mais célebres: "um mal, de que se gosta, e um bem, que se padece".[58] E o poeta precisará, além disso, a motivação desse desejo, descrevendo como este intervém no coração de um temperamento humano sofredor. O valor de seu caráter contraditório só pode ser apreciado em função de seu grau de dor, fazendo da saudade uma faculdade que permite ter acesso a uma esfera quase ascética:

> Sendo esta tal, a mais subida das saudades humanas: como se disséssemos um desejo vivo, uma reminiscência forçosa, com que apetecemos espiritualmente, o que não havemos visto jamais, nem ainda ouvido: e temporalmente, o que está de nós remoto e incerto. Mas um, e outro fim, sempre debaixo das primícias de bom, e deleitável. Esta é em meu juízo a teórica das saudades, pelos modos, que sem as conhecer, as padecemos, ora humanamente, ora divinamente.[59]

A saudade implica uma posição contemplativa no sujeito que faz assim sua experiência, tomado de "assalto" desde a perda de seu objeto. Consciente e singular, ela não pode ser impessoal: baseada na experiência tangível que nos liga ao objeto, a saudade não pode nascer da criação de uma existência idealizada ou irreal, subjetiva. Todavia, ela se relaciona, segundo Carvalho, a "um estado que se constitui a partir de uma situação presente segundo a representação de entidades ausentes ou de situações anteriormente vividas com plenitude ou vivamente imaginadas [...] e não das coisas ou manifestações puramente físicas".[60] O estado descrito por Carvalho é da ordem do inanimado e do inerte, quer se trate de objetos mecânicos, quer do espaço – questão diante da qual mantemos certa reserva, se pensamos por exemplo na experiência da paisagem descrita por alguns pintores românticos ingleses ou alemães. O autor tenta assim justificar o fato de que a saudade é um sentimento desinteressado e independente de qualquer desejo de posse material de seu objeto, mas também de tudo o que ele poderia comportar de mais repulsivo.

---

[57] Cf. MELLO. Epanáfora Amorosa. In: *Epanáforas de vária história portuguesa*, Lisboa, 1660. Livro III *apud* COSTA; GOMES. *Introdução saudade*, p. 20.
[58] MELLO *apud* COSTA; GOMES. *Introdução saudade*, p. 20.
[59] Cf. CARVALHO. Elementos constitutivos da consciência saudosa, p. 288.
[60] CARVALHO. Elementos constitutivos da consciência saudosa, p. 288.

Assim, a ausência (de uma coisa, de um objeto) constitui o correlato privilegiado da saudade. Sua representação nos seria dada em função de uma *presencialidade* espiritual. A presencialidade dessa coisa, indefinida a partir de então, organiza-se segundo ele em dois grupos divididos a partir do verbo latino *essere*: um primeiro grupo, da ordem do acontecimento – *esse in*, percebido por nossa própria consciência; um segundo – próprio a um *esse ad* –, dependente de uma relação intencional com "alguma coisa" ausente e desejada. A necessidade de uma representação do objeto ausente constitui uma das prerrogativas essenciais que acompanham o nascimento da saudade, representação consciente sem a qual o objeto perde todo o seu valor existencial. Essa faculdade permanece fortemente ligada a nossa capacidade emocional e imaginativa, uma vez que: "a consciência da saudade, como manifestação vivida da existência concreta, não é fundamentalmente suficiente e satisfatória em relação à explicação metafísica de uma realidade que se vive".[61]

---

[61] CARVALHO. Elementos constitutivos da consciência saudosa, p. 288-289.

CAPÍTULO II

Ontologia de um sentimento intraduzível

Em seu ensaio intitulado *L'Universel et le Singulier dans la saudade*, um filósofo do intercultural, Adelino Braz, enfatiza que ao problema da intraduzibilidade desse termo se acrescenta o de sua própria significação. Além disso, admitir que ele possa ser traduzido por outros vocábulos seria pressupor que é possível encontrar seu equivalente em sua própria língua. Por outro lado, partir do princípio de que a língua portuguesa conserva não obstante seu significado original equivale a "admitir que esses termos não são mais do que ideias vizinhas", dado que "se trata, de fato, de um significado complexo, que tem uma existência em si, o que implica que a plena concordância com esses diferentes termos é impossível".[62]

Se a complexidade de seu significado não pode ser reduzida, de maneira analítica, a um só termo referente, seu sentido pode ser entendido, por conseguinte, a partir de equivalentes que se aproximam de suas especificidades e diferenças. Embora se trate de um método *a contrario*, redutor do significado, ele permite definir simultaneamente, de maneira negativa, ou seja, por diferenças e oposições, tanto a invariante semântica no interior da língua quanto a complexidade dos significados da saudade, a fim de iniciar a análise de sua ontologia. Assim, "O interesse de confrontar a saudade com um termo que, como tal, não existe na língua-fonte, consiste em se perguntar se dois enunciados podem revestir um mesmo sentido cultural, se são sintomáticos de um mesmo

---

[62] BRAZ. *L'Universel et le Singulier dans la saudade: une philosophie de l'interculturel*, p. 28-29.

dizer, expressão de uma mesma experiência de mundo, ou se esse dizer é radicalmente heterogêneo de uma língua-cultura a outra".[63]

É por essa razão que se faz necessário aprofundarmos a exploração de algumas de suas mutações etimológicas. Questionamento que não é novo, uma vez que já aparece num dos ensaios mais completos dedicados à análise ontológica da saudade. Carolina Michaëlis de Vasconcelos associa esse termo a certos derivados presentes em outras línguas latinas, como o catalão e, sobretudo, o idioma luso-galego, em que ela discerne uma de suas formas mais antigas.[64] Essa confluência pode igualmente ser identificada desde a segunda metade do século XX, com o concurso de Ramón Piñeiro, que busca decompor seu sentido para estudar sua dimensão ontológica em seu ensaio publicado em 1953.[65]

Partindo do postulado de que a saudade exprime um desejo de "retorno" do objeto ausente ou perdido em seu sujeito, Piñeiro inicia sua análise a partir de sua antiga forma *soedade*, ou seja, uma situação do sujeito abandonado por seu objeto, ou um sentimento causado por essa situação. Todavia, embora continue a usar *soedade*, Piñeiro extrai dela duas formas distintas: a primeira tem origem na objetividade; a segunda, tão somente em seu caráter íntimo. Ora, como o autor esclarece: "o sentimento de cada forma desses modos de *soedade* vem tornar-se uma forma de saudade determinada".[66]

Ela é aqui compreendida como uma faculdade sensitiva situada numa "zona intima do ser humano dentro do qual o sentimento desloca-se independentemente da vontade e do intelecto", permitindo ao homem "perceber [...] em sua situação original, a sua saudade ontológica."[67] Sentir saudade é portanto uma faculdade do homem, uma aptidão que ele possui de experimentar esse sentimento singular. Ela permanece sempre dependente de uma situação de abandono ou de perda do sujeito em relação a seu objeto, encontrando, de certa forma, a compensação de sua dor através de três situações principais. Cada uma dessas situações constitui um componente diferenciado, e é apenas nesse sentido que podemos falar de uma "tripla" dimensão da saudade, fonte de sua complexidade.

---

[63] BRAZ. *L'Universel et le Singulier dans la saudade: une philosophie de l'interculturel*, p. 28.

[64] A autora esclarece que: "A forma primitiva so-e-dade perdurou na Galiza até o século XV. Podem verificá-lo nos textos bilíngues do Cancioneiro Galego-Castelhano, que abrange as poesias líricas da idade de transição do primeiro ao segundo período (1350 a 1450)" (VASCONCELOS. *A saudade portuguesa*, p. 44-45).

[65] PIÑEIRO apud COSTA; GOMES. *Introdução à saudade*, p. 46-53.

[66] PIÑEIRO, R. *Pra unha Filosofia da Saudade*. Vigo: Galaxia, 1953, p.12.

[67] PIÑEIRO apud COSTA; GOMES. *Introdução à saudade*, p. 12.

A primeira se refere portanto à *añoranza*, a uma saudade de ordem *añorativa* – ou seja, da ordem do tédio –, derivada do verbo *añorar*, cujo significado está relacionado ao verbo *enojar*. Essa forma, muito próxima da melancolia, é significativa, segundo Adelino Braz, da "consciência de uma privação no presente daquilo que nos pertencia no passado".[68] A *añoranza* manifesta, assim como a saudade, uma tensão entre o tempo presente e o passado, presente "de uma perda e de um devir no seio do qual o eu no tempo nunca é idêntico e nunca chega ao ser".[69] Dito isso, a *añoranza* permanece profundamente marcada pelo selo irreversível e fatalista do tempo, em que nem o desejo nem a esperança podem compensar essa perda. Uma perda tão bem encarnada no exemplo da figura de Orfeu subindo dos infernos e causando, por sua pressa em rever a bela Eurídice, sua desaparição definitiva.

Esse caráter irreversível distingue a *añoranza* da saudade, que supõe, pela oposição de sentimentos contrários, uma tensão dinâmica cujo esforço provocado tende a uma superação de si e de seu estado. Uma segunda dimensão é abordada como manifestação da tristeza, a qual Ramón Piñeiro aproxima do termo galego *morriña*, nome popular derivado do verbo *morrer*, que nesse caso designa a morte da alma. Segundo Piñeiro, a *morriña* é o oposto direto da *euforia*. Ela é característica de uma tristeza profundamente depressiva, evitando no homem qualquer tentativa de objetivação em proveito de uma interiorização de todas suas emoções. Braz nos traz dela uma dimensão mais existencial, contrariamente à nostalgia ou à *añoranza*, já que: "A *morriña* se apresenta como um sentimento de presença, a de uma morte que, insinuando-se progressivamente na alma, convida-nos a voltar à terra, lugar de origem [...] a terra é assim transcendida sob a figura da criação".[70]

Entretanto, tampouco esse aspecto pode dar conta da plenitude da saudade, uma vez que ela própria não pode se limitar unicamente à redução espacial. De fato, a falta causada pela ausência ou pela perda ultrapassa a simples causalidade terrestre. Lembremos que um dos mais célebres elementos propagadores do sentimento de saudade está ligado às viagens das grandes descobertas marítimas. O universo dos marinheiros se reflete em inúmeras canções populares, e o mar constitui o tema privilegiado de *Mensagem*, de Fernando Pessoa.

---

[68] BRAZ. *L'Universel et le Singulier dans la saudade: une philosophie de l'interculturel*, p. 29.

[69] BRAZ. *L'Universel et le Singulier dans la saudade: une philosophie de l'interculturel*, p. 29.

[70] Cf. BRAZ. *L'Universel et le Singulier dans la saudade: une philosophie de l'interculturel*, p. 29.

Um terceiro e último aspecto se aproxima finalmente da nostalgia (*nostàlxia*), muitas vezes comparada ao termo germânico *Sehnsucht*, que, segundo Carolina Michaëlis de Vasconcelos, descreve uma dor complexa nascida da tensão temporal que opõe ao sujeito um tempo presente em que ele, consciente de ter gozado outrora de uma felicidade hoje passada, não tem outra alternativa senão gozar de suas alegrias passadas através de suas lembranças.[71] Se "de modo geral a Senhsucht alemã possuí um caráter metafísico [e] aspira aos estados e às regiões ideais, sobre-humanas: no além", ela possui, além disso, uma dimensão transcendental: projetando seu sujeito num tempo futuro, sua busca consiste em reencontrar, a partir de um presente que ainda não foi vivido, um ideal representado pela imaginação que se pode então aproximar de um "possível", justamente localizado nesse além.[72] Ora, esse tempo único "em devir não advindo" difere nesse ponto do caráter reversível (por um retorno hipotético do objeto) e multitemporal da saudade: experimentada como um sentimento tangível e não idealizado, sua existência permanece, além do mais, sempre exterior e independente da vontade.

Ainda que os três termos aqui evocados nos tragam algumas chaves suplementares a fim de avaliar o alcance ontológico desse sentimento – tanto por seu sentido original quanto por sua manifestação –, eles partilham o fato de surgir e despertar a lembrança presente de um objeto perdido que altera o estado de seu sujeito. Não obstante, é a diversidade dessas três noções o que importa aqui – e a variação de seu significado, próprio a cada uma de suas línguas-fonte. Acontece que essa fusão esbarra no problema colocado por sua transposição da língua portuguesa a outros idiomas, que Braz designa aqui como "línguas-alvo".[73] Além disso, a dificuldade ligada ao problema da *intransponibilidade* da saudade como termo-fonte tem como primeiro efeito eludir o caráter unificador de seu significado. De forma que a significação da saudade, mesmo enriquecida a partir de seus equivalentes, permanece ainda assim incompleta. Por quê? A resposta parece residir no problema da própria tradução: "cada língua estrutura a realidade a seu modo e estabelece assim seu próprio mundo, dito de outro modo, elabora elementos da realidade que lhe são particulares".[74]

---

[71] VASCONCELOS. *A saudade portuguesa*, p. 32.
[72] CALAFATE. A mundividência de António Vieira, p. 703-731.
[73] BRAZ. *L'Universel et le Singulier dans la saudade: une philosophie de l'interculturel*, p. 32.
[74] MOUNIN. *Les problèmes théoriques de la traduction*, 1963. p. 72.

Porque nossa faculdade de perceber e de conceber o mundo depende diretamente de nossa própria língua, esta permanece o meio e o modelo solicitado a fim de melhor interpretar sua experiência. É por isso que "Cada cultura se torna assim a manifestação de um certo ser no mundo", referência a Martin Heidegger, para quem a língua retranscreve então "diferentes modos da experiência".[75] Segundo Ramón Piñeiro, a saudade se define igualmente no seio de uma relação ontológica singular que une o homem a seu ser como si. Subjetiva, ela perdura na intimidade do próprio Ser como "verdadeiro sentimento de sua situação original".[76] Por estimar que a saudade designa um sentimento puro, ele lhe reconhece um valor transcendental, inscrito no seio de sua ontologia, fazendo assim dela uma experiência única do mundo. No entanto, essa experiência se limita à da totalidade (donde essa aspiração à transcendência), como explica Ferdinand Alquié. Pois, propondo ao homem "a experiência do Todo ou do fundamento", sua consciência "só pode conduzi-lo a tomá-lo pelo Todo, ou do fundamento, a parte ou o resultado, já que do Todo ou do fundamento, não há experiência".[77]

Se a saudade produz essa experiência do homem em relação à perda de seu objeto de completude, ela revela igualmente sua incompletude. Nesse sentido, "não pode haver experiência do total. Se a consciência fosse o Todo, ela não teria a experiência do Todo: toda experiência exige que seu sujeito seja distinto daquilo que ele experimenta"; essa constatação leva, a partir de então, nossa consciência a ser ela própria experiência.[78] Um aspecto que René Descartes tentou demonstrar, por exemplo, através da explicação que ofereceu do conceito de finitude do homem em relação a Deus, entidade total *em si* e *por si*.[79] Essa observação nos conduz a uma das últimas características da saudade, livre *em si* e *por si* de qualquer correlação com os objetos de memória ou de qualquer vontade. Não existe então mais verdadeiramente uma relação sujeito/objeto em si, mas um único sujeito que sente, no qual intervém tão somente o sentimento de um "puro sentir" espontâneo: a saudade não se apresenta mais como uma fonte psicológica dolorosa, mas se transforma então numa faculdade transcendental do espírito.

---

[75] BRAZ. *L'Universel et le Singulier dans la saudade: une philosophie de l'interculturel*, p. 32-33.
[76] PIÑEIRO *apud* COSTA; GOMES. *Introdução à saudade*, p. 46-53.
[77] ALQUIÉ. Ontologie et métaphysique. In: *La Nostalgie de l'être*, p. 128-129.
[78] ALQUIÉ. *La Nostalgie de l'être*, p. 128-129.
[79] Cf. DESCARTES. *Troisième méditation apud* ALQUIÉ, p. 445-446.

Teixeira de Pascoaes foi um dos poetas mais ligados a essa dimensão mística da saudade. Seu ensaio intitulado *Os poetas Lusíadas* apresenta esse sentimento de saudade como verdadeiro Renascimento num contexto político e cultural estimado então como decadente e ao qual apenas a glorificação dos vestígios passados poderia trazer uma resposta. Assim, o espírito que parece então "renascer" de suas cinzas, como uma fênix lusitana através do saudosismo, produz uma nova dinâmica de pensamento cuja principal consequência culmina num "efeito retrospectivo", visando redourar os brasões da história e do destino português.

A partir daí, a saudade é percebida por Teixeira de Pascoaes como um "processo de recentramento" que se manifesta através da esperança e da lembrança, associação formada a um só tempo por "uma força criadora (esperança) e perpétua (lembrança)".[80] Acrescentando que: "A saudade é a própria Natureza afeiçoada ao sentimento lusitano, porque esta é absolutamente redutível àquelas duas forças, razão e efeito de tudo quanto existe. Em tudo se revela uma força invisível, um sentido superior e divino, mas logo decaído e aprisionado em aparências e corporeidades".[81] Podemos perceber aqui numerosas alusões relativas a figuras lendárias e mitos fundadores da estética moderna, quer se trate, como aqui, de Platão, quer de Dante, sob uma forma personificada: "Ela deseja penetrar, medrosa e pálida, como Dante, nas regiões proibidas do mistério. Ela quer transpor a barreira luminosa que cerca o mundo sensível e projetar-se no abismo. Impossível! Mas esse desespero e essa resignação (que é um desespero inerte e congelado) seduz e atrai a própria sombra que parece iluminar-se".[82]

Esse "processo de recentramento" deve ser compreendido aqui como uma vontade de conduzir o povo a tomar consciência dos valores positivos inscritos no seio de sua própria cultura, graças à qual Teixeira de Pascoaes pretende assim mudar "o olhar que os portugueses têm deles mesmos e o olhar que eles têm dos seus destinos".[83] Por isso, essa concepção, embora alimentada pelas melhores intenções, não deixa de estar próxima de certa deriva ideológica patriótica mais do que contestável. Para concluir este ponto, podemos reter o fato de que o saudosismo também opera uma

---

[80] PASCOAES *apud* GUIMARÃES, F. *Poética do saudosismo*. Lisboa: Presença, 1988, p. 10.

[81] PASCOAES. O Espírito lusitano ou o saudosismo. In: *A saudade e o saudosismo (dispersos e opúsculos)*, p. 40.

[82] Cf. PASCOAES. *Os poetas Lusíadas*, cap. VI *apud* COSTA; GOMES. *Introdução à saudade*, p. 35-37.

[83] BRAZ. *L'Universel et le Singulier dans la saudade: une philosophie de l'interculturel*, p. 68-69.

verdadeira síntese da tensão de contrários, em que "o papel do poeta é decisivo pois ele é ao mesmo tempo aquele que liga o passado ao presente e aquele que exprime a experiência da saudade".[84] Essa tensão temporal pode ser repartida em quatro fases principais.

A primeira fase, rural e dionisíaca, está ligada ao que Braz denomina *o idealismo lusitano*, que aspira ao mundo espiritual desenvolvido entre os séculos XIII e XIV. Sucede-lhe então um segundo período, marítimo desta vez, que ele situa entre os séculos XV e XVI. Essa segunda fase, em que se afirma o Renascimento literário português, termina com um período de primeira decadência, ao qual se sucederão um terceiro e um quarto períodos do século XVII até o fim do século X. Mas é durante os dois primeiros períodos que a tensão dos contrários temporais ganha todo o seu sentido, através da figura do rei dom Sebastião.

É também durante esse segundo período que se constrói um tipo de saudade *mitificada*, encarnada ela própria na lenda do rei desaparecido, cujo retorno hipotético marcaria o advento do Quinto Império, alimentando, de um certo ponto de vista, a esperança, ela própria hipotética, de um ideal sebastianista. Um ideal que constituirá na obra de Fernando Pessoa aquilo que Robert Bréchon aponta como da ordem de uma *geopoética*, que poderíamos descrever como uma territorialização imaginária da saudade.[85] Uma topografia sentimental, sem rotas nem caminhos, através da qual caminham – e muitas vezes se perdem – inúmeros suspirantes, por não terem podido traçar o itinerário sentimental certo. Assim, o abismo mais perigoso parece, curiosamente, encontrar-se no lago da indiferença, não-lugar da perda do ser amado e de um amor sem retorno.

Esse destino da alma é consignado justamente através da esperança e da lembrança, e sua matriz forma o embasamento de uma *saudade do futuro*: "Se a lembrança é a sua alma, a esperança é a carne e o sangue vivo do seu corpo. Ela tem uma face que gira em direção do passado e a

[84] BRAZ. *L'Universel et le Singulier dans la saudade: une philosophie de l'interculturel*, p. 68-69.

[85] Robert Bréchon afirma que é "paradoxal" falar de *geopoética* a propósito de Pessoa, justamente considerado um poeta do "espaço do dentro". O próprio Pessoa reconhece viver "constantemente no abstrato" . Donde: "A originalidade de *Mensagem* [...] é a de enxertar no mito histórico das descobertas dois outros mitos nacionais: aquele do Rei escondido e aquele do Quinto Império. É também, e sobretudo, o de dar assim à história, já transformada em mito, um sentido figurado e um sentido anagógico, para retomar os termos de Dante. O sentido anagógico é o sofrimento e a esperança da alma na expectativa de sua salvação eterna. Dessa forma, o poema nacional é também um poema místico. Tudo ali deve ser tomado simbolicamente, mesmo quando se trata de história e geografia." (BRÉCHON. *Étrange étranger*, p. 368).

outra em direção do futuro".[86] Trata-se portanto de um futuro específico, localizado em nossa própria imaginação: "Saudade do futuro, pois, em sentido próprio e estrito, não existe. Pode-se falar de saudade do futuro enquanto se refere a um acontecimento a se realizar, mas tratado, em imaginação, como se já tivesse se realizado; portanto como passado"[87] Como esclarece José Antonio Tobias, a saudade nasce ela própria de uma tensão temporal: se ela é o fruto de uma experiência passada, projeta no entanto seu tema a um futuro ainda não advindo. Donde o papel maior desempenhado pela esperança, sem a qual qualquer retorno do objeto perdido permanece inconcebível.

A saudade, por sua vez, mantém o enigma que a ninfa de Carneiro nos convida a decifrar. Seu gestual, não sem evocar o de uma mênade pompeiana lasciva pintada sobre uma das paredes da *Vila dos Mistérios*, inicia-nos ao ritmo de seus timbales a uma longa divagação... O enigma da vida seria portanto esse rito iniciático encarnado (pois aqui realmente se trata de carne) no corpo desnudo dessa ninfa virada de costas. Se sua melodia muda fizesse vibrar um amor infeliz, ela encontraria provavelmente sua explicação nessa alegoria da saudade apresentada como uma musa, "símbolo eterno da Realidade conjugada com a verdade, quer dizer, do Universo e de Deus".[88]

Um estranho eufemismo musical

Vai minha tristeza
E diz a ela que sem ela não pode ser
Diz-lhe numa prece
Que ela regresse
Porque eu não posso mais sofrer [...]

Chega de saudade
A realidade é que sem ela
Não há paz, não há beleza
É só tristeza e a melancolia
Que não sai de mim
Não sai de mim
Não sai. [89]

---

[86] TOBIAS. *O mistério da saudade*, p. 25.

[87] TOBIAS. *O mistério da saudade*, p. 25-26.

[88] PASCOAES. *Os poetas Lusíadas*, cap. VI *apud* COSTA; GOMES. *Introdução à saudade*, p. 35-37.

[89] MORAES. Chega de saudade. In: *Livro de letras*, 2005, p. 30-31.

Esses versos foram tiradas de um poema de Vinicius de Moraes, musicado por Tom Jobim e chamado "Chega de saudade". Mencionamos aqui esse poema para fazer uma transição ao nosso próximo tema. Se abordamos o estudo da saudade haurindo numerosos exemplos que a mencionam, tanto no campo literário quanto no filosófico, observando ao mesmo tempo que seu sentido procedia de certa forma de uma "síntese" semântica, interrogamos também os laços que ligam a saudade à imagem, ou seja: que indícios linguísticos determinam sua presença iconográfica? Nossa intuição corrobora a ideia de que se a expressão predominante da saudade permanece antes de tudo literária, nem por isso ela é alheia a outros campos artísticos, como enfatiza José Antonio Tobias.[90] Muito pelo contrário: basta pensarmos nos dois exemplos de pintura que vimos no começo e que se referem explicitamente à saudade.

A saudade é um sentimento particularmente pregnante nas culturas lusófonas, mas sua expressão singular não é alheia àquela, universal, que relata as turbulências e vicissitudes humanas. Atravessados por inúmeros tumultos da história, ou por aquele de uma profunda tristeza causada por um amor ou um lugar querido, perdido ou distante, todos esses temas conferem à saudade diferentes variações, fazendo dela um sentimento ao mesmo tempo particular e universal. Tobias acrescenta:

> Em outra palavra, trata-se aqui de um outro fato sociológico, que abraça o mundo inteiro: o transporte da cultura portuguesa, sobretudo a inoculação de um espírito português, através da palavra e do sentimento de saudade [...] De um outro lado, ela constituiu um forte impulso de união entre Portugal e Brasil; um mundo enclausurado na saudade, no mesmo tempo que nas Américas, ela deu aos brasileiros uma personalidade inconfundível, tipicamente e exclusivamente brasileira.[91]

Se uma das características maiores desse sentimento se concentra na tensão de perda ou de distância entre um sujeito e seu objeto, esta se aplica também ao tempo (entre diferentes temporalidades) e ao espaço, donde seu aspecto nostálgico. Se definir precisamente a saudade se revela um exercício complicado, certos sentimentos "conexos" podem entretanto nos ajudar a melhor apreciar seu valor artístico e psicológico. Em primeiro lugar, o da tristeza. De acordo com a análise de Cândida Alves Claves do Carmo, esse sentimento resultaria de um "conflito

---

[90] TOBIAS. *O mistério da saudade*, p. 39-40.
[91] TOBIAS. *O mistério da saudade*, p. 39-40.

sentimental" constituído a partir de um conjunto heterogêneo de que se distinguiriam principalmente a tristeza, o desejo e a solidão.[92] Já mencionada no *Leal conselheiro* de dom Duarte, sua simples evocação basta para lhe trazer de volta a alegria. Lúcido quanto a sua "condição", ele a descreve da seguinte forma:

> Entre nojo e tristeza eu faço tal diferença: porque a tristeza, por qualquer parte que venha, assim embarque sempre continuadamente o coração que não dá espaço de poder em al bem pensar nem folgar, e o nojo é a tempos, assim como se vê na morte de alguns parentes e amigos, onde aquele tempo que por justa falta ou lembrança se sente, o sentimento é muito rijo [...] E a saudade não descende de cada uma] destas partes, mas é um sentido do coração que vem da sensualidade e não da razão, e faz sentir às vezes os sentidos da tristeza e do nojo.[93]

Se observamos alguns exemplos iconográficos portugueses ou brasileiros, muitos deles testemunham um sentimento de tristeza inoculado de maneira bastante variada, de acordo com o espaço geográfico em que uma *poiética* das imagens e do imaginário pôde se desenvolver. Tomemos, por exemplo, duas fotografias que representam ambas uma "cena de gênero" musical, em que podemos discernir um espírito de saudade, como uma melodia que proporciona ao mesmo tempo tristeza e alegria. A primeira fotografia é de Pierre Verger; a segunda, de Jean Dieuzaide. Notemos que não se trata de dois fotógrafos lusófonos, mas de dois francófonos mais ou menos ligados a Portugal ou ao Brasil, cada um por motivações bem particulares. Notemos o fato de que, a partir de uma motivação comum – representar uma cena de pessoas cantando –, essas duas fotografias mostram uma divergência de ponto de vista, da qual resultam duas percepções diferentes dessa relação que une o sentimento de saudade à música: uma, próxima de um olhar "etnográfico"; a outra, mais tradicional, ou mesmo "convencional". No entanto, uma tensão dos contrários se infiltra em ambas, em função de um registro e de um enquadramento espacial específico de representação.

A primeira fotografia que retém aqui nossa atenção foi tirada por Pierre Verger no ano de sua chegada ao Brasil, depois de ter deixado o

---

[92] CARMO. Subsídio para o estudo da saudade e nostalgia no povo cabo-verdiano, Lisboa, 1956 *apud* COSTA; GOMES, *Introduçnao à saudade*, p. 28.

[93] DUARTE. *Leal conselheiro, apud* DEMERSON. *L'amour dans o "leal conselheiro" de Dom Duarte*, p. 483.

continente africano onde trabalhava para o Institut Français d'Afrique Noire [Instituto Francês da África Negra] (IFAN, com base em Dakar). Foi na cidade de Salvador que Verger iniciou sua pesquisa sobre a herança africana no Brasil.[94] A cena se situa numa rua, perto da igreja de Nosso Senhor do Bonfim, centro "nevrálgico" onde se misturam fé cristã, ritos e divindades ancestrais africanas, ligados à prática do candomblé, trazido pelos escravos que vieram em grande parte de Benim e de Níger (Fig. 7). A fotografia representa uma cena musical, em que se reúnem ao redor de uma mesa cantores e músicos. Verger explica que escolheu então uma postura de simples observador: "Minha abordagem nessas pesquisas tinha a ver com o estado de espírito do fotógrafo que eu era – ou seja, um puro observador que registrava aquilo que estava se passando diante de seus olhos, como uma simples testemunha, sem intervir ou perturbar o desenvolvimento dos acontecimentos".[95]

Figura 7 – Pierre Verger, *Bonfim, Salvador da Bahia,* 1946-1952. Cópia em prata, 39,8 x 39,8 cm. Fondation Pierre Verger.

O concerto parece se aparentar mais aqui a uma "justa" musical do que a um concerto de rua tradicional. Observemos especificamente três personagens: os dois cantores e o violonista. À primeira vista, poderíamos ficar apreensivos com a cena, de tanto que o rosto do cantor que está ao centro (dando a réplica a seu parceiro à direita) ostenta uma expressão ambígua, dividida entre uma exaltação animada por seu canto, que parece fortíssimo, mas também nuançada por uma

---

[94] VERGER. Entrétien avec Véronique Mortaigne, [s.p.].
[95] VERGER. Entrétien avec Véronique Mortaigne, [s.p.]..

espécie de inquietude no olhar, tudo isso ritmado pela batida sincopada do tamborim. Esse paradoxo expressivo contrasta não apenas pela alegria que emana de seu companheiro de canto, mas igualmente pelo violonista que se encontra isolado desse grupo: concentrado na execução da melodia, seu rosto se desvia da objetiva, com uma expressão que se poderia julgar significativa de uma ausência, correspondendo à inquietude do cantor que lhe dá as costas.

Esse contraste visual só faz reforçar a impassibilidade expressiva de seu rosto, entre contemplação e concentração, atento à melodia que executa. Essa fotografia se anima por um movimento expressivo centrípeto e dinâmico que se difunde desde o personagem central, federando de certa forma toda a assembleia que o rodeia, atenta. Sua expressão pode ser da ordem de uma extensão, considerada por Joaquim de Carvalho, em sua dimensão temporal, como uma forma de *protensa*, ou seja, um ato ou um efeito de ampliação (no caso de uma temporalidade): mantendo embora a atenção dos ouvintes reunidos a sua volta, ele orienta exclusivamente seu olhar em direção a seu vizinho da frente.

Assim, a expressão do homem situado à esquerda, dinâmica, parece oscilar ao mesmo tempo entre a dúvida – e mesmo a inquietude – e a contemplação: fortemente banhado por uma luz direta proveniente da borda superior esquerda da imagem, localizada sobre a metade de cima de seu rosto, ele difere de seu vizinho mergulhado na sombra, observando a paisagem de maneira impassível. A escolha dessa fotografia pode se justificar, apesar do salto temporal efetuado, na medida em que o rosto do homem à nossa frente parece evocar, por sua expressão, respondendo a ele parcialmente, o enigma colocado anteriormente: qual pode ser então esse mistério da saudade consignado na imagem, como a equação a três resoluções cuja incógnita só pode ser revelada em presença da esfinge, guardiã do tempo, pintada por António Carneiro? A imagem fotográfica parece progressivamente nos entregar alguns indícios de seu enigma, para o qual devemos ainda encontrar a solução.

A segunda fotografia foi tirada por Jean Dieuzaide durante uma reportagem em Portugal, nos anos 1950. Descreve uma cena típica de um cabaré da Alfama em Lisboa, bairro histórico dos marinheiros e dos pescadores da cidade, situado às margens do Tejo, onde é tradicionalmente cantado o fado (Fig. 8). A composição dessa fotografia é muito similar à de Pierre Verger, mas ocorre num lugar fechado, fracamente iluminado. O tratamento da luz insiste de saída em todo o efeito dramático contido nessa cena – assim fazendo eco ao repertório tradicional do fado. Os personagens se repartem ao redor de uma mesa, alheios ou atentos ao canto da fadista.

Todos os olhares dos personagens se desviam da objetiva, mergulhados numa verdadeira contemplação, um profundo recolhimento interior, inclusive o violonista da margem inferior esquerda, que nos vira as costas e dirige seu olhar à cantora. Ela própria ergue os olhos para o céu: presente fisicamente, a expressão de seu rosto permanece entretanto inteiramente cativada pela melodia. A iluminação particularmente sutil combina perfeitamente com o caráter sacerdotal e encantatório desse canto triste. A tensão contida na expressão de seu rosto, presente e ausente ao mesmo tempo, é igualmente sublinhada pelo contraste entre seu rosto e o alto de seu busto "imaculado" de branco, envolto no tradicional xale preto das fadistas, mas também da posição das mãos, especialmente o punho fechado da mão direita, significativo de um gesto de resignação.

Figura 8 – Jean Dieuzaide, *Lisbonne*: *fado dans l'Alfama* [Lisboa: fado na Alfama], c. 1950. Cópia em prata, Fondation Jean Dieuzaide. Toulouse, Galerie du Château d'Eau.

Um segundo elemento importante presente nessa cena se relaciona ao grupo de três homens sentados ao fundo da peça, dois deles situados na penumbra. O terceiro, mais próximo, recebe de certa forma a mesma iluminação que a cantora. Ele está "fixado" numa pose singular de melancolia, simbolizada pela cabeça apoiada na mão que a sustenta. Contrariamente ao personagem situado a sua esquerda, cujo olhar cúmplice permanece animado pela presença da cantora, este, como seu comparsa no plano de fundo, destaca-se, ostentando, entretanto, uma expressão no rosto serena e impassível (Fig. 9). Essa "pose" é sintomática do homem melancólico. O fato de que esse ouvinte, assim como a cantora, esteja banhado de uma iluminação direta reforça, além disso, o efeito performativo desse canto:

não gerador de uma ação em si, mas de uma pose. Esse é o poder do fado, essa suave melodia, triste, inquieta e alegre por vezes, comparável às queixas cantadas pelos poetas da bossa-nova, surgida a partir de 1958 no Rio de Janeiro. A saudade se torna, a partir daí, através do fado, o canto de um destino comum e de uma tristeza partilhada.

Esse sentimento profundo de tristeza produz nesse personagem, no caso em tela, um movimento de "retenção": introspectiva e centrífugo, ela reúne, concentra, até paralisa com toda a sua força o sujeito que a sente no interior de si mesmo. É aquilo que Joaquim de Carvalho designa temporalmente com o termo *retrotensa*. O que devemos entender por esse termo? Para tentar melhor descrever a saudade, é preciso experienciá-la, pois, como todo sentimento que se manifesta no ser, ela permanece profundamente subjetiva, intransmissível em si, como já foi mencionado. Cada experiência permanece privativa de um sujeito. O que não impede, entenda-se, a partilha coletiva desse sentimento, embora cada um de seus referentes ou de seus objetos seja vivido de maneira única.

Figura 9 – Jean Dieuzaide, *Lisboa: fado na Alfama* (Detalhe).

Podemos agora prosseguir com a hipótese de que a experiência coletiva e universal da saudade não se refere justamente ao objeto em si, mas supõe que seu caráter universal resida antes na sua fonte originária, manifestando-se pelo viés da imaginação. Quer se trate de seu processo de aparição – estimulada por um elemento performativo, como uma carta, um canto, uma fotografia –, quer de sua faculdade de reativar um objeto passado, perdido ou distante, graças ao recurso à imaginação. O papel da imaginação funcionaria de certa forma como um "teatro mnemônico", provocado pela própria falta do objeto e que vem "reanimá-lo" sob a forma de uma imagem. A crença numa possível esperança de seu retorno (a fim de compensar sua falta) situa então seu sujeito num futuro hipotético. Isso, ao menos, a fim de evitar qualquer possibilidade de uma morte "simbólica" do objeto, pois, a partir do instante em que a falta (e portanto o desejo) é satisfeita – pelo retorno definitivo desse objeto –, a saudade perde sua razão de ser.

Se essa tensão temporal nos ensina sobre a complexidade ontológica da saudade, existe, por outro lado, um outro tipo de tensão, *paradoxal*, que se manifesta especialmente em numerosas pinturas. Referimo-nos novamente ao pintor José Ferraz de Almeida Júnior, autor igualmente de uma cena de gênero intitulada *O violeiro*, de 1899 (Fig. 10) – mesmo ano daquela que representa a Saudade –, e ao pintor português José Malhoa, autor de uma outra cena intitulada *O fado*, de 1910 (Fig. 11). Como as duas fotografias precedentes, esses dois quadros propõem dois "climas"

Figura 10 – José Ferraz de Almeida Júnior, *O violeiro*, 1899. Óleo sobre tela, 141 x 172 cm. São Paulo, Pinacoteca do Estado.

Figura 11 – José Malhoa, *O fado*, 1910. Óleo sobre tela, 150 x 183 cm. Lisboa, Museu da Cidade.

específicos de sua evocação difusa através da música. Duas "situações" em que essa tensão paradoxal reforça a presença.

Essa tensão ressoa como uma vibração, mas difere de acordo com o lugar e o contexto de onde surge. A cena do violeiro de Almeida Júnior representa um registro pictórico em que o conjunto dos elementos que compõem seu quadro de representação é reduzido ao mínimo necessário, dirigindo toda a atenção do espectador aos dois personagens e à relação que os une através de seus gestos e de seus olhares, o elemento-chave da cena refere-se a viola (assim como a carta em *Saudade*). Um dos aspectos mais marcantes em toda obra de Almeida Júnior remete a um efeito de *retenção*, especialmente presente nos dois protagonistas. Apesar da economia de elementos visuais, voluntariamente escolhida pelo pintor, essa cena dá conta perfeitamente, de um ponto de vista iconográfico, do espírito caipira que representa: um quadro restrito (uma borda de janela e seu parapeito), um pedaço de parede rústica e duas pessoas, uma de cada lado, a propósito do qual Mário de Andrade fará o seguinte comentário:

> A influência da técnica europeia ainda predomina, e predominará até os nossos dias, mas os artistas de maior valor se voltam para a expressão da terra e do homem. O pernambucano Teles Júnior cria paisagens nordestinas de caráter vigoroso e fiel; e em São Paulo, Almeida Júnior, em luta aberta com as luzes do nosso dia e a cor da terra que a sua paleta parisiense não aprendera, analisa com firmeza os costumes e o tipo do caipira.[96]

A cena pintada por José Malhoa é bastante diferente, embora sua representação permaneça ela própria popular. Ao quadro campestre Malhoa prefere, por sua vez, o quadro *feutré*, suavizado e íntimo de um quarto. Ora, se a postura da jovem pintada por Malhoa não deixa de evocar aquela do ouvinte da fadista fotografado por Dieuzaide, seu rosto, não obstante, exprime mais um prazer da escuta do que uma tristeza consternada. A cena representada por Malhoa nos oferece uma visão íntima, a de uma serenata tocada por um amante que faz a corte a sua bem-amada.

Atmosfera *decadente* em que o pintor descreve um universo sulfuroso que se opõe inteiramente àquele a que os poetas saudosistas

---

[96] ANDRADE. As artes plásticas no Brasil. *Revista da Academia Paulista de Letras,* São Paulo, ano VII, n. 26, 12 jun. 1944, p. 27 *apud* ALMEIDA JÚNIOR. *José Ferraz de Almeida Júnior: vida e obra*, p. 30.

pareciam aspirar na mesma época, ou seja, uma cena cuja temática parece mais propícia a exaltar o desejo carnal do que a celebrar as glórias da nação. Além disso, essa cena rompe completamente com a visão tradicionalmente fatalista da saudade, enfatizada pelo fado, que, recordemos, caracteriza-se acima de tudo como um tipo de queixa criada nos portos de Lisboa. Essas vibrações *instáveis* convidam a jovem lasciva, de corpo praticamente oferecido, a se abandonar ao roçar das cordas e aos sons melódicos do músico. Essa representação contrasta portanto, nesse sentido, com a ingenuidade aparente dos personagens de Almeida Júnior. A partir daí, essa visão da saudade não corresponderia, como um *contrarretrato*, subversivo, ingênuo e atrevido, como uma sátira popular da elite portuguesa da época?

Uma mesma tensão paradoxal se estende a cada um dos instrumentos que servem de "pretexto" narrativo e relacional entre cada casal de personagens e ilustra paralelamente uma intenção oposta: podemos assim considerar o exemplo brasileiro mais próximo da ideia de saudade *introvertida*, embora seu título, contrariamente ao exemplo português, não o sugira explicitamente (ainda que revele, nesse sentido, aquele efeito de retenção). O violeiro brasileiro permanece distante. De olhos fechados, acaba por se isolar do mundo "visível" em prol do mundo "audível" (da mesma forma que Orfeu, em busca de sua bem-amada, vai atrás dela, no coração dos infernos, acompanhado de sua lira). A cena de gênero de Malhoa insiste pelo contrário na ideia de uma intenção extrovertida, como numa *mise-en-scène* em que os atores adotam uma "pausa-modelo", quase *forçada*.

Assim, o sentimento de ausência (e, de certo ponto de vista, de ausência de sentimento) se propaga e se traduz, nos dois casos, nos violeiros que se furtam paralelamente a nosso olhar. Ausência similar encontramos em cada uma das mulheres, ambas com os rostos voltados para seu companheiro músico. A viola (ou a guitarra típica dos fadistas), como elemento figurativo ativo, revela assim em cada um dos quadros uma evocação da saudade bem diferente. Do aspecto particularmente inovador, para não dizer moderno, que nos propõe esse violeiro, parece, em definitivo, não permanecer mais que sua representação arquetípica popular.

O contraste com o modesto quarto de Malhoa se faz ainda mais flagrante. *O violeiro* é, além do mais, uma obra tão particular que opera uma verdadeira representação invertida da relação do pintor com a paisagem clássica, como esta foi codificada por Giorgio Vasari: a janela, enquanto dispositivo de representação, não se abre para o exterior, mas para uma parede interna de tijolo, isenta de qualquer decoração. Não se trata aqui de introduzir o espectador numa paisagem pensada como *storia*, ou seja, uma janela de que se pode observar uma história. Qualquer possibilidade de escape é aqui obliterada, excluída. Esse *parti pris* não é um caso isolado: podemos encontrá-lo também em certos filmes contemporâneos de ficção. *São Bernardo*, filme dirigido por Leon Hirszman em 1972, a partir do romance homônimo de Graciliano Ramos, oferece-nos um exemplo particularmente evidente. O primeiro fotograma selecionado é extraído do plano em que Paulo Honório, modesto vendedor que se torna um rico proprietário de terras, encontra Madalena, uma professora que mora então na cidade, em sua casa, para pedi-la em casamento. O dispositivo é estranhamente similar: os dois personagens são filmados em plano fechado recortado pelo enquadramento da porta-janela. A janela serve assim de quadro – de lugar mnemônico – durante toda a sequência em que Paulo Honório, impaciente e intransigente, não para de ir e vir, enquanto Madalena permanece calma, quase impassível, diante de seu pretendente. Ao contrário do exemplo de Almeida Júnior – no qual tudo o que importa para a composição se concentra na linha oblíqua que dinamiza a relação existente entre os dois personagens, apesar de sua posição estática –, a relação dos dois personagens do filme é reforçada pela linha horizontal do rebordo da janela, que acentua assim o caráter estagnado e frio de uma relação complexada, desprovida de qualquer expressão espontânea de um amor nascente.

Essa sensação de vazio estranho se confirma por outro elemento presente no *São Bernardo* de Hirszman. Da mesma maneira que a representação da melancolia – como constataremos posteriormente – pôde encontrar na figura da acédia uma de suas mais célebres alegorias, descrita sob os traços de uma mulher preguiçosa e apática, fiando inexoravelmente numa roca de lã, a saudade também pode suscitar um tédio impassível. Esse tédio se encarna no filme justamente através da figura (e dos gestos) da bordadeira: assim como passa e repassa um fio esticado através do bastidor, ela se resigna a sua tarefa, concentrando então tanta tensão em seu trabalho que consegue fingir seu afeto, indiferente àqueles que a circundam. Essa figura indica, portanto, a imagem metafórica de uma relação que, ao contrário da deliciosa dor do coração do poeta, traduz pela repetição mecânica de gestos a imagem do triste cotidiano de um amor que se tornou enfadonho, alienante. Consciente igualmente de que a única maneira de escapar do ciúme doentio de Paulo Honório será o suicídio.

Uma arte do agenciamento

Não definitivo, o sentimento da saudade associa portanto os sentimentos de perda, tristeza e amargor, criando uma sensação de falta irreversível. Essa perda do ser querido se colore de uma sensação de abandono cujo eco podemos perceber em outra canção de Vinicius de Moraes, Tristeza e solidão: a ausência do ser amado é aqui o fruto de sua ingratidão, que acaba por transformar a tristeza do poeta numa verdadeira dor. Se a saudade não é citada explicitamente nesse exemplo, Vinicius, no entanto, alude a ela pela associação de três estados: tristeza, solidão e dor, causas da aflição do poeta. Se existe uma razão para a saudade, esta pode ser definida a partir dessa associação combinatória cuja estrutura podemos analisar através da noção de agenciamento. O agenciamento "é uma multiplicidade que comporta termos heterogêneos e que estabelece ligações, relações entre eles, através das idades, sexos, reinos – das naturezas diferentes. Assim, a única unidade do agenciamento é a de co-funcionamento: é uma simbiose, uma 'simpatia'".[97]

Quer a saudade se manifeste por uma simpatia, como diz Deleuze, ou se sugira pelo emprego da locução porque, utilizada por Vinícius de Moraes no *Samba em prelúdio*, de que citamos um trecho abaixo, esses dois aspectos merecem ser aprofundados.

> Eu sem você não tenho porque
> porque sem você não sei nem chorar
> Sou chama sem luz
> jardim sem luar
> luar sem amor
> amor sem se dar
> E eu sem você
> sou só desamor.[98]

De acordo com Adelino Braz, essas duas primeiras frases que começam e terminam com *"não tenho* porque/*porque sem você"* demonstram que o poeta joga com os dois sentidos da locução porque para construir uma anadiplose – figura de retórica que consiste em retomar a última palavra de um verso como primeira palavra do verso seguinte. Se, através desse emprego, o primeiro sentido designa uma razão de ser, um motivo que atribui sentido a sua própria vida, o segundo se refere a uma causa – a

---

[97] DELEUZE; PARNET. *Diálogos*, p. 84.
[98] MORAES; POWELL. Samba em prelúdio. In: *Livro de letras*, p. 61.

da tristeza de sua separação. O autor descreve sua aflição, cuja intensidade é tamanha que ele não consegue nem exprimir nem expurgar seu sofrimento por meio de choros e lágrimas.

Além disso, a palavra "desamor" é utilizada aqui a fim de dar conta não do ódio, mas da privação. A saudade está incluída no seio desse espaço relacional que se define então ao redor do desejo de reconstituir o laço, sem o qual a vida perde todo o seu sentido e seu gosto. É por isso que a saudade instiga uma faculdade que "é também a de poder se dar, se reconhecer nesse movimento em direção ao outro, já que só a generosidade nos faz chegar a um estado de universalidade com o outro".[99] Sublinhamos anteriormente o fato de que a saudade necessita da relação com um objeto "outro". Um outro cuja existência ela pressupõe obrigatoriamente por sua própria ausência, sem a qual não teria razão de ser. Ela não pode existir como simples relação unilateral. Essa constante é válida de certa forma para a própria formação do indivíduo: "feitos de linhas, e essas linhas são de naturezas muito diversas", podendo ser apreendida como sistema constituído por uma rede de linhas e segmentos convergentes que nos definem como Ser. Essa linha, geral e abstrata, é de ordem segmentária, *de uma segmentação dura*, já que formada de:

> Todos os tipos de segmentos bem determinados, em todas as direções, que nos recortam em todos os sentidos, pacotes de linhas segmentadas. Ao mesmo tempo, temos linhas de segmentação muito mais flexíveis, de certa forma moleculares. Não que sejam mais íntimas ou pessoais, pois atravessam as sociedades, os grupos, tanto quanto os indivíduos. Elas traçam pequenas modificações, fazem desvios, esboçam quedas ou impulsos: nem por isso são menos precisas e dirigem mesmo processos irreversíveis.[100]

Essa convergência de linhas e de segmentos postos em relação uns com os outros se divide, segundo Deleuze, em três categorias distintas. A fim de descrevê-las, Deleuze utiliza o exemplo de uma novela de Francis Scott Fitzgerald, *The Crack-up* [O colapso], publicada originalmente em 1936, em que percebe um primeiro tipo de linha, segmentária, delimitada por segmentos que procedem ao recorte da linha infinita da existência. Esse segmento, que Fitzgerald denomina *corte*, é um acontecimento que vem a partir de então pontuar uma linha contínua, em que "cada segmento marca ou pode marcar um corte. É um tipo de linha, a linha

[99] BRAZ. *L'Universel et le Singulier dans la saudade: une philosophie de l'interculturel*, p. 68.
[100] DELEUZE; PARNET. *Diálogos*, p. 151-152.

segmentada, que concerne a nós todos, em tal data, em tal lugar. Que ela leve à degradação ou à promoção não muda muita coisa".[101] Existe uma segunda categoria, composta de linhas paralelas a que Fitzgerald chama *linhas de fissura*, que podemos aproximar daquela que, na origem do sentimento de saudade, separa o ser de seu objeto:

> Há linhas de fissura que não coincidem com as linhas de grandes cortes segmentários. [...] Mas é justamente quando tudo vai bem, ou tudo vai melhor sobre a outra linha que a fissura se faz sobre essa nova linha, secreta, imperceptível, marcando um ponto de diminuição de resistência, ou a ascensão de um limiar de exigência: não suportamos mais o que suportávamos antes, ainda ontem.[102]

A essas duas primeiras categorias se acrescenta enfim um terceiro tipo de linha: em face das consequências engendradas pela fissura, esse tipo recorre a qualquer ação que vise "destacar na vida o que pode ser salvo, aquilo que se salva por si só por sua potência e teimosia". Nesse sentido, a ponte que a saudade estabelece entre um passado que se prolonga e um futuro em devir não tem por meta apenas manter e/ou salvar "aquilo que não se deixa esgotar pela afetação, destacar no devir aquilo que não se deixa fixar em um termo".[103] Essa linha é nomeada por Fitzgerald *linha de ruptura*. Misteriosa, temos então a impressão de que "nada mudou, e, no entanto, tudo mudou. Certamente, não são os grandes segmentos, mudanças ou mesmo viagens que fazem essa linha".[104] Pelo contrário: "Parece que um limiar 'absoluto' foi atingido".[105]

Essa linha nos levará a evocar a obra polimorfa de Fernando Pessoa – especialmente através da leitura dos poemas esotéricos de *Mensagem* e da *Ode marítima* (sob o heterônimo de Álvaro de Campos). Buscaremos compreender assim como a saudade – pela pluralidade e complexidade gerada pelos heterônimos do poeta – surge no próprio coração do processo da obra, manifestando um pensamento singular do espaço e do tempo que se transmite por um sentimento que, de maneira paradoxal, faz permanecer aquilo que já não é. Uma dualidade paradoxal cuja existência, aliás, Pessoa começará a considerar numa série de artigos que integram

---

[101] DELEUZE; PARNET. *Diálogos*, p. 152.
[102] DELEUZE; PARNET. *Diálogos*, p. 153.
[103] DELEUZE; PARNET. *Diálogos*, p. 153.
[104] DELEUZE; PARNET. *Diálogos*, p. 153.
[105] DELEUZE; PARNET. *Diálogos*, p. 153-154.

um ciclo que pode ser chamado de *Nova poesia portuguesa*.[106] Um ciclo em que se manifesta progressivamente "a intelectualização de uma emoção e a emocionalização de uma ideia", cujo desígnio último seria atingir "modos analíticos de ideação que contribuam para uma despersonalização do texto poético. Múltiplo e despersonalizado, esse processo analítico do 'ato poético' se fundirá através de cada um de seus heterônimos".[107] Nesse sentido, "agenciar é isto: estar no meio, na linha de encontro de um mundo interior e de um mundo exterior", como conclui Deleuze.[108]

---

[106] Artigos publicados a partir de 1912 na revista *A Águia*.

[107] GUIMARÃES. Fernando Pessoa e o movimento saudosista. In: *Poética do saudosismo*, p. 30-36. O artigo intitulado "Saudosismo e simbolismo", redigido por PASCOAES, foi publicado inicialmente na revista *A Águia*, n. 15, 1912.

[108] DELEUZE; PARNET, *Diálogos*, p. 152.

CAPÍTULO III

Linha de ruptura

Como pudemos constatar até agora, a complexidade semântica da saudade provém em parte de sua intraduzibilidade. Mas também de sua singularidade ontológica, no que tange ao Ser em si e a seu objeto percebido. De um ponto de vista espacial – devido a uma distância geográfica que separa sujeito e objeto – ou temporal – um tempo subjetivo em que o sujeito consciente dessa falta recorre a sua imaginação num tempo presente, atual, a fim de rememorar seu objeto num tempo passado mais ou menos próximo, projetado a partir de então num tempo futuro, à espera de seu retorno. Esses diferentes parâmetros produzem uma tensão cuja vibração, que pode ser tão aguda quanto a do toque, do aperto de uma corda (como se fala de "um aperto no coração"), reaviva a lembrança. Essa tensão desperta portanto a sensação de falta que é preciso cumular no seio de nossa consciência. Ela é o númeno indispensável sem o qual a saudade perde seu sentido e sua razão de ser. Assim, "o sentimento da saudade é ao mesmo tempo um sentimento de Ser e de Não-Ser: de Ser, porque nos sentimos através da saudade; de Não-Ser, porque não nos sentimos totalmente, em plenitude".[109]

Continuemos agora nosso percurso interrogando aquilo que pode portanto aparentar e diferenciar a saudade da melancolia. Estenderemos essa questão convocando aqui duas das variações da melancolia: a loucura, que encontra ela própria uma de suas fontes nessa "outra melancolia" que os gregos antigos nomeavam *akedia*. Confrontados pela dificuldade do

---

[109]MAGALHÃES. Metafísica e saudade, p. 282-289.

caráter intraduzível da saudade de sua língua-fonte para uma língua-alvo –, começamos este capítulo prosseguindo na exploração da questão do agenciamento. Trata-se também de tentar compreender melhor como a formação inicial do termo, fruto de uma possível fusão de *soledade* e de "saudação", proposta por Christian Auscher, faz-se acompanhar então de uma dimensão teológica. Vejamos portanto, em primeiro lugar, no que esse conceito consiste: "Em primeiro lugar, num agenciamento, há como duas faces ou duas cabeças pelo menos. Estados de coisas, estados de corpos (os corpos se penetram, misturam-se, transmitem afetos uns para os outros); mas também dos enunciados, dos regimes dos enunciados: os signos se organizam de uma nova maneira, novas formulações aparecem, um novo estilo para novos gestos".[110]

Nesse sentido, estimamos que a tensão de contrários evocada anteriormente nasça de um agenciamento em que se confrontam dois sentimentos contrários: a tristeza e a alegria. Essa alegria, no entanto, é particular: dota a saudade de uma ambiguidade (uma alegria que provoca dor ou vice-versa) que a distingue de seu equivalente mais próximo: a melancolia. Próximo, além do mais, porque sua experiência leva a um estado contemplativo; e todo estado melancólico foi percebido desde o século XVI como uma das faculdades que levam ao gênio. Não obstante, a saudade difere da melancolia em numerosos aspectos, e em primeiro lugar por seu caráter não definitivo, embora partilhe com esta o afeto da tristeza. Por isso, temos de dar aqui um pequeno passo para trás, a fim de estudar suas causas, mas sobretudo a fim de ver como essa tristeza, verdadeiro embasamento do sentimento de saudade, pôde progressivamente surgir na imagem e constituir um registro iconográfico específico.

Podemos assim observar que essa especificidade existe através da dualidade característica – senão maniqueísta – da acédia, cuja aparição visava romper um tédio *forçado* diante do assalto de uma vontade de prazer:

> Um desejo veemente de saber, de existir, de escrever, de perseverar, de combater, de enraivecer, de ganhar e de perder anima profundamente o acedioso [...] A acédia de duas caras é filha do tédio – e por isso totalitária, abissal –, mas também da resistência à opressão. Sentir o suplício da acédia é, para o monge, pecar gravemente e sofrer [...] mas ele se revolta. A acédia é a primeira

---

[110]DELEUZE; PARNET. *Diálogos*, p. 85.

tentativa de pensar por si mesmo registrada pela história ocidental das neuroses coletivas.[111]

Nesse sentido, como conclui Anne Larue, se a acédia oscila entre o tédio implacável e o desejo de revolta contra a ordem, é porque ela "resiste" e se obstina contra os discursos constituídos que tendem a reduzir sub-repticiamente a liberdade do homem – a começar por sua liberdade de pensar. Basta essa razão para que essa louca da casa, turbulenta filha da melancolia, mereça que nos atenhamos a ela.[112]

Se os sintomas da saudade se traduziram em dom Duarte por uma sensação de desgosto e de tristeza, sua descrição se inclui num pensamento da melancolia cuja tradição encontra sua fonte na Grécia antiga, nos textos fundadores dos tratados de medicina de Hipócrates, ou ainda em filósofos como Demócrito, Diógenes e Aristóteles. No *"Problema XXX"*, este postula não apenas a existência da melancolia de um ponto de vista médico – um desarranjo fisiológico ligado ao comportamento humano –, mas também leva adiante sua análise, transpondo seus efeitos para o processo de criação e de mimese.[113]

Humor dicotômico, a melancolia tem por ramo aparentado na Idade Média a acédia, a que está associada, encontrando sua origem no isolamento ou enclausuramento monástico. Notemos logo que dessa associação se constituirá todo um registro iconográfico cujos códigos atravessarão toda a época medieval e que encontrará sua primeira fixação no "repertório" iconológico de Cesare Ripa, publicado em 1593 e muito conhecido até o final do século XVIII. A acédia é portanto conhecida como uma melancolia vivida pelos monges anacoretas retirados do mundo da civilização para levarem uma vida solitária nos desertos do Egito, entre o fim do século III e o início do IV[114] de nossa era. A partir daí, ela aparece como "uma melancolia radical em resposta a uma opressão absoluta" (ANNE LARUE, Id, p. 209). Mas, em que medida?

---

[111] LARUE. Epilogue sur le désir et l'ennui. In: *L'autre mélancolie. Acédia, ou les chambres de l'esprit*, p. 207-209.

[112] LARUE. Epilogue sur le désir et l'ennui. In: *L'autre mélancolie*, p. 270.

[113] ARISTOTE. Le problème XXX. In: *L'homme de génie et la mélancolie*, 2006.

[114] Anne Larue sublinha que "A acédia carrega em si sua punição que se lhe parece: uma insuportável tortura mental, a lassidão de uma espera infinita, um íntimo castigo do orgulho. Mas, de um outro ponto de vista, ela aparece como a parte de resistência inalienável do espírito humano. O monge no deserto quer morrer para o mundo e se fundir, vivo, com o infinito de Deus – de que o calor escaldante do deserto pode constituir um equivalente". (LARUE. Epilogue sur le désir et l'ennui, p. 8.)

Desenvolvendo-se conjuntamente à expansão do cristianismo durante os últimos séculos da Antiguidade tardia, a acédia é considerada pelos Pais da Igreja como um desvio da meditação monacal provocado por maus pensamentos. Ora, se a melancolia se localiza no corpo, a acédia encontra satisfação no espírito: "a acédia se imprime no próprio coração da atividade psíquica. Por essa razão inconfessada, os Pais lhe reservam um lugar à parte, aquele do pior dos pecados".[115] Ao ideal absolutista do monge anacoreta "que não quer mais existir em nada", a acédia aparece em contrapartida como "a rebelião involuntária do sujeito pensante".[116] Reação em face do interdito, ela se torna uma postura de revolta interior contra sua razão de estar retirado. Assim como a melancolia, sua expressão evita a palavra, mas não pressupõe um caráter inerte nem insensível: encontrando refúgio no "quarto" do espírito e na imobilidade do corpo que a dissimula, ela modela sua própria especificidade "no seio da melancolia que é a culpabilidade de ter um espírito".[117]

Santo Antão permanece assim aquele que melhor encarna o tema e o espírito da acédia, resistindo aos ataques dos piores demônios. Solitário em sua grota, no meio do deserto, ele não cessa de renovar aquilo que Orígenes descreve como a experiência de um martírio interiorizado. Assim, "através dele, o martírio continua a imprimir sua marca traumática", pela qual "um tributo de dor e de memória permanece exigível", e rememora incessantemente a experiência do luto que Freud julga constitutiva da melancolia.[118] Por consignar em si o símbolo de uma revolta em face do dogma e do poder impostos, a acédia permanecerá sempre objeto de um anátema lançado pelo poder religioso: percebida como a conjunção do nojo, da preguiça e da tristeza, seu primeiro efeito é desviar o homem de Deus.

Não obstante, seu peso psicológico e sua força espiritual se revelam bem mais complexos, animados – já que encontram refúgio na *anima* –, obrigando à manutenção de uma atenção *a fortiori*, mais do que um simples rancor de alma. O *Tratado prático*, conhecido igualmente sob o título *O monge*, redigido por Evágrio Pôntico – contemporâneo de São Jerônimo, aliado de Orígenes –, apresenta a acédia de uma maneira bastante particular: comparável ao demônio (transformando-se no século

---

[115] LARUE. Epilogue sur le désir et l'ennui, p. 8.
[116] LARUE. Epilogue sur le désir et l'ennui, p. 9.
[117] LARUE. Epilogue sur le désir et l'ennui, p. 8-10.
[118] LARUE. Epilogue sur le désir et l'ennui, p. 22.

XVI em gênio inspirador infatigável do espírito), ela "força a ter os olhos continuamente voltados para as janelas, a pular fora de sua cela". Perturbado, o monge é então forçado a "olhar, para ali e para acolá", e a imaginar "outros lugares [...] um ofício menos penoso e mais bem remunerado".[119] Passa assim a lamentar aquilo a que renunciou: ele "suspira por seu passado, sonha com outros horizontes. A revolta está em curso: ele renega sua humildade e deixa de se submeter". Para resistir a sua *instabilitas*, só resta ao monge a penitência.[120]

É na *Suma teológica* de São Tomas de Aquino, que a acédia será associada à *tristitia* – equivalente até então à nostalgia –, fundindo-se numa só entidade. Ela evoca portanto a lembrança da vida passada antes da ruptura monástica e as fraquezas que isso pode engendrar no espírito do monge. Essa fusão acédia/*tristitia* adquire portanto em São Tomás um estatuto teológico particular: a sua localização espiritual corresponde sua localização corporal: o corpo, como o espírito, torna-se preguiçoso, desiste de qualquer esforço, desvia-se de Deus. Ela conserva no entanto um ascendente melancólico, testemunhado pela iconografia de Sébastien Brant, autor do poema intitulado *A nau dos loucos*, publicado em Basileia em 1494, ou ainda pela de *A tentação de Santo Antão* (1506), de Hieronymus Bosch, meditando em seu isolamento, presa que resiste aos demônios tentadores da preguiça que substitui a luxúria: terrível demônio da meia-noite de um universo que contraria a razão. Se a acédia pode ser combatida com a ajuda de todas as armas litúrgicas, existe um obstáculo bem mais preocupante do que esse gênio tentador: trata-se da invasão de suas próprias obsessões e de seus medos interiores.[121] A *instabilitas* constitui assim no século XIII um dos três sintomas do sujeito acedioso, acompanhada da sonolência e da *otiositas*. Bernardo de Claraval lhe oporá, em seu *Tractatus de ordine vitæ*, os monges adormecidos, atingidos pela preguiça. Como conclui Anne Larue: "é o próprio São Tomás que faz da acédia uma espécie de tristeza, no sentido grave do termo".[122]

Da mesma forma, se a tristeza permanece um pecado, e a acédia, uma forma derivada de tristeza, a acédia constitui portanto um pecado – de tristeza. João Damasceno, citado por São Tomás, designa a acédia

---

[119] LARUE. Epilogue sur le désir et l'ennui, p. 22.
[120] LARUE. Epilogue sur le désir et l'ennui, p. 34-35.
[121] Cf. PORFIRIO. *La Tentation de Saint Antoine*.
[122] Cf. LARUE. Epilogue sur le désir et l'ennui, p. 53.

como uma tristeza opressora: *"Acedia, secundum Damascenum, est quædam tristitia agravans"*.[123] Ao contrário da *tristitia*, cuja *moeror* é assimilada ao sentido religioso da *athumia* (inquietude e desencorajamento) ou ao *achos* (mágoa, aflição), a acédia conserva a primeira forma etimológica de *akedia*, figura de preguiça; uma preguiça que, nos *Pecados capitais* de Bosch, "oprime o homem com seu fogo: uma religiosa, um diabo, um crucifixo estão ali para lembrar isso".[124] (Fig. 12-13). Assim, vemos aparecer desde o século XV uma proliferação de ilustrações xilográficas impressas em almanaques ou incunábulos que demonstram como a acédia e a melancolia não eram distintas. É Giorgio Agamben quem sublinha que o "tipo iconográfico do *acidiosus* e o do melancólico aparecem confundidos nas ilustrações dos calendários e almanaques populares da parte de trás do culto. Esse lugar de aparência 'ingênua' e agradável é na verdade o da luxúria e da gula, reconhecível por um estranho relógio em que o nível das águas serviria para medir a intensidade do pecado".[125] Isso na medida em que a acédia aparece como um "caso particular da melancolia".[126]

Figuras 12-13 – Hieronymus Bosch, *Os sete pecados capitais,* 1480. *Accidia* (detalhe). Óleo sobre madeira (mesa). Madrid, Museu do Prado.

Algumas representações da acédia, como a alegoria de Bosch, reúnem diversos elementos identificatórios de uma única figura: a fiadora e sua roca e o homem adormecido. Podendo também ser acompanhadas de

[123]LARUE. Epilogue sur le désir et l'ennui, p. 52.
[124]LARUE. Epilogue sur le désir et l'ennui, p. 77.
[125]AGAMBEN. *Stanze*, p. 37.
[126]LARUE. Epilogue sur le désir et l'ennui, p. 69.

figuras "completivas", como um demônio, encarnando Satã, frequentemente associado a Saturno (a acédia "devora" seu sujeito como Saturno devorou seus filhos). Essa combinação pode ser observada particularmente a propósito da representação conhecida como *Typus melancolicus*, que aparece no primeiro calendário alemão, impresso em 1480. Ou ainda na acédia circunscrita em um círculo similar a um cartucho. Esse agenciamento acaba assim por gerar uma postura mnemônica recorrente: uma cabeça repousando sobre uma mão ou o rosto abaixado, que desaparece entre os dois braços que o seguram, numa outra gravura de um calendário impresso em torno de de 1500.[127]

Uma profunda ruptura intervém a partir do século XVI, perceptível seja em tratados filosóficos, seja em textos literários, seja nas artes gráficas e pictóricas. Essa ruptura, cujas premissas podemos localizar na Itália desde a época maneirista, tem por principais divulgadores Marsílio Ficino e Baldassare Castiglione, autor do *Livro do cortesão*, em que celebra a *sprezzatura*, traduzível como um *desprendimento de si*. Dessa ruptura surge um paradoxo: se as raízes gregas da melancolia designam acima de tudo uma deficiência da atividade biliar – a célebre bile (*khole*) negra (*melas*) –, a saudade, por sua vez, recordemo-lo, localiza-se no coração, se considerarmos que sua raiz deriva do nome árabe *sauda*, que designa uma dor no coração.

João Batista Ribeiro adverte que : "A dificuldade fonética da palavra em si só pode ser entendida a partir da sua etimologia árabe, *saúda*, que designa uma profunda tristeza, um coração profundamente ferido. Por exemplo, perdendo um ser amado, a saudade é o que nos mata: *Qualatni as-saúda*".[128] E esclarece que essa dor do coração, ligada à perda do ser amado, pode acabar levando o ser à morte, ideia que se encontra na expressão árabe *Qualatni as-sudidá*; existe aliás um verbo árabe muito próximo, *saudana*, que designa aquilo que torna nossa alma dolorosa.[129]

---

[127]LARUE. Epilogue sur le désir et l'ennui, p. 70.

[128]LARUE. Epilogue sur le désir et l'ennui, p. 14. Essa reflexão é compartilhada por Carolina Michaëlis de Vasconcelos: "[...] A mudança do *ui* para o *au* em *saudade* supõe ser dada, em parte, à palavra *sauda* (melancolia), sofrimento hepático, depressão, dor do coração" (VASCONCELOS, O que é a saudade, linguisticamente. In: A saudade portuguesa, p. 43-53).

[129]RIBEIRO. *Curiosidades Verbais*. São Paulo, 1927 *apud* BRAZ. *L'Universel et le Singulier dans la saudade: une philosophie de l'interculturel*, p. 14. Assim, a tradução de diversas obras – intensificada a partir do século IX em Bagdá – permitirá a transmissão de numerosos princípios fundamentais derivados essencialmente das teorias de Aristóteles, Hipócrates, Galeno e Dioscórides. Entre os principais tradutores conhecidos podemos reter o nome

No entanto, a melancolia permanece uma patologia. Associada a uma forma de loucura, ou, mais exatamente, de *mania*, descrita ainda no século XVIII como uma relação dinâmica de movimentos contrários:

> A unidade entre a mania e a melancolia é um efeito natural das leis do movimento e do choque; mas o que é pura mecânica no nível dos princípios se torna dialético no desenvolvimento da vida e da doença. A melancolia, de fato, se caracteriza pela imobilidade [...] Mas se o peso alentece o movimento, torna ao mesmo tempo o choque mais violento no momento em que se produz; o cérebro, os vasos que o atravessam, sua própria substância, atingido com mais força, tendem a resistir mais, portanto a se endurecer, e por esse endurecimento o sangue tornado mais pesado é reenviado com maior vigor; seu movimento aumenta, logo é tomado por essa agitação que caracteriza a mania.[130]

A melancolia só se livrará desse pensamento médico na aurora do século XX. Freud acabará por associá-la ao luto. O que ele nomeia "trabalho de luto", processo intrapsíquico, é acionado em consequência da perda do objeto a que o indivíduo se ligou a fim de aceitar sua separação definitiva. Se a melancolia mantém o indivíduo num estado fleumático e de abatimento, Freud afirma nesse sentido que a importância do luto reside no momento em que "a sombra do objeto caiu sobre o ego, e este pôde, daí por diante, ser julgado por um agente especial, como se fosse um objeto, o objeto abandonado [...] Dessa forma, uma perda objetal se transformou numa perda do ego, e o conflito entre o ego e a pessoa amada, numa separação entre a atividade crítica do ego e o ego enquanto alterado pela identificação".[131] Sua experiência permanece singular a cada um de nós.

Se o luto é uma atividade que permite atenuar progressivamente os efeitos exercidos pela melancolia sobre o psiquismo humano, uma "reparação" que nos faz aceitar essa perda (não necessariamente causada pela morte), o que dizer do sentimento de saudade? A ambiguidade aqui é maior: de fato, na esperança do retorno de seu objeto, existe uma

---

de H'unayn Ibn Ishâk. Esses textos serão novamente traduzidos para o árabe a partir do século XII, atividade que culmina na obra do filósofo Ibn Sînâ, conhecido também como Avicena, célebre autor de um cânone redigido em cinco volumes, síntese da ciência médica da época. Sua importância será primordial até a época renascentista..

[130] HOFFMANN. Medicina rationalis systematica. In: *Dissertationes medicae selectites*, Halle, 1702, p. 188 *apud* FOUCAULT. *Histoire de la folie à l'âge classique*, p. 350.

[131] FREUD. *Luto e melancolia*, p. 281-282.

alternativa que permite considerar a volta provável (a uma terra natal, por exemplo, ou a do ser amado), ou, ao contrário, de aceitar sua perda inelutável. Veremos assim que a diferença entre a saudade e a melancolia não se refere tanto a sua duração, e sim à maneira como elas afetam o sujeito.

Tentemos agora aprofundar a questão da melancolia. Localizada no corpo humano, ela é percebida na Idade Média como o resultado da combinação de quatro humores. Essa combinação produz então uma substância nefasta, a "bile negra". Aristóteles descreve o efeito da melancolia por analogia com o do vinho, na origem da famosa instabilidade (*instabilitas*) do sujeito melancólico. A concepção aristotélica da bile negra é evocada no "Problema I" como uma secreção não transformada, crua. Para Aristóteles trata-se de uma substância natural, espontânea, à imagem da natureza, "pois a natureza é feita destes dois componentes". Por isso, a bile negra pode ficar muito quente ou muito fria; a mesma coisa, por natureza, pode apresentar esses dois estados. Prejudicial porque inassimilável: "Pois o depósito do que não é cozido se mantém e permanece muito veemente no corpo; é o caso da bile negra".[132]

Essa interpretação coloca assim cada elemento em correlação com aquilo que Jackie Pigeaud descreve como um "devaneio da mistura", mas de "uma mistura perfeitamente instável".[133] Ora, justamente, a questão maior levantada pelo texto de Aristóteles é saber se a bile negra pode constituir, como "substância composta e instável", um valor normativo de referência: "a questão é capital, já que se trata de estabelecer que o melancólico não é necessariamente um doente e que existe, como explicitaremos, uma saúde do melancólico. É o que explica, na segunda metade do texto, a reflexão sobre o *homalon*, ou seja, a constância, e o *anômalon*, a inconstância. Trata-se de mostrar que existe uma constância na inconstância".[134]

Na verdade, Aristóteles não concebe o fundamento de nosso organismo de acordo com o equilíbrio entre nossos humores, chamado *eucrasia*, mas a partir de um único humor, instável por natureza. Mistura instável, cada um deles depende de um outro fator: o da circunstância, ela própria subordinada ao instante. A melancolia nasce portanto do encontro da "mistura de bile negra" com o acontecimento que a produz no indivíduo, estando ligada diretamente aos *temperamentos* humanos.

[132] ARISTOTE. *L'homme de génie et la mélamcolie*, p. 83-87.
[133] PIGEAUD. *De la mélancolie: fragments de poétique et d'histoire*, p. 19.
[134] PIGEAUD. *De la mélancolie: fragments de poétique et d'histoire*, p. 20.

Como enfatiza Jackie Pigeaud, essa bile negra é descrita como "a fonte urgente do comportamento do melancólico", mas "nunca é definida em relação aos outros humores", sem deixar de precisar que "esse gênero de doença não modela em nada os caracteres. Nem todo doente da bile negra é melancólico; assim como nem todo melancólico é doente da bile negra".[135]

Esse aspecto fisiológico da melancolia constitui um segundo ponto que distingue a melancolia da saudade. Reforçada pela definição que Aristóteles oferece do humor da bile negra, a melancolia permanece da ordem do inato. Esse é o problema colocado pela questão da afecção e do *thymos*, ou seja, a ação de "sentir-se si próprio". Do *thymos* derivam três outros termos: a "atimia", a "eutimia" e a "destimia", isto é, os modos como o indivíduo apreende seu ser próprio em face do mundo; assim, a distimia, um sintoma ligado diretamente à bile negra, deve ser entendida como um mal-estar de ser, cuja consequência final (e fatal) conduz então o ser à atimia, ausência de qualquer vontade de ser, ou seja, ao suicídio, tendo origem num excesso de bile negra.[136]

Mistura instável e inconstante, seu efeito prejudicial, no entanto, não é definitivo. De fato, tudo depende da *diástase* [do termo grego diasthasis], ou seja, da disposição que as qualidades possuem de se transformar rapidamente, como através do resfriamento e do reaquecimento. Essa "faculdade reguladora" do humor melancólico, em que prevalece portanto "a constância, da inconstância" faz dos melancólicos "seres excepcionais, não por doença, mas por natureza".[137] Essa abordagem médico-dedutiva das disfunções do comportamento humano nos oferece um sistema fundado em pressupostos racionais e mecânicos que o espírito científico do século XVIII trocará por uma concepção mais global e orgânica. É o caso por exemplo das pesquisas conduzidas então por Johann Gottfried von Herder, cujo projeto visava compreender a relação sinérgica através da qual o homem se liga ou se separa do resto do mundo natural:

> Visto que o homem não é uma substância independente, mas que ele encontra-se ligado a todos os elementos da natureza, porque ele vive do sopro do ar [...] que ele se enche de luz e contamina o ar, e que, acordado ou adormecido, parado ou em movimento, ele contribui para a mutação do universo, ele não poderia ser ele

---

[135] PIGEAUD. *De la mélancolie: fragments de poétique et d'histoire*, p. 16-18.
[136] PIGEAUD. *De la mélancolie: fragments de poétique et d'histoire*, p. 28-29.
[137] PIGEAUD. *De la mélancolie: fragments de poétique et d'histoire*, p. 30.

mesmo transformado? [...] O homem é uma harmonia infinita [...] sobre a qual opera a harmonia de todas forças que o cercam.[138]

A partir dessas diversas combinações que aliam elemento, qualidade, estação e humor, repartidas segundo uma divisão quadripartite, forma-se uma teoria dos humores que tem por finalidade descrever quatro tipos de comportamentos específicos distintos, frequentemente associados a elementos cósmicos, tendo, evidentemente, por planeta mais representativo o de Saturno.

Uma justa da alma

Notamos de maneira mais específica como a melancolia tem sua origem partilhada entre a acédia tentadora e a *tristitia* aflitiva, cercando assim o espírito de que ela própria pode ser alimentada. É interessante percebermos desde já, como indica Giorgio Agamben, que esses dois termos correspondem a duas dinâmicas inversas.[139] A acédia impele o monge anacoreta a deixar seu retiro, a aproveitar as alegrias e os prazeres do mundo; a dinâmica melancólica é inversa: convida seu sujeito a fugir aos excessos exteriores fechando-se em si mesmo, movimento que modifica sua relação com o mundo.

Resta-nos entretanto abordar um aspecto da acédia, o famoso "demônio do meio-dia" que desafia o corpo e a alma. Se a melancolia permanece a obra de uma gênio maligno, ela se metamorfoseia, a partir do Renascimento, num gênio cuja influência anima os maiores espíritos. A melancolia aparece como uma virtude inspiradora e se aparenta, em numerosos aspectos, com o sentimento de saudade. Se a questão da virtude é aqui proposta, é pelo fato de que ela também conduz a uma verdadeira contrariedade do espírito. Essa contrariedade, aliás, não é alheia ao dualismo que se apresenta através do sentimento de saudade. Lembremos que, apesar de emanar de uma certa mistura de nojo, tédio e tristeza, ela proporciona, em contrapartida, certo prazer.

---

[138] Cf. HERDER, Johann Gottfried von. *Traité sur l'origine du langage*. Tradução de Denise Modigliani. Paris: PUF, 1992.

[139] O autor acrescenta que "é igualmente por conta desse engano que deve ser atribuída essa opinião errada (tradicionalmente retomada por todos que trataram do problema), segundo a qual a acedia só tinha, na Idade Media, um valor negativo. Ao contrário, é permitido pensar que a descoberta pelos Padres da dupla polaridade *tristitia-acedia* contribuiu para preparar a revalorização pelo Renascimento do humor atrabiliário: nessa ótica, o demônio de meio-dia, como tentação do religioso, e o humor negro, como doença específica do tipo humano contemplativo, deveriam aparecer assimiláveis" (AGAMBEN. *Stanze*, p. 37).

Como evocamos anteriormente, além de sua faculdade de agenciamento, a saudade tende a exaltar em seu sujeito um estado transcendental próximo do sublime, proclamado como tal por Teixeira de Pascoaes, ou ainda desencarnado em Fernando Pessoa. No entanto, essa possibilidade transcendental tem uma fonte bem distante: a *Suma teológica*, de São Tomás de Aquino. Em continuidade à definição proposta por Cassiano, a *tristitia* e a acédia terminarão fundindo-se numa única entidade. Se a concepção de tristeza permanece indubitavelmente carregada de um peso ético e religioso, ela testemunha igualmente uma certa inquietude do homem frente ao mundo e a sua época, questionados através das ciências cognitivas.

Podemos assim estabelecer uma analogia entre a *Suma teológica* e o aspecto transcendental da saudade, emitindo a hipótese de que, para além de sua especificidade emocional e sentimental, ela tenta superar seu estatuto estrito de afeto psicológico. Da mesma forma, existe uma última categoria que agrupa as virtudes cardinais, elas próprias infusas, cuja existência depende de nossos princípios naturais, adquiridos, e que constituem meios "justos" que nos permitem atingir um fim sobrenatural.[140] Ora, se nos referimos a essa distinção, podemos também avançar nossa hipótese de que a saudade, virtude por essência não adquirida, é uma faculdade transcendental – infusa – do ser que aspira a um fim sobrenatural. Ela se distingue assim da melancolia pela aspiração a um fim que eleva a alma e cuja crença reside justamente em sua possibilidade de esperança.

Reservada, até o Renascimento, unicamente aos manuscritos e incunábulos, a melancolia vai a partir de então se difundir sob a forma de alegorias pintadas em telas, afrescos, mas também, como vimos em Hieronymus Bosch, sobre diferentes suportes, como tábuas de mesa ou bandejas de casamento. Mas é no fim do século XVI que ela vai ganhar sua visibilidade e sua legitimidade: através de uma obra impressa concebida à maneira de um dicionário iconológico, que agencia em seu conteúdo ilustrações iconográficas e descrições textuais. Essa obra difundirá, por quase dois séculos, todo um regime de codificação alegórica usado por pintores, gravuristas e escultores, destinado assim a "facilitar" sua tarefa por meio de um catálogo de figuras alegóricas predefinidas, cada uma supostamente encarnando o tema da melhor maneira possível. A melancolia permanece de fato um objeto de estudo científico, particularmente

---

[140] AGAMBEN. *Stanze*, p. 383-385.

inoculado nas letras e nas artes. Duas obras célebres testemunham, nesse sentido, essa inquietude comum: a *Anatomia da melancolia*, de Richard Burton, e a *Iconologia*, de Cesare Ripa, ilustrada por Giuseppe Cesari, o Cavalièr d'Arpino.

Ripa descreve minuciosamente os traços específicos e os caracteres alegóricos dos temperamentos e das paixões. Para imaginar tais figuras e desenvolver essa nova ciência das imagens, apoia-se no estudo dos hieróglifos, da fisionomia, dos emblemas, do simbolismo das cores, dos bestiários e dos tratados da Idade Média. Essas duas obras se inserem no bojo do desenvolvimento do movimento humanista animado em volta de Marsílio Ficino, teórico florentino particularmente influente no *cinquecento* italiano.[141] O interesse então votado à filosofia aristotélica se faz acompanhar do interesse pela melancolia, sempre abordada em sua dupla polaridade, artística e médica.

A *Iconologia*, impressa inicialmente em Veneza, em 1593, sofrerá, tanto no título quanto no conteúdo, diversas alterações no curso de suas sucessivas edições, não apenas na Itália, mas em toda a Europa ocidental. Por exemplo, a edição francesa, impressa nos Países Baixos, sai com o título *Iconologie ou Science des emblèmes, devises, etc.* [Iconologia ou Ciência dos emblemas, divisas, etc.], ao passo que a inglesa, impressa em Londres, em 1709, recebe o de *Iconology or moral emblems* [Iconologia ou emblemas morais]. Podemos também sublinhar que, além de ser um simples catálogo referencial, ela executa uma função bem precisa: repartidas em 80 lâminas, cada uma de suas alegorias é seguida de um comentário descritivo destinado a "explicar, desenhar e inventar. Obra muito útil aos Oradores, Poetas, Pintores, Escultores, Gravuristas e a todos aqueles que se interessam pelas Belas Artes e pelas Ciências, enriquecida e aumentada com um grande número de Figuras com moralidades", como indica o complemento do título da edição francesa.

Imaginação e invenção se associam, a partir daí, a uma ciência cujo regime discursivo se submete a regras de representação e classificação rigorosas, apesar de suas numerosas variações sucessivas. Uma ciência a que a advertência precedente parece corresponder com a ilustração

---

[141] Giuseppe Cesari (1568-1640), conhecido também como Cavalièr d'Arpino. Pintor maneirista italiano, será feito cavaleiro do Cristo pelo papa Clemente VIII e receberá o apoio do papa Sisto V. Cesari ilustrará algumas das alegorias xilogravadas de Cesare Ripa que constarão da edição da *Iconologia* publicada em Roma, em 1603. Cf. RAYMOND. *Marsile Ficin (1433-1499)* (reeditado em 2007) e MARGOLIN; MATTON. Marsile Ficin et l'alchimie: sa position, son influence. In: *Alchimie et philosophie à la Renaissance*.

alegórica gravada no frontispício. Observemos com atenção a figura feminina representada a sua direita, segurando na mão direita um pincel e na mão esquerda uma paleta. Pendurada em seu pescoço, uma máscara – símbolo de uma ciência que viria desnudar o belo e o verdadeiro? Ou vestígio de uma época em que "um novo ponto de vista surgira, transformando radicalmente a ideia que se tinha da natureza e do valor do estado melancólico [...] para que aparecesse o 'melancólico mundano', que, além da máscara da melancolia, vestia a da profundidade"?[142] Seu rosto, com uma estrela em cima, descobre então uma boca amordaçada por um pedaço de tecido, levando-nos a supor que a contemplação de uma pintura só pode ser anunciada por um olhar mudo. As imagens suplantam as palavras, mas sobretudo a fala.

Melancholia mentalis e *melancholia generosa*

Acabamos de traçar um primeiro quadro geral das diferentes origens em função das quais a melancolia pode ser identificada. Se a saudade se aparenta a ela pela maneira de afetar o espírito de seu sujeito, dela se distingue principalmente por sua localização no corpo, seu caráter não definitivo e, sobretudo, pela esperança do retorno de seu objeto. Ora, após termos visto como o regime da melancolia podia se construir tanto na forma de expressões literárias quanto num regime iconográfico, resta ainda um tipo de Melancolia que exige nossa atenção. Este se difunde em toda a Europa Meridional e se mantém até a segunda metade do século XIX. Encontra suas raízes no círculo neoplatônico da corte dos Médici, em Florença, e se desenvolve rapidamente na França e na área luso-brasileira. Uma de suas variações se encontra naquilo que Raymond Klibansky chama de *melancholia generosa*, da qual um dos principais propagadores foi justamente Marsílio Ficino.[143]

Panofsky sublinha uma estreita relação entre esse projeto quase enciclopédico e a iconologia em torno da figura de Saturno, que ele levanta ao longo das três fases que constituem sua elaboração teórica, desenvolvidas e enunciadas respectivamente em 1932, 1939 e 1955. Estudo que foi recentemente analisado e comentado por Sérgio Alcides, segundo quem tratou-se de "examinar *Saturno e a melancolia* à luz desse 'mapa' teórico, considerando sua 'história' e as diferentes trajetórias de seus

---

[142]KLIBANSKY. L'Arrière-plan intellectuel de la nouvelle doctrine. In: PANOFSKY; KLIBANSKY; SAXL. *Saturne et la mélancolie*, p. 389.

[143]Cf. ALCIDES. Sob o signo da iconologia, p. 132-142.

autores, avançando algumas hipóteses sobre suas motivações e impasses e, ainda, verificando sua relação com o método iconológico".[144] Esse novo método hermenêutico proposto pelo historiador da arte é marcado ao mesmo tempo pela filosofia kantiana, desenvolvida por Ernst Cassirer, e pela sociologia do conhecimento proposta por Karl Manheim. Essas abordagens são assim empregadas a fim de resolver os impasses teóricos e epistemológicos presentes nos estudos sobre a história da arte originados diretamente de uma tradição do pensamento alemão alimentada por noções como *espírito do tempo* (*Zeitgeist*) e *visão do mundo* ou ainda *cosmovisão* (*Weltanschauung*), cujo impulso, nascido no século XIX, desenvolveu-se sob a égide de Hegel e das pesquisas teóricas de Jacob Burckhardt.[145]

A questão maior que não fora discutida até então se relaciona com a suposta existência de um todo transcendental que pudesse ser aplicado ao campo das ciências humanas (*Geisteswissenschaften*) e ao de uma ciência da cultura (*Kulturswissenschaft*), que representa uma de suas componentes. Paralelamente a essa postura tomada frente a um objeto de estudo, aparece o conceito de um *querer de arte* (*Kunstwollen*).[146] Esse conceito teórico tinha por projeto conduzir o historiador a superar a simples descrição dos períodos estilísticos, balizando a história das artes plásticas de acordo com sua evolução geral. Criada por Alois Riegl e reformulada por Karl Manheim, essa noção é utilizada por Erwin Panofsky como um meio de interpretação "unificador, sinóptico e formador"[147] que reconciliaria a teoria da arte com sua história a partir dos modelos cognitivos que a produção das obras de arte condicionava historicamente.

Apesar de uma certa densidade teórica e conceitual, esse sistema de análise será objeto de uma série de críticas, principalmente no que diz respeito a sua aplicação, mesmo quando a iconologia passar a ser um paradigma privilegiado cuja hegemonia não cessará de crescer sobretudo nas abordagens anglo-saxãs da obra de arte a partir dos anos 1940. Assim, a principal controvérsia suscitada por esse método de análise está ligada

---

[144] ALCIDES. Sob o signo da iconologia, p. 136.

[145] Segundo Giovanni Careri: "A tentativa de Warburg é precisamente a de estudar o território movediço em que os afetos e as formas se encontram e se constituem em figuras: nessa perspectiva, a noção de *Pathosformel* (fórmula do *pathos*) é decisiva" (CARERI. Aby Warburg: Rituel, Pathosformel et forme intermédiaire).

[146] A noção de *Kunstwollen* sofreu de um problema de tradução, segundo Jacques Boulet, para quem: "Essa 'Arte em devir', Riegl a chamou Kunstwollen", o que "[...] não significa nem vontade artística, nem pulsão artística, nem impulso estético [...] mas exclusiva e literalmente 'querer de arte'." BOULET In: RIEGL. *Le culte moderne des monuments*, p. 27-29.

[147] Cf. ALCIDES. Sob o signo da iconologia, p. 133-134.

à passagem de um nível de "descrição pré-iconográfica" a um nível de "análise iconográfica" que conduz à interpretação da obra escapando de seu *a priori* permanente.[148] Isso permanece igualmente válido quanto à questão da escolha do material iconográfico ou ainda do tipo de "intuição sintética" cuja influência pode orientar tanto as hipóteses quanto o resultado final.[149]

Prossigamos nosso estudo em torno desse tipo de melancolia conhecida como *melancholia generosa* e da importância atribuída à representação de Saturno – alta divindade cósmica e melancólica.[150] Incluído numa corrente de pensamento singular da melancolia, Saturno reúne em si os prolegômenos de uma visão ideal, nascida a partir do momento em que o mundo humanista tendia, segundo Raymond Klibansky, a:

> Elevar a melancolia à categoria de força intelectual, [o que] era evidentemente algo bem diferente de interpretá-la como um estado emotivo e subjetivo. As duas tendências podem se combinar, na medida em que o valor emotivo do humor sentimental e voluptuoso pode se enriquecer com o valor intelectual da melancolia contemplativa ou artisticamente fecunda, mas uma nunca pode derivar da outra.[151]

A dualidade que opõe então o pensamento humanista – animado pela descoberta que homem faz da razão "dedutiva" – ao pensamento escolástico medieval marca uma profunda ruptura a partir do momento "em que se colocava em questão o valor da vida contemplativa como fim em si, sem submetê-la a uma finalidade. O pensador da Idade Média não meditava a fim de pertencer a si mesmo, mas a fim de se aproximar de Deus".[152] Esse modo de pensamento especulativo é importante por diversas razões, expostas nas gravuras *Melencolia I* (1594), de Albrecht Dürer ou na *Melencolia* (1539), de Hans Sebald Beham. De que modo se constrói essa alegoria da melancolia e o que é preciso reter dela? Em primeiro lugar, a *Melencolia I* de Dürer nos indica como

> A noção medieval do vício da "accidia" cedeu lugar mais tarde, na Melencolia I, à ideia humanista de uma meditação que não consistia em fugir da atividade, mas em renunciar a ela. Não é

---

148 ALCIDES. Sob o signo da iconologia, p. 134.
149 ALCIDES. Sob o signo da iconologia, p. 135.
150 KLIBANSKY. L'Arrière-plan intellectuel de la nouvelle doctrine, p. 389-432.
151 KLIBANSKY. L'Arrière-plan intellectuel de la nouvelle doctrine, p. 390-391.
152 KLIBANSKY. L'Arrière-plan intellectuel de la nouvelle doctrine, p. 392.

por acaso que a Renascença alemã escolhe "a melancolia", ou seja, a consciência das ameaças e dos sofrimentos da vida, para descrever, naquele que é seu retrato mais convincente, a contemplação [...] O elogio entusiasta da "vita speculativa" e a escolha de saturno como padroeiro da contemplação vão de par com a triste convicção de que a mágoa e a lassidão são companheiras inseparáveis da meditação profunda.[153]

Essa renúncia se opõe assim à busca de uma "musa" inspiradora que encontra uma perfeita encarnação na figura da *Gradiva*, cuja sobrevivência formal foi meticulosamente estudada por Aby Warburg. Ao contrário, a *Melencolia I* de Dürer renuncia a toda leveza:

Com suas asas de anjo, pesadamente sentada no chão, criatura terrestre e celeste ao mesmo tempo, elevada acima de todos por seus dons intelectuais e, no entanto, ainda infinitamente distante de seu objetivo celeste, o personagem de Dürer, mergulhado na imobilidade de sua meditação, está submetido na verdade a uma quantidade de tensões psicológicas, que são ao mesmo tempo a condição e o tributo de sua virtude. Retiro elitista do mundo, selvagem solidão noturna, melancolia e luto da imperfeição terrestre e, finalmente, aspiração ao divino. Esses são os valores dos estados melancólicos que podem ser – e que foram – atribuídos ao personagem de Dürer.[154]

Sua aflição se coaduna com uma concepção do ser que prevalece na época da Renascença italiana. Esta é defendida sobretudo por Marsílio Ficino e Pico della Mirandola, que exorta seu princípio de dignidade particular ao homem. Ela é então a faculdade que conduz o homem a sua própria criação, através do "uso virtuoso de seus dons intelectuais, pela prática das artes e das ciências, guiado pela justa medida", uso graças ao qual "só ele se faz verdadeiramente homem, à imagem do próprio Deus".[155] A *Melencolia I* de Dürer é também uma das primeiras obras em que se exprime a noção moderna de "gênio", nascida ela própria da dualidade do ser, em que os dois polos extremos do eu se confrontam, oscilando então entre uma exaltação extrema, a *hubris*, e a dúvida de si, que mergulha seu sujeito num profundo desespero. Essa bipolaridade encontra em Saturno sua figura perfeita de representação. Considerando-o então como o astro

---

[153] KLIBANSKY. L'Arrière-plan intellectuel de la nouvelle doctrine, p. 394.
[154] SCHUSTER, *Melencolia I: Dürers Denkbild*, p. 388-394.
[155] BONNEFOY. *La mélancolie, la folie, le génie – la poésie*, p. 17.

mais elevado, a que estariam associadas as almas mais nobres, a doutrina aristotélica fará da melancolia um princípio antropológico humanista integrado à concepção da dignidade humana. Toda ausência será considerada a partir de então como "uma prova de insignificância".[156]

A noção de gênio associado à melancolia – que não é mais, a partir de então, da esfera do humor, mas da ordem de uma tomada de consciência específica do sujeito quanto a seu ser – encontra sua fonte na experiência meditativa e contemplativa que ela engendra através de uma postura significativa de um fechamento em si. Num artigo intitulado "La mélancolie, la folie, le génie – la poésie" [A melancolia, a loucura, o gênio – a poesia], Yves Bonnefoy sustenta que a melancolia é:

> No mais fundo, me parece, uma esperança sempre renascente e sempre frustrada: mas menos por um verdadeiro desejo de "verdadeira vida" do que pela falta nesse desejo de uma real necessidade de se satisfazer [...] A melancolia é amar uma imagem do mundo sobre a qual sabemos não passar de uma imagem, e que priva portanto desse retorno que desejamos, é verdade, mas sem pagar seu preço. É querer e não querer esse retorno: ambivalência mais específica dessa lição de existir que qualquer conteúdo particular que o devaneio inerente a esta última se dá..[157]

Podemos sublinhar aqui diversas similitudes em relação às características presentes no indivíduo que sente saudade. Em primeiro lugar, na medida em que ela é antes de tudo uma consciência da perda e da falta. Múltipla, ela se diferencia principalmente de acordo com o objeto a que se refere: ela é também uma propriedade análoga encontrada em numerosos seres, de maneira mais ou menos idêntica. Sendo assim, toda e qualquer experiência da saudade permanece singular: seu sujeito – assim como suas percepções – sempre muda. Cada saudade contém uma história irrepetível; cada fenômeno de saudade se constitui de um modo próprio e exclusivo. Ora, se essa possibilidade modulatória e transitória a diferencia de maneira dinâmica da melancolia, ela proporciona no

---

[156] BONNEFOY. *La mélancolie, la folie, le génie – la poésie*, p. 396.

[157] E Bonnefoy prossegue: "Chamo gênio esse *armadilhamento* do espírito no choque de duas maneiras de compreender a existência sem desarmá-la. Um estado de consciência que não é portanto o dom, recebido de algum céu, mas um questionamento caracterizado por sua vontade corajosa de recusar a aporia, e isso por meio de ações, de obras" (BONNEFOY. *La mélancolie, la folie, le génie – la poésie*, p. 15-17).

entanto uma sensação agradável e um verdadeiro prazer, ambos hauridos na tristeza causada por aquilo que passou e/ou se perdeu.

Assim como sua expressão nasce de uma tensão temporal, a saudade gera uma dualidade sentimental. Essa dualidade pode também ser esclarecida por um aspecto da melancolia comentado por Yves Bonnefoy, para quem:

> A melancolia quer e não quer, já disse, e ela não tenta sair desse dilema, regozija-se com ele, por mais tristemente que seja. Saber que o aqui e agora, a finitude, são a única realidade que não pode triunfar sobre seu sonho. Mas esta é uma maneira para alguém de se preferir ao chamado que lhe vem dos outros. E a melancolia se dissiparia se esse apelo fosse realmente escutado, como a poesia o exige.[158]

Nesse sentido, a concepção de saudade enunciada e discutida por Antônio Tobias produz em si mesma uma contradição, reduzindo sua dimensão metafísica à simples lembrança individual de um objeto concreto, que ele opõe à reminiscência da lembrança de um objeto universal e abstrato. No entanto, essa separação está longe de ser evidente. De fato, se a lembrança subjetiva e singular de um acontecimento ou de um ser amado provém sempre da experiência de um objeto concreto ou de um lugar, ela também pode ser a lembrança de uma sensação, abstrata, que extraímos de uma experiência como a da dor, por exemplo. Cada sensação remete, nesse sentido, a uma lembrança formada antes de tudo a partir de uma representação imaginada (virtual, portanto), reminiscência do objeto perdido ou distante. A reminiscência pode ser particular, se a lembrança que desperta concerne a um único ser, mas se torna universal quando evoca um objeto ou um acontecimento comum a diversos sujeitos que partilharam sua experiência, como a do exílio, por exemplo.

Essa contradição se intensifica quando Tobias afirma que a saudade permanece algo próprio à vontade de cada ser "– nem de longe – que o amor gerador da saudade seja amor intelectual; muito pelo contrário, o amor causador da saudade tem de ser essencialmente humano, incluindo também a participação da vontade e dos sentidos".[159] Ora, como já vimos, o problema colocado pela saudade reside justamente no fato de seu fenômeno permanecer livre e independente de qualquer vontade. Ele é percebido, ao contrário, pela nossa consciência a partir de um

[158]BONNEFOY. *La mélancolie, la folie, le génie – la poésie*, p. 15-17.
[159]Cf. TOBIAS. *O mistério da saudade*, p. 10.

conjunto de sinais e de indícios – presentes quando se trata de uma fotografia, por exemplo – que estimulam a lembrança de seu objeto e a sensação de uma falta. Todavia, é essa mesma vontade que permite ao homem "digno" permanecer no controle de sua própria transformação, como esclarece Bonnefoy: "E esta é uma aporia bem mais difícil para eles do que a relação ambígua que o simples melancólico entretém entre a vida e o sonho [...] percebendo, compreendendo, de maneira panorâmica no passado e mesmo no futuro, diversos acontecimentos causados ou que o serão por choques dos próprios grandes pensamentos que neles se chocam".[160]

Essa aporia, que pôde ser o objeto de todos os males mas também de todos os temores, torna-se na mesma época a atitude que dá acesso ou reivindica uma forma de felicidade. Aparece paradoxalmente como a melhor arma para combater e esquecer a melancolia, de medo que ela reapareça. Paralisada então por seu reflexo, faz-nos pensar nesta outra figura mítica, *Medusa*, que nos recorda estranhamente o ato fotográfico, fixando o tempo. Imagem *monstrante*, *monstruante*, petrificada por seu próprio reflexo. Fixada e neutralizada em seu estupor, a representação apotropaica da Medusa com a cabeça cortada assume então um papel inverso, protegendo assim da melancolia seu feliz detentor graças unicamente a seu rosto aterrador, que concentra todo o seu poder simbólico.

Se a melancolia não cessa portanto de ser percebida como uma falha potencial da psique humana – e isso apesar da modificação operada de uma abordagem fisiopatológica para uma virtude poética –, ela é elevada desde então à categoria de uma faculdade inspiradora, digna das almas mais sensíveis, que anima a inspiração de seu sujeito em direção a um resultado que o espírito científico, ao longo dos séculos, jamais pôde alcançar. Esse resultado nos remete à questão da loucura e, mais precisamente, a como esta, da mesma forma que a melancolia, encontrou lugar de representação na imagem. Uma questão que podemos estender ao sentimento e ao fenômeno da saudade. De fato, apesar de seu caráter não definitivo, esta pode perdurar por um tempo mais ou menos longo, isolando progressivamente seu sujeito do mundo real e sensível. Esse estado de alma pode se transformar numa verdadeira mania, uma das formas derivadas da loucura. Podemos iniciar nossa discussão pelo exemplo de uma curiosa cena pintada por Hieronymus Bosch, verdadeira farsa corrosiva e absurda que guarda até hoje sua força sugestiva.

---

[160]BONNEFOY. *La mélancolie, la folie, le génie – la poésie*, p. 17.

Essa pedra de loucura, de que se trata aqui, encarna muito bem a tradição platônica de uma alma prisioneira de um corpo, cabendo estudar seu caráter disfórico (do grego *dys*, significando "perturbado", e *phoros*, meio de se comportar). Ela atesta essa necessidade não apenas de compreender essa disfunção a partir de uma observação exterior, mas também de procurar suas causas no próprio seio de seu lugar orgânico. Além disso, se o desenvolvimento da exploração anatômica não cessa de crescer e de se difundir a partir do século XVI, através das lâminas anatômicas de Andreas Vesalius, os tormentos do espírito, por sua vez, passam a ser percebidos como disfunções "irracionais", segundo uma relação de causa e efeito, sempre vigente no fim do século XVI. *A extração da pedra da loucura*, ou *A operação burlesca*, é um tondo inserido numa moldura retangular sobre a qual se lê a menção: *Meester snijt die keie ras/ Mijne name is Lubbert Das*, que pode assim ser traduzida: "Mestre, opere-me o quanto antes da pedra/Meu nome é Lubbert Das" (Fig. 14-15).

A cena representa portanto uma trepanação. O personagem do impostor tem um funil na cabeça, símbolo da enganação; é auxiliado por dois outros personagens: um prelado com um frasco na mão esquerda – o canhoto sendo percebido como uma forma de disforia – e uma mulher com um livro na cabeça, símbolo de fé, da medicina e dos conhecimentos dogmáticos. Do crânio do trepanado é tirada uma tulipa, flor que vemos também sobre a mesa. Esse panfleto iconográfico, sátira do reino do absurdo e da crença cega, não é apenas o apanágio da época gótica, já que seu tema ecoa num episódio da *Anatomia da melancolia*, de Richard Burton: aquele que trata da hipocondria de uma mulher convencida de que engoliu uma cobra. Uma canção espanhola, a *passacaglia* da loucura, composta no final do século XVI, também ironiza a importância atribuída à loucura, seja ela vivida de maneira suave, seja de maneira cruel:

> Yo soy la locura,
> La que sola infundo
> Placer y dulzura
> Y contento al mundo.
>
> Sirven a mi nombre
> Todos mucho o poco,
> Y no, no hay hombre
> Que piense ser loco.[161]

---

[161] A canção espanhola "Yo soy la locura" é uma ária de balé que foi composta e cantada por Henri le Bailly, conhecido como um cantor virtuose. Segundo Vincent Dumestre:

Figura 14-15 – Hieronymus Bosch, *A extração da pedra da loucura*, ou *A operação burlesca*, 1490. Óleo sobre madeira. Madrid, Museu do Prado.

O caráter teatral e satírico da cena de Bosch, prenunciando as farsas da *commedia dell'arte* popular, não deixa de evocar as futuras representações teatrais inspiradas nas sessões de anatomia dos humanistas italianos e holandeses. A exploração e o conhecimento do corpo encontram, assim como a memória, nesse dispositivo teatral, o lugar de representação e de exposição no centro do qual vemos um palco cercado de arquibancadas de onde o público pode observar e assistir às demonstrações médicas do estrado. Essa exploração do corpo humano se torna, desde o século XVII, um objeto empírico sobre o qual se concentram os gestos dos médicos e os olhares atentos. A loucura constituirá um tema particularmente pregnante na história da arte, presente em todas as suas formas, na pintura, na fotografia e no cinema.

Assim, a *estranha estranheza* do sujeito julgado louco, disfórico, resulta ela própria de uma mutação de sua condição: fustigada e castigada pelo dogma religioso, ela se constitui desde a época moderna como um objeto de estudo científico, votado à dissecação com instrumentos cirúrgicos e aos olhares esterilizados da medicina. Assim se fecha *O enigma de Kaspar Hauser*, filmado por Werner Herzog em 1974: morto de seus ferimentos depois de ter sido apunhalado pelo próprio pai – um ilustre local que temia ter sua identidade descoberta –, o corpo de Hauser é entregue aos cirurgiões. Veem-se então os

---

"Ela tem, senão um baixo obstinado, ao menos uma construção sobre um baixo com motivos curtos, repetitivos, em modo menor, que conferem à ária uma espécie de religiosidade... uma forma um pouco hipocondríaca da loucura." (DUMESTRE. Pierre Guédron: Le concert des consorts, Le poème harmonique, p. 12-13).

mesmos corpos inclinados sobre a vítima, trepanando-a para extrair seu precioso cérebro, recortando e detalhando cada lóbulo, a fim de verificar sua "não conformidade" cuidadosamente consignada numa relatório escrito. O exemplo de Kaspar Hauser nos convida também a considerar a loucura em sua representação fotográfica contemporânea em torno de um exemplo particularmente emblemático. Trata-se de uma fotografia assinada pelo brasileiro Claudio Edinger.

A fotografia de Claudio Edinger, intitulada *Juqueri* [1990], nome da maior instituição de internamento de deficientes mentais da América Latina, apresenta-nos uma paciente, deitada no chão, semivestida, o rosto desvairado e perdido no vazio. Se essa fotografia é desconcertante, no limite do voyeurismo, ela nos interessa por tornar visíveis aqueles que estão escondidos nos confins da instituição de internamento. Também por duas outras razões: ela se insere, por um lado, num projeto considerado marginal pelo fotógrafo; um espaço em que, segundo ele, situa-se o verdadeiro conhecimento do homem. Edinger considera assim esse tema da loucura e da margem como o meio de acesso para uma forma de transcendência, "uma necessidade de se transcender, ou seja, ir além do que ele é no dia-a-dia, isto é, sair do seu estereótipo. Eu não sou o que a sociedade determina que eu seja. O homem é muito mais complexo do que a aparência. [...] Todos somos muito mais do que mostramos".[162]

Vontade pública de esconder aquilo que não corrobora o espírito de razão comum, Michel Foucault notava que a questão do internamento na época moderna era já um modo de controle da loucura dos sujeitos atingidos por ela, forçados ao isolamento. De fato, se o estatuto da loucura, assim como o da melancolia, beneficia-se de certa tolerância durante a Renascença, fundindo-se num universo onde se encontravam todas as formas de riscos e de medos, a razão que vai atravessar toda a época moderna deu um jeito de dissimular sua presença, sem deixar de exibir seu triste e monstruoso espetáculo:

> O internamento oculta o desatino e trai a vergonha que ele suscita, mas designa explicitamente a loucura: aponta-a com o dedo. Se, em relação ao desatino, o que se propõe acima de tudo é evitar o escândalo, em relação à loucura ela é organizada. [...] Durante o período clássico, ela é mostrada, mas do lado de lá das grades; se ela se manifesta, é à distância, sob o olhar de uma razão que

---

[162]Entrevista com Claudio Edinger publicada no jornal *O Estado de S. Paulo*, em 21 jan. 1996, *apud* Simonetta PERSICHETTI. *Imagens de fotografia brasileira*, p. 127.

não tem mais nenhum parentesco com ela e que não deve mais sentir-se comprometida por uma semelhança demasiado marcada. A loucura tornou-se algo para ser visto: não mais um monstro no fundo de si mesmo, mas animal de estranhos mecanismos, bestialidade da qual o homem, há muito tempo, está abolido.[163]

Essa "monstruosidade" aponta para nosso segundo motivo, que concerne à relação que une a fotografia a esse modelo bastante particular. Representar o mundo da loucura e da margem implica uma postura em que uma parte do íntimo é colocada em jogo. Nesse sentido, essa fotografia oferece igualmente um aspecto aterrador e fascinante ligado ao próprio dispositivo de internamento: aterrador na medida em que "esse gesto que fazia a loucura desaparecer num mundo neutro e uniforme da exclusão não assinalava um compasso de espera na evolução das técnicas médicas, nem no progresso das ideias humanitárias. Ele se revestia de seu sentido exato neste fato: que na era clássica a loucura deixou de ser o signo de um outro mundo, tendo-se tornado a paradoxal manifestação do não-ser";[164] fascinante porque desafia os próprios fundamentos de nossa razão: "isto é, como negatividade vazia da razão; nele, a loucura é reconhecida como não sendo nada".[165] Ela encontra assim na imagem toda sua presença e sua força. Mas invoca, além do mais, a possibilidade de uma loucura – e de uma desgraça – que se pensa, aberta para outros horizontes, através dos quais o homem pode contemplar sua época, assim como aqueles que, em toda a diversidade de seu comportamento, vêm compor esse estranho universo, invisíveis e no entanto presentes em algum lugar. Invisíveis como aquele misterioso rei desaparecido no deserto. O enigma da saudade continua dessa forma a se aproximar, tal o navio pessoano de Ulisses, lentamente de nossa margem.

[163] FOUCAULT. *História da loucura na Idade Clássica*, p. 165.
[164] Cf. FOUCAULT. *História da loucura na Idade Clássica*, p. 276.
[165] Cf. FOUCAULT. *História da loucura na Idade Clássica*, p. 276.

CAPÍTULO IV

Encarnar o indizível

Chegamos ao termo desta primeira parte, durante a qual nos dedicamos a compreender o sentimento de saudade levando em conta sua especificidade etimológica – confrontados ao problema colocado por seu caráter intraduzível – e ontológica, tentando delimitar as semelhanças e as diferenças que a aparentam e a distinguem de seu equivalente mais próximo, a melancolia. No entanto, cabe-nos agora a tarefa de levantar certos indícios que nos ajudarão a compreender o modo e a relação a partir dos quais esse sentimento pode não apenas delimitar uma iconografia – e o imaginário que permanece ligado a ele –, mas corresponder também a certas especificidades fotográficas. Discernir na imagem uma possível presença da saudade pode ser uma espécie de contradição em termos, querendo tornar presente na imagem aquilo que é, por essência, indizível, ausente, perdido. Como nossa busca não tem por objetivo propor uma taxonomia, ela continua *a priori* tão motivadora e misteriosa quanto difícil e opaca – tanto a fonte dos estudos, pesquisas e ensaios se esgota rapidamente.

É por isso que, antes mesmo de estudar qualquer expressão fotográfica da saudade, surgindo do "fundo das imagens" – referência ao ensaio de Jean-Luc Nancy –, precisamos considerar a maneira como ela pode ser percebida e ressoar no imaginário. Descobrir, por conseguinte, como esse sentimento pode constituir um tipo iconográfico particular. Uma tarefa que esbarra aqui, em primeiro lugar, na ausência de estudos dedicados a suas possíveis representações e de interpretações analisadas de maneira mais aprofundada, a partir do momento em que as confrontamos e comparamos aos numerosos estudos filosóficos, estéticos e literários dedicados à melancolia. Essa dificuldade estaria ligada ao fato de que a saudade parece escapar a qualquer tentativa classificatória como fenômeno misterioso e movediço?

Essa falta precisa ser preenchida a partir do momento em que nosso estudo revela toda a diversidade das obras literárias e artísticas, sem esquecer todas essas imagens-documentos – que Michel Foucault designava como *documentos-monumentos* – que marcam implicitamente sua presença. Podemos nos perguntar: quais são as motivações que conduzem a consignar pela imagem aquilo que não parece poder, justamente, ser localizado, porque visualmente indizível, sob o risco do olvido? Motivações que a carta da *Saudade*, de Almeida Júnior, ou ainda o enigma da esfinge de Carneiro vêm paradoxalmente legitimar.

Em primeiro lugar, podemos nos colocar a questão que consiste em compreender em que medida o sentimento subjetivo da saudade pode constituir, através da imagem, uma forma de expressão singular. Abordamos assim essa questão recorrendo a estudos de estética e de antropologia particularmente preciosos. Embora não tenhamos a pretensão de impor uma nova história das práticas fotográficas, não podemos deixar de fazer referência a certas interrogações que acompanharam a história da fotografia e, mais geralmente, a do uso da imagem – elas próprias suscitadas por nossa problemática. Estas permanecem intimamente ligadas às questões da herança, das influências e das rupturas estéticas que ocorreram ao longo do século XX. Essa confluência será verificada posteriormente no que concerne, por exemplo, à consolidação das misturas interculturais em que os vestígios e os referentes se imprimiram e se superpuseram em camadas sucessivas como num palimpsesto. Por isso, Eduardo Lourenço considera que a saudade permanece uma das expressões constantes de todas as culturas lusófonas:

> Em todas as suas expressões, a nossa cultura, naquilo que tem de mais constante e fundo, não seria mais do que a modulação desse sentimento intenso de fusão com o mundo, ou melhor, com a natureza, acompanhado de não menos intensa consciência da sua precariedade, alegria na tristeza, tristeza na alegria. Em suma, uma modulação daquela particular maneira de sentir a vida que os portugueses resumem na palavra-mito da sua cultura, a saudade. Com ela, o enigma não se esclarece, enuncia-se.[166]

Essa reflexão resume com precisão o que poderíamos nomear uma *razão da saudade*. No entanto, essa *postura* parece adotar um único ponto

---

[166]LOURENÇO. Portugal como cultura. In: *A nau de Ícaro*, p. 38.

de vista, devido a seu único caráter "constante", que somos tentados a qualificar de "luso-português". Essa concepção – aceitável na medida em que promulga um dos elementos predominantes da identidade cultural portuguesa – perde entretanto sua pertinência quando mudamos de área cultural, pois nem a história nem as experiências sociogeográficas dos países lusófonos, onde a saudade encontra ressonância, indicam uma percepção ou uma recepção semelhante a esse sentimento. De fato, como sublinha Adelino Braz, se "o termo saudade existe tal qual na cultura brasileira, considerando o fato de que o Brasil e Portugal partilham a mesma língua [...] isso não implica de modo algum que a saudade brasileira não seja por sua vez a expressão singular de uma fato cultural que lhe seja próprio".[167]

Nesse sentido, uma tal posição parece traduzir certa vontade de manter esse sentimento reduzido a seu estereótipo, fixado na simples dicotomia de alegria e tristeza. Ora, a saudade jamais deixou de ser "unificadora", quer se trate do lugar, quer do modo de expressão que a consigna. Por exemplo, uma sequência particularmente esclarecedora do filme autobiográfico de Manoel de Oliveira, *Porto da minha infância* (2001). O filme é construído a partir de uma montagem que alterna imagens de arquivo e sequências de ficção. Assim, após a abertura "orquestral" do filme, observamos um plano-sequência que apresenta a casa familiar em ruínas, lugar das lembranças de infância do cineasta, entrecortado por planos filmados em tempo real, como a estátua de bronze de Almeida Garrett, ou por inserções de extratos de filmes de arquivo – *mise en abîme* de um filme dentro do filme –, entre os quais a linda sequência de um passeio no jardim público representando Fernando Pessoa e o escritor José Régio. Oliveira compõe essa sequência como uma associação de lembranças que mistura imagens de lugares e "retratos" de escritores, esculpidos e fixados no bronze (João Batista de Almeida Garrett) ou reanimados por alguns segundos pela sucessão de fotogramas (Fernando Pessoa). Uma montagem por associação que ritma a sequência final do filme.

O percurso fluido, filmado ao longo da baía do Douro, é entrecortado por duas outras curtas sequências adicionais: uma vista do estuário do rio é assim associada ao olhar de Henrique, o navegador – rei mítico da epopeia das grandes descobertas e da história de Portugal que pode ser visto no painel central do *Tríptico de São Vicente*, pintado no século XIV por Nuno Gonçalves –, e um plano da biblioteca do cineasta. A

---

[167]BRAZ. *L'Universel et le Singulier dans la saudade: une philosophie de l'interculturel*, p. 67.

analogia operada aqui entre diversos acontecimentos históricos, referentes culturais e anedotas íntimas atribui importância ao olhar contemplativo (lançado sobre a história da humanidade e sobre aquilo que dela guarda indiretamente a memória através das artes e da literatura), consciente da fuga do tempo inscrita no coração de seus vestígios, e merece ser sublinhada. Pois sentir saudade não é acima de tudo uma experiência que não apenas convida, nesse sentido, a observar o passado no presente, mas supõe também uma motivação para se projetar num futuro mais ou menos próximo (de seu destino) e hipotético (um enigma a resolver)? Essa postura surge então através dessa sequência que termina por um rápido *travelling* sobre a biblioteca e para no corte do livro de poemas de António Nobre, *Só*. O filme de Manoel de Oliveira permanece hoje, nesse sentido, uma das mais belas metáforas poéticas e cinematográficas contemporâneas desse enigma.

Não obstante, temos de reconhecer que essa fórmula de Eduardo Lourenço dá conta da preocupação de evocar a saudade em sua dimensão artística: ela superaria seu estatuto exclusivamente sentimental a fim de ser percebida como uma *motivação*, ou seja, como uma força inspiradora que interviria na própria origem do que consideramos ser a partir daí um princípio *poiético* da obra. A intuição de que essa *poiética* não se limita unicamente ao campo habitual das artes ditas "maiores" nos conduz assim a apreender seus novos suportes de representação a fim de aí discernir sua presença inerente. Consequentemente, interrogamos (em resposta ao enigma enunciado) a possível presença desse sentimento na imagem fotográfica, buscando ver segundo que modo nossa consciência o percebe, a partir dos símbolos que alimentam seu imaginário.

Esse sentimento contém, como pôde ser constatado até agora, um significante complexo: dinâmico e modulador, pois que *age* sobre nossa percepção do espaço e do tempo. Quer ela seja expressa por palavras, quer por imagens, sua dialética supera sua simples contradição. Pois, longe de qualquer estrutura semântica fixada, ela dá conta de um estado e de um sentimento constantemente reinventados, por meio daquilo que Gilbert Durand denomina justamente uma *motivação*.[168] Ora, se o enigma da saudade se enuncia como tal, não reatualizar seu sentido nem sua força imaginativa não implicaria que ela permanecesse obscura, turva, ainda que a saudade se sinta de maneira clara, evidente? Consequentemente: "Se a origem permanece não decifrada, as suas manifestações são pa-

---

[168]DURAND. *As estruturas antropológicas do imaginário*, São Paulo: Martins Fontes, 2002.

tentes e, embora não sejam as únicas que constituem a trama da cultura portuguesa, são aquelas que lhe dão as suas letras de nobreza".[169]

Resta-nos então apreciar toda a sua força visual e poética, já que não podemos percebê-la como uma forma fixa, idealizada, originada de uma "melancolia céltica, adoçada pelo sol do sul?", ou mesmo como o "monólogo do povo à beira-mar, dividido entre o rumor das vagas e o seu silêncio?"[170] Tal posição, parece-nos, só faz reforçar, finalmente, seu próprio arquétipo, simples reflexo de um ideal "saudosista". Tentaremos provar justamente que, à diferença de um monólogo que defendesse um pensamento fechado sobre si mesmo, a saudade – principalmente do modo como ela se dá a ver hoje através da fotografia, longe de um império que suspira por suas glórias longínquas – renova um diálogo vivo e dinâmico.

Convoquemos agora o papel desempenhado pela imaginação. É Gaston Bachelard quem nos previne da armadilha de querer sempre desejar "que a imaginação seja a faculdade de formar imagens. Ora, ela é antes a faculdade de deformar as imagens fornecidas pela percepção, ela é sobretudo a faculdade de nos liberar das imagens primeiras, de mudar as imagens".[171] Essa precisão é importante, pois questiona, nesse sentido, a confiança normalmente atribuída ao poder mimético da fotografia. A partir daí, trata-se de desafiar a armadilha da imagem como simples reflexo e aparência, no sentido latino do termo, ou seja, associada pelos antigos a um *simulacro* de vida e de eternidade, a fim de exorcizar toda e qualquer finitude que o pensamento do homem deva afrontar em sua consciência da morte. Segundo Régis Debray: "Se a etimologia não comprova, ao menos indica. Latim primeiro. *Simulacrum*? O espectro.

---

[169] DURAND. *As estruturas antropológicas do imaginário*, p. 39. Em vez de procurar uma qualquer justificação "parcial" da saudade em suas "poucas cartas de nobreza", preferimos apreender a saudade em sua dimensão simbólica, pela qual opomos, em referência a Gilbert Durand, o fato de que a saudade, como sentimento nascido de uma pulsão individual, resulta de "um sistema dinâmico de símbolos, arquétipos e esquemas, sistema dinâmico que, sob o impulso de um esquema, tende a compor-se em narrativa" A partir daí, se ela é o fruto do desejo do sujeito por seu objeto, contra o qual ele se rebela em razão da falta que sua distância implica, o autor nos explica da mesma forma que: "Finalmente o imaginário não é outra coisa que este trajeto no qual a representação do objeto se deixa assimilar e modelar pelos imperativos pulsionais do sujeito, e no qual reciprocamente, como magistralmente Piaget mostrou, as representações subjetivas explicam-se 'pelas acomodações anteriores do sujeito' ao meio objetivo" (Cf. DURAND. *As estruturas antropológicas do imaginário*, p. 41).

[170] Cf. LOURENÇO. Portugal como cultura, p. 39.

[171] BACHELARD. Imagination et mobilité. In: *L'air et les songes: essai sur l'imagination du mouvement*, p. 5.

Imago? A modelagem em cera do rosto dos mortos, que o magistrado carregava nos funerais e que colocava em sua casa nos nichos do átrio, ao abrigo, na estante [...] O *jus imaginum* era o direito reservado aos nobres de passear em público um duplo do avô".[172]

Avaliar a importância da função de nosso imaginário exige compreender a relação que nossa consciência mantém com as imagens. A contribuição trazida pelo campo antropológico se revela aqui particularmente preciosa, principalmente no que concerne a algumas alegorias. O imaginário é definido por Gilbert Durand como um *schème*, ou seja, a "generalização dinâmica e afetiva da imagem, constitui a factividade e a não-substantividade geral do imaginário [e forma] o esqueleto dinâmico, a tela funcional da imaginação".[173]

Assim, a consciência a partir da qual concebemos todo o ambiente exterior difere em função da maneira como percebemos qualquer objeto: ela pode ser de tipo *direto*, se o objeto "captado" no real é representado imediatamente ao espírito, por nossa percepção ou por uma sensação. Ela é, pelo contrário, de tipo *indireto* se essa representação não provém diretamente dos nossos sentidos, mas é desviada através da lembrança, do sonho, de uma ideia mística, que simplesmente assinala o objeto. Assim como existem diversos graus de conformidade ao real, a imagem pode ser considerada como adequada, entendida como presença perceptiva, ou seja, uma cópia fiel da sensação. Inversamente, ela será qualificada de inadequada se a percepção necessitar de uma representação do objeto pela imagem. É principalmente através dela que o símbolo aparece. É interessante notar desde já que a imagem pode ser ao mesmo tempo signo e símbolo, ele próprio um signo particular. Mas se "o signo é arbitrário na linguagem, o mesmo nunca acontece no domínio da imaginação, que precisa de imagens para se exprimir, elas próprias portadoras de sentido".[174]

Porque o imaginário aparece desde então como uma verdadeira estrutura *rizomática*, Gilbert Durand explica, em seu estudo intitulado *As estruturas antropológicas do imaginário*, as razões que o conduziram a recorrer ao campo da antropologia. Por um lado, a fim "de estudar as motivações simbólicas e tentar fornecer uma classificação estrutural dos símbolos".[175] Isso no intuito de "apaziguar colocando-nos num ponto de vista antropológico para o qual 'nada de humano deve ser estranho',

[172]DEBRAY. La naissance par la mort. In: *Vie et mort de l'image*, p. 27-28.
[173]Cf. DURAND. *As estruturas antropológicas do imaginário*, p. 40.
[174]XIBERRAS. *La pratique de l'imaginaire, lecture de Gilbert Durand*, p. 30.
[175]Cf. DURAND. *As estruturas antropológicas do imaginário*, p. 40.

uma polêmica nefasta à base de suscetibilidades ontológicas".[176] Para tanto, Durand preconiza um "trajeto antropológico", ou seja, "a incessante troca que existe ao nível do imaginário entre as pulsões subjetivas e assimiladoras e as intimações objetivas que emanam do meio cósmico e social".[177] Essa posição nos incita a recorrer a uma abordagem pluridisciplinar, como explica Roberto DaMatta: "

> Fazer uma antropologia da saudade é tentar compreender as categorias que comandam o intelecto e a ação, a teoria e a prática, o evento e a estrutura [...] No fundo, desejo realizar uma antropologia que mostre a sociedade não apenas como sistema econômico ou político, mas como uma totalidade complexa que às vezes se revela por inteiro: iluminada e reflexivamente.[178]

A partir daí, tentar compreender a saudade por essa abordagem pluridisciplinar significa apreciar o modo pelo qual seu objeto pode se apresentar e surgir no imaginário. Ela própria se revela complexa já que, por um lado, "a representação do objeto se deixa assimilar e modelar pelos imperativos pulsionais do sujeito", e, por outro, "as representações subjetivas se explicam 'pelas acomodações anteriores do sujeito' ao meio objetivo".[179] Podemos assim já deduzir que a saudade exige nesse sentido uma motivação, estimulada a partir de um símbolo perceptível e compreensível de maneira objetiva e universal. Dessa forma, essa abordagem permanece, segundo DaMatta, acima de tudo: "uma aventura de sensibilidade, e não apenas um esforço de pesquisa pelos arquivos", que conduz o autor a pensar a saudade como "uma construção cultural e ideológica. Como uma categoria de pensamento e de ação [...] como uma palavra dotada de uma capacidade performática".[180]

---

[176] Cf. DURAND. *As estruturas antropológicas do imaginário*, p. 40.

[177] DURAND. *As estruturas antropológicas do imaginário*, p. 41.

[178] DAMATTA. Antropologia da saudade. In: *Conta de mentiroso: sete ensaios de antropologia brasileira*, p. 25.

[179] PIAGET. *La Formation du symbole chez l'enfant: imitation, jeu et rêve, image et représentation*. Genève: Delachaux & Niestle, 1976, p. 219 *apud* DURAND, *As estruturas antropológicas do imaginário*, p. 41.

[180] O autor esclarece que é preciso entender aqui a "capacidade performativa" no sentido empregado por John Langshaw Austin (Cf. DAMATTA. *Antropologia da saudade*, p 29. A noção de "performatividade" foi desenvolvida por Austin num ciclo de 12 conferências pronunciadas em Harvard, em 1955, durante as quais ele definiu o termo "performativo" como derivado do verbo inglês *"to perform*, "utilizado [...] com o substantivo 'action' [...] indica que produzir a enunciação é executar uma ação" (AUSTIN. *Quand dire, c'est faire*, p. 42).

Mas o que devemos entender precisamente por motivação? É uma imagem que permanece, para Durand, sempre um símbolo, por ser sempre motivada de maneira intrínseca. Gilbert Durand define essa motivação como o resultado de "uma categoria compacta [...] de determinação, tais como os 'signos'".[181] O signo pode ser então de natureza distinta: *arbitrário*, quando não existe nenhum sentido unívoco entre seu significante (aquilo que o contém) e seu significado (seu conteúdo), como um sinal ou uma palavra. Pelo contrário, ele é dito *alegórico* quando a imagem que o contém se refere a um sentido particular ou a uma coisa sensível. Embora consignem em si uma parte da realidade representada, os signos remetem a uma realidade não representável. Comum ao símbolo e à alegoria, esse "sensível reconduzido" leva então a uma passagem do figurado (o continente) ao significado (o sentido). Ora, o que distingue aqui a alegoria do símbolo encontra sua explicação em seu caráter *exclusivo*, afastando assim a imagem de seu sentido dissimulado; o símbolo, ao contrário, inclusivo, reconduz-nos ao coração de seu significado.

Esses dois caracteres podem não obstante ser agenciados, por exemplo, em certas personificações alegóricas. É o caso de duas telas de José Theophilo de Jesus, nascido no estado da Bahia, que representam duas alegorias de continentes: a Europa e a América (Fig. 16-17). Essas duas alegorias, verdadeiras idealizações surgidas de uma concepção ideológica do mundo no século XVIII, são tanto mais surpreendentes pelo fato de esse pintor, originário do Brasil, mas formado na academia de desenho de Lisboa, estar impregnado de um imaginário europeu.

Figuras 16-17 – José Theophilo de Jesus, *Alegoria da Europa* e *Alegoria da America*. Óleo sobre telas. Data desconhecida. Salvador, Bahia. Museu de Arte da Bahia.

---

[181] DURAND. *As estruturas antropológicas do imaginário*, p. 32.

Quando observamos um pouco mais atentamente essas duas alegorias, constatamos que o *corpus* dos símbolos que as compõe retoma uma tradição iconográfica presente no repertório de Cesare Ripa, inscrita na rubrica intitulada "continentes". Encontramos a Europa, *Uma das principais partes do mundo*, com a cabeça coroada pelos monogramas do Sol e usando um longo vestido de colo estrelado; posta majestosamente entre duas cornucópias, aos seus pés estão espalhados os instrumentos de medida e do conhecimento. Reconhecemos ao fundo o tradicional escudo com lanças, símbolo de seu poder. Uma coruja situada perto de seu pé esquerdo nos indica sua prudência. A América merece um tratamento mais modesto, representada em suas mais simples vestimentas, uma indígena estilizada à moda europeia. Vestida com uma roupa rudimentar, sentada numa paisagem que mistura animais europeus e animais selvagens da América do Sul.[182] Amazona de plumas no cabelo, arco numa mão e flecha na outra, acompanhada de um crocodilo e de uma cabeça humana de olhos fechados entre suas pernas, recordando seu gosto longínquo pela antropofagia.

É interessante sublinhar o fato de que essas alegorias revelam não apenas um olhar tipicamente europeu lançado sobre o mundo (através dos olhos de um pintor nativo do Brasil), mas também de uma Europa apresentada como a "mãe" da civilização. Ao contrário do caráter arbitrário do signo, a imagem é portanto sempre símbolo por sua motivação, ou seja, pela possibilidade que o símbolo possui de tornar concreto, de produzir uma forma "determinada" para aquilo que é impossível perceber. Como signo concreto, ele possui uma forte capacidade sugestiva que abre, entre outras coisas, o acesso ao conhecimento, aquilo que Durand designa epifania, ou seja, uma aparição que dá lugar ao indizível no seio de seu significante:

> Escrevi, antigamente, o símbolo é a epifania de um mistério.[...]
> O não-sensível em todas suas formas – inconsciente, metafísica, sobrenatural e supra-real. Essas "coisas ausentes ou impossíveis de se perceber" por definição acabarão sendo, de maneira privilegiada, os próprios assuntos da metafísica, da arte, da religião, da magia [...]
> A obra do poeta e do artista localiza, esta do narrador sincroniza, eles capturam o sentido nas redes inesgotáveis da expressão.[183]

---

[182]THEVET. *Les Vrais pourtraits et vies des hommes illustres Grecz, Latins et Payens, recueilliz de leurs tableaux, livres, medalles antiques, et modernes.*
[183]DURAND. *A imaginação simbólica*, p. 15-20.

Se nossa busca encontra sua razão de ser no enigma que consiste em perceber na imagem fotográfica um simples objeto localizado "clara e distintamente" e permanece desnudada dessa "objetividade pesada" que simboliza o sentimento de saudade, apesar da suposta complexidade de sua expressão, isso pode se explicar na medida em que nosso objeto parece emanar de um real coberto por um véu. Segundo Durand, esse objeto é simplesmente "'velado' pela sua carga semântica mais forte".[184]

O sopro tênue da sensação

O papel importante desempenhado pelo símbolo na relação que tece, através de redes, com o espaço do imaginário se revela particularmente importante. Sua função consiste portanto em dar uma forma *imagética* concreta ao que permanece da ordem do virtual. Nossa busca se esclarece: trata-se de dar uma forma visível possível a alguma coisa que, *a priori*, só pode ter a forma de uma imagem na lembrança, percebida como sensação. Pois, à diferença de sentimentos precisos, como podem ser a alegria, a tristeza e a melancolia, a saudade, pelo contrário, por sua complexidade semântica (por seu jogo significado/significante) e ontológica (como essência), parece escapar e desobedecer a qualquer intenção, correspondendo apenas ao fenômeno da sensação e da lembrança. Precisamos portanto lhe dar lugar, uma epifania, como sugere Gilbert Durand. Cabe à imagem desempenhar essa possível função.

Sentimento racional por sua dimensão moral em dom Duarte, como "sentimento do coração que vem da sensualidade e não da razão",[185] a saudade inclui uma escala temporal flexível entre o passado e o futuro. Partilhada entre duas figuras proeminentes, separadas pelos séculos e distintas em seu modo de aparição no imaginário lusófono, seu mito se concentra nas figuras dos reis *errantes* Ulisses e dom Sebastião. Reativada por Almeida Garrett, que a associa a um ideal patriótico, ela encarna a partir daí "o corpo e a sombra da alma portuguesa", o substrato da consciência nacional e da alma de um país que "não tem outro destino que a busca de si próprio".[186]

Se a saudade é experimentada de diferentes maneiras, seu significado se relaciona sempre ao mesmo substrato universal: a perda ou a ausência

---

[184]DURAND. *A imaginação simbólica*, p.15-20.
[185]BOTELHO; TEIXEIRA (Org.). *Filosofia da saudade*, p. 14.
[186]LOURENÇO. *Mitologia da saudade, seguido de Portugal como destin*, p. 108-109.

do ser amado, de um amigo, de uma terra distante ou de um momento vivido outrora. E é Roberto DaMatta que insiste assim no fato de que "a saudade é dada coletivamente. Ela está dentro e fora de nós tal como estamos todos dentro (e fora) de uma imensa saudade coletiva que nos engloba e nos faz hesitar e desconfiar das visões muito positivas do futuro [...] de sistematicamente idealizar o passado, de confrontarmos sempre passado e futuro, discutindo pouco o lugar do presente e o presente como lugar".[187] Essa contradição revela o fato de que ela pode também se constituir como a expressão coletiva "obrigatória" de um sentimento particular que Marcel Mauss identifica da seguinte forma: "Digamos logo que esse caráter coletivo não prejudica em nada a intensidade dos sentimentos, muito pelo contrário. [...] Mas todas as expressões coletivas, simultâneas, de valor moral e de força obrigatória dos sentimentos do indivíduo e do grupo, são mais do que meras manifestações, são sinais de expressões entendidas, quer dizer, são linguagem." [188]

A "ruptura modernista" conduzida no Brasil por Mário e Oswald de Andrade e anunciada pelo célebre *Manifesto antropófago* de 1928 vai no mínimo perturbar o sentido de leitura histórica do mundo, percebida como uma espécie de saudade invertida, que altera de certa forma os papéis de seus atores. De fato, não se trata mais de lançar um olhar retroativo sobre o passado, mas de fazer *tabula rasa* da influência do antigo mundo europeu para melhor incorporar seus vestígios. Fundado num novo espírito dos tempos, utópico, moderno e coletivo, ele varre com seu sopro todos os arcaísmos tornados obsoletos. Se se trata de uma forma de saudade invertida, é justamente porque a intenção desse manifesto não consiste mais em se voltar continuamente para um passado que não existe mais, e sim em antecipar o advento de um espaço identitário singular. Se o sentimento de saudade se exprimiu então no Brasil em função de um olhar voltado para o Ocidente, a ruptura modernista altera sua orientação, ainda que seus próprios atores tenham se alimentado de diversas trocas com as vanguardas europeias.

Não se trata portanto de ignorar os vestígios do passado. Dessa tomada de consciência das potencialidades surgem novas formas de representação – formas que haurem sua substância do próprio substrato cultural brasileiro, mas sensíveis às influências estilísticas desenvolvidas

---

[187] DAMATTA. *Antropologia da saudade*, p. 23.
[188] MAUSS. L'expression obligatoire des sentiments. *Journal de Psychologie*, n. 18, 1921. Republicado em *Œuvres*, v. 3.

fora de suas fronteiras – específicas da noção de modernidade no Brasil. Ela aparece assim de maneira súbita, sem uma verdadeira transição, mas da qual surgem, não obstante, formas originais cuja expressão permanece emblemática dessa "deglutição".

Essa ruptura constitui de certo ponto de vista o prolongamento do *Kunstwollen* desenvolvido por Alois Riegl e retomado por Wilhelm Worringer. Termo que, como já vimos, deve ser compreendido de maneira literal como *querer de arte*, e não como *querer artístico*. Esse *querer*, portanto, emergiu num contexto brasileiro específico, resumindo bem aquilo que está em jogo aqui.[189] Evidentemente, a recepção dessa ruptura não será necessariamente favorável entre a crítica, e ainda menos pelo público. Citemos por exemplo o extrato de um artigo em que Oswald de Andrade defende sua posição em resposta a uma crítica:

> Segundo o Sr. Antônio Cândido, eu seria o inventor do "sarcasmo pelo sarcasmo". Meio século de sarcasmo! Contra que? [...] A minha pena foi sempre dirigida contra os fracos... Olavo Bilac e Coelho Neto no pleno fastígio de sua glória. O próprio Graça Aranha quando quis se apossar do modernismo. [...] Tudo isso não passou de sarcasmo e pilheria! Porque a vigilante construção de minha crítica revisora nunca usou a maquilagem da sisudez nem o guarda-roupa da profundidade.[190]

No entanto, essa ruptura terá consequências felizes, como podemos observar nessa pintura de 1923 de Tarsila Amaral, *A negra*, pintada em Paris durante sua formação no ateliê de Fernand Léger (Fig. 18-19). Esse quadro apresenta um cenário composto de elementos cubistas, do qual se destaca uma figura feminina, de seios enormes, semelhante a uma *Vênus primitiva*. Figura antecipadora da influência do *Manifesto antropófago* em sua obra pictórica, Tarsila do Amaral declara a propósito desta, em 1937: "Arte moderna! Nestas duas palavras cabem todas as extravagâncias, todas as monstruosidades, [incluindo a minha arte antropofágica, brutal e sincera], todos os desabafos, pesadelos, recalques e delírios".[191] O caso de Tarsila do Amaral mostra bem a trajetória de uma artista que, após uma formação na Europa, buscou ao longo de toda a elaboração de sua obra novos elementos plásticos e formais, hauridos nas referências culturais

[189] Cf. Entrevista com Jean-Claude Passeron para a revista *Tracés*, n. 4, p. 135.

[190] ANDRADE. Oswald. de. *Obras completas de Oswald de Andrade*, t. 5, v. 153. Rio de Janeiro: Civilização Brasiliera, col. Vera Cruz-Literatura Brasileira, 1971.

[191] AMARAL. Tendências da arte moderna. In: *Tarsila cronista*, p. 126

brasileiras locais. E isso na medida em que sua pesquisa lhe revela sua "marca" brasileira, pintora de sua própria terra".[192]

Assim, o modelado curvilíneo e simplificado do corpo dessa Vênus e da folha situada em suas costas vem suavizar o *aplat* rígido de um espaço composto de largas faixas geométricas sobre as quais seu corpo se destaca, sem nenhuma perspectiva nem profundidade de campo. A linearidade de seu contorno será ainda mais acentuada pela reprodução da figura na capa da edição de *Feuilles de route* [*Folhas de viagem*], de Blaise Cendrars, que o escritor publica assim que volta de sua viagem ao Brasil, em 1924. Essa obra estranha resulta de um curioso cruzamento entre o modernismo – percebe-se a influência de Léger pelo tratamento em *aplat* das largas faixas que estruturam seu plano de fundo – e essa vestal "primitiva" de traços simplificados e expressão melancólica, figura de proa de toda um simbolismo da diversidade étnica brasileira.

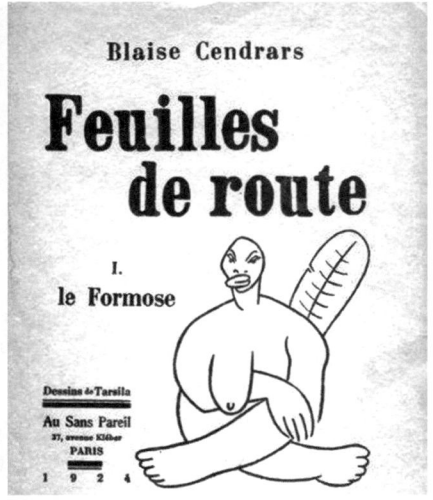

Figura 18 – Tarsila do Amaral, *A negra*, 1923. Óleo sobre tela, 100 x 81,3 cm. São Paulo, MAC-USP.

Figura 19 – Desenho de *A negra*, retomado na capa do livro de Blaise Cendrars, *Feuilles de route*, 1924.

A negra encarna essa Vênus dos tempos modernos que reveste uma nova forma de saudade, ao mesmo tempo enigmática e desencantada, ponto alto de uma ruptura estilística iniciada. Bem longe do retrato

---

[192]AMARAL. Tendências da arte moderna, p. 126.

dessa "Olympia", mulata lasciva pintada por Jean-Baptiste Debret, de pose melancólica, que nos faz supor que encontra, perdida em seus sonhos, a única escapatória possível para sua provável condição de escrava (Fig. 20). Ela é: "eleita símbolo de uma sociedade periférica que tenta buscar no passado as chaves para a construção da sua identidade".[193] E Helouise Costa acrescenta:

> Se a artista nos oferece a imagem de uma cultura exótica, não é para o deleite voyerista do observador, mas para questionar essa espécie de estereótipo. Presença desconcertante e contraditória, *A negra* é o ponto de partida de uma atitude crítica e autocrítica que terá ainda muitos outros desdobramentos na obra de Tarsila do Amaral ao longo da década de 20, transformando-se numa espécie de ícone da primeira fase do modernismo brasileiro.[194]

Figura 20 – Jean-Baptiste Debret, *Noire tatouée vendant des Cajous* [*Negra tatuada vendendo cajus*], 1827. Aquarela sobre papel. Rio de Janeiro, Museu de Belas-Artes.

Essa obra retém nossa atenção também por toda a sua dualidade, reveladora de uma postura do artista "frente aos impasses e contradições do nosso ambiente cultural".[195] Através do retrato "fictício" dessa mulher negra, condensa-se assim um dos paradigmas que repousam sobre uma dialética da contradição nascida da marca indelével da herança colonial na formação da cultura brasileira; essa herança se cristalizou na existência e na percepção da saudade no Brasil. É também no coração desse paradigma que podemos localizar a marca de uma tradição do retrato fotográfico de indivíduos anônimos, pessoas do cotidiano, em que se insere o exemplo desse retrato de uma vendedora de rua de Salvador, fotografada em 1875 por Marc Ferrez (Fig. 21).

---

[193] COSTA. Obra em contexto: Tarsila do Amaral, [s. p.].
[194] COSTA. Obra em contexto: Tarsila do Amaral, [s. p.].
[195] COSTA. Obra em contexto: Tarsila do Amaral, [s. p.].

A expressão impassível de seu rosto, representado de três quartos, é reforçada por sua pose hierática, cujo "objetivo" classificatório implícito não apaga no entanto a longínqua lembrança de suas raízes africanas representadas pelas numerosas joias expostas sobre suas roupas europeias. Esses serão "os mesmos elementos que [a] condenaram ao desaparecimento (a cor da pele, a elegância do porte)".[196] Retratada sobre um fundo neutro, sem aparato, segurando na mão esquerda um pequeno tamborete esculpido, a pose fixada dessa vendedora só faz sublinhar seu austero anonimato: prostrada "diante de um observador estranho e estrangeiro", esse tipo de retrato sublinha, não obstante, um gosto pelo pitoresco local.[197]

No entanto, pela economia desse mesmo cenário, encontramos também uma concepção do retrato de tipo *moderno* e *objetivo* que não deixa de evocar certas chapas de August Sander. Essa atenção ao valor documental da fotografia é descrita de maneira precisa pelo próprio sobrinho de Marc, Gilberto Ferrez, primeiro pesquisador que se aplicou a colecionar, inventariar e escrever sobre a obra de fotógrafos em atividade no Brasil durante o século XIX.[198]

Figura 21 – Marc Ferrez, *Vendedora negra, Salvador da Bahia*, 1875. Cópia em papel albuminado. Coleção particular.

---

[196]LISSOVSKY. O visível e os invisíveis: imagem fotográfica e imaginário social", p. 77.
[197]LISSOVSKY. O visível e os invisíveis: imagem fotográfica e imaginário social", p. 77.
[198]Cf. FERREZ, *Iconografia do Rio de Janeiro: 1530-1890*.

Se a expressão obrigatória evocada por Marcel Mauss é carregada de uma dimensão simbólica que gera a necessidade de manifestar algo mais do que seus sentimentos, esta permanece motivada pelo simples fato de se manifestar a outrem: "É preciso emiti-los mas é preciso só porque todo o grupo os entende [...] é um modo de manifestá-los aos outros, pois assim é preciso fazer. Manifestar-se a si, exprimindo aos outros, por conta dos outros. É essencialmente uma ação simbólica".[199] Como esse simbolismo chega a investir a imagem pela expressão de um sentimento? A fim de propor uma resposta, podemos nos referir à definição fornecida por Suzanne K. Langer a propósito da forma significante dada como "expressão articulada dos sentimentos". O que equivale a dizer que os meios de expressão que as tradições testemunham permanecem mais importantes do que todos os modos de autopreservação.

Em seu ensaio *Sentimento e forma*, a autora entende portanto por "forma significante" aquilo que realmente possui uma significação em arte, contestando a essência de qualquer forma artística. Essa posição difere nesse sentido da emoção estética subjetiva defendida por Roger Fry, que ele estima ser "o único estado no qual se pode ter realmente uma percepção da obra de arte".[200] Partindo da hipótese de que "a unidade fundamental das artes, frequentemente afirmada, reside não tanto nos paralelos entre seus respectivos elementos ou nas analogias entre suas técnicas, quanto na singularidade de sua importância característica, o 'significado da significação em relação a cada uma e a qualquer delas'", Suzanne K. Langer considera que uma obra de arte, mesmo percebida como uma expressão espontânea do sentimento – sintoma de um estado d'alma singular –, não permanece independente da expressão da sociedade em que encontra sua origem, principalmente quando se trata de representar outrem. Consequentemente, ela acaba reproduzindo "alguns tipos de expressões faciais de onde surgiram os sentimentos supostamente alimentados por esses seres".[201] No entanto, essa expressão não garante nenhum valor artístico em si. O caso da imagem fotográfica mostra que a força expressiva da imagem permanece acima de tudo inerente a seu valor documental e informativo.

[199] MAUSS. *Œuvres*, v. 3, p. 269-278.

[200] Cf. FRY. L'intensité désinterressée de la contemplation. In: *Vision and Design*. London: Chatto and Windus, 1920, p. 17, *apud* LANGER, *Sentimento e forma*, p. 40.

[201] Cf. BELL. *Art*. London: Chatto and Windus, 1914, *apud* LANGER, *Sentimento e forma*, p. 25-27.

Considerar a imagem como a "expressão de uma ideia" exige privilegiar o que "chamamos 'forma significante', a única qualidade comum a todas as artes visuais".[202] Além disso, afirmar que uma coisa esteja bem expressa em si não garante que ela possa dar conta por isso da totalidade de sua experiência no momento presente, mas sim que ela invoca uma verdade qualquer, fornecida de maneira clara e objetiva a fim de ser contemplada. E Langer esclarece: "Tal expressão é a função dos símbolos: articulação e apresentação de conceitos. Por isso os símbolos diferem radicalmente dos signos. Um símbolo é compreendido quando nós podemos conceber a ideia que ele apresenta".[203] Não obstante, a importância atribuída à forma enquanto essência frente ao papel desempenhado pelo símbolo parece não responder à necessidade expressiva do sentimento.

Dar forma aos fantasmas

Cansado de perseguir uma musa clássica fixada numa paisagem idealizada – assim como Guillaume Apollinaire se entusiasmará com a paisagem irradiada pelos neons da cidade, pastora da era industrial triunfante –, Arthur Rimbaud encontra, por sua vez, uma fonte de exaltação no acordo de uma simples vogal com uma nota cromática, cujo valor vibra como uma onda sonora colorida. Esse acordo visa assim dar corpo ao indizível, tornar visível aquilo que permanece inapreensível para nós. Rimbaud consegue descrever uma sensação e um sentimento a partir do som de uma vogal. A imagem que nasce desse acordo também chega a esse ponto:

> Explico um dia vossas origens latentes:
> A, negro corpete é um pelo em moscas luzentes
> Que zumbem ao redor de fedores brutais,
>
> [...]
>
> I, lacre, sangue em cuspe e rir de lábios belos
> Dentro da cólera ou do torpor penitente;
>
> [...]

[202] *Id.*, p. 26.

[203] *Ibid*, p. 27.

O, supremo Clarim de estranhos sons diversos,
Silêncio atravessado em Anjos e Universos;
– O Ômega, raio roxo entre esses olhos Seus![204]

Esse poema procede da mesma maneira que um abecedário: à letra-símbolo corresponde uma imagem-símbolo. O poema se constrói pela associação que ordena letras – A, E, I, U, O – e palavras (signos), cores (símbolos) e tons (expressão). Os nomes e os verbos de sonoridade forte, como "rir", "cólera", "vibrações", estão ligados de maneira esquemática, subjetiva, a cores cujo valor simbólico evoca no poeta um sentimento preciso – o preto, cor da noite, encarna assim a crueldade (fedor cruel, golfos de sombra); o púrpura, o sentimento da cólera (sangue cuspido) e do excesso; o violeta está associado aos olhos do ser amado. Essas cores acabam transformando as letras em objetos, portadores de suas próprias realidades e sentidos. Se sua carga simbólica provoca tais sentimentos, elas recordam também certos temperamentos apresentados anteriormente. Por exemplo, a associação feita por Rimbaud entre o púrpura, o vermelho escuro, o riso e a cólera, prolonga, nesse sentido, a descrição feita do temperamento do "sanguíneo", enquanto o preto permanece apanágio do melancólico.

Mais do que uma aflição, a alegoria melancólica aparece como que fixada por um efeito de estupor surdo, mergulhada em sua profunda meditação, e que "mesmo provida de asas, deve ao caráter maciço de seu corpo e à opulência de seu vestido um efeito de presença pesada, imóvel, mas também indiferente".[205] A alegoria feminina de Albrecht Dürer "não atribui maior atenção aos instrumentos artesanais e aos produtos espalhados a seu redor e opressores por seu número. E permanece mesmo indiferente ao demônio alado que carrega seu nome e foge no céu".[206] Essa preguiça meditativa, que oscila entre contemplação e indiferença, aparenta-se assim à saudade, que, pretextando um hipotético retorno tornado impossível, mergulha-nos numa postura contemplativa e nos tira do mundo. *Fora de si* e *fora do tempo*, tornados "estranhamente estranhos" a nós mesmos. É esse o mistério que reside nesse *Retrato de Auguste Gabriel Godefroy*, pintado por Jean-Baptiste-Siméon Chardin, em que o menino observa

[204]RIMBAUD. Voyelles. In: *Reliquaire*, p. 108.
[205]SCHUSTER. *Melencolia I: Dürers Denkbild*, p. 388-394.
[206]SCHUSTER. *Melencolia I: Dürers Denkbild*, p. 388-394.

atentamente seu pião, sem nos dirigir um olhar, absorvido por sua ocupação, os olhos semifechados.

O rosto representado de três quartos concentra toda a sua atenção exclusivamente em seu pião. Segundo René Démoris, tamanha ausência de olhar não proporciona "nenhuma expressão, no sentido em que o termo remeteria a uma gramática das paixões. Nada além dessa atenção extrema, que o olhar basta para marcar, sublinhado por vezes pela presença de outros objetos".[207] Isolado, esse olhar atento a seu objeto vem desafiar o do espectador. Pintando seu tema no seio de um interior fechado, recortado pelo enquadramento, aproximando assim o protagonista do espectador, o pintor nos convida a partilhar esse momento de atenção particular. Michael Fried qualifica essa ausência como um estado de "absorção".[208]

Mas esse estado de absorção não exclui o espectador, despertado pela presença de um "detalhe saliente da imagem destinado a simbolizar o esquecimento de qualquer coisa exterior à atividade a que se entrega o personagem".[209] Para Démoris, essa criança manifesta "uma relação ao mesmo tempo de controle e de fascinação para com um objeto cuja importância pode ser negada a qualquer momento e que respeita as demandas de sua majestade, o EU, ao abrigo de qualquer relação com um outro sujeito".[210] Ora, o que Chardin "oferece como interessante, pela própria natureza do tema escolhido, é a capacidade de um ser de gozar do olhar que ele lança sobre objetos 'nulamente interessantes'",[211] conclui o autor.

Dado como uma linha breve de corte do mundo, esse estado revela, além do mais, um paradoxo, querendo tornar imutável pela imagem, num gesto decisivo, aquilo que é efêmero, fugitivo. Esse paradoxo permanece também identificável no seio de uma tradição do retrato fotográfico em vigor no Brasil entre o fim do século XIX e o início do XX. Ele surge, por exemplo, de uma semelhança de pose entre o quadro de José Ferraz Almeida Júnior, intitulado *Caipira picando fumo*, de 1893, e uma fotografia de Vincenzo Pastore, intitulada *Homem sentado, comendo, próximo a gaiolas com galinhas*, tirada perto do Mercado Municipal de São Paulo, em 1910 (Fig. 22-23).

[207]DÉMORIS. *Chardin, la chair et l'objet*, p. 85.
[208]FRIED. *La place du spectateur*, p. 23-65.
[209]FRIED. *La place du spectateur*, p. 23-65.
[210]DÉMORIS. *Chardin, la chair et l'objet*, p. 51.
[211]DÉMORIS. *Chardin, la chair et l'objet*, p. 90.

Figura 22 – José Ferraz Almeida Júnior, *Caipira picando fumo*, 1893. Óleo sobre tela, 202 x 141 cm. São Paulo, Pinacoteca do Estado.

Figura 23 – Vincenzo Pastore, *Homem sentado, comendo, próximo a gaiolas com galinhas*, 1910. Cópia em prata, 12,1 x 9,1 cm. São Paulo, Instituto Moreira Salles.

Essas duas cenas de gênero, apesar da diferença de lugar – passando do campo tradicional à cidade –, apresentam dois homens cujo recato voluntário, devido à conclusão de suas tarefas, atesta uma mesma absorção, presentes e separados ao mesmo tempo de seus respectivos ambientes (e alheios aos que os observam). Sua postura ilustra aquilo que poderíamos definir como um *desinteresse*. Mas, à diferença da emoção estética absoluta defendida por Clive Bell, como essência pura das formas artísticas, Suzanne K. Langer sugere que essa emoção, mesmo contida em nosso espírito, em nada explica a compreensão de uma obra e do valor que lhe conferimos. Essa emoção provém aqui não de um objeto de forte valor simbólico, mas dessa capacidade de transmitir e de fazer surgir, a partir de um objeto *banal*, uma sensação de absorção ao longo da qual, atentos, operamos esse mesmo corte com o mundo.

Além disso, a importância dessa absorção pode ela própria ser percebida como o resultado de outra forma de tensão. Aquela do corpo convulso, *cataléptico*. Assim se apresenta o corpo de uma paciente epiléptica, em movimento descendente, captada na própria *mise-en-scène* teatralizada de seu sofrimento, entregue aos olhares dos estudantes do hospital parisiense

La Salpêtrière. A posição de seu corpo evoca estranhamente aquela da esposa do fotógrafo brasileiro, posando em seu jardim – cujo rosto, de três quartos, dirige-se para o alto do muro adjacente. Essa mulher nos dá as costas, tendo seu rosto "queimado" pela luz excessiva do Sol que provém da borda superior direita da imagem (Fig. 24).

Figura-receptáculo atingida por uma contorção súbita da histeria ou *figura-superfície* contemplativa, o corpo se convulsiona ou se fecha, para finalmente se deixar cair ou se manter numa completa inércia (Fig. 25). Assim como o estado melancólico era considerado pela medicina clássica como o resultado de "um efeito natural das leis do movimento e do choque", esse estupor acaba por mergulhar o corpo numa imobilidade total. Sujeito à histeria, ele é então paralisado num pesadume que, paradoxalmente, "torna o choque mais violento no momento em que se produz".[212] Esse é o caso fascinante das representações da histeria do inventário de Charcot: numerosos retratos fotográficos de mulheres internadas, julgadas histéricas, tão inquietantes quanto fascinantes, justamente por essa faculdade de desafiar, de desconcertar o olhar do espectador e do cientista.[213]

 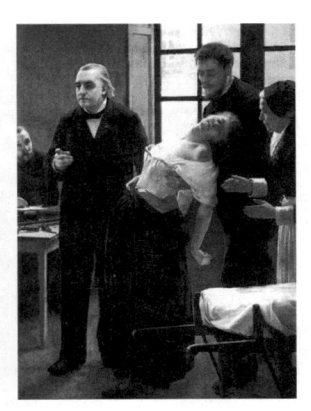

Figura 24 – Vincenzo Pastore, *Elvira Leopardi Pastore e sua filha Maria Lúcia*, 1908. São Paulo, Instituto Moreira Salles.

Figura 25 – André Brouillet, *Une leçon clinique à la Salpêtrière* (detalhe), 1887. Óleo sobre tela. Paris, Université de Paris V.

---

[212] Foucault relata o efeito produzido da seguinte maneira: "A melancolia, com efeito, caracteriza-se pela imobilidade, o que significa que o sangue grosso congestiona o cérebro onde se acumula; lá por onde deveria circular, tende a deter-se, imobilizado em seu peso" (Cf. FOUCAULT. Figuras da loucura. In: *História da loucura na Idade Clássica*, p. 305).

[213] Cf. DIDI-HUBERMAN, *L'Invention de l'hystérie: Charcot et l'iconographie photographique de la Salpêtrière*.

Segundo Michel Foucault, esse tipo de representação denota uma intenção ética subordinada aos interesses do olhar científico:

> Esse "corpo interior" [...] não é o corpo objetivo que se oferece ao olhar pálido de uma observação neutralizada; é o lugar onde vem encontrar-se uma certa maneira de imaginar o corpo, de decifrar seus movimentos interiores – e uma certa maneira de aí investir valores morais. O devir se realiza, o trabalho se faz ao nível dessa percepção ética. É nela que se vêm curvar as imagens, sempre dobráveis, da teoria médica.[214]

Podemos avaliar a partir daí toda a força *monstrante* contida em tal imagem. Verdadeira *mostração*, no sentido que lhe dá Jean-Luc Nancy, que tenta a todo custo erguer o véu que cobre essa estranha estranheza que parece escapar incessantemente à razão.[215] O simples rosto de um indivíduo anônimo capturado numa tensão visual que testemunha ao mesmo tempo uma *razão* médica e um sofrimento físico; esse olhar distante, típico do fim do século XIX, anuncia assim aquele racional e "asséptico" exercido pelo mundo psiquiátrico em face da disfunção psíquica do indivíduo. Se existe, portanto, uma *figura-receptáculo* dinamizada pelo movimento furtivo de uma convulsão, existe também seu contrário, estático, apático, que encontra seu lugar de representação numa de suas alegorias mais emblemáticas. Trata-se de *A melancolia*, pintada por Domenico Fetti em 1623, quadro conhecido também pelo nome *A meditação*.

O parentesco da saudade com essa postura meditativa pode se revelar pertinente aqui. Concentrada numa figura feminina ajoelhada, essa melancolia meditativa dirige seu olhar a um crânio. A pose, pesada e estática, traduz seu caráter profundamente interior, verdadeiro *gnosticismo* da alma. Diversos elementos simbólicos se encontram espalhados no chão: globo marítimo, livros, pincéis e paleta de pintura. Essa jovem não dirige nenhum olhar ao espectador. De forma que, recordando a tríade melancólica de Dürer – tristeza, desânimo e contemplação[216] –, essa alegoria exprime a aflição em face da perda dos vestígios de um passado que já se foi. Seu "diálogo mudo", considerado numa dimensão metafísica, remete-nos a nossa condição de ser mortal. Assim, essa postura contemplativa não pode encontrar melhor lugar de meditação do que bem

---

[214] Cf. FOUCAULT, *Figuras da loucura*, p. 320.
[215] NANCY. *Au fond des images*.
[216] Cf. CLAIR. *Génie et folie en Occident*, p. 248.

no meio de uma paisagem arquitetural composta tão somente de ruínas, inibindo qualquer ideia de vida ou de recomeço possível. Tempo em fuga perpétua – alusão à ampulheta –, triunfando sobre a vaidade humana.

É a partir desse mundo estranho, onde se encontra, paradoxalmente, uma de suas mais belas metáforas, que a relação do sentimento de saudade com sua necessidade imagética se consolida, mas também a evocação de seu "devir" fotográfico. Essa metáfora não é outra senão a descrição que Dante Alighieri nos oferece do Purgatório na *Divina comédia*. Paradoxal, na medida em que a imagem produzida – imaterial, inerente ao canto poético – só pode ser considerada, *a priori*, mentalmente. Subordinada ao discurso, sua forma visual se apresenta ao imaginário de maneira quase háptica.

Essa proeminência da *anima*, independente, destaca-se do *corpo-máquina* e encontra assim uma de suas mais surpreendentes desencarnações num autorretrato de Michelangelo sob os traços de São Bartolomeu. E é Hans Belting quem esclarece que "é na *Divina comédia* que encontramos pela primeira vez o termo *virtualmente*, porque as imagens que o autor nos mostra não existem no mundo empírico, mas no além, o que explica que Dante possa afirmar, como cristão convicto, que foi a própria alma que 'imprimiu' sua nova forma à imagem".[217]

Se a alma consegue "imprimir" uma imagem – percebida então como um verdadeiro engrama estimulado pela lembrança de seu objeto –, isso significa que sua associação a esse mesmo objeto é *inadequada*, pois requer uma representação do objeto pela imagem, através da imaginação. O que devemos reter dessa associação? Quando de sua viagem ao além, Dante percorre uma "floresta obscura", passando do Inferno ao Purgatório. Essa floresta é também o lugar onde o poeta encontra certas figuras gloriosas do passado, almas errantes, como a de Virgílio, voltando do mundo dos mortos. Um mundo que os dois poetas percorrem, em busca de suas "imagens-sombras".

A importância da relação que une uma imagem e sua sombra projetada (recordando aqui o elo entre o objeto fotográfico a seu referente original) nos lembra que "a analogia entre a sombra e a imagem, em sua relação mimética com o corpo, conduz Dante logicamente a dar mais um passo em direção à diferença ontológica que opõe a sombra ao corpo, uma diferença que tão frequentemente obliteramos em nossa cultura contemporânea".[218] Mas, assim como uma fotografia pode de-

---

[217]BELTING. Image et ombre. In: *Pour une anthropologie des images*, p. 253.
[218]BELTING. Image et ombre, p. 253-254.

liberadamente jogar com essa relação sombra-corpo, vários exemplos cinematográficos testemunham o poder evocatório da sombra como recurso metafórico que consigna o sentimento da saudade. A sombra se torna um halo fantasmático, como nesta sequência de *São Bernardo* (1972), de Leon Hirszman: Madalena, resignada à loucura de Paulo Honório, sai da capela. Afastando-se progressivamente, a silhueta de seu corpo toma o aspecto de um verdadeiro espectro colorido que desaparece e se funde gradativamente na escuridão. Temos aqui um reflexo invertido daquele descrito por Dante: a alma de Madalena não é mais do que um espectro que acaba de começar sua viagem ao reino dos mortos.

Para concluir este ponto, podemos citar como segundo exemplo a sequência final do filme realizado por Eugène Green em 2004, *Le Pont des arts*, em que Pascal, Orfeu contemporâneo de coração errante, encontra Sarah, uma jovem soprano que ele só conhecia até então por escutar sua voz cantando sua queixa – o *Lamento della ninfa* –, extraída do oitavo livreto dos madrigais de Monteverdi. Pascal e Sarah se encontram pela primeira vez sobre a Pont des Arts. Ora, aquilo que ele crê ser a moça é na verdade apenas a sombra de sua alma. A sequência começa e termina por uma sucessão de planos e contraplanos de seus rostos, entrecortada apenas por seu diálogo. O mundo dos vivos, atuais, e dos mortos, virtuais, encontram-se. Surge então um triste lamento, que se transforma, através da fala de Sarah, na esperança futura do encontro de suas respectivas almas, unidas no interstício de dois silêncios, num *entressilêncio*:

> Pascal: Nós nos amamos tanto outrora
> Sarah: Não, era agora.
> Pascal: Minha lembrança então não era nada de real?
> Sarah: Sim, é o que escutamos.
> Pascal: Uma música.
> Sarah: É você que me faz compreendê-la.
> Pascal: Ela nasce no silêncio. Ela morre no silêncio.
> Sarah: Entre esses dois silêncios, nós nos conhecemos, nos amamos, é nossa realidade.

Observemos a feliz coincidência de que nesse curto diálogo ressoe precisamente o eco imagético da saudade: tanto por sua contradição temporal – "Não, era agora", que insiste no fato de que esse tempo passado não está fechado nem findo, mas em suspensão constante – quanto espacial – pela reunião simbólica de dois mundos: o do sujeito vivo, atual, e o de seu objeto, perdido e virtual, Novo paradoxo portanto: é ao se manifestar como verdadeira *gnosis* – por essa experiência de distância do mundo em relação a seu próprio espaço-tempo – que esse sentimento acaba por tornar seu sujeito *a fortiori* estranho a si mesmo. É também essa complexidade que distingue seu regime iconográfico e fotográfico, como veremos mais adiante, do da compaixão: uma imagem fotográfica da saudade certamente não é da ordem do *mostrativo* – ou seja, da antecipação –, mas do *sugestivo*: "Um corpo vivo faz aparecer sua própria imagem no chão por meio de sua sombra, ao passo que, privados de corpo, os mortos não podem projetar uma sombra pela simples razão de que eles próprios são sombras".[219] É através da imagem do objeto que a encarna que a saudade encontra sua razão de ser, na medida em que "ela não produz nenhuma imagem de si mesma, porque ela já é imagem, imagem de um corpo de que se separa no espaço e no tempo".[220]

Dante distingue irrevogavelmente o corpo de sua imagem, querendo que "seu próprio corpo lhe dê a impressão de ser um 'outro', que só é recebido, no mundo das sombras, a título de viajante vindo do mundo dos vivos". Esses dois amantes se encontram num lugar que reúne dois mundos logicamente separados. Suas sombras se reanimam então ao longo do movimento de sua lenta fuga, engramas *fotografados*, reunidos no entanto ao termo de seu encontro, formando um "corpo único", de que já não são mais do que a lembrança.[221]

A parábola do espelho

Durante sua travessia do Inferno, Dante interroga Virgílio a respeito daqueles que, "por sua vida ilustre, mereceram essa estadia privilegiada, separados das outras almas".[222] O poeta vê então aproximarem-se dele "quatro personagens majestosos. Seu rosto não expressava nem alegria nem tristeza. 'Veja, disse-me meu mestre, aquele que, gládio na mão, precede os outros, como seu rei: é Homero, o príncipe dos poetas'."[223] Porque esse "príncipe dos poetas" é também o criador de um dos mitos mais universais, o de Ulisses, encontramos aqui os vestígios desse herói no universo poético de uma saudade contemporânea, reatualizada por Fernando Pessoa, poeta ao mesmo tempo singular e plural. Ulisses, viajante errante e nostálgico, a partir do qual se instaura uma das lendas fundadoras do reino português,

---

[219]BELTING. Image et ombre, p. 253-254.
[220]BELTING. Image et ombre, p. 253-254.
[221]BELTING. Image et ombre, p. 254.
[222]ALIGHIERI. *L'Enfer*, Chant IV. In: La Divine comédie, p. 23-24.
[223]ALIGHIERI. *L'Enfer*, Chant IV, p. 23-24.

desencarnada e messiânica, de que Fernando Pessoa construiu uma das mais belas interpretações nestes versos:

> O mito é o nada que é tudo.
> O mesmo sol que abre os céus
> É um mito brilhante e mudo –
> O corpo morto de Deus,
> Vivo e desnudo.
> Este, que aqui aportou,
> Foi por não ser existindo.
> Sem existir nos bastou
> Por não ter vindo foi vindo
> E nos criou.[224]

Substrato inerente do imaginário lusófono, transportado através dos oceanos, a saudade encontra nesse mito fundador o material ideal sem o qual ela poderia ter se extinguido no seio de suas próprias fronteiras originárias, desaparecendo antes mesmo de ter podido existir. Se essas fronteiras (linguísticas e geográficas) puderam constituir em certo momento um obstáculo, elas abriram, no entanto, rapidamente suas portas, desempenhando um papel preponderante nas trocas através das quais a difusão e o enriquecimento da cultura lusófona – em confluência com outras culturas, ao longo dos séculos – erigiram o sentimento de saudade como um símbolo particularmente vivaz incorporado às formas de expressão em que ela se desenvolveu.

Da mesma forma, se a saudade permanece tão preponderante em suas expressões literárias e musicais, ela não pode no entanto ser restringida somente a esses campos. Apreendendo no texto e na melodia um modo de expressão cuja intensidade só se compara a seu mistério, ela delimita igualmente na imagem seu próprio espaço de representação. É por isso que sua expressão (como sua interpretação) permanece acima de tudo evocatória, mais do que demonstrativa. Pois a saudade não se impõe à imagem. Se ela constitui um registro iconográfico específico, é também porque ela não pode se reduzir unicamente ao domínio do sensível:

> Enquanto vivemos no mundo apenas impressões sensíveis, atingimos somente a superfície do real. Conhecer a profundeza das coisas exige sempre uma tensão das energias ativas e construtivas [...] Existe uma profundeza conceitual e existe também uma

---

[224]PESSOA. Ulisses. In: *Mensagem, apud* NEVES. *Fernando Pessoa: o poeta singular e plural*, p. 71.

profundeza puramente visual. A ciência descobre a primeira, a arte revela a segunda; a primeira nos ajuda a entender as razões das coisas, a segunda a ver as suas formas.[225]

Essa constatação vale também para a fotografia contemporânea, de que um dos aspectos mais importantes consiste justamente em brincar com as fronteiras, desafiá-las, até apagá-las: passando de um simples regime essencialmente informativo, no "estilo" documentário, às dúvidas e ambiguidades suscitadas por um regime artístico. Como qualquer obra de arte, a fotografia implica uma relação com o único (pelo ato que lhe dá existência, sua *arché*) e com o diverso (por sua possibilidade de reprodutibilidade infinita de um real). Consignando sobre uma superfície homogênea (seu suporte) aquilo que permanece da ordem do heterogêneo. O que devemos entender por heterogêneo?

A noção de "heterogeneidade" implica um reconhecimento da diferença e da alteridade, sem impor qualquer dominação ou tentativa de assimilação. Podemos assim confirmar a importância desse caráter no que concerne à *mise en image* [colocação em imagem] da saudade. A noção de *mise en image* é assim desenvolvida por Theodor Adorno ao tentar redefinir a noção de obra de arte em oposição ao belo "natural", defendido por Hegel, que privilegia o papel do espírito em detrimento do material, nomeado *Anschauung*, sem fim em si e arbitrário, e cuja "apreensão numa intuição sensível dá lugar a uma harmonia entre a imaginação produtiva e o entendimento".[226] Adorno procede a sua redefinição considerando as próprias concepções materiais em face das quais um artista é confrontado numa determinada época. Ora, o risco de dominação consiste justamente em fetichizar a ideia de material, ideia não aceitável quando se trata de determinar o que é da ordem da arte ou não. "As forças técnicas produtivas não são nada em si mesmas. Elas adquirem o seu valor somente através do lugar que ocupam em relação ao seu uso alvo na obra, e finalmente ao conteúdo de verdade do que está escrito, composto, pintado".[227]

A ideia de material é assim definida a partir de uma abordagem dialética para a qual ele é antes de tudo "formado", ou seja, a forma, assim como o material, define-se pela relação entre forma e conteúdo. A definição e a validade do material nascem da relação do espírito que o compõe – e que constitui apenas um momento seu – com seu "outro", um

[225] CASSIRER. *Essai sur l'homme*, p. 237.
[226] SCHAEFFER. *L'Image précaire: du dispositif photographique*, p. 162.
[227] ADORNO. *Théorie esthétique*, p. 27.

outro *heterogêneo*, contido na natureza. Adorno considera, não obstante, que só o material, ao contrário do espírito, carrega em si o momento sensível na arte. Contrariamente a Wassily Kandinsky, que desejava que o material permanecesse espiritual *em si mesmo*, Adorno considera que ele só é espiritual em sua *relação com aquilo que não é espiritual*: sua relação com o outro. Seguindo a mesma óptica, o momento sensível, em toda a sua heterogeneidade, só se define na verdade na relação com aquilo que não é sensível, ou seja, em sua relação com o espiritual:

> As obras de arte que, com razão, desvalorizam a excitação sensível, precisam no entanto de elementos que levam o sensível a, segundo a palavra de Cézanne, acontecer. Quanto mais perseveram, com consequência e sem subentendido, em sua espiritualização, mais se afastam do que precisariam espiritualizar. O espírito dessas obras, por assim dizer, flutua acima delas: entre ele e os elementos que o trazem, existe a abertura dos abismos.[228]

Se esse espírito flutua acima de uma obra, ele pode, no entanto, incorporá-la, às vezes, ao menos de forma metafórica. É o caso da obra recente da artista brasileira Rosângela Rennó, intitulada *Experiência de cinema*, realizada em 2005. Essa experiência é interessante por diversas razões. Colocada numa sala escura, ela se compõe de um cano com diversos furos de onde saem jatos de vapor. Esse vapor é iluminado por um aparelho de *slides* que projeta antigos retratos fotográficos (Fig. 26). Essa instalação "híbrida" unifica, no seio de um só dispositivo, a experiência fotográfica e a cinematográfica. Não apenas partilhando uma mesma fonte – a luz –, sem a qual o advento da imagem jamais teria lugar, mas insistindo também na passagem de uma a outra, fazendo dessas projeções aparições efêmeras.

O que é preciso reter dessa obra é seu caráter eminentemente poético e "orgânico", que surge a partir desse dispositivo. A aparição e a desaparição dessas imagens cria uma saudade *mise en image* [colocada em imagem], explicitada tanto pela escolha iconográfica quanto pela redundância "espectral" da imagem assim operada: imagens de um passado fixado e reproduzido em sua nova matriz. Projetadas à maneira de um "sopro" luminoso sobre a superfície vaporosa desses canos de ar, que forma uma tela efêmera, elas se inscrevem num movimento perceptivo novamente invertido em que "o virtual aproxima-se do atual para se distinguir dele cada vez menos

---

[228]ADORNO. *Théorie esthétique*, p. 27.

[...] a percepção atual tem a sua própria lembrança como um tipo de duplo imediato, consecutivo ou mesmo simultâneo".[229]

Figura 26 – Rosângela Rennó, *Experiência de cinema*, 2004-2005. Instalação: cano, gás, água, *slides* e projetor.

Uma das principais chaves de leitura de nossa busca nos permite determinar a maneira como a saudade pode encontrar um lugar de representação na fotografia. Esta reside, afinal, em seu uso primeiro: registrar um acontecimento determinado, fixá-lo, perpetuando sua lembrança. Henri Bergson foi um dos primeiros teóricos a inverter sua concepção e, sobretudo, sua percepção temporal. Contrariamente ao que se costuma pensar, ela se apresenta em sua imediatez, num tempo simultâneo: "A lembrança é a imagem virtual contemporânea do objeto atual, seu duplo, sua 'imagem no espelho'".[230] Esse efeito de espelho também está presente num segundo exemplo, que demonstra de maneira implícita como a saudade de uma imagem resulta de um procedimento que consiste em reunir arquivos que vêm "ressuscitar" de certa forma o tempo passado. Trata-se de uma série de retratos feitos pelo fotógrafo plástico Bruno Rosier. O espírito da saudade surge neste caso de maneira indireta, não antecipada.

Ele é o fruto de um acaso, de uma coincidência, que levou o artista a fazer uma curiosa descoberta. Passeando num mercado de

[229]DELEUZE; PARNET. *Diálogos*, p. 183.
[230]DELEUZE; PARNET. *Diálogos*, p. 183.

pulgas, Rosier encontrou 25 fotografias, tiradas entre 1937 e 1953, tendo por único protagonista o mesmo homem retratado em frente a lugares célebres do mundo inteiro. Essa descoberta será o ponto de partida de uma série fotográfica de autorretratos cujo procedimento consistiu em revisitar as mesmas poses desse indivíduo – de que só se conhecem as iniciais R.T. – diante dos lugares fotografados cinco décadas antes, idênticos ou alterados (Fig. 27-28). O que esse exemplo tem de mais surpreendente reside não apenas no fato de que essa postura fotográfica questiona, *a contrario*, o próprio ato fotográfico que a faz nascer – pela imagem fixada de um "passado" presente que se torna ele próprio, inexoravelmente, um tempo passado. Resulta daí uma postura "apropriacionista"de uma saudade de outrem, de um desconhecido, despertando assim mais uma vez uma estranha estranheza de si, *fora de si*, levando à vertigem. Desses autorretratos múltiplos que seguem uma única e mesma lógica emerge um efeito perturbador, desconcertante: o do duplo, idêntico e ao mesmo tempo diferente, cuja identidade tende a desaparecer para formar apenas um, na medida em que é consignada numa sequência de situações análogas. Essa apropriação do outro evoca, paralelamente, através de todos esses lugares, um efeito similar ao fenômeno vegetal da dormência: "cada um de nós sente de maneira vaga e confusa as potencialidades infinitas da vida que esperam em silêncio o momento em que sairão do seu sonho para ser entregues à luz clara e intensa da consciência".[231]

Figuras 27-28 – Bruno Rosier, *Vista do castelo São Jorge*, Lisboa, Portugal, 1949/1994. Da série *Un état des liewx*. Díptico. Fotografia de arquivo e cópia em prata. Coleção do artista.

---

[231] CASSIRER. *Essai sur l'homme*, p. 211.

Esse estado de dormência desperta do fundo da imagem a própria irreversibilidade do tempo. É talvez em resposta a essa fuga desesperada do tempo, ou ao menos para atenuar sua angústia, pela promessa de um retorno iminente de seu objeto, que a saudade vem *aguilhoar*, como um cruel espinho, a experiência que fazemos do mundo. Essa fuga resignada em face do tempo ressoa em Charles Baudelaire no eco de cada segundo marcado pelo relógio: "Relógio, deus sinistro, aterrador, impassível/Cujo dedo nos ameaça dizendo 'lembra-te!'". Instrumento de medida aterrador, cujos ponteiros, segundo Baudelaire, como "as vibrantes Dores em teu coração cheio de pavor/Logo se cravarão como num alvo".[232]

É o retrato dessa velha no espelho, esboçado por Goya em um de seus *Caprichos*, com a legenda cínica *Hasta la muerte* [Até a morte], uma "cena de coqueteria macabra, traída por um olhar indiscreto", em que o reflexo na imagem suscita uma visão provocante: "um pesadelo cheio de coisas desconhecidas", assim descrito por Baudelaire.[233] Esse pesadelo reaparece desde que "o dia arrefece; a noite aumenta; lembra-te!", pois, em definitivo: "O abismo sempre tem sede; a clepsidra se esvazia".[234] Se o uso da fotografia revela ser inconscientemente uma luta contra o tempo, ele é também uma luta contra a morte e, em primeiro lugar, contra a morte da memória.[235] A memória fotográfica é uma promessa que "no futuro, vale por uma outra realidade – por uma realidade em que os espelhos não produziriam um simulacro degradado, ferido e feridor, mas um brilho sem pecha. Tal é o sonho. [...] O sonho que interromperão brutalmente as trevas do céu de verdade, que desenvolve a magia de um imenso espelho móvel, composto ele próprio de infinitas superfícies espelhantes", a ponto de não mais aí se reconhecer.[236]

[232]BAUDELAIRE. L'Horloge. In: *Les Fleurs du mal*, p. 260.
[233]STAROBINSKI. *La Mélancolie au miroir: trois lectures de Baudelaire*, p. 82.
[234]Cf. BAUDELAIRE, L'Horloge, p. 260.
[235]BAUDELAIRE. La mort des amants *apud* STAROBINSKI. *La mélancolie au miroir: trois lectures de Baudelaire*, p. 86.
[236]STAROBINSKI. *La mélancolie au miroir: trois lectures de Baudelaire*, p. 86.

Aporia do efêmero

Da ausência

Separada de um corpo, imaterial, a sombra sublinha paradoxalmente sua presença. Seu valor iconográfico, evidente, faz dela um dos princípios imanentes da imagem, mantendo presente seu objeto referente ausente. De maneira que a sombra não para de se constituir como um dos fundamentos da impressão fotográfica – reprodutora e consignadora de um determinado real – e vem convocar diretamente a busca que não cessa de obsedar nosso estudo. Ora, daquilo que estamos tentando definir progressivamente como uma *imagem-saudade* surge o problema de sua própria formação. Concentrados até aqui unicamente na definição do termo "saudade", temos agora de observar como esse sentimento pôde se desenvolver no campo da imagem.

Propondo assim tornar visíveis os elos graças aos quais essa imagem-saudade parece emergir, *a priori*, na fotografia contemporânea, estes nos ajudarão, por um lado, a descobrir se "resistem" a nossa análise e, por outro, a avaliar suas especificidades e aquilo que colocam em jogo. Esbarramos assim no problema maior colocado pela noção de contemporâneo. Dificuldade, senão perigo, proveniente daquilo que Michel Poivert denomina "falsas noções claras", que acabam definindo o contemporâneo como "o contrário de uma expressão de contornos tão vagos quanto a de 'fotografia antiga', nascida dos estertores do reconhecimento patrimonial e mercadológico".[237]

Dessa simples constatação nasce verdadeiramente nossa tarefa, que visa determinar como essa *imagem-saudade* pode se constituir ou, mais exatamente, o que pode advir de uma imagem fotográfica percebida como instante e lugar de saudade. Não empregamos aqui a noção de tempo, e sim de instante. Como constataremos posteriormente, essa é uma distinção importante. Abramos portanto esta nova etapa pelas duas estrofes seguintes:

> Na sombra cúmplice do quarto
> Ao contato das minhas mãos lentas,
> A substância da tua carne
> Era a mesma que a do silêncio
>
> Do silêncio musical, cheio
> De sentido místico e grave
> Ferindo a alma de um enleio
> Mortalmente agudo e suave.[238]

Essas duas estrofes foram extraídas do poema "O silêncio", um dos 19 que compõem o livro *O ritmo dissoluto*, de Manuel Bandeira, publicado em 1924. Aqui intervém um deslocamento: à questão da sombra separada de um corpo responde a metáfora de outra sombra, a de dois corpos que não se "comunicam" mais. Uma sombra noturna – sombra da morte? – silenciosa, cuja substância permanece profundamente densa. Esse silêncio onipresente leva a um vazio, privado de qualquer fala, do mais ínfimo ruído. Reforça assim a ideia de que "nossas percepções produzem imagens em nós. Essa evidência não pode ser contestada. Olhar uma fotografia é não olhar nada além de uma imagem. Ora, não podemos ver tudo numa imagem. Não podemos ver o silêncio, embora todos sonhemos em escutar, ou em se escutar ver. Não podemos pretender ver o tempo, ainda menos o silêncio do tempo".[239]

Por isso, em face da impossibilidade experimentada pela imagem fotográfica – muda por excelência – de dar corpo ao silêncio, este vibra, não obstante, na escrita de seu próprio nome. Ele encontra assim no poeta sua forma e seu sentido como pura sensação. Esse silêncio provém de uma simples impressão? É um sentimento ou se trata de algo da ordem

---

[237]POIVERT. *La Photographie contemporaine*, p. 9.
[238]BANDEIRA. *Antologia poética*, p. 39.
[239]COULANGE. *La Magie, sinon rien*, p. 19.

da sensação, já que "'o sentimento do sentimento já é uma impressão'. Sensação da sensação. E assim por diante. Armadilha na qual não cair"?[240] Justamente, o silêncio permanece sendo em Bandeira a via de acesso privilegiado que constitui um meio de quietude e lhe permite se abrir à experiência do mundo; esse silêncio é uma experiência presente da ausência, fora-do-tempo: "[ele] é em muitos momentos corpóreo e denso; índice da falta, é o início aberto ao preenchimento".[241] Longe de ser neutro, o silêncio não deve por isso ser rompido, por medo de que o objeto cobiçado desapareça definitivamente. É um tesouro cujo segredo devemos esquecer, guardado para sempre. Nesse sentido, acabamos por considerar que:

> No fundo – ou no limite – para ver bem uma foto mais vale erguer a cabeça ou fechar os olhos. [...] A Fotografia deve ser silenciosa [...] A subjetividade absoluta só é atingida em um estado, em um esforço de silêncio (fechar os olhos é fazer a imagem falar no silêncio). A foto me toca se a retiro do seu blábláblá costumeiro: "Técnica", "Realidade", "Reportagem", "Arte" etc.: nada a dizer, fechar os olhos, deixar o detalhe remontar sozinho à consciência afetiva.[242]

Compreendemos a partir daí por que a expressão "imagética" da saudade permanece ela própria silenciosa, interior: que a tentativa de representar, através de um símbolo qualquer, o sentimento de saudade em relação a um objeto leva não apenas a esse silêncio; sua representação revela igualmente toda a dificuldade gerada por sua interpretação. Mas tomemos cuidado com aquelas "falsas intenções" que visam lhe atribuir um caráter compassivo antecipado. Pelo contrário: "A atitude do silêncio supõe um vazio, sem palavras nem ruídos, para que se possa estar aberto à experiência do mundo", como observa Yudith Rosenbaum, na medida em que "qualquer desvio pode representar o dano do objeto mágico; qualquer descuido ou alarido pode representar a perda total do objeto procurado".[243]

Consignação da impressão da sombra, a fotografia é também uma questão de tempo, inerente a seu dispositivo e a sua interpretação. É por isso que essa dimensão temporal será também um dos principais objetos

---

[240]BARTHES. *A câmara clara: notas sobre a fotografia*, p. 84.

[241]NOVALIS. *Les Fragments*. Traduit par Armel Guerne. Paris: Aubier Éditions Montaigne, 1973, *apud* COULANGE. *La magie, sinon rien*, p. 19.

[242]BARTHES. *A câmara clara: notas sobre a fotografia*, p. 84

[243]Cf. ROSENBAUM. *Manuel Bandeira: uma poesia da ausência*, p. 77.

de estudo desta segunda parte, já que representa um dos substratos essenciais que ligam a saudade a seu objeto fotográfico. Pois a fotografia não opera tanto nesse sentido como um ato ou uma marca de separação: ela só prevalece aqui por seu tema, presente, frente a um sujeito-objeto fotográfico ausente. Consideramos, pelo contrário, que a imagem-saudade age acima de tudo como um retransmissor que mantém uma tensão temporal (assim como uma tensão espacial agiria de certa forma, pela própria distância, em relação a um lugar geográfico cuja lembrança guardamos).

É em torno da dicotomia maior presença/ausência que nos concentraremos a seguir, através de certos aspectos particulares que fazem do ser de saudade um ser de solidão. De maneira que "transformar o silêncio – o vazio por excelência – em matéria perdurável é bandeiriano no sentido de fazer da falta objeto poético. [...] A falta, ao presentificar o lugar – vazio – do objeto perdido ou ausente, faz com que ele 'retorne' e se eternize na palavra, sem com isso eliminar a lacuna, vivamente presente".[244] Essa falta se anuncia assim como um pretexto que incita a uma busca perpétua por aquilo que não é mais, isolando seu sujeito numa completa solidão. Esse caráter solitário encontra igualmente lugar em sua inscrição, no próprio coração da escrita, percebida então como uma construção heterogênea, já que o simples caráter homogêneo do sentido só se aplica ao signo: "Pretender reduzi-lo pela narrativa, pelo discurso filosófico, pela ordem das razões ou pela dedução é desconhecer a linguagem e que ela é a própria ruptura da totalidade [...] a Escritura jamais será a Natureza. Só procede por saltos. O que a torna perigosa".[245]

Essa dualidade que opõe figurado/significado está assim contida na própria letra. Tomemos como exemplo sucinto a segunda letra do alfabeto hebreu, *Beth*, que abre o texto da Torá com a palavra *Bereshit*, "no começo". Seu significado só ganha sentido a partir da justaposição de signos distintos. A palavra aparece assim como um signo de separação, de maneira que entre cada signo parece se definir uma distância que mantém uma ausência. Essa ausência, ou ao menos essa separação, explica como a escritura nasce finalmente de uma ruptura: ela rompe com toda totalidade, a partir da qual nasce toda linguagem, forma do escrito, construído por meio de fragmentos. Nesse sentido, estimamos, como Jacques Derrida, que essa qualidade resiste, contida na palavra-signo, no seio da imagem-palavra:

---

[244]ROSENBAUM. *Manuel Bandeira: uma poesia da ausência*, p. 114.
[245]DERRIDA. *L'Écriture et la différence*, p. 63.

A letra é separação e limite no qual o sentido se liberta de ser aprisionado na solidão aforística. Pois toda a escritura é aforística. Nenhuma "lógica", nenhuma proliferação conjuntiva pode acabar com a sua descontinuidade e com a sua inatualidade essenciais, com a genialidade dos seus silêncios subentendidos. [...] Significando a ausência e a separação, a letra vive como aforismo. É solidão, diz a solidão e vive de solidão. Seria letra morta fora da diferença e se rompesse a solidão, se rompesse a interrupção, a distância, o respeito, a relação com o outro, isto é, uma certa não relação.[246]

A imagem coloca um paradoxo similar: dar conta da saudade na fotografia é justamente tentar detectar a presença implícita por sua ausência. Ou, mais exatamente, como o tempo marca com sua presença seu objeto ausente. A letra, como a imagem, oferece a si própria um objeto silencioso que nos introduz nesse vasto reino do silêncio, animado por um fluxo que encontra lugar no nome. Assim como "talvez o poema seja uma profissão de fé sobre algo que se quer, mas que ainda não se é",[247] a imagem é semelhante a essa "voz do silêncio [que], sinalizando a falta, adquire uma consistência humana graça a sua densidade", ou seja, "a única companhia do poeta mergulhado no fundo de um hotel longínquo".[248]

Reencontramos uma lógica de construção plástica por *assemblage* similar na obra esculpida de Jack Pierson, em que a letra se transforma numa imagem-objeto tridimensional e heterogênea. Ela só tem valor em si na palavra. A escultura intitulada *Desire/Despair*, datada de 1996, dá verdadeiramente "corpo" ao sentimento: essa "oposição semântica" reatualiza assim o aforismo da saudade, essa deliciosa dor descrita por Almeida Garrett. Ela é uma escritura aforística semelhante à escritura fotográfica em que o sentido se revela no coração de uma cesura contraditória, dinâmica e silenciosa, quase mortal:

> Esse silêncio "que diz tudo" atribui à ausência – matéria-prima da poesia de Bandeira – um caráter vital. É na falta que se aprende, é na ausência que o ser pode captar o que o define. [...] a privação é criadora, ou seja, o ser que não está preenchido, que se reconhece limitado, está em movimento. Concretizar a plenitude continua sendo o alcance maior do poeta, sua meta e seu objeto de um desejo sempre insatisfeito. Essa ânsia – que

[246] Derrida. *L'Écriture et la différence*, p. 62-63.
[247] Cf. ROSENBAUM. *Manuel Bandeira: uma poesia da ausência*, p. 78.
[248] ROSENBAUM. *Manuel Bandeira: uma poesia da ausência*, p. 114.

funda boa parte da poesia bandeiriana – alcança sua "resolução" no próprio fazer poético.[249]

Esse novo ponto de tensão nos convida portanto a analisar a saudade em sua manifestação temporal, operando assim uma ponte entre sua expressão poética e sua representação fotográfica contemporânea. Se numerosas rupturas estéticas puderam intervir e modificar a percepção da fotografia como simples produto de uma "reprodução mecânica", elas não cessaram de desafiar (e deificar) igualmente essa "aderência ao real" e, no final, acabam consolidando uma certa memória. Uma memória que encontra em cada uma das obras apresentadas nas próximas páginas seu lugar de reminiscência, lugar – ou não-lugar – de consignação e de sobrevivência.

---

[249]Cf. ROSENBAUM. *Manuel Bandeira: uma poesia de ausência*, p. 77.

CAPÍTULO I

O corte irreversível

Se a letra, signo unitário e solitário em si, que vive em sua própria solidão, pode de fato executar esse papel de começo da linguagem, o que dizer da imagem *foto-gráfica*? Aqui não temos mais um signo em si, e sim matéria, matéria de luz (e de sombras) como fonte de sua gênese. A escritura fotográfica se torna ela própria forma "legível" pelo agenciamento da impressão de uma forma fragmentada. Por isso, linguagem escrita e linguagem icônica parecem se construir da mesma maneira que duas linhas distintas desfilando no tempo; seus sentidos nascem de pontos de encontro, mas também de interstícios e intervalos. A questão se torna mais densa quando se trata de "imagear" um sentimento, mas também de encontrar pontos de convergência entre dois registros diferentes, aquele de um sentimento particular, subjetivo, e aquele, objetivo, do signo e do ícone da imagem. Em outros termos, em que medida podemos determinar que uma foto-grafia revela e/ou procede de tal sentimento? Se existem linhas de cesuras e de rupturas, como observamos na Primeira Parte – aceitáveis e aplicáveis por seu conteúdo e sua força simbólica –, capazes de definir com acerto o sentimento de saudade, como esses pontos de encontro surgem justamente na imagem, onde esses dois registros se cruzam para não fazer mais do que um?

Essas duas perguntas não têm por objetivo saber se podemos falar a justo título da fotografia como linguagem – o que exigiria considerar outra perspectiva semântica, perspectiva a que este estudo se proíbe *a priori*, sem por isso afastá-la inteiramente de nosso percurso. Preferimos aqui apreender a escritura fotográfica em sua abordagem estética, a fim de avaliar em que medida ela pode ser significativa de uma imagem-saudade. Se sua manifestação surge acima de tudo como um mistério, seu conteúdo não permanece menos inteligível?

Podemos observar inicialmente que a imagem-saudade parece derivar, tanto em sua forma quanto em sua composição, de uma escritura que procede igualmente por saltos, entre os quais se imiscuem interstícios espaçotemporais. Todo o sentido dessa imagem singular se constrói então progressivamente, sem sequer sabê-lo de antemão. Uma imagem pela qual percebemos diretamente esse sentimento em si mesmo e cujo nome parece paradoxalmente ser "o mais apto a qualificar a impotência do olhar mantido a distância da manifestação do estranho", estranheza a partir do instante em que "se percebe a indecisão, não se pode realmente vê-la, apreendê-la como um fato, um traço da realidade".[250] A imagem-saudade se forma e se percebe então por sucessão de saltos. Notemos logo que essa sucessão implica aquilo que Henri Bergson define como uma quarta dimensão do tempo, ou seja, um "tempo espacializado".[251]

Evidentemente, existem tantas consciências e experiências do tempo quanto seres. Apesar de toda essa diversidade, a quantificação do tempo, tornada possível graças a dados matemáticos "artificiais", não apenas participa da produção de toda imagem, independentemente de seu suporte, mas lhe confere além disso uma unidade quantificativa universal. Não obstante, se o ato fotográfico resulta da gravação nascida de uma impressão contígua ao que lhe é exterior, ele é também um ato que, da mesma maneira que a imagem-saudade, contém uma memória "interna" em face da mudança. Ele isola e "prolonga o antes no depois e os impede de serem puros instantâneos aparecendo e desaparecendo num presente que renasceria incessantemente".[252]

Assim como a formação da imagem-saudade só ganha sentido no próprio momento da captação e da gravação de seu objeto presente – um objeto referente que *age* na imagem –, não se pode a partir daí antecipar essa perda em relação a um objeto que só ulteriormente aparecerá na imagem-negativo, à espera de sua revelação, já que nossa consciência não o considera ainda perdido. O sentido e o valor que lhe são de certa forma atribuídos só surgem ao contato dessa imagem

[250]BERGSON. *Durée et simultanéité*, p. 58-59.
[251]BERGSON. *Durée et simultanéité*, p. 58-59.
[252]BERGSON. *Durée et simultanéité*, p. 41.

revelada, a que sucedem então sua leitura e sua inteligibilidade. É nesse momento preciso que a imagem nos ressitua de maneira precisa numa escala temporal determinada. Uma escala ao longo da qual tomamos consciência de uma distância crescente que nos separa do objeto originário: essa tomada de consciência *presente* se relaciona à perda de um objeto incluído num tempo já passado.

Ressurge então dessa tensão temporal aquilo que poderíamos associar a este instante efêmero de uma corrida automobilística captado em 1912, por Jacques Henri Lartigue: um movimento de fuga de que a fotografia não nos oferece mais do que o rastro contínuo de dois movimentos dinâmicos contingentes e contrários. Se os dois pilotos permanecem bem "reais" e próximos, os espectadores nos aparecem como sombras chinesas projetadas ao fundo, acabando por se esvanecer na luz. Se só medimos o tempo universal "artificialmente", o intervalo sempre nos escapa. Essa fotografia nos *ex-põe* a tensão nascida de dois reais temporais, no próprio instante da passagem: o do olho exterior, que assiste, olha e corta, e o do olho interior, fixado pela imagem, mas que continua sua corrida no imaginário. Assim, segundo Bergson: "Percebemos o tempo material, e essa percepção nos parece, enganosa ou razoavelmente, estar ao mesmo tempo em nós e fora de nós: por um lado, é um estado de consciência; por outro, é uma película superficial de matéria onde coincidem aquele que sente e aquilo que é sentido".[253]

Por isso, não basta a sincronia de um presente-passado para qualificar uma imagem-saudade, em si e por si. Pois incompleta. Ela não tem por única vocação a lembrança. Porque a saudade aponta em nossa consciência uma falta, ou se manifesta ela própria através de um estado de falta, e gera igualmente um tempo futuro, que aparece em primeiro lugar pelo desejo de retorno de seu objeto ausente, reativado e recomposto por nossa imaginação. Isso por meio do olhar que persegue o instante singular que nos une a uma fotografia e nos interpela. A especificidade da saudade consiste principalmente num emaranhado temporal que prolonga o tempo passado de um objeto presente – pois capturado em sua lembrança – em direção a um devir, um possível: de certa forma, o objeto não desapareceu então inteiramente. Está fisicamente presente, no próprio instante de seu registro, ponto subjetivo marcado sobre uma linha de tempo objetiva. Como o instante fotográfico, ele se torna efetivamente

---

[253]BERGSON. *Durée et simultanéité*, p. 42.

"objeto de perda", irremediavelmente *passado* e posto a distância, e então projetado no futuro de um presente ainda não revelado, temporalmente indeterminado, colocado à espera. A consciência de sua perda só ganha então forma e sentido na memória que guardamos dele. Seu sentido permanece portanto ligado *a priori* à memória que guardamos dele, ao mesmo tempo passagem e retransmissão incluída em sua representação imagética. É um atravessar de uma câmara à outra, de sua consignação a sua revelação.

Podemos portanto emitir a seguinte hipótese: a imagem-saudade, mesmo concentrada num único instantâneo, nasce por justaposição, e em primeiro lugar pela justaposição temporal. Justaposição que, quando do visionamento de uma imagem, pode ter por efeito nos conduzir, e mesmo nos manter, em nós mesmos, num afastamento atemporal, fora de um Tempo universal, num tempo fora-do-tempo. Abordaremos mais aprofundadamente esse ponto no fim deste capítulo. Voltemos por enquanto ao estudo dos pontos de qualidade temporais dessa imagem e abramos melhor essa questão do tempo fragmentário e da narrativa da imagem fotográfica através de um livro de viagem, viagem ao seio da lembrança e da memória.

Para Claude Lévi-Strauss, a experiência da saudade, como seu equivalente japonês *aware*: "[traduz] uma experiência atual. Seja pela percepção, seja pela rememoração, os seres, as coisas, os lugares são o objeto de uma tomada de consciência impregnada do sentimento agudo da sua fugacidade".[254] E é importante esclarecer que essa experiência não resulta de uma pena, de uma dor, pois, como sublinha o autor: "De nada me serviria lamentar o que após tantos anos não reencontraria. Eu evocava antes aquele aperto no coração que sentimos quando, ao relembrar ou rever certos lugares, somos penetrados pela evidência de que não há nada no mundo de permanente nem de estável em que possamos nos apoiar".[255]

A especificidade colocada pelo sentimento de saudade não consiste tanto em buscar aquilo que desapareceu fisicamente, perdido para sempre, mas em tornar de novo conscientemente presente em nossas lembranças "a estranha sensação" de um objeto que surge do fundo da imagem fotográfica. E isso pelo derradeiro esforço de fazer perdurar, e até de tornar

---

[254]LÉVI-STRAUSS. *Saudades de São Paulo*, p. 5.
[255]LÉVI-STRAUSS. *Saudades de São Paulo*, p. 7.

eterna, essa fugacidade do tempo, cuja mordida irreversível leva à perda daquilo que nos é caro. Essa constatação nos convida então a entender o que pode ligar todo um conjunto de parâmetros inerentes ao *medium* fotográfico (físicos, químicos ou estéticos), definido por Philippe Dubois como "dispositivo fotográfico", à ideia – contingente – de gênese de uma imagem, sustentada por André Bazin.

Situando sua origem na iconografia egípcia, em que a imagem intervém como conjuração, esta remetia a uma concepção da vida que sobrevive a si própria no além. Um desafio ao tempo e, sobretudo, à morte, já que "a morte não é mais do que a vitória do tempo", segundo Bazin, para quem seria preciso "fixar artificialmente as aparências carnais do ser [para] arrimá-lo à vida" através da estatuária, sobretudo funerária.[256] Essa vontade de fazer o ser perdurar, para além de seu desaparecimento, de maneira virtual, pela lembrança, a partir da impressão de sua carne viva – máscara mortuária – ou da sombra de seu corpo, supõe nesse sentido um ato, um gesto. Se a saudade se apresenta para Roberto DaMatta "como uma palavra dotada de uma capacidade performativa",[257] essa capacidade se aplica igualmente, segundo Dubois, à fotografia: "Em foto, tudo é um problema de sucessividade. É a lógica do ato: local, transitória, singular. Sempre refeita, a foto, em seu princípio, é da ordem do performativo – tanto na acepção linguística da palavra (quando dizer é fazer) quanto em sua significação artística (a performance)".[258]

Há portanto acordo, *mise en abîme* da impressão, fixando o tempo e cumulando o vazio da forma pela matéria. Essa é, por exemplo, a estranha temporalidade que nos oferecem as *vedute* fotográficas de Pompeia do fim do século XIX, impressas de maneira fortuita na lava e nas cinzas. Cada lugar da cidade – fotografado em todos os seus ângulos e ínfimos detalhes, à medida que ela surgia como um verdadeiro "inventário a céu aberto" – se tornou então objeto de uma lenta contemplação que "não é estranha à contemplação de fotografias do passado, por uma mesma sensação de morte que elas suscitam no espectador impotente"[259] (Fig. 29-30).

[256]BAZIN. Ontologie de l'image photographique. In: *Qu'est ce que le cinéma?*, p. 9.
[257]Cf. DAMATTA. Antropologia da saudade, p. 19.
[258]DUBOIS. *O ato fotográfico*, p. 162.
[259]CARAION. *Pour fixer la trace: photographie, littérature et voyage au milieu du XIXe siècle*, p. 328-329.

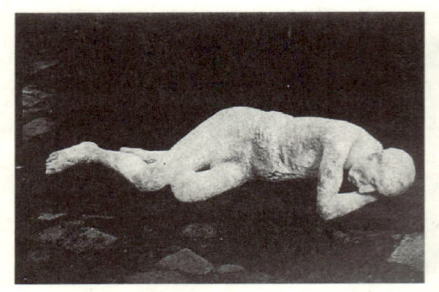

Figura 29 – *Impronta d'uomo*, extraída de *Pompéi vedute*, álbum de 32 fotografias, c. 1870-1880. Cópia em papel albuminado, 10,5 x 14,5 cm. Coleção particular.

Figura 30 – *Impronta di un cane*, c. 1870 – 1880. Cópia em papel albuminado, 10,5 x 14,5 cm. Coleção particular.

Assim, segundo Philippe Dubois, a cidade de Pompeia é "uma questão de Luz, de Revelação e de Aparição, de Tomada instantânea, de preservação integral. Uma verdadeira *cidade fotográfica*".[260] Ao duplo fotográfico das impressões de lava, de cinzas e de gesso respondem aquelas de sal de prata queimado pela luz e reproduzido sobre papel albuminado (imagem também orgânica). A força e o estupor melancólico dos instantâneos se fixam através de cada gesto, em cada último sopro de vida de corpos calmos, resignados, ou desesperados, contorcidos: sua impressão *in situ*, vitória do pleno que cumula o vazio, faz sair da obscuridade os estigmas para revelá-los em plena luz. Resta à impressão fotográfica consignar sua memória. Emerge então "a foto como tanatografia", dos seres, dos lugares, do tempo. Ela é o lugar meditativo do tempo fixado pela "conservação involuntária das formas é o resultado espontâneo das forças da natureza".[261] A forma persiste, ao contrário da matéria desaparecida: "a história é aí efetivamente fatia de vida, impressão de existências desaparecidas, por essência melancólica, ao mesmo tempo presença fortemente sentida e irremediável ausência. O desejo fica para sempre insatisfeito".[262]

A imagem fotográfica nasce de um ato de corte, unitário e diferente, na medida em que

> [t]emporalmente de fato – repetiram-nos o suficiente – a imagem-ato fotográfica interrompe, detém, fixa, imobiliza, destaca, separa a duração, captando dela um único instante. Espacialmente, da

[260]DUBOIS. *O ato fotográfico*, p. 273.

[261]DUBOIS. *O ato fotográfico*, p. 160.

[262]CARAION. *Pour fixer la trace: photographie, littérature et voyage au milieu du XIXe siècle*, p. 328-329.

mesma maneira, fraciona, levanta, isola, capta, recorta uma porção de extensão. A foto aparece dessa maneira, no sentido forte, como uma fatia, uma *fatia* única e singular de espaço-tempo, literalmente *cortada ao vivo*.[263]

Esse gesto de corte é regido por um princípio de sincronismo, reativo à luz – quer seu suporte seja fílmico, quer, como hoje, digital –, um princípio que torna esse corte espaçotemporal irreversível. O registro de um objeto referente leva, no próprio acontecimento de sua captação, à "morte" do próprio instante, inscrito já num passado, pois "uma vez o corte feito, tudo está dito, inscrito, fixado". É o que explica sua dimensão *tanatográfica*, pelo "fato de que o fotógrafo, na realidade, sempre, quer queira, quer não, *tanatografa* tudo o que capta".[264]

É também a razão pela qual ela contém uma possibilidade de eternidade. Falar de gênese da imagem, de sua *arché*, poderia parecer hoje um pouco obsoleto em face da difusão maciça e frenética de imagens desmaterializadas, frias e desencarnadas. Ora, essa consciência da *arché* não deixa por isso de constituir a força de um olhar que pensa. Se a fotografia parece ultrapassar os limites das faculdades de registro, de reprodução e de difusão sempre mais "diretas" de um real, seus usos e seus códigos – suas "conotações" – não param de constituir eles próprios o objeto de uma profunda transformação contínua. Mas ela tende além do mais a transformar e intensificar a reprodução mecânica do gesto (e de certa maneira sua razão), reduzindo justamente o lapso de tempo que nos separa, desde a captação até a recepção da imagem, da própria matéria da imagem. É por isso que explorar e aprofundar essa noção de gênese da imagem nos convida a reconsiderar o tempo, em si, como fator contido no acontecimento fotográfico que intervém diretamente em sua *arché*, trate-se de sua produção, de sua recepção, ou de sua interpretação.

Interpretar uma imagem não consiste, no caso que nos interessa, em decodificar apenas seu conteúdo, mas em considerar também um segundo corte temporal que pode se dividir em três etapas sucessivas: seleção – tratamento – ampliação (ou impressão), etapa definitiva de sua consignação. Podemos apreciar assim a passagem que conduz a imagem desde sua consignação até sua exibição e como ela pôde se liberar progressivamente de sua simples tarefa mimética e reprodutiva do real em direção a um real. Olhar uma imagem é acionar um conjunto de mecanismos perceptivos

[263]DUBOIS. *O ato fotográfico*, p. 168.
[264]DUBOIS. *O ato fotográfico*, p. 159-162.

e memoriais; sua percepção é aqui entendida como um simples exercício de reconhecimento. Uma percepção que Henri Bergson associa a um processo de repetição detonado a partir da emissão de um signo, que ele define como um chamado.[265] Esse chamado remete a um mecanismo de percepção fundado numa *associação por semelhança*, que une percepções antigas análogas a uma percepção presente: "A percepção presente age em virtude de sua similitude com as percepções passadas, e há aí também uma associação por contiguidade, já que os movimentos consecutivos a essas percepções antigas se reproduzem e podem inclusive arrastar consigo um número indefinido de ações coordenadas à primeira".[266]

O tempo, um dado abstrato em si, imaterial, não é em si quantificável. Só podem ser percebidos espaços, intervalos, com a ajuda de "artifícios matemáticos" que devem "ter alguma conexão com as coisas."[267] Sua medida, arbitrária por essência, nasce de uma distinção no seio de um intervalo: "é portanto a parte do real, a parte do convencional, que se trata de fazer".[268] A consciência que temos do tempo precisa estabelecer balizas numa continuidade que as contém. À questão de saber como essa continuidade pode ser ativada, Bergson observa que se trata

> de um escoamento ou de uma passagem, mas de um escoamento e de uma passagem que se bastam por si mesmos, o escoamento não implicando uma coisa que corre e a passagem não pressupondo estados pelos quais se passa: a coisa e o estado são apenas instantâneos artificialmente tomados sobre a transição; e esta transição, a única naturalmente experimentada, é a própria duração.[269]

Porque a percepção da duração implica a consciência, a relação que a saudade estabelece com o tempo permite assim uma continuação daquilo que não é mais naquilo que é. É a imbricação dessas duas temporalidades distintas que explica que, "além disso, cada uma dessas representações completas de nosso passado só traz à luz da consciência aquilo que pode se enquadrar no estado sensório-motor, consequentemente aquilo que se assemelha à percepção presente do ponto de vista da ação a cumprir".[270]

---

[265] BERGSON. *Matéria e memória.*
[266] BERGSON. *Matéria e memória*, p. 195.
[267] BERGSON. *Matéria e memória*, p. 65.
[268] BERGSON. *Mélanges*, p. 102.
[269] BERGSON. *Mélanges*, p. 102.
[270] BERGSON. *Matéria e memória*, p.197.

A representação fotográfica da saudade, perceptível como duração temporal em tensão, resultaria portanto de "duas percepções instantâneas que são capturadas num mesmo e único ato do espírito", como pode evocar a cena fotografada por Henri Cartier-Bresson, *Derrière la gare Saint Lazare* [Atrás da estação Saint Lazare].[271] Superfície-receptáculo plana de papel ou sombra – háptica e virtual – de um corpo fixado em seu próprio reflexo duplicado em água e luz. A sombra fotográfica "se desdobra e se redobra em meio. Um positivo é o negativo de um negativo [...] uma outra superfície sensível é por sua vez impressionada pela luz".[272] É a partir desse ato que "temos o maior interesse em tomar por 'desenrolar do tempo' um movimento independente de nosso corpo".[273] A ideia de duração permanece independente da de instante: "o instante é aquilo que terminaria uma duração se ela se detivesse. Mas ela não se detém".[274]

A partir daí, a duração temporal da saudade equivale a um instante mais ou menos longo, segundo uma linha dividida em pontos que formam porções de tempo. De maneira que "a essas porções da linha deverão corresponder 'porções de duração', e a uma extremidade da linha, uma 'extremidade de duração'".[275] Assim se apresenta o instante, ou seja, "alguma coisa que não existe atualmente, e sim virtualmente".[276] Não se trata mais aqui de referente, ao menos não de referente associado a um objeto. Linhas constitutivas de pontos de sombra, alinhadas num plano esvaziado de sua profundidade perspectiva, são seus contornos que sugerem sua possibilidade espacial. Tal é a grade-diagrama de leitura, ou ainda a grade-engrama construtivista de um tempo espacializado e reduzido a sua expressão mais sintética – sucessão mecânica de signos –, que nos propõe a fotografia intitulada "São Paulo de 1949", extraída da série *Fotoformas*, de Geraldo de Barros.

Quantificar o tempo por nossa consciência exige portanto o uso desses dados matemáticos universais. Isso evita qualquer julgamento fundado apenas em nossas impressões sensíveis, cujo inconveniente, segundo Ernst

---

[271] Henri Cartier-Bresson resume seu método nestes termos: "Trabalhamos no movimento, uma espécie de pressentimento da vida. [...] Criamos coincidências de linhas por um simples deslocamento da cabeça de uma fração de milímetro, mas isso só pode ser feito com a velocidade de um reflexo e evita felizmente que tentemos fazer 'Arte'" (CARTIER-BRESSON; MORA. Conversation" in Revue Cahiers de la photographie Numéro spécial Henri Cartier-Bresson nº18, Paris, 1986, p. 117).

[272] LEMAGNY. *L'Ombre et le temps: essais sur la photographie comme art*, p. 30.

[273] LEMAGNY. *L'Ombre et le temps: essais sur la photographie comme art*, p. 49.

[274] LEMAGNY. *L'Ombre et le temps: essais sur la photographie comme art*, p. 49.

[275] LEMAGNY. *L'Ombre et le temps: essais sur la photographie comme art*, p. 51-52.

[276] LEMAGNY. *L'Ombre et le temps: essais sur la photographie comme art*, p. 51-52.

Cassirer, seria o de permanecer apenas na "superfície do real".[277] Explorar o que une assim o tempo à imagem significa considerar que existe

> uma profundidade conceitual e existe também uma profundidade puramente visual. A ciência descobre a primeira; a arte revela a segunda. A primeira nos ajuda a compreender as razões das coisas, a segunda, a ver suas formas. [...] A interpretação conceitual da ciência não impede a interpretação intuitiva da arte. Cada um com sua própria perspectiva e, por assim dizer, seu próprio ângulo de reflexão.[278]

Desaparições

> Não posso fazer um quadro, um desenho, ou uma escultura. Não consigo de jeito nenhum. Seria necessário que eu refletisse dois ou três meses antes para me decidir a fazer alguma coisa que tenha uma significação qualquer. [...] Seria conveniente que eu encontrasse esse sentido antes de começar.[279]

Esse comentário foi extraído da introdução do livro que reúne uma série de entrevistas do crítico Pierre Cabanne com Marcel Duchamp, publicado pela primeira vez em 1967, um ano após a morte do artista. Essa reflexão resume de certa forma o problema que uma obra coloca em face do tempo, a saber, as condições-fonte preliminares que lhe dão forma, reunidas em torno daquilo que Duchamp nomeia sentido, uma necessidade que preexiste a qualquer significação intrínseca da obra. Ela nos permite, além do mais, compreender de maneira precisa como Duchamp, o inventor do *ready-made*, pôde operar uma ruptura irreversível do conceito de obra, superando de maneira definitiva sua simples condição de artefato: ela não nasce mais da sucessão de intervenções exteriores, mas resulta de uma dinâmica invertida. Seu sentido sobrevém então no deslocamento.

Pensamento do acaso, vivaz e distanciado ao mesmo tempo, de um artista que contribuiu continuamente para a dessacralização do próprio conceito de obra de arte e de seu continente em benefício de seu conteúdo, seu significado. Objeto-obra, de que distinguimos a representação (a imagem) do quadro (moldura e chassi), seu sentido originário procede

---

[277]CASSIRER. *Essai sur l'homme*, p. 239.
[278]LEMAGNY. *L'Ombre et le temps: essais sur la photographie comme art*, p. 51-52.
[279]Cf. CABANNE. *Marcel Duchamp: engenheiro do tempo perdido*, p. 17.

igualmente por sucessão, por associação de elementos heterogêneos, através daquilo que pode testemunhar, anteriormente, da mais profunda "insignificância", se deslocamos seu uso. Em face de um objeto, o reconhecimento de seu estatuto de obra de arte supõe uma decisão que, como ato de julgamento, permite receber esse objeto, aceitando-o ou recusando-o como obra "autônoma", se ele satisfaz e preenche ou não as condições conformes aos usos. Ora, e o que dizer da imagem fotográfica? Segundo Walter Benjamin, "nunca as fotografias, como imagens, foram tão independentes das convenções e dos estilos nacionais".[280] Seria esta uma das razões pelas quais a pintura acaba sendo desafiada pela fotografia?

Uma obra de Marcel Duchamp vem no entanto relativizar essa divisão. Obra modesta por suas dimensões, ela exala mesmo assim uma presença poética cuja força captura plenamente o olho e o espírito. Retemos do usa da fotografia por Duchamp sobretudo seu gosto por fixar o efêmero e desafiar de maneira derrisória o tempo, como acontece, por exemplo, no célebre *Élevage de poussière* [Criação de poeira], que recobre seu *Grand verre* [Grande vidro], fotografado por Man Ray em 1920. Esse tempo do efêmero evoca novamente a imagem-saudade de uma obra cujo gesto, inerente, aponta para sua própria desaparição no devir. Trata-se pois da fotografia de um *ready-made*, contemporânea daquela tirada por Man Ray, de minúscula dimensão. Marcel Duchamp volta a Paris depois de ter se exilado em Buenos Aires (Fig. 31).

O *Ready-made malheureux* [*Ready-made* infeliz] foi concebido para um fim não menos curioso – um notícia enviada por correio, cuja circunstância é descrita por Calvin Tomkins: "Como presente para sua irmã Suzanne e seu grande amigo Jean Crotti, que se casaram em Paris em 14 de abril de 1919, Duchamp, por carta, mandou-lhes as instruções para pendurarem um livro de geometria no balcão do apartamento para que o vento, ao folheá-lo, escolhesse seus problemas e fosse virando e rasgando as páginas".[281] Enigma suspenso no vazio, livro de geometria pendurado na balaustrada de uma varanda, exposto ao vento, entreaberto às intempéries. Esse livro foi suspenso de acordo com uma duração temporal indeterminada até sua completa destruição. Páginas arrancadas ao sabor do vento, a chuva e o sol o lavaram e desbotaram. O objeto desapareceu. Resta-nos uma pintura, realizada a partir dessa única chapa

---

[280]BENJAMIN. Peinture et photographie (Deuxième lettre de Paris, 1936). In: *Sur l'art et la photographie*, p. 85.

[281]TOMKINS. *Duchamp: uma biografia*, p. 237-238.

fotográfica, por sua irmã Suzanne, a quem o presente de casamento em forma de *kit* enviado por correspondência era destinado.[282]

Figura 31 – Marcel Duchamp. *Ready-made Malheureux*, 1919. Versão fotográfica original perdida: texto de geometria, pendurado do lado de fora e exposto às intempéries. Fotografia em prata.

Felizes destinatários de um presente votado a seu futuro destino infeliz, Suzanne e seu marido seguiram as instruções de seu irmão. Por isso, essa fotografia constitui o único testemunho de uma obra que colocava em xeque sua própria sobrevivência. Como Duchamp explicou a Cabanne: "Divertia-me introduzir a ideia de felicidade e infelicidade nos *ready-mades*, e além disso havia a chuva, o vento, as páginas voando, era uma ideia divertida".[283] E Bernard Marcadé enfatiza que através dessa postura desenvolta "o que havia era humor. Humor para valer. Para denegrir um livro de princípios",[284] ridicularizando a precisão científica e o arbitrário matemático a que escapam justamente o acaso e o espaço infinito do tempo. Esse *ready-made* infeliz coloca portanto em xeque, de

---

[282]Numa entrevista de 1966, Duchamp oferece para esse *ready-made* único a seguinte explicação: "Era um livro de geometria que ele devia amarrar na varanda do seu apartamento da rua Condamine; o vento devia passar através do livro, escolher seus próprios problemas, virar e arrancar as páginas. Suzanne fez dele um pequeno quadro 'Ready-made malheureux de Marcel'. Foi tudo que sobrou dele depois que o vento o levou" (CABANNE. *Entretiens avec Marcel Duchamp*, p. 61).

[283]Cf. CABANNE. *Entretiens avec Marcel Duchamp*, p. 61.

[284]MARCADÉ. *Marcel Duchamp*. Paris: Flammarion, col. Grandes Biographies, 2007, p. 354–355.

certa maneira, a própria noção de obra. Única prova fotográfica, aliagem partilhada entre simples estatuto de documento e expressão artística. O que poderia aumentar seu valor, sua *aura*, pela unicidade de seu suporte, é sublinhado por sua própria sobrevivência fotográfica: a imagem-saudade remete à distância e à perda de seu referente, que não se aplica mais de agora em diante a um único objeto vivo, material, mas também ao longo processo voluntário de sua desaparição.

Se a recepção do *ready-made* como obra de arte permanece tributária de um contexto cultural e institucional preciso – por um simples deslocamento que isola simultaneamente esse objeto artístico de qualquer outro objeto similar, banal e padronizado –, essa obra é regida por um conjunto de códigos inteiramente novo, que exige a aquisição de um saber histórico, de uma sensibilidade e um interesse pela teoria estética, incessantemente recolocada em jogo na arte contemporânea: "é somente sobre esse pano de fundo que uma obra é identificável como tal e pode ser distinguida do objeto real que ela é".[285] Essa questão do estatuto da obra de arte nos remete igualmente à presença do sentimento de saudade frente à imagem. Com efeito, da mesma maneira que esta expressão é empregada geralmente com o verbo "ser", tal como continuamos a utilizá-la hoje, seu sentido lusitano difere amplamente de seu homólogo francês, já que a língua portuguesa distingue, diferentemente da francesa, a forma "ser" da forma "estar", identificando assim estados do sujeito julgados permanentes e outros considerados transitórios. No entanto, essa separação não pressupõe que aquilo que é dado como permanente seja imutável e perene: nesse sentido, a imagem é fotográfica na medida em que sua qualidade de imagem resulta de um processo que a define como tal. O valor semântico do é/está permanece conforme ao caso de sua raiz, que provém do latim *stare*, que significa principalmente "permanecer, imóvel, fixo". Mas o processo fotográfico supõe também um tempo fragmentado e, assim como a imagem que dele resulta, leva em si mesmo a uma mudança: de sua captação até sua fixação.

À diferença de um estado primário de nosso ser – constituído de características físicas – "fonte" –, nenhum sentimento se dá de maneira inata; sua percepção, exterior, é interpretada como tal por nossa consciência em função de uma situação precisa. Essa precisão nos informa então sobre a relação que podemos manter com a fotografia como imagem

---

[285]LENAIN. De la critique nietzschéenne à l'aube du XXIe siècle. In: *Esthétique et philosophie de l'art: repères historiques et thématiques*, p. 182-183.

potencialmente consignadora de saudade, captada por nossa consciência afetiva, já que "a consciência não é apenas falta ou confusão, mas possui uma certa positividade, repousa sobre uma espécie de vontade de paixão, manifestando-se pelo temor do futuro, o apego ao que fomos, o medo da morte, a recusa da prova e do tempo".[286]

O sentimento de saudade é um estado transitório, indefinido, que efetua um movimento de ligação no seio de nossa consciência: associado a nossa imaginação, ele permite que nos visualizemos retroativamente como sujeitos presentes no momento do acontecimento em face do objeto que falta. Entre esses dois instantes, existe um intervalo. Um lapso de tempo que permanece quantificável, aplicado e balizado pelo uso de referências espaciais e temporais. Por isso, como sublinha Ferdinand Alquié, escapa-nos uma consciência temporal do outro, aquela "cuja afetividade permanece-nos estranha", que se desenvolve em seu espaço temporal a uma só vez particular e distante.[287] Esse é o clima que reina, por exemplo, na obra da fotógrafa Manuela Marques (Fig. 32). Instantes fixados por estupor no intervalo do acontecimento em fuga perpétua. A partir daí, há separação:

> O corte, a separação pela qual a consciência se faz intelectual, não podem portanto ser tidos pela negação pura e simples do vivido [...] O objeto não poderia ser definido, de maneira puramente negativa, como aquilo que não é eu; ele é o signo de que a riqueza do Ser supera a do eu, e de que a consciência afetiva não é ela própria mais do que o fruto de uma dissociação.[288]

Presente igualmente em Jorge Molder, essa ausência sobrevém principalmente numa de suas séries intitulada *Lares e Janus*, realizada entre 1981 e 1986. Ou ainda naquela composta de 20 fotografias que acompanham desenhos de Jorge Martins, em seu ensaio *O fazer suave do preto e branco*, publicado em 1985.[289] Materializada portanto por essas duas obras de artistas portugueses, ela parece se instaurar, imiscuir-se através de um jogo feito de equivalências e de correspondências temporais: equivalências de lugares – públicos ou íntimos: um restaurante, um quarto; correspondência do tempo de um acontecimento não advindo (uma mesa posta à espera de uma refeição suspensa), essa ausência mantém um

[286] ALQUIÉ. La séparation. In: *La Nostalgie de l'être*, p. 97-98.
[287] ALQUIÉ. La séparation, p. 104.
[288] ALQUIÉ. La séparation, p. 104.
[289] FATELA. Prefácio

mistério cuja expectativa contradiz aquele do acontecimento fotográfico. Ou, ao contrário, de uma ação passada cuja fonte não conhecemos, mas cujo lugar, objeto e matéria que a receberam (uma cama desfeita com os lençóis bagunçados, por exemplo) mantêm seus vestígios (do corpo adormecido) *mise en abîme* pela impressão fotográfica, e o mistério que emana dos lugares (Fig. 33).

Figura 32 – Manuela Marques, [Sem título], 1997/1998. Cópia em offset jato de tinta, 122 x 177 cm. Paris, Galerie Anne Barrault.

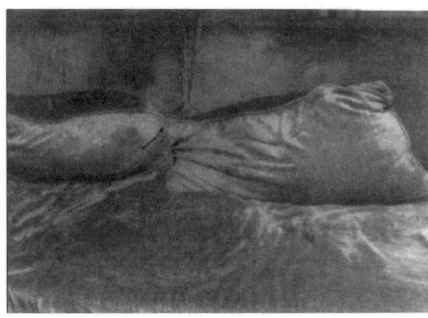

Figura 33 – Jorge Molder, *O fazer suave do preto e branco*, 1981. Coleção particular.

A propósito dessa ausência, nascida justamente daquilo que não se presta a uma memória, uma espécie de antiacontecimento em si como momento que não adveio, ela se localiza num exato meio temporal, entre passado que não sobreveio e futuro que não adveio, mas a que só a fotografia, neste caso, pode pretender conferir rastro, rastro de um presente anterior. Jorge Molder esclarece que esse rastro deve ser lido como um signo, uma "indicação urgente" da qual dependeria nossa memória, sobrevivente. O percurso de nosso olhar no seio desses lugares "não deixa transparecer uma atitude desesperada, mas, antes, alguma coisa entre a concentração e a divagação".[290] Esses lugares de uma história íntima,

---

[290]Segundo Jorge Molder, essa busca constitui a própria linha do tempo, através de um sentimento de perda cuja lembrança mantém sua sobrevivência no mais profundo de nossa

ligados a um passado hipotético, reconstituem-se e se percorrem da mesma maneira que poderíamos percorrer uma casa familiar, em busca de alguma coisa, mas alguma coisa que encontraria lugar mais em nós do que no lugar, deserto.

O palimpsesto mecânico

Se uma das dimensões psicológicas da fotografia e uma das finalidades de seu uso formam, para André Bazin, um desafio que o homem lança ao tempo, visto que a morte não seria mais do que a vitória inexorável do tempo, o autor esclarece ainda que sua gênese, dita "automática", viria compensar uma "satisfação completa de nosso apetite de ilusão por uma reprodução mecânica de que o homem está excluído".[291] Talvez essa reprodução mecânica nos escape ainda mais hoje, quando as redes virtuais, a sociedade de informação, as estratégias de "comunicação", a difusão de signos e de ícones atingem, mais do que nunca, um tal volume que se torna difícil discernir a veracidade de uma imagem numa paisagem onde "é quase inabitual passar um dia sem ver tanto uma fotografia quanto algo escrito".[292]

A transformação acelerada da produção fotográfica, cujo acesso e cuja proliferação explicam que ela tenha se tornado no espaço de meio século essa "arte média" comentada por Pierre Bourdieu, acaba em consequência por transformar um saber e um passatempo de elite num meio de lazer de massa que não cessou, nos últimos 20 anos, de se democratizar, tornando-se acessível a um público cada vez maior.[293] Isso principalmente pelo aumento da produção e pelo aperfeiçoamento dos aparelhos digitais, que levam a imagem a uma desmaterialização e a uma entidade virtual manifestas, evitando-lhe a necessidade de ser difundida unicamente em seu suporte tátil e "orgânico" que é o papel. Notemos que essa abertura não modificou no entanto de maneira radical o uso "domesticado" da fotografia, mas deslocou seus campos de interesse e suas áreas de aplicação, transformando essa arte média numa arte do cotidiano, senão do lugar comum.

Por isso, essa abertura acelerada de seu uso parece sempre ocultar, paradoxalmente, um de seus parâmetros indispensáveis para compreender

---

memória, formada a partir da experiência que lhe propiciam as imagens e pela repetição de sua visualização (MOLDER. *La reine vous salue* suivi de *O tamanho da memória*, 15 de janeiro de 2007. Textos disponíveis no *site* www.jorgemolder.com).

[291]BAZIN. Ontologie de l'image photographique. In: *Qu'est-ce que le cinéma?*, p. 9-12.

[292]BURGIN. Olhando as fotografias, p. 389.

[293]Cf. BOURDIEU. *Un art moyen: essai sur les usages sociaux de la photographie.*

não apenas aquilo em que ela consiste, mas também sua própria finalidade, pois, "na medida em que ela é um objeto socializado, convencional, codificado, por assim dizer – e não apenas um objeto visível – a imagem possui um modo de emprego [...] Como todo artefato social, a imagem só funciona graças a um suposto saber do espectador".[294] Assim, esse suposto saber pode nos levar a considerar a "magia" de sua gênese, que Jacques Aumont, em referência a Jean-Marie Schaeffer, denomina uma *arché* da imagem, isto é, um tempo criador de uma imagem não temporalizada. É preciso entender aqui o fato de que "não é portanto a própria imagem que inclui tempo, mas a imagem em seu dispositivo".[295]

No entanto, da mesma maneira que as linhas de fuga que ordenam o espaço clássico bidimensional se cruzam num único ponto de convergência, poderíamos aqui emitir a hipótese de que a esse ponto espacial corresponde um ponto de convergência temporal da imagem fotográfica no próprio momento em que sua impressão se conclui – principalmente através de seu *punctum*, se é que há *punctum*. Tratar-se-ia portanto do ponto de convergência de um tempo ligado ao dispositivo de gravação do aparelho e ao de sua revelação; convergência de dois tempos latentes reunidos conjuntamente. Todavia, se a imagem exige então um suposto saber de sua *arché*, isso se explica pelo fato de que a magia de sua aparição reside precisamente nessa "permanente exibição da gênese da foto".[296] Essa *arché* da imagem permanece portanto "um saber da gênese da imagem, sobre um modo de produção". Esse saber teria por principal consequência despertar e ativar no espectador uma "colocação em relação da imagem fotográfica com um olhar correspondente".[297]

Essa confluência da imagem sublinha, além do mais, sua dualidade intrínseca evocada anteriormente, nascida do eco entre duas vertentes temporais antagônicas inscritas na imagem indistintamente de seu sujeito e de seu objeto. Livre de qualquer imperativo de estilo, ela nos situa, entretanto, localizando um antes e um depois de sua história. Ela se manifesta igualmente no seio do pensamento particular da fotografia, que Jean-Marie Floch nomeia uma "semiótica plástica" da imagem. Por isso, "seria inútil esperar que a semiótica seja essa teoria que, enfim, daria conta da 'pictorialidade' ou da 'fotograficidade' da

---

[294] AUMONT. *L'Image*, p. 124.
[295] AUMONT. *L'Image*, p. 125.
[296] AUMONT. *L'Image*, p. 125
[297] SCHAEFFER. *L'Image précaire*, p. 67.

natureza própria de tal ou tal signo cuja definição não depende de seus pressupostos teóricos".[298]

Essa confluência gera também dois outros tipos concretos de tempo: um tempo mecânico, por um lado, próprio do aparelho, e, por outro, um tempo orgânico, contido pela impressão fotográfica revelada sobre papel. Instante efêmero da captação, tempo em latência de sua revelação, ela é o intervalo em que se concentra toda a sua fragilidade. A luz inicia então seu duplo papel contraditório: ela é ao mesmo tempo aquilo que faz surgir a imagem, por contato, assim como permanece aquilo que pode destruí-la por uma queima fatal – por excesso de tempo de exposição ou por insuficiência de fixador, pois só ele garante sua natureza perene, como uma fina camada epidérmica transparente. São portanto justamente essas noções de magia e de camada que retêm aqui nossa atenção e que Floch nomeia com acerto *plages* [plagas, praias ou margens], aplicáveis indiferentemente a fotografias figurativas ou abstratas. E é o autor que vem ainda esclarecer que essa aplicação não é apenas reservada às obras cuja "interpretação semântica reproduzirá as mesmas articulações entre o significante e o significado",[299] mas, tendo em vista o fato de que não se trata mais de uma "unidade sintagmática (vago/nítido) e sim de uma categoria – vago X nítido –, que provém por sua vez de um eixo paradigmático do sistema fotográfico". Assim, esse contraste vago/nítido, obtido aqui por superposição, constitui um contraste de *plages*, ou seja, de "superfícies relativamente importantes que podem ser elas próprias articuladas em superfícies menores através de investimentos de contrastes simples".[300]

Encontramos essa mesma distinção entre certas chapas, por exemplo, de Eugène Atget, fotógrafo da ausência. Essa ausência se transpõe muito bem pela ideia de um palimpsesto visual, devido à impossibilidade do suporte de imprimir o movimento. De fato, a ideia da saudade reaparece aqui na impossível impressão fotográfica, ou ao menos em sua consignação seletiva pela duração do tempo de exposição. Presença da ausência por excelência, no coração dessa cena de passantes estáticos, cuja silhueta é apenas fracamente perceptível, *aplat* de um corpo translúcido "posado" sobre o *aplat* da vitrine. O chão, como o céu, "queimou" completamente na superfície da imagem, inteligível apenas graças às linhas de fuga das

---

[298]FLOCH. *Petites mythologies de l'œil et de l'esprit*, p. 11.
[299]FLOCH. *Petites mythologies de l'œil et de l'esprit*, p. 11.
[300]FLOCH. *Petites mythologies de l'œil et de l'esprit*, p. 11.

arquiteturas. Arquiteturas sólidas dos lugares e dos passantes da margem esquerda, mergulhados em sua sombra, aos quais respondem as texturas "virtuais", mas quase *hápticas*, de todos os visitantes-fantasmas da margem direita, banhados e "queimados" por uma luz contraditória, premonição de seu futuro desaparecimento (Fig. 34).

Figura 34 – Eugène Atget, *Passage du Grand Cerf, 145 Boulevard de Saint Denis*, 1909. Cópia em papel albuminado, negativo sobre vidro, 21 x 17 cm. Paris, Bibliothèque Nationale de France.

Esse palimpsesto fotográfico, composto de camadas contrastadas sucessivas, intervém a partir de então no seio de experiências singulares operadas por simples contato – experiências radicais, já que substituem, de passagem, a aura do olhar fotográfico pela beleza do gesto mecânico. Walter Benjamin, em seu célebre ensaio de 1931, escreverá que "a técnica mais exata pode dar a suas criações um valor mágico que um quadro nunca terá mais para nós".[301] Já Rosalind Krauss dirá: "toda fotografia é uma impressão física que foi transferida sobre uma superfície sensível pelas reflexões da luz".[302] Essa concepção puramente formal da fotografia, *des-conotada*, interessada *a priori* apenas por sua matriz, defende uma prática *aliagem* de um outro procedimento artístico, modificando assim sua concepção material graças a seu dispositivo que pode produzir uma obra completamente autônoma. É também aquilo que, segundo André Rouillé, define então essa ligação como "arte-fotografia", rompendo assim com o conceito de uma "arte dos fotógrafos" na medida em que

[301]BENJAMIN. Pequena historia da fotografia. In: *Magia e técnica, arte e política*, p. 94.
[302]Cf. KRAUSS. *Le Photographique: pour une théorie des écarts*, p. 200.

seu procedimento repousa sobre "um emprego assumido, plenamente controlado, e muitas vezes exclusivo, da fotografia".[303]

Além disso, se o interesse pela questão do fotográfico – e sobretudo sua abordagem semiótica e estética – é relativamente recente, ele se manifestou através da publicação de ensaios importantes a partir dos anos 1930, como os *Collected Papers*, de Charles S. Peirce – reunidos em 1940 em seis volumes sob o nome de *Philosophical Writings* [*Escritos filosóficos*] –, que opera um sistema de classificação que distingue três categorias principais constituintes da imagem: o ícone, representação por semelhança, singular; o símbolo, definido numa representação determinada por uma convenção, geral; e o índex, cuja representação resulta de uma contiguidade "física" entre um signo e seu referente.[304] Em seu artigo "A mensagem fotográfica", publicado em 1961, Roland Barthes enunciava que a percepção que teríamos de uma fotografia seria influenciada pelos seis códigos que a regem, entre os quais a pose, a fotogenia, o objeto e a estética. De forma que lhe parece "evidente que esses códigos vêm inflectir a leitura da foto".[305]

Ora, se esses códigos cessam de existir no próprio momento em que a fotografia se percebe na essência pura de seu procedimento (pela ligação que estabelece com seu referente e sua maneira de designá-lo, razão pela qual Barthes a considera, em sua gênese própria, como uma "mensagem sem códigos"), isso não significa de modo algum que ela estabeleça uma ruptura com o real, sempre admitindo que "códigos vêm inflectir sua leitura".[306] De fato, não se trata aqui de considerar "a foto como uma 'cópia' do real", mas, como Barthes o sugere – e esse ponto é importante –, como "uma emanação do real passado: uma magia, não uma arte. [...] O importante é que a foto possui uma força constativa, e que o constativo da fotografia incide sobre o tempo, não sobre o objeto. De um ponto de vista fenomenológico, na fotografia, o poder de autenticação prima sobre o poder de representação".[307]

Essa aderência da imagem a seu referente, ordenada de acordo com a classificação peirciana tripartite, pode ser cruzada com aquela proposta

[303]ROUILLÉ. *La Photographie*, p. 450.

[304]Cf. PEIRCE. *Ecrits sur le signe*. À categorização de Peirce, responde a distinção seguinte, proposta por Dubois: "A fotografia como espelho do real (discurso da mímesis), a fotografia como transformação do real (discurso do código e da desconstrução) e a fotografia como marca do real (discurso do índice e da referência)" (Cf. DUBOIS. *O ato fotográfico*, p. 44-45).

[305]BARTHES. *L'Obvie et l'obtus*, p. 138.

[306]BARTHES. *L'Obvie et l'obtus*, p. 138.

[307]BARTHES. *La Chambre claire: note sur la photographie*, p. 138-139.

por Régis Debray, dividida em função de sua "era" temporal e de sua "esfera" midiática, a partir de uma abordagem "midiológica", como diz o autor: "As três cesuras midiológicas da humanidade – escrita, imprensa, audiovisual – recortam no tempo das imagens três continentes distintos: o ídolo, a arte, o visual. Cada um com suas leis. Sua confusão é causa de tristezas inúteis".[308] A classificação de Debray "recorta" assim a de Peirce, ou, mais exatamente, transpõe seu recorte. Poderíamos objetar a tal sistema taxonômico seu caráter parcial, subjetivo e anacrônico, mas, como Georges Didi-Huberman o sublinha: "o anacronismo é necessário, o anacronismo é fecundo quando o passado se revela insuficiente, chegando a constituir um obstáculo para sua própria compreensão".[309]

Do encontro entre essas eras temporais e suas esferas midiológicas nascem então três conjuntos, três *midiasferas* distintas: a *logosfera*, "era dos ídolos em sentido amplo (do grego *eidôlon*, imagem, simulacro)", que se estende desde a invenção da escrita – transcrição sonora em código – até a da imprensa; sucede-lhe então a *grafosfera*, a era da arte, desde a invenção da imprensa (primeira "revolução" da obra reprodutível) até a da televisão; e finalmente a *videosfera*, a era do visual, noção tomada de empréstimo a Serge Daney.[310] O que é preciso reter dessa classificação consiste no fato de que ela leva a um encadeamento de todas essas diferentes etapas num "único *travelling* para trás", já que esse movimento "combina aceleração histórica e dilatação geográfica".[311]

Todavia, as experiências fotográficas produzidas pelos movimentos de vanguarda europeus vão exercer uma grande influência sobre a fotografia moderna, sobretudo brasileira, representada por Geraldo de Barros, mas como que por um *ajournement* [atualização, *update*]. Um dos seus primeiros efeitos será desmistificar o estatuto artístico acadêmico da fotografia estagnada em sua vontade de *aura*, atestado pelas fotos picturalistas ainda em vigor no Brasil naquela época. Por isso, constataremos que a força e a originalidade dos fotogramas "tardios" de Geraldo de Barros vêm desafiar esse mito ideal que se manifestava num estilo que reivindicava o "pictórico", o que não lhe retira nem seu valor poético nem seu valor puramente plástico. Mas esse valor poético difere em numerosos pontos daquele exigido por seus predecessores, embora mantenha "uma

---

[308] DEBRAY. Qu'est-ce que la médiologie?, [s.p.].
[309] DIDI-HUBERMAN. *Devant le temps: histoire de l'art et anachronisme des images*, p. 19.
[310] DANEY. *La Rampe: cahier critique 1970-1982*.
[311] DEBRAY. *Vie et mort de l'image*, p. 288.

relação entre a forma de sua expressão e a forma de seu conteúdo" e opere paralelamente uma ruptura, não contendo nenhum "discurso mítico 'falando' de uma postura de equilíbrio entre os contrários conciliados que são a natureza e a cultura".[312]

Isso posto, sua "legitimidade" esbarra nos inúmeros preconceitos emitidos especialmente pelos júris de salões e pelos organizadores de exposições. Embora sua origem seja tão antiga quanto a da imagem – surgida de uma impressão nascida pela transferência de luz, como a forma de uma mão aparece numa parede pelo recuo que a revela –, o fotograma permanece um "simples divertimento de laboratório", mas coloca paralelamente em xeque "os numerosos preconceitos que tinham orientado a dita fotografia picturalista".[313] Esse debate se revela a partir de então definitivamente caduco: "A verdade é que o fotograma faz parte do imenso campo da fotografia, ele é um processo puramente fotográfico, permitindo talvez mais do que as outras técnicas, ao fotógrafo hábil e talentoso, de criar quadros de grande expressão e de valor artístico, da sua própria marca".[314] Eis justamente essa marca que se dá para refletir nas últimas grades compostas das *Fotoformas*, produzidas pelo fotógrafo entre 1951 e 1952.

---

[312] HERKENHOFF *in* BARROS. *Fotoformas e Sobras*. São Paulo, Cosacnaify, 2006, p. 3.
[313] HERKENHOFF *in* BARROS. *Fotoformas e Sobras*. São Paulo, Cosacnaify, 2006, p. 3.
[314] BARROS. Fotogramas. Artigo citado no *Boletim Foto Cine*, n. 81, p. 14-17, fev. 1953. Remeto também o leitor ao artigo "Considerações sobre o fotograma" de Rubens Teixeira Scavone, publicado no *Boletim Foto Cine* n. 101, p. 23-26, ago.-set. 1956.

CAPÍTULO II

O olhar humanista

O ano 1955 foi particularmente fértil no campo da fotografia: o Museu de Arte Moderna de Nova York inaugurou *The Family of Man*, uma importante exposição, tanto por seu argumento geral quanto por seu tamanho, dado o número de fotógrafos selecionados e convidados. Concebida por iniciativa de Edward Steichen, a ambição de seu projeto era apresentar ao público, através de um panorama que reunia 503 fotografias de 273 diferentes artistas, os acontecimentos que podiam compor e ritmar ao longo da vida toda a atividade humana: "Se aceitamos que a fotografia pode, entre outras coisas, prever e dar conta da existência humana, ela o pôde fazer a partir do momento em que, no fim do século XIX, o fotógrafo se tornou uma testemunha irrefutável da vida no mundo".[315] Tendo aparecido na Europa nos anos 1930 sob a égide de Brassaï e Henri Cartier-Bresson, em estreita ligação com a ascensão da imprensa ilustrada, mas também com o aperfeiçoamento dos aparelhos portáteis e leves, o estilo "humanista" se difundiu principalmente na Europa e nos Estados Unidos, anunciando então o declínio dos grandes estúdios. Esse estilo é nomeado "humanista" pelo fato de privilegiar a figura humana no coração de seu registro iconográfico, tanto público (cenas de "situação" de rua, o meio de trabalho ou da escola) quanto privado (cenas cotidianas domésticas, entre outras). Mas isso não basta para sua definição. É também uma corrente que manterá uma ligação estreita com a poesia, especialmente, na França, em torno de Jacques Prévert.

---

[315] GAUTRAND. Regarder les autres, p. 613-619.

O fim da Segunda Guerra Mundial marca assim, entre as diferentes produções fotográficas, uma relação com o tempo e com o real cuja percepção, pela prática e pelo uso, parece hoje um pouco *aporética*. A Europa é então um vasto campo de ruínas, banhada por um clima mórbido de acertos de contas e de profundo ressentimento. Cinco anos de conflitos internacionais devastadores vão transformar radicalmente a concepção do ser humano, demonstrando sua capacidade, niilista, de destruição. A *aura* do colonialismo começa a ruir, sentindo, em 1947, seus primeiros abalos através do mundo. É também neste ano que sai *A espécie humana*, de Robert Antelme, verdadeira ecfrase que visa conjurar o horror e o insustentável – seu primeiro e último livro que, no entanto, passa quase despercebido pelo público. Nesse sentido, o testemunho de Antelme permanece talvez um dos mais terríveis e mais insuportáveis. Entretanto, como afirma Martin Crowley, Antelme "regenera o humanismo, situando-se naquilo que constitui sua fonte primeira", relatando e descrevendo aquilo que era subjacente a ele.[316]

Em face dessa visão terrível, de que as tomadas de Eric Schwab em 1945, nos transcrevem com pudor o horror glacial, o pouco de calor que um espetáculo desses autoriza se concentra na pupila alerta e no leve sorriso com que parece responder, atento, o prisioneiro fotografado no momento de sua liberação. No mesmo ano, esse olhar humanista ressurge, difundido paralelamente nas reportagens fotográficas das grandes revistas norte-americanas, como *Life* ou *Look*, temporizando a representação de uma Europa devastada, e por conta das quais as agências de notícias "iniciam encomendas bem mais lucrativas com edições e revistas estrangeiras".[317] Se ressurge, desde o fim da Segunda Guerra, uma interrogação em face dos valores humanos em busca de um mundo melhor, essa visão otimista e universal do homem vai impregnar toda a fotografia humanista, levando diversos fotógrafos a considerarem nações mantidas em seu ostracismo, instaurado por regimes totalitários que exercem toda a sua autoridade nesse momento de saída do caos. Aporia política do tempo, portanto. E o otimismo dessas imagens, num momento em que germinavam novos conflitos e em que se fazia ouvir o canto do cisne da supremacia europeia, confere-lhes uma conotação um tanto ingênua. Mas, como testemunha Sabine Weiss, "Se os fotógrafos atuais nos acham um pouco sentimentais, creio que é porque naquela

---

[316] CROWLEY. *Robert Antelme: l'humanité irréductible*, p.112.

[317] DENOYELLE. De la commande à l'œuvre. Les photographes illustrateurs à l'ère de l'imprimé. In: BEAUMONT-MAILLET; DENOYELLE; VERSAVEL (Orgs.). *La photographie humaniste*, p. 36.

época as pessoas eram bastante otimistas. Estavam saindo de uma grande provação e pensavam poder reconstruir tudo. Era o belo período entre o fim da ocupação alemã e o início da americanização".[318]

Se essas fotografias refletem bem uma modificação do olhar dos fotógrafos, lançado sobre o mundo e sobre sua época em relação aos temas que fotografam, esse olhar particularmente "enfático" também é válido quando se trata de representar seu ambiente, seus costumes e suas atividades cotidianas. Essa predominância crescente do famoso "instante decisivo" nos fala também da promiscuidade que ligava a fotografia a seu modelo. É a época em que o repórter-ilustrador – chamado também fotógrafo-polígrafo por Willy Ronis – muda progressivamente de estatuto – passando de profissional assalariado a profissional independente –, e de função, assumindo cada vez mais seu estatuto de autor. Caberá à agência que o contrata o papel de indicá-lo, em função de seu estilo e de seus interesses, ao órgão de imprensa interessado: "A particularidade dos fotógrafos franceses era sua polivalência, sua capacidade de fazer de tudo: reportagem, moda, ilustração, fotografia publicitária, industrial, até científica, o que se traduzia, no mais das vezes, pelo estatuto profissional de fotógrafo independente".[319]

Essa mutação se inscreve numa época em que a importância da fotografia, de sua produção a sua recepção, inclui-se num contexto de difusão essencialmente dominado pela imprensa escrita – do ponto de vista histórico, político e social –, cuja finalidade "informativa" permanece fortemente subordinada a prerrogativas econômicas. Isso terá por consequência privilegiar e conferir a essas imagens um certo molde estereotipado e anedótico, mesmo se as intenções foram de início bem diferentes daquelas que continuam hoje a produzir uma imagem "sedutora", evocando Paris e a França, conforme aos imperativos visuais exigidos pelos títulos estrangeiros. Como sublinha Cartier-Bresson: "A revista difunde aquilo que o fotógrafo quis mostrar, mas este também corre o risco por vezes de se deixar moldar pelos gostos e pelas necessidades da revista".[320] De fato, se certas fotografias, como *O beijo no Hôtel de Ville*, de Robert Doisneau, alcançaram o estatuto de "ícones" populares, elas nos remetem àquilo que era esperado de uma fotografia desse tipo naquela época, especialmente pela imprensa estrangeira.

---

[318] WEISS. *Intimes convictions*, p. 16.

[319] HAMILTON. La Photographie humaniste: un style made in France?, p. 28-29.

[320] Cartier-Bresson esclarece, em 1952: "Entre o público e nós, há a imprensa que é o meio de difusão de nosso pensamento; somos artesãos que entregam às revistas ilustradas sua matéria-prima" CARTIER-BRESSON. L'instant décisif. In: *Images à la sauvette*, p. 8.

Numerosos fotógrafos preferirão se distanciar dessa prática documental, talvez dependente demais das instabilidades sociais e das atualidades políticas, para se concentrar, em sua errância, nas pessoas, em seu cotidiano, com humor, ternura ou simples simpatia. Uma postura que lhes permitirá pôr em obra uma "verdadeira criação pessoal" de um trabalho de autor a que diversas editoras de livros de arte ou sociedades de imprensa especializada, através de revistas ilustradas, atribuirão um espaço e um interesse crescentes.[321]

Alguns se esquivarão dessa linha, mesmo se "esse estilo era, apesar de tudo, extremamente apreciado na França, onde uma fotografia era considerada como um julgamento sobre os valores humanos e as atitudes, uma testemunha de encontros inesperados".[322] De modo que "esse tipo de imagem se beneficiou da imprensa ilustrada [...] e também da indústria da edição, que produziu muitos trabalhos, abundantemente ilustrados pelos principais fotógrafos do momento".[323]

Se a maioria desses fotógrafos nos propõe hoje o retrato de uma nação alegre, tomada por um vento de liberdade – por uma empatia "visual" cujo excesso atingirá sua própria caricatura, se contamos, por exemplo, o número de casais "realmente" apaixonados ou postos em cena –, certas fotografias nos oferecem, pelo contrário, uma abordagem embalada por uma triste e suave poesia melancólica, fazendo eco ao "realismo poético" do cinema de antes da guerra. De noite e de dia, essa poesia singular acompanha e guia, através dos parques, dos cafés e das ruas, por vezes mal-afamadas, os passos do fotógrafo em busca de inspiração ou presa de um *spleen* desencantado.[324]

Em 1950, aparece o livro *Paris des rêves* [Paris dos sonhos], composto de 75 fotografias de Izis Bidermanas, reproduzidas em heliogravura, acompanhadas de 45 textos originais – manuscritos fac-similares – de escritores como Henry Miller, Georges Duhamel, Jean Paulhan, e prefaciado por Jean Cocteau, convidando o leitor a conhecer a cidade:

> Vocês não conhecem Paris –
> Paris é desconhecida como os poetas célebres.
> Alguns estrangeiros os traduzem e os revelam para nós.
> Para o filme em que trabalho, invento uma cidade –

[321] GAUTRAND. Regarder les autres, p. 619.

[322] Cf. DENOYELLE. De la commande à l'œuvre. Les photographes illustrateurs à l'ère de l'imprimé, p. 45.

[323] GAUTRAND. Regarder les autres, p. 623-624.

[324] MANVEL. *Film*.

E é em Paris que a encontro.
Cidades e vilarejos se escondem em Paris. Procurem-nos.[325]

Observemos que cada texto e cada fotografia, embora justapostos, não são regidos por uma necessidade ilustrativa, mas guardam, pelo contrário, certa autonomia, tendo no máximo uma simples função de "comentário" recíproco. Izis permanece sem dúvida o fotógrafo mais nostálgico, *flâneur* sonhador e solitário, "um transeunte maravilhado", como o definiu Jacques Prévert. Izis quer dar conta, para além do acontecimento, daquilo que o mundo pode oferecer de estranho, de intrigante ou de maravilhoso, "produto do desejo do *flâneur* que o observa".[326] Pois *Paris des rêves* é uma obra onde reina o olhar *flâneur* sobre seus contemporâneos, dando-nos a impressão de percorrer uma cidade em imagem, a todas as horas do dia e da noite (Fig. 35). Haicai silencioso, a fotografia nos absorve em sua muda melancolia, que simplesmente flui e nos escapa ao mesmo tempo:

> De tanto olhar essa fotografia,
> Ficarei a vida inteira
> Olhando correr o Sena ...
> É um poema em Paris.[327]

Paris des rêves é o relato poético de uma viagem coletiva, em que as palavras provocam sonoridades visuais, que ressoam, como que por completude. Esse relato pode ser lido como um guia que traça um percurso contemplativo, mas o tempo que nele flui é também o da solidão, delimitada por um presente que se repete a cada dia, e o tempo suspenso dos sonhos. As fotografias dos três autores-fotógrafos que selecionamos aqui têm como particularidade apresentar a cidade, ou o mundo rural, como um cenário a que Cartier-Bresson designa como "um imaginário segundo a natureza"; dito de outro modo, são "imagens que transformam a vida cotidiana, através da objetiva do aparelho, numa cena de teatro fixada para sempre, *'un arrêt sur image'* [uma parada na imagem], tantas eram as fotografias mais preocupadas com o conteúdo do que com a forma e que atribuíam uma extrema importância à emoção."[328]

---

[325]COCTEAU. *Vous ne connaissez pas Paris*. In: BIDERMANAS. *Paris des rêves*, p. 7.

[326]HANNOOSH. La femme, la ville, le réalisme: fondements épistémologiques dans le Paris de Balzac. Remeto o leitor especialmente à p. 134.

[327] CENDRARS. La Seine, p. 14.

[328]GAUTRAND. Regarder les autres, p. 624. Cf. CARTIER-BRESSON. *L'imaginaire d'après nature*, 1997.

Figura 35 – Izis Bidermanas, *Rue Brantôme*, extraída do livro *Paris des rêves*, 1950.

Trata-se portanto de um cenário "natural" exterior, fora dos estúdios de antanho, composto de ruas particularmente sombrias, misteriosas, por vezes das mais banais. Notemos igualmente o gosto pela contraluz, quando se trata justamente de representar o homem em seu meio, reduzindo-se à sombra de sua própria silhueta, delimitado por linhas distintas, mas que formam uma massa. Massas de sombras nimbadas de luz que se refletem seja nos pavimentos úmidos, na obra intitulada *Homem na neblina* de 1953, seja à claridade dos neons de uma estação de metrô fotografada por Sabine Weiss onde essa sombra parece correr atrás de seu duplo, na obra intitulada *A saída do metro*. Tomada decisiva, segundo a autora, do "instante criativo": "Luz, gestual, olhar, movimento, silêncio, tensão, repouso, rigor, relaxamento. Eu queria incorporar tudo isso no instante criativo, a fim de experimentar com um mínimo de sentido a parte essencial da humanidade.[329]

Trata-se de fotógrafos igualmente sensíveis às estações. Que conhecem o valor poético visual que pode nascer de uma atmosfera chuvosa, nevosa ou inundada de bruma. Mas é evidente que esse *parti pris* não constitui uma regra fixa. Como observa Laure Beaumont-Maillet, é preciso constatar que "esse cenário é tão específico à fotografia humanista que esta prescinde por vezes da presença do ser humano", que ele envolve e contém, como uma ganga.[330] Pois um dos imperativos maiores desses

---

[329]WEISS. *Intimes convictions*, p. 17.
[330]BEAUMONT-MAILLET *et al*. La Photographie humaniste: autour d'Izis, Boubat, Brassai, Doisneau, Ronis.", in Études photographiques, [s.p.].

fotógrafos humanistas não visava justamente despertar do mais profundo de sua dormência o potencial poético escondido no coração desse mundo popular, assim como sua realidade mais banal? (Fig.36). Mas atenção: essa sombra pode "voluntariamente" enganar nossos sentidos: basta um efeito de luz, "quase sempre enganador", que acende a imaginação do *flâneur*, para que uma passante se transforme em objeto de desejo.

Figura 36 – Willy Ronis, *Café-Guinguette, Rue des Cascades*, 1948. Cópia em prata, 30 x 40 cm. Coleção particular.

A abordagem estética que emana do conjunto das fotografias produzidas durante esses 15 anos permanece relativamente ambígua, apesar de sua relativa simplicidade, devida principalmente à recusa do uso de qualquer técnica que transforme o real de maneira artificial, por meio de operações de laboratório. O rigor dos enquadramentos e das composições, mas sobretudo o "cálculo" da luminosidade, equilibrada apesar de seus fortes contrastes, parecem não deixar quase nada ao acaso, mesmo que o fotógrafo continue sempre na espera fortuita do instante em devir. O que equivale a privilegiar o fundo da imagem em detrimento de sua forma, como explica Sabine Weiss: "Raramente reenquadro a imagem. Não adultero nada em laboratório. Revelo, amplio, reparto diferentemente as massas de sombra e de luz, escureço, clareio, deixo a imagem vir... não adultero nada".[331] E acrescenta que sua meta era "chegar a essa simplicidade das visões segundo as significações que você pode aferir, numa situação, com uma olhadela." Tudo se concentra no "pequeno detalhe que exprime o conjunto, o gesto

---

[331] Raoul-Jean MOULIN, entrevista publicada em *Sabine Weiss, 100 photos*. Vitry-sur-Seine: Galerie municipale de Vitry-sur-Seine, février 1985

que explica o movimento, a flexão do dedo que exprime um estado de espírito, a expressão do rosto de um indivíduo que representa a multidão, o infinitamente pequeno que reconta o grande, o olhar dos outros que dá conta de sua ansiedade ou de sua alegria".[332]

Se algumas fotografias aderem a um registro iconográfico batido, isso se explica pelo fato de ele acabar produzindo "imagens que sobrecodificam uma *parisianidade* eterna"; a partir daí, essas imagens sobrecodificadas se revelam sobretudo tranquilizadoras, fazendo de "nossos olhos como que um olho já visto, cidade repetida como um poema" de uma "cidade que se parece";[333] vamos a seu encontro como alguém que buscasse de maneira fortuita uma fotografia no fundo de uma caixa. Pois a sombra da silhueta do vendedor de vidro (Fig. 37) ou do anônimo que foge dele, acabou desaparecendo no chão de uma paisagem que certamente já não é mais a mesma (Fig. 38-39). Não subsiste mais do que o olhar que ressuscita, por magia química, essa frágil e efêmera sensação, captada por Keiichi Tahara, que escruta a cidade de um postigo, repetindo o mesmo enquadramento em sua série simplesmente intitulada *Fenêtres* [Janelas], realizada entre 1975 e 1985, recolocando na ordem do dia o sutil jogo de sombra e de luz de Izis. Através do filtro poeirento da vidraça, metáfora da antiga placa de vidro, é toda a textura e matéria de luz que ele confere a cada uma de suas *vedute* urbanas, nimbadas de uma espessura vaga e carvoenta como uma nuvem vaporosa cobrindo o céu.

Figura 37 – Willy Ronis, *Rue Laurence Savart*, 1948. Cópia em prata, 40 x 30 cm. Coleção particular.

[332] WEISS. *Intimes convictions*, p. 17.
[333] ÉLUARD. p. 18.

Figura 38 – Sabine Weiss, *Rue* [Rua], Paris, 1953. Cópia em prata, 24,7 x 17 cm. Antiga coleção Howard Greenberg Gallery, Nova Iorque.

Figura 39 – Keiichi Tahara, *Une Rue* [Uma rua], da série *Ville* [Cidade], 1973. Cópia em prata, 38,5 x 26 cm. Coleção particular.

O gosto pelo pitoresco

Acabamos portanto de ver como os fotógrafos humanistas, confrontados à realidade de seu tempo – das grandes manifestações sociais dos anos 1930 à Segunda Guerra Mundial –, adotaram uma postura que evitava, por princípio primordial, qualquer abordagem sensacionalista ou voyeurística. Pelo contrário, eles permaneciam atentos "às relações, muitas vezes curiosas, entre os indivíduos e as coisas", às vezes ao preço de transformar seus sujeitos em verdadeiros arquétipos que corroboravam sua concepção ideal do homem.[334] Uma discrição que Izis relata nestes termos: "As pessoas que fotografo não me notam, pois na maior parte dos casos estão em seu próprio mundo, em seus sonhos".[335] A partir daí, se "a pose não é um procedimento especificamente fotográfico", ela continua sendo significativa, já que existe na fotografia em geral, e mais especificamente na fotografia-documento,

---

[334]GAUTRAND. Regarder les autres, p. 625.

[335]BIDERMANAS. Trecho de uma entrevista concedida a M. Voyeux e publicada em BIDERMANAS; BORHAN. Retrospective Iziz 14 octobre - 8 janvier Hôtel de Sully, p. 135.

"uma reserva de atitudes estereotipadas que constituem elementos já prontos de significação".[336]

Considerada por Roland Barthes como um código, a conotação predomina na medida em que incide diretamente sobre a leitura que fazemos de uma imagem. Cultural, acima de tudo, esse código é estruturado por signos como gestos, expressões, cores, atributos "dotados de certos sentidos em virtude do uso de uma certa sociedade".[337] E Barthes acrescenta que esse código, inscrito na "ligação entre o significante e o significado", é "a própria significação" e encontra sua explicação no fato histórico: "ela é sempre elaborada por uma sociedade e uma história definidas; a significação é, em suma, o movimento dialético que resolve a contradição entre o homem cultural e o homem natural".[338] Essa contradição explica que uma fotografia, segundo ele, existiu quando tomou consciência de que "sua existência (sua 'aventura') se devia à copresença de dois elementos descontínuos, heterogêneos na medida em que não pertenciam ao mesmo mundo (não precisamos ir até o contraste)".[339]

Podemos assim tomar como exemplo uma fotografia de Alécio de Andrade, tirada no Museu do Louvre, em que dois grupos heterogêneos se justapõem: o das três freiras, no primeiro plano, formando um "bloco" austero, todas as três recobertas com suas túnicas pretas, e, em contraplano, o das três *Graças* pintadas por Jean-Baptiste Regnault, oferecendo-se em sua completa nudez ao olhar do espectador (Fig. 40). A surpresa, nascida da justaposição desses dois mundos (dessas duas concepções de virtude: a da renúncia e a de uma graça que não se esconde atrás de nenhum aparelho), é acentuada por uma tomada em *contre-plongé*, que contrasta e enfatiza paralelamente toda a curiosidade do primeiro grupo em face do quadro, já que o objeto habitual de veneração – o corpo de Cristo ou da virgem – é aqui substituído pelos corpos das três ninfas.

[336]BARTHES. *A câmara clara. notas sobre a fotografia*, p. 44.

[337]BARTHES. Le Message photographique. In: *L'Obvie et l'Obtus, Essais critiques III*, p. 13.

[338]BARTHES. Le Message photographique. In: *L'Obvie et l'Obtus, Essais critiques III*, p. 13.

[339]BARTHES. Le Message photographique. In: *L'Obvie et l'Obtus, Essais critiques III*, p. 15.

Figura 40 – Alécio de Andrade, *Les Trois grâces de J. B Regnault* [As três graças de J. B. Regnault]. Museu do Louvre, Paris, 1970, Cópia em prata. São Paulo, Instituto Moreira Salles.

Essa ambiguidade nos remete a esse "interesse metódico pela trucagem" analisado por Barthes, que "intervém no próprio interior do plano de denotação, sem avisar: ele utiliza a credibilidade particular da fotografia, que não é outra, já vimos, senão seu poder excepcional de denotação, para fazer passar como simplesmente denotada uma mensagem na verdade fortemente conotada".[340] Intervenção que tem por consequência enfraquecer a imagem e a veracidade de seu discurso, já que a conotação, mais do que num outro tratamento, veste assim completamente a máscara "objetiva" da denotação. Assim, a exposição *The Family of Man* – apresentada em Paris com o título *La Grande famille de l'homme* [A grande família do homem] – consagrou a corrente humanista bem no seu apogeu; todavia, ela não deixará de suscitar certas observações críticas, especialmente da parte de Roland Barthes. Ele descreve seu conteúdo como constitutivo de um "mito ambíguo da 'condição' humana", cuja progressão começaria, segundo ele, num primeiro momento, a partir de uma abordagem plural que diferenciaria todos os tipos morfológicos da espécie humana (sublinhando e reforçando seu caráter exótico), e da qual acabaria por sair, "por magia, uma unidade [...] uma natureza 'idêntica' cuja diversidade é apenas formal e não desmente a existência de uma matriz comum".[341]

---

[340]BARTHES. Le Message photographique. In: *L'Obvie et l'Obtus, Essais critiques III*, p. 15.
[341]BARTHES. *Mitologias*, p. 175.

O problema reside, segundo Barthes, tanto no que essas fotografias dão a ver quanto em sua própria fotogenia, que oculta o "peso determinante da história".[342] O que devemos reter dessa leitura de Barthes é aquilo que nos remete a uma postura que se opõe intensamente ao que se poderia definir como um "olhar compassivo" e uma visão estigmatizada dos afetos humanos, que apaga suas especificidades históricas e sociais. Um olhar em que "somos obrigados a permanecer na superfície de uma identidade, impedidos, pela própria sentimentalidade, de penetrar nessa zona posterior dos comportamentos em que a alienação histórica introduz essas 'diferenças' que serão aqui denominadas simplesmente 'injustiças'".[343]

Se Barthes conclui sua lúcida crítica dessa exposição insistindo na dúvida gerada por uma tal "*mise-en-scène*", em face da qual é de se temer que "a justificação final de todo esse academicismo seja a de dar à imobilidade do mundo a segurança de um 'saber' e de um 'lirismo' que eternizam os gestos do homem para melhor sufocá-los", essa exposição marcará também o apogeu da "fotografia-documento".[344] Ora, com a ajuda dos acontecimentos sociais e geopolíticos – principalmente com o desmantelamento da Europa colonial através do mundo – essa predominância essencialmente documental da fotografia vai conhecer uma mutação profunda, passando da "fotografia-documento à fotografia-expressão".[345]

Para melhor avaliar o que está em jogo aqui, definamos brevemente essas duas categorias. Para tanto, daremos um pequeno passo para trás. Desenvolvidas a partir dos anos 1920, num contexto particularmente tenso e sombrio, novas práticas documentais estenderam assim suas temáticas de *re-presentação* encontrando no próprio exercício da reportagem o terreno ideal onde a fotografia-documento se aliou com uma linguagem formal radicalmente diferente: chapas muito contrastadas entre valores

---

[342]"A fotogenia, a mensagem conotada reside na própria imagem, 'embelezada' (isto é, em geral sublimada) por técnicas de iluminação, impressão e tiragem. Essas técnicas deveriam ser recenseadas, pelo menos à medida que a cada uma delas correspondesse um significado de conotação suficientemente constante para ser incorporado a um léxico cultural dos efeitos 'técnicos'". Barthes emite uma reserva, nesse caso, a respeito da fotografia como arte, separando "os efeitos estéticos dos efeitos significantes", tomando como argumento o fato de que "em fotografia, contrariamente às intenções dos fotógrafos de exposição, nunca existe *arte*, mas sempre *sentido* – o que precisamente oporia enfim, segundo um critério preciso, a boa pintura, ainda que fosse fortemente figurativa, à fotografia" BARTHES. Le Message photographique, p. 17.

[343]BARTHES. *Mitologias*, p. 176-172.

[344]BARTHES. *Mitologias*, p. 178.

[345]ROUILLÉ. Crise de la photographie-document. In: *La photographie*, p. 172.

luminosos pretos e brancos, nitidez dos contornos, precisão das linhas, e utilização da grande angular. A questão da nitidez é muito importante, pois "ela parece permanecer, como que por contaminação, e apesar da retórica de uma 'pureza do *medium*' que a acompanha, um valor pictórico. A conquista dos detalhes não se faz tanto para ver mais e melhor a realidade fotográfica quanto para produzir imagens de tonalidades, desenho e texturas mais ricas".[346]

Essas mudanças formais acompanham igualmente a passagem da utilização da câmara ao pequeno formato, do tipo Leica, principalmente. Isso acarreta a partir de então a modificação de um projeto fotográfico que, apesar de suas intenções primeiras, herdadas da *Nouvelle Vision* europeia, orienta-se para uma prática fotográfica de vocação arquivística. Como observa Olivier Lugon: "O essencial é, a partir de então, fotografar como 'através de um microscópio'".[347] A fotografia-documento só se define portanto, *a priori*, em função de seu valor referencial, daquilo que ela designa em sua representação. É esse valor que a distingue de uma fotografia-expressão. Essa designação consiste numa relação, uma ligação contígua, ao mesmo tempo indicial e icônica, com o estado físico e exterior das coisas: esses elementos materiais constituem, portanto, seus referentes. Para François Soulages, o caráter documental da fotografia é uma "parte dêitica da imagem, sua maneira de apontar isso, aquilo, ali, agora".[348] A fotografia não teria mais do que uma função representativa das coisas e de seus estados presentes, no próprio momento de seu registro, estabelecendo um contato imediato com o mundo circundante.

É no próprio coração da função designativa da fotografia que parece nascer assim a "expressão" das coisas ou dos acontecimentos. Essa noção pertence antes de tudo ao registro do sentido, e não ao da representação. E é por isso que uma fotografia-expressão aparece a partir de então como um derivado da fotografia-documento, cujo conteúdo já compreende uma expressão: ele envolve. Mas, se uma fotografia-expressão revela o acontecimento, nem por isso ela o representa em si. Ela difere portanto, nesse sentido, da imagem documental, para a qual o simples fato de existir implica que não pode ser dissociada dessa função. Além disso, a noção singular de acontecimento constitui uma das chaves maiores de

---

[346]LUGON. *Le Style documentaire*, p. 94-100. Cf. STRAND. The Art motive in Photography. *The British Journal of Photography*, v. 70, 1923, p. 148, retomado em LUGON. *Le Style documentaire*, p. 131.

[347]LUGON. *Le Style documentaire*, p. 94-100.

[348]SOULAGES. *Esthétique de la photographie*, p. 272.

compreensão do processo fotográfico, na medida em que, se ele não for perceptível, exterior à imagem em que advém, está presente como substância. Nesse sentido, essa noção nos permite pensar a fotografia por um outro viés que não o de sua aderência a seu objeto referente. Pois fotografar consiste também em "atualizar" um acontecimento, e não em consigná-lo como um simples rastro.[349]

Se "a fotografia-documento se beneficiou de dois atrativos maiores: sua proximidade com o mundo e suas relações com a modernidade", paralelamente, o desenvolvimento das redes de informação foi rapidamente dominado pela televisão desde os anos 1970. Meio de difusão mais rápido, a televisão instaura todo um regime de imagens que engendra novas crenças diante do mundo, "que se tornou complexo demais para que a fotografia-documento possa ainda estabelecer uma ligação pertinente com ele".[350] A mudança então operada se relaciona em primeiro lugar com o estatuto documental da imagem, já que "a verdade da fotografia-documento não é a da expressão".[351]

Esse mito faz da objetividade da impressão fotográfica uma prova irrefutável: "de um mundo, infinito, por certo, mas bem real, acessível, cognoscível e controlável pelos meios modernos, pela fotografia em primeiro lugar".[352] Resistindo então a toda crítica que denunciasse a prova de verdade pela imagem, esse mito vai declinar progressivamente, "derrubado pela distância que separa a fotografia dos valores do mundo novo, particularmente pelo advento de um regime de verdade que ela não é mais capaz de encarnar".[353] Como podemos relacionar essa questão do mito da veracidade da imagem com a representação fotográfica da saudade? Isso equivaleria a compreender como o mundo lusófono, Portugal e o Brasil em especial, pôde aparecer a partir de então, através dessas imagens, como "esses países que, à margem de suas histórias oficiais, têm um modo de que se aureolam no exterior e cuja reputação deriva por vezes das mitologias barthesianas".[354]

Os anos 1950 vão assim constituir um período de abertura da França para o mundo, especialmente para o mundo lusófono. A primeira impressão que emana de um bom número de fotografias tiradas em Portugal a partir dessa década nos oferece a visão de um país majoritariamente rural,

---

[349]Cf. ROUILLÉ. *La photographie*, p. 173-174.
[350]ROUILLÉ. *La photographie*, p. 173-174.
[351]ROUILLÉ. *La photographie*, p. 176-177.
[352]ROUILLÉ. *La photographie*, p. 173-174.
[353]ROUILLÉ. *La photographie*, p. 173-174.
[354]MORA. *Jean Dieuzaide: voyages en Ibérie*, p. 3.

fortemente ancorado em suas tradições, onde o próprio tempo parece ter se congelado. O conjunto dessas fotografias dá continuidade a essa visão alegre do homem, executando suas tarefas cotidianas ou inscrito no seio das celebrações que ritmam então seu cotidiano, mas perfeitamente consciente da pressão exercida pelo regime ditatorial e autoritário do Estado Novo, instaurado por António de Oliveira Salazar, com a ajuda de sua polícia secreta, a PIDE.[355] É aquilo que António Sena identifica então como "a revolta silenciosa da intimidade e dos olhares inquietos", de que um dos melhores exemplos é essa fotografia tirada por Gérard Castello-Lopes numa rua de Lisboa em 1957: ela representa um jovem descendo uma escada numa dessas ruelas típicas dos bairros populares lisboetas da Alfama ou do Bairro Alto. Se sua atitude pode parecer desenvolta, a presença de um policial no pano de fundo (Fig. 41), parado e escondido na sombra da arcada (Fig. 42), altera então nossa primeira leitura: "o leitor recebe como uma simples denotação aquilo que na verdade é uma estrutura dupla, denotada-conotada".[356]

Figura 41 – Gérard Castello-Lopes, *Lisboa*, Portugal, 1957. Cópia em prata, 29,7 x 20 cm. Coleção Gérard Castello-Lopes

Figuras 42 – Gérard Castello-Lopes, *Lisboa*, Portugal, 1957. Cópia em prata, 30 x 19,7 cm. Coleção Gérard Castello-Lopes

Esse gosto pelo pitoresco pode então encontrar seu primeiro exemplo de aplicação no livro *Voyage en Ibérie* [Viagem pela Ibéria], que retraça o

---

[355] PIDE: Polícia Internacional e de Defesa do Estado, o que nos faz supor o quanto essa "revolta silenciosa" permanecia interior.

[356] BARTHES. Le message photographique, p. 15.

périplo de Jean Dieuzaide através da Espanha e de Portugal, a pedido do editor Arthaud, que lhe propõe, em 1950, uma série de reportagens na Espanha e, em 1953, em Portugal, a fim de ilustrar duas obras da coleção intitulada *Les Beaux pays* [Os belos países] (Fig. 43-44).[357] Ponto interessante, e não menos ambíguo no que concerne a suas intenções: se a situação econômica dos dois países é tão precária "que favorece um gestual e uma economia pré-industriais", paradoxalmente, ela "corresponde às expectativas de Dieuzaide e a seu amor pela terra e pelas pessoas. Lá onde, por engajamento pessoal, alguns denunciariam um problema político, Dieuzaide assume claramente, em suas escolhas fotográficas, uma espécie de egoísmo visual, que outros partilharão com ele".[358] Finalmente, se a luz desempenha um papel fundamental na obra de Jean Dieuzaide, é porque ela constitui uma das prerrogativas fundamentais de uma concepção ética da fotografia. Pois o ato fotográfico é para Dieuzaide um ato de controle da luz, em sua totalidade. Eis a razão pela qual esse caráter transcendental do instantâneo explica, a justo título, que uma "grande parte do processo fotográfico" tenha sido progressivamente "eclipsada pela hipertrofia do 'momento decisivo'";[359] essa consciência do poder da luz fez da fotografia uma "atividade que se quer menos predadora, em proveito de uma busca apaixonada e, por vezes, problemática, de uma suspensão de tempo e de luz."[360]

Figura 43 – Jean Dieuzaide, *Nazaré*, 1956. Cópia em prata, 29,9 x 23,5 cm. Coleção Fondation Jean Dieuzaide – Galerie Le Château

---

[357] MORA. *Jean Dieuzaide: voyages en Ibérie*, p. 8.
[358] MORA. *Jean Dieuzaide: voyages en Ibérie*, p. 8.
[359] MACHADO. *O quarto iconoclasmo e outros ensaios hereges*, p. 133.
[360] DIEUZAIDE. Un art essentiel. Preface. In: *Atzera-Begirakoa = Retrospectiva = Rétrospective*.

Figura 44 – Jean Dieuzaide, *Estremoz, Alentejo*, 1956. Cópia em prata, 29,9 x 23,5 cm. Coleção Fondation Jeanj Dieuzaide – Galerie Le Château d'Eau

Outros seguirão um caminho similar, como Edouard Boubat, colaborador desde 1947 da revista *Réalités*, que realizou uma série de fotografias na cidade portuária de Nazaré, em 1956, alternando o uso do preto e branco com o do colorido, criando um resultado cujo pitoresco reforça o efeito de uma cena de cartão-postal. Mas, se a série portuguesa de Boubat se limita a esse único lugar, Dieuzaide adota, pelo contrário, o lema da itinerância. "As imagens de Dieuzaide dão o toque final na mitologia ideal de um país que só podia, na aurora do turismo de massa, fascinar as milhares de pessoas de férias em busca de sol e de mudança de ares, já cansadas de paisagens industrializadas",[361] em face das dificuldades e dos desesperos habilmente mascarados por um regime em busca de respeitabilidade visual. Numa entrevista a seu confrade Frank Horvat, Edouard Boubat relata as circunstâncias em que tirou, quando de sua primeira estadia em Portugal, esta fotografia representando um homem visto de costas, segurando seu filho nos braços, de frente para o mar: "Eu chegara havia meia hora, ele estava me esperando com seu filho, e fiz minha primeira foto de Portugal, uma foto que permanecerá. [...] Um beijo sempre é roubado, mesmo se a moça consente. A foto é roubada, mas houve certo consentimento."[362]

Se a imagem fotográfica surge como o resultado de uma coincidência, ela revela um conhecimento estético que se manifesta através de enquadramentos rigorosos e de um olhar alerta, observador e predador de uma presa sempre substituída. Ela é também uma impossibilidade

---

[361] MORA. *Jean Dieuzaide: voyages en Ibérie*, p. 6.
[362] Entrevista disponível no site: <http://horvatland.com/WEB/en/THE80s/PP/ ENTRE%20VUES/Boubat/entrevues.htm>.

(cuja consequência se traduz pela recusa de "fazer"): a simples diferença que interfere entre a revelação de uma imagem e o registro de seu acontecimento gera igualmente a possibilidade de "fazer uma imagem representativamente legível ou significativa inteiramente por acidente".[363] Que curiosa coincidência, de fato, a que encontramos nessa foto de Agnès Varda tirada em Lisboa nos anos 1950. Coincidência de dois mundos que se encontram e em que o duplo jogo denotado-conotado recebe uma perfeita encarnação (feminina). A fotografia surpreende em primeiro lugar pelo cenário "relativamente" mínimo, econômico, de uma rua, dotado de um simples pedaço de parede sobre o qual está colado um cartaz publicitário, rasgado, que representa Sophia Loren fazendo propaganda de uma marca de sabonete (Fig. 45).

Figura 45 – Agnès Varda, *Sophia Loren em Portugal*, Lisboa, [s.d.]. Coleção do autor.

Acima dela, na mesma linha mediana, uma passante vestida de negro, evocando, como o costume exige no Ocidente, o hábito do luto. Notemos que essa personagem, atenta à leitura de uma carta, não percebe nem olha a efígie que está sobre ela. O humor particular que emana dessa imagem encontra eco assumido na legenda que a acompanha: "Por cima de uma deusa portuguesa que passa, Sophia Loren tomou a forma de um sabonete".[364] Se observamos atentamente essa "deusa portuguesa",

[363]LASTRA. *From the Captured Moment to the Cinematic Image apud* LISSOVSKY. *A máquina de esperar. Origem e estética da fotografia moderna*, p. 9.

[364]A legenda acompanha essa fotografia publicada na monografia comentada pela própria Agnès Varda: VARDA. *Varda par Agnès*, p. 129.

o simples movimento de seu corpo e do gesto que o guia não deixa de evocar uma certa teatralidade, assim como a expressão atenta de seu rosto faz um contraponto ao da atriz. Essa contradição se intensifica ainda mais pela escala de seus rostos e pelo fundo sobre o qual cada um se destaca. O do cartaz, neutro e branco, delimita a atriz de sorriso perfeito, padrão, nimbado de uma aura midiática. O da passante, pelo contrário, assim como os outros membros de seu corpo, praticamente não se distingue do fundo acinzentado sobre o qual se move, quase se funde nele, à diferença de seu vestido preto, precedido por sua sombra. Varda confronta, encara, dois olhares lançados sobre duas mulheres (e duas concepções de beleza) que todo um mundo separa.

Essa atenção particular aos gestos se encontra em numerosas obras de Varda, fotográficas ou fílmicas, que poderíamos agrupar no registro formal do *Nachleben* warburguiano: dito de outro modo, o da forma sobrevivente das imagens. Essa atenção ultrapassa em Varda o campo das imagens estáticas pintadas, gráficas ou esculpidas, transbordando no das imagens mecanizadas e móveis. Mulheres que carregam crianças, feixes de feno, ou uma simples carta, o movimento de cada um de seus corpos para encarnar o eco incansavelmente repetido de seu andar tornado fantasma (Fig. 46). Já que:

> A forma sobrevivente, no sentido que lhe atribui Warburg, não sobrevive triunfalmente à morte de seus concorrentes. Muito pelo contrário, ela sobrevive, sintomática e fantasmagoricamente, à *sua própria morte*: tendo desaparecido em um ponto da história e reaparecido bem mais tarde, num momento em que, talvez, não se esperava mais; tendo, consequentemente, sobrevivido no limbo ainda mal definido de uma "memória coletiva".[365]

Figura 46 – Agnès Varda, *Porteuses de foin* [Carregadoras de feno], Viana do Castelo [s.d.]. Cópia em prata. Coleção particular.

[365]DIDI-HUBERMAN. *L'Image survivante: histoire de l'art et temps des fantômes selon Aby Warburg*, p. 91.

Por aparecer, portanto, através da "recorrência de imagens e de sua recuperação por mímica de gestos representados", essa noção acaba por conectar "formas por assim dizer imóveis, aparentemente estáveis, a forças, articulações críticas, ou ainda a movimentos que as animam".[366] E Varda o confirma nestes termos: "A fotografia é o movimento parado ou o movimento interior imobilizado. [...] Fazer viver o que é fixo pela vida do olhar".[367] Como podemos observar no exemplo de Ulisses, o gesto age muitas vezes à maneira de um cômputo, ligando não apenas a representação de seu objeto, e o sujeito que o percebe, mas também dois tempos distanciados. Se a fotografia mantém uma relação indicial com seu objeto, vemos "como se constituem os gestos: o indicador designa o objeto, e o olhar do 'admonitor' vem buscar o do espectador".[368] Vir buscar o olhar do espectador é exatamente o que pode associar um dos pontos maiores da imagem – fotográfica ou fílmica – ao sentimento de saudade. E eis que sobrevém um último exemplo da obra de Agnès Varda. Não se trata mais de uma fotografia, e sim de um filme, intitulado *Documenteur* [Documentador], de 1981.

Encontramos na estrutura narrativa desse filme uma mesma razão universal colocada pelo sentimento de saudade que consiste em se perguntar: "como filmar o amor na ausência do objeto de desejo, como filmar a falta?".[369] Varda aborda isso de maneira delicada, singular e inesperada: contra toda expectativa, ela exclui qualquer recurso a uma retórica de imagens que reativem a lembrança: "Havia esta opção, desde o início, de que as imagens não ilustrariam aquilo que é dito pela narração, mas a emoção do personagem. As imagens eram, assim, reunidas num conjunto de vibrações, de sensações, e não necessariamente de eficácia".[370] Desprende-se do filme uma estranha sensação melancólica, acentuada pela repetição de gestos ou pela associação de planos. O que, não obstante, atenua a distância relativa, já que "esses gestos, por mais graciosos e ines-

---

[366]BORGES; JESUS. Mémoires de gestes dans l'œuvre d'Agnès Varda, p. 64.

[367]VARDA. *Varda par Agnès*, p. 131.

[368]CHASTEL. *Le Geste dans l'art*, p. 38.

[369]DUBROUX, Cahiers du Cinéma n° 331, janvier 1982.

[370]Trecho de uma entrevista com Michel Mainguois, revista *Zoom* n. 88, 1981. E Varda acrescenta: "Tentei trabalhar a própria matéria dessas palavras-imagens, pois há palavras liberadas que ressoam". Trecho de uma entrevista dada ao programa radiofônico Les Arts du Spectacle, veiculado por France Culture em 22 de janeiro de 1982.

perados que sejam, parecem surpreender, por seu misterioso acordo, de uma estranha conivência, tanto o espectador quanto a própria Varda".[371]

O tempo da inquietude

Preocupados em transcrever através da fotografia uma certa esperança e uma verdadeira fé no homem, uma certa saudade emana portanto de algumas obras dos três fotógrafos franceses, na relação que liga geralmente a imagem ao tempo, mas a um tempo que "foi". E esse sentimento se acentua ainda mais pela busca que conduziu esses fotógrafos a procurarem fora da França a existência de uma alegria de viver que consistia em reencontrar aquilo que estaria conservado de maneira "intacta", proporcionando então uma sensação "congelada" do tempo. Essa busca prevalece também do lado lusófono, tanto em Portugal (que continuava a ser observada nos anos 1980 em Georges Dussaud, que fotografou a região de Trás-Os-Montes, seus habitantes e seus estranhos ritos festivos seculares) quanto no Brasil, notadamente em Germano Neto e, sobretudo, Maureen Bisilliat.

Profundamente marcada pelo universo do romance *Grande sertão: veredas*, publicado em 1956, Maureen Bisilliat vai percorrer durante os anos 1960 o sertão brasileiro, tão fielmente descrito por João Guimarães Rosa. Resultará daí toda uma série de fotos coletadas, ainda que a fotógrafa estivesse animada, acima de tudo, pela "busca de suas raízes". Essa série está particularmente impregnada por uma luz irradiante e por um clima árido revelado por fortes relações de contraste, como vemos nos dois exemplos a seguir.[372] Quer se trate de um interior mergulhado na obscuridade e cuja porta principal abre para uma paisagem invisível, queimada por uma extrema claridade – toda a tensão da imagem se concentra aqui não apenas entre a presença opressiva do soldado que segura seu fuzil perto de uma criança que engatinha, por sua diferença de tamanho, mas também por sua postura –, quer de uma parede exterior pintada a cal sobre a qual se destaca a baeta preta de um vaqueiro, figura tradicional de Manuelzão (nomeado pela legenda), personagem emblemática da novela homônima (Fig. 47-48).

---

[371] BORGES; JESUS. *Mémoire de gestes dans l'œuvre d'Agnès Varda*, p. 66.

[372] BISILLIAT. Entrevista de 4 de setembro de 1996. In: PERSICHETTI. *Imagens da fotografia brasileira*, v. 1, p. 115-117.

Figura 47 – Maureen Bisilliat, *Grande sertão: veredas*, 1960. Cópia em prata. São Paulo, Instituto Moreira Salles.

Figura 48 – Maureen Bisilliat, *Manuelzão*, 1960. Cópia em prata. São Paulo, Instituto Moreira Salles.

Convocamos agora esse olhar "humanista", visto do lado lusófono, a fim de compreender como essa questão se confronta com uma realidade inscrita numa época descrita por António Sena como a de uma "revolta silenciosa da intimidade e dos olhares inquietos".[373] Essencialmente percebido, do lado francês, como um país de regiões pitorescas e rurais, a abertura econômica do país (pela valorização de seu potencial turístico, mas também de sua mão de obra) favorecerá paralelamente seu lento processo democrático, empreendido desde 1968, sob o mandato do general Marcelo Caetano, após o decesso do chefe supremo do Estado

---

[373]SENA. *Uma história da fotografia*, p. 93.

Novo, António de Oliveira Salazar.[374] Observemos que é nessa época que um regime autoritário se instala no Brasil, com o golpe militar de 1964, conduzindo então ao poder o general Castelo Branco, cujo governo instaurará um verdadeiro sistema de repressão, tortura e censura da imprensa; sua sombra atingirá seu zênite com a promulgação, em 1968, do lúgubre *Ato Institucional n. 5*, que proíbe qualquer expressão política contestatária e estabelece um verdadeiro sistema de vigilância e de tortura.

A produção fotográfica portuguesa se distribui principalmente entre três cidades: Lisboa, Porto e Coimbra. Essa distribuição é importante: cada uma dessas cidades demonstra, nos salões que ocorrem anualmente, numerosas divergências. Lisboa predomina, seja pela organização de salões que reúnem profissionais e amadores – a Exposição Nacional de Fotografia será criada em 1900, o Primeiro Salão dos Independentes, em 1930, o Salão Internacional de Fotografia, em 1937 –, seja pela criação de associações e de clubes fotográficos, frequentemente sediados em galerias de pintura ou de decoração. Muitos fotógrafos importantes emergem daí, fotojornalistas como Salazar Diniz ou fotógrafos ilustradores como Deniz Salgado ou Ferreira da Cunha. Se a atividade cultural aberta aos países estrangeiros permanece bastante reduzida, numerosas exposições coletivas são organizadas, como a do fotógrafo Francisco Viana, apesar do clima pesado, em que a fotografia se encontra fortemente subordinada à propaganda do regime do Estado Novo.[375]

Os anos 1950 serão também muito propícios à eclosão de novas proposições particularmente originais, como a emblemática obra dos arquitetos Victor Palla e Costa Martins, autores do ensaio *Lisboa, cidade triste e alegre*, e a do fotógrafo Jorge Guerra, *Lisboa, cidade de sal e pedra*. Esses ensaios aparecem numa época pouco propícia às influências estrangeiras e às rupturas estilísticas radicais. A produção fotográfica está então partilhada entre duas tendências maiores: uma, tradicional, fortemente influenciada por Henri Cartier-Bresson; outra, sensível a novas ondas provenientes dos Estados Unidos – representadas então pelos fotógrafos Weegee, Garry Winogrand e Robert Franck. É igualmente nesse período que os clubes e as associações fotográficas agrupam um número

---

[374] Cf. MORA. *Jean Dieuzaide: voyages en Ibérie*, p. 6.

[375] Essa onipresença de uma produção de imagens a serviço da propaganda do regime será claramente visível quando da criação do primeiro Grémio Português de Fotografia, em 1931, no qual será reservada uma seção inteira para a Sociedade de Propaganda de Portugal, mas cuja atividade declinará na aurora dos anos 1950. Cf. SOUGEZ. *História da fotografia*, p. 287-289.

razoável de aderentes, permitindo assim uma produção particularmente fértil e variada. Um dos mais importantes entre eles, o clube Foto 6 x 6, criado em Lisboa em 1956, era conhecido como o "ponto por excelência dos 'Salonistas', mas também era possível encontrar entre seus membros interessados pela fotografia com outras tendências e propostas".[376] Também podemos citar a Associação Fotográfica de Porto, criada em 1951, e o Grupo Câmara, formado em Coimbra, em 1949, um dos únicos a assumir uma postura relativamente crítica face à Federação Internacional de Arte Fotográfica (fundada em 1947), que constituía uma das principais vitrines numa época em que não existiam galerias especializadas nesse domínio.[377]

É aliás nesse clima de "revolução silenciosa" que emergem os trabalhos de Gérard Castello-Lopes, de António Sena da Silva e de Fernando Lemos, que operam uma primeira cisão estilística pela recusa de uma composição absolutamente simétrica e pela busca do desenquadramento: o efeito de "desequilíbrio" é muitas vezes reforçado por uma tomada em *plongée*, como nos mostra o exemplo de uma vista de Lisboa fotografada por António Sena da Silva entre 1956 e 1957, na qual as linhas oblíquas da rua acentuam o movimento dinâmico da corrida de duas personagens e da corrente de água e a importância da escala da paisagem urbana atravessada por eles (Fig. 49). A cidade deixa de ser apenas um cenário estático e se torna o espaço de uma travessia. Travessia similar encontramos em Gérard Castello-Lopes, embora a sensação de personagens fixados em seu movimento seja minorada por sua disposição ao longo de uma linha mediana vertical a que corresponde uma harmonia de linhas paralelas que reforça essa composição simétrica, clássica no fim das contas (Fig. 50).

Figura 49 – António Sena da Silva, *Lisboa*, 1956-1957. Lisboa. Arquivos da Câmara Municipal.

Figura 50 – Gérard Castello-Lopes, *Lisboa*, 1957. Cópia em prata. Coleção particular.

[376] SOUGEZ. *História da fotografia*, p. 287-289.
[377] SOUGEZ. *História da fotografia*, p. 289.

Por isso, se essas imagens contêm as primícias silenciosas de uma revolução discreta em devir, as palavras também podem se transformar em atos de revolta, como no poema panfletário "A Portugal", escrito por Jorge de Sena em resposta à opressão do governo de Salazar. "A Portugal" será publicado em 1979 numa coletânea intitulada *Quarenta anos de servidão*, referência ao célebre verso de Camões. O autor desvia habilmente o propósito dessa saudade "patriótica" para a indignação de um povo fechado sobre si mesmo e mudo, resignado a sua condição precária. Por suas tomadas de posição antissalazaristas, Jorge de Sena acaba tendo de emigrar para o Brasil, em 1961. O referido poema exprime toda a inquietude do poeta em face das encenações sabiamente orquestradas de uma cultura cujas figuras emblemáticas o regime autoritário recupera a fim de garantir a si próprio uma certa respeitabilidade. Para além do aspecto panfletário, Sena põe em cena uma escritura poética que se desfaz de sua máscara consensual, defendendo "uma articulação dinâmica das componentes retóricas e da pragmática da comunicação estética", já que à experiência e ao papel de uma "coincidência fotográfica" corresponde a de uma "poética da circunstância".[378]

A saudade evocada pelo poeta não muda nem em seu caráter nem em relação a seu objeto, mas não domina sua razão: se rememora com lucidez seus amigos distantes, essa amizade não representa um fim em si, pois lhe falta uma de suas obrigações maiores: uma ética, de que o autor sente as consequências (políticas) escolhendo o caminho do exílio. Chave maior para compreender o pensamento estético de Jorge de Sena, essa ética está "enraizada no compromisso entre um ser humano e seu tempo, entre uma personalidade e uma consciência sensível do mundo".[379] A partir daí, se o sentimento de saudade não deixa de formar um dos embasamentos fundamentais da poesia portuguesa, sua expressão passa a ser concebida como um "ato filosófico e sociopolítico através da expressão poética".[380] Jorge de Sena conclui: "À poesia, melhor que a qualquer outra forma de comunicação, cabe, mais que compreender o mundo, transformá-lo".[381] Eis os primeiros versos do poema:

---

[378]SANTOS (Org.). *Jorge de Sena: Ressonâncias e cinquenta poemas*, p. 56-58.

[379]SANTOS (Org.). *Jorge de Sena: Ressonâncias e cinquenta poemas*, p. 59.

[380]SANTOS (Org.). *Jorge de Sena: Ressonâncias e cinquenta poemas*, p. 59.

[381]SANTOS (Org.). *Jorge de Sena: Ressonâncias e cinquenta poemas*, p. 59.

Esta é a ditosa pátria minha amada. Não.
Nem é ditosa, porque o não merece.
Nem minha amada, porque é só madrasta.
Nem pátria minha, porque eu não mereço
a pouca sorte de nascido nela.[382]

Se Camões é diretamente citado em seu primeiro verso, seu propósito é habilmente desviado. Ele encarna todo um símbolo de liberdade que, segundo o autor, escapa a sua própria mitificação. Ele explica a razão dessa referência ao poeta num texto escrito em 1978 e apresentado numa primeira conferência sobre o poeta renascentista:

> [...] iniciando o que, sem vaidade me permito dizê-lo, tem sido uma contínua campanha para dar a Portugal um Camões autêntico e inteiramente diferente do que tinham feito dele: um Camões profundo, um Camões dramático e dividido, um Camões subversivo e revolucionário, em tudo um homem do nosso tempo, que poderia juntar-se ao espírito da Revolução de Abril de 1974, e ao mesmo tempo sofrer em si mesmo as angústias e as dúvidas do homem moderno que não obedece a nada nem a ninguém senão à sua própria consciência.[383]

Como esse clima tão ambíguo, denunciado violentamente pelas palavras de Sena, pode ser traduzido através de imagens? Quais podem ser as correspondências? Várias iniciativas vão difundir projetos fotográficos inovadores. Por exemplo, a revista *Plano Focal* consegue publicar as obras de Moholy-Nagy, Edward Weston, Erwin Blumenfeld e Fernando Lemos. Não obstante, alguns aderentes, como João Martins, do grupo Câmara, de Coimbra, continuam a defender uma postura crítica particularmente reacionária:

> Surgiram, então, em Arte, autênticas aberrações e impressionantes deformações pretendendo impor modernas escolas de composição. [...] E o Surrealismo e o Dadaísmo apareceram para mais revoltarem e não convencerem os teimosos partidários que a Formosura deveria ser substituída pela Fealdade Absoluta. [...] alguns na Arte Fotográfica desnortearam-se incaracteristicamente e, decerto, esbanjaram talentos que, bem aproveitados, produziriam convincentes trabalhados de depurada técnica e de inigualável beleza.[384]

[382]SENA. A Portugal. In: SANTOS. *Jorge de Sena: ressonâncias e cinquenta poemas*, p. 239-240.

[383]SENA. Discursos da Guarda. In: *Trinta anos de Camões*, v. 2, p. 255. Cf MATOS. A comédia dos ossos: ressonâncias de Jorge de Sena em Manuel de Freitas. In: SANTOS. Jorge de Sena: ressonâncias e cinquenta poemas, p. 86.

[384]MARTINS. *Boletim do Grupo Câmara*, 1957, p. 636-639, *apud* SENA. *Uma história da fotografia*, p. 101-103.

Esses trechos bastam para dar uma ideia do clima particularmente conservador dos defensores da ideia de belo. Numa época em que a fotografia, embora liberada do imperativo pictorialista, ainda não consegue concluir inteiramente seu processo de autonomização frente a outras formas de expressão, já que continua sendo percebida acima de tudo como uma simples faculdade reprodutora de um real que deve ser agradável ao olho, essa posição aparece tanto mais caduca na medida em que tenta não o ser: afilhado a uma fórmula pronta e ambígua da *Arte Pura*, o autor acaba por se restringir aos preceitos clássicos de composição. Embora tome a precaução de não isolar um alvo, ele aponta aqui para toda uma geração de fotógrafos que abandonara a tradição da reportagem herdada de Joshua Benoliel, apostando numa ruptura formalista. Geração representada por figuras como Fernando Lemos, António Sena da Silva, Jorge Guerra e, sobretudo, o duo Victor Palla e Costa Martins. A obra desse duo chama a nossa atenção na medida em que reatualiza, *in extensio*, a postura do *flâneur*, através de dois ensaios que nos oferecem um olhar poético sobre a cidade de Lisboa, contemporânea e cotidiana, e nos mergulham em seu mistério (Fig. 51-52).

Figura 51 – Victor Palla e Costa Martins, Capa do livro *Lisboa, cidade triste e alegre*.

Figura 52 – Victor Palla e Costa Martins, Capa do livro *Lisboa e Tejo e tudo*.

Lisboa, cidade triste e alegre é o fruto da deambulação de dois arquitetos que fotografaram a cidade de noite e de dia, por três anos, obtendo cerca de seis mil negativos, dos quais foram utilizados apenas 200. Atentos ao cotidiano dos habitantes, sua postura os leva a conceber o percurso visual de uma cidade até em seus mais ínfimos recônditos a partir de um ponto de vista ao mesmo tempo áspero, pitoresco e idealista. A originalidade desse trabalho deriva em primeiro lugar da diversidade das tomadas utilizadas. Anticonformistas, pela violência dos contrastes, o vago assumido dos movimentos e o desenquadramento recorrente das cenas conseguem traduzir seu apego pela cidade e pela fotografia, passando pelas incertezas da revelação. É claro que essa audácia não obterá a unanimidade do público, indiferente ou crítico a essas imagens sombrias e vagas, apesar dos encorajamentos de Gérard Castello-Lopes e do crítico João Borrego, que veem aí uma alusão "cinematográfica".[385]

Em face do rechaço do público e ao fracasso comercial do livro, eles proporão uma nova obra, publicada no mesmo ano, intitulada *Lisboa e Tejo e tudo*, um ensaio fotográfico em homenagem a Fernando Pessoa, cujos versos acompanham cada dupla de fotografias. Mas os autores não rompem com seus preceitos. A obra permanece animada pela mesma busca de movimento, apenas o olhar parece ter se escurecido. Continuidade de sua pesquisa, eles esgarçam ainda mais os limites pelo uso do plano fechado, frequentemente desenquadrado, penetrando na própria intimidade anônima daqueles que cruzam seu caminho e do vago flagrante e assumido (Fig. 53-54). Mas, observando bem a justaposição desses dois modos narrativos (texto e imagem), logo percebemos que um não ilustra necessariamente o outro. Essa montagem remete e insiste, pelo contrário, no caráter impessoal, como uma conversa mantida ao acaso na rua, durante uma caminhada, como um barulho de fundo ou a voz em *off* de uma sequência cinematográfica. Esses dois ensaios se situam numa dupla linha de tempo (narrativo e fotográfico) e atribuem um lugar primordial ao movimento das pessoas fotografadas ao sabor de seus deslocamentos descontínuos, mas coerentes.

---

[385] Cf. BORREGO. Lisboa cidade triste e alegre, p. 110.

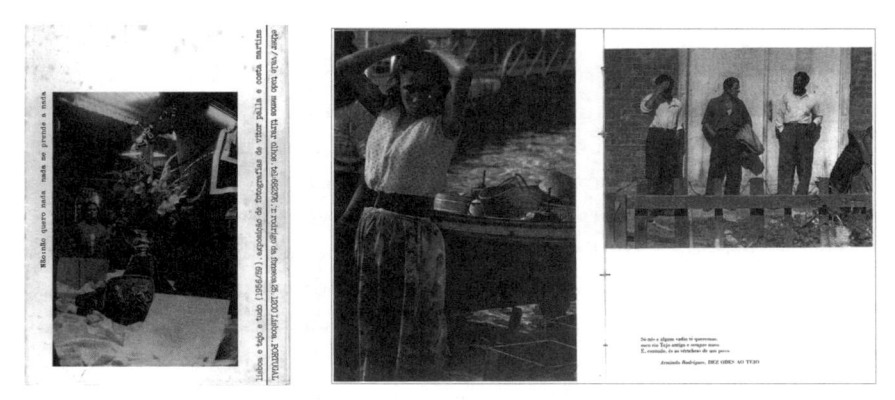

Fig. 53 Victor Palla e Costa-Martins. Capa do catálogo da exposição *Lisboa é Tejo é Tudo*. Galeria Ether/ Vale tudo menos tirar olhos, Lisboa, 1989

Fig. 54 Victor Palla e Costa-Martins. Trecho extraído do catálogo da exposição *Lisboa é Tejo é Tudo*

Um último exemplo nos propõe uma experiência diferente: trata-se das peregrinações de Jorge Guerra, apresentadas no projeto *Lisboa, cidade de sal e pedra*, de 1967. Esse projeto está impregnado de um clima mais contemplativo, a que corresponde uma sucessão de tomadas situadas a meio caminho entre a grande tradição da reportagem – como esta aparece na obra de Gérard Castello-Lopes, influenciado por Cartier-Bresson – e o vento novo, marginal, insuflado por Victor Palla e Costa Martins.[386] Numerosas são assim as fotos em que toda a atenção do fotógrafo se concentra no rio e naqueles que ele continua a fascinar. Vistas de costas, essas *Rückenfiguren* contemporâneas não estão mais apenas absorvidas por aquilo que as rodeia, indiferentes à presença daqueles que as observam, mas sua pose, eminentemente estática, assim como sua silhueta sombria que se destaca num fundo de grande claridade, faz delas verdadeiras estátuas que parecem se fixar num espaço e num tempo lineares.

Encontramos no Brasil um contexto de produção e de criação bastante similar. O país conta com numerosos estúdios fotográficos desigualmente espalhados por suas principais cidades, mas só São Paulo e o Rio de Janeiro se distinguem pela concentração e pelo renome de grandes estúdios de fotógrafos estrangeiros ali estabelecidos desde o século XIX, como Marc Ferrez, Georges Leutzinger ou ainda Marcel Gautherot. Predominando principalmente no Rio de Janeiro, no início do século XX, a produção fotográfica vai conhecer um leve declínio a

---

[386]SENA. *Uma história da fotografia*, p. 133-134.

partir dos anos 1920, sendo progressivamente suplantada por São Paulo, favorecida então pelo crescimento econômico possibilitado pelo afluxo de maciços investimentos de capitais estrangeiros. É no coração de uma paisagem socioeconômica em plena mutação que surgem novos clubes fotográficos, principalmente na cidade paulista. A consagração desse movimento "fotoclubista" intervém então através da criação do primeiro Salão Paulista de Arte Fotográfica, no dia 3 de outubro de 1942.

De um ponto de vista estético, podemos distinguir no conjunto da produção fotográfica brasileira duas fase principais. A primeira, que se estende dos anos 1920 até o final da década de 1930, é fortemente influenciada pela tendência pictorialista, que lhe conferia, como observa Helouise Costa, "uma extrema afetação", conservando todas as regras clássicas da arte, mas da qual os fotógrafos logo irão tomar distância. A segunda, a que mais nos interessa, nasce a partir do anos 1940 e se estende até o fim da década de 1950. É então que surge uma verdadeira preocupação ligada ao estudo da composição, embora permaneça apegada às regras clássicas, revalorizando a lei do retângulo de ouro, regra perfeitamente adequada ao filme negativo 24 x 36. Um dos mais eminentes clubes fotográficos dessa época foi fundado em 1939 por um grupo paulistano conhecido pelo nome inicial de Foto Clube Bandeirante, ao qual será acrescentado em 1945 um departamento de cinema, formando então o Foto Cine Clube Bandeirante (Fig. 55).

Figura 55. Retrato dos membros do Foto Cine Clube Bandeirante durante a excursão fotográfica à cidade de Paquetá, 1947. Cópia em prata. São Paulo, arquivos do Foto Cine Clube Bandeirante.

O clube vai rapidamente se transformar numa verdadeira "agência de promoção" e laboratório da fotografia moderna brasileira, promoção que se torna possível pela criação do *Boletim Foto Cine*, que tem por principal função apresentar os laureados dos diversos salões nacionais e internacionais.

Além do ritmo intenso e da diversidade de sua produção, esse clube se distingue por suas ambições, que manifestam a necessidade de se afastar dos antigos cânones, como anuncia um artigo do *Boletim* publicada quando da celebração do décimo aniversário do clube: "Precisamos nos atrelar no terreno das descobertas e das pesquisas, abrindo novas perspectivas pela arte fotográfica, antes que o mofo se apaose das nossas lentes e dos nossos quadros".[387] Essa ruptura claramente anunciada é assim globalmente partilhada por fotógrafos em busca de uma "nova visão" fotográfica que tenta então reformular, através de um repertório formal mais denso e aprofundado, uma prática que incorpora, pela primeira vez, as possibilidades abertas pela arte abstrata, principalmente o construtivismo.[388] Uma corrente cuja influência podemos perceber na própria maneira de agenciar o espaço da exposição como este pôde ser pensado na segunda Bienal de Arte Moderna, organizada no Museu de Arte Assis Chateaubriand, de São Paulo, em 1953.[389] Entre os principais "pioneiros" desse movimento fotográfico modernista, emergem então quatro figuras maiores: Geraldo de Barros, Thomaz Farkas, German Lorca e José Yalenti.

As curiosidades técnicas e estilísticas desses quatro fundadores do clube paulistano serão de grande importância, já que suas obras modificarão profundamente a concepção e as práticas da fotografia no Brasil, criando uma profunda clivagem em relação às obras produzidas no Rio de Janeiro, que, em sua maior parte, continuam seguindo uma estética fotográfica herdada do picturalismo e da reportagem. Essa ruptura eludiria qualquer possibilidade de saudade em face de preceitos fotográficos tornados obsoletos? A ruptura modernista derruba assim as normas clássicas de concepção e de composição da imagem em sua relação referencial com o mundo real representado. No entanto, os reflexos e as referências não cessaram. Basta observar, por exemplo, uma natureza-morta de Gaspar Gasparian, intitulada *Preparativos*, que recorda uma natureza-morta de Chardin (Fig. 56). Uma obra particularmente interessante na medida em que se situa no ponto de virada de duas correntes: o tratamento plástico continua relativamente pictórico (pelo grão da ampliação), mas a disposição dos objetos que cercam o animal, assim como o fundo sem cenário, contém o essencial dos aspectos da fotografia modernista.

[387] Cf. Boletim Foto Clube número especial de 10 anos, n. 36, p. 4-5, 1949.

[388] COSTA; SILVA. *A fotografia moderna no Brasil*, p. 37-38. Cf. FRIZOT; HAUS. Figures of Style: New Vision, New Photography. In: FRIZOT. *A New History of Photografy*, p. 456-476.

[389] Essa exposição ocorreu um ano após Lazlo Moholy-Nagy ter deixado o Bauhaus.

Figura 56 – Gaspar Gasparian, *Preparativos,* [s.d].
Cópia em prata. São Paulo, Pinacoteca do Estado.

Redescobertas e reapresentadas há uma quinzena de anos, essas fotografias propõem hoje um panorama cuja riqueza permanece, infelizmente, ainda pouco percebida fora do país. Geraldo de Barros será um dos primeiros membros do clube a fazer uma viagem à Europa, em 1951, graças a uma bolsa de pesquisa oferecida pelo governo francês. Ele estudará gravura na École Nationale des Beaux-Arts de Paris, sob a direção de Stanley William Hayter, e depois na Hochschule für Gestaltung d'Ulm, na Alemanha, em colaboração com o artista construtivista Max Bill. O que poderia ter se limitado a uma simples experiência pontual vai conduzir Barros, desde sua volta ao Brasil, a seguir o caminho pragmático de um profundo corte – ainda que sua prática fotográfica tenha sido relativamente breve – inclusive na eleição dos objetos e dos temas fotográficos, como podemos perceber na escolha de suas obras selecionadas para os concursos. Como sublinha Costa: "Abrir um concurso com um tema como 'uma xícara de café' significava abrir a fotografia ao desfile do banal. Se anteriormente o assunto fotografado tinha que ser essencialmente lindo, foi preciso um grande recentramento desse conceito para possibilitar a apreciação da beleza de uma simples xícara de café".[390] Essas tentativas vão abrir uma verdadeira brecha formal que não cessará de crescer. Como evocamos anteriormente, se uma certa rivalidade opõe as cidades do Rio de Janeiro e de São Paulo, esta se manifesta no seio da produção fotográfica da época, com divergências temáticas e formais bastante marcadas.

---

[390]COSTA; ROGRIGUES. *A fotografia moderna no Brasil*, p. 39.

Poderíamos assim agrupar, de um lado, um primeiro conjunto de fotos de preferência documental, aproximando-se o mais das vezes da corrente humanista europeia, como podemos observar, por exemplo, em Flávio Damm. De outro, a despeito de uma estrutura fortemente corporativista, o clube paulista bandeirante busca se abrir a novos horizontes, desenvolvendo com grande rapidez um movimento animado pela vontade de esgarçar os limites da representação clássica, chegando à beira da abstração. O exemplo mais contundente desse viés é a obra do fotógrafo José Oiticica Filho. A fotografia intitulada *Derivação 1-60*, apresentada adiante, traz à tona o aspecto propriamente científico da imagem fotográfica, manifestando perfeitamente essa capacidade a partir da qual a "revolução" óptica da fotografia não se reduz apenas a uma simples reprodução de um real diretamente perceptível, mas pode revelar e fixar sobre o papel sensível aquilo que muitas vezes escapa ao olho ordinário (Fig. 57).

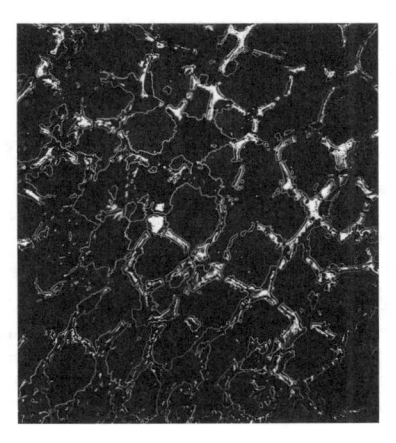

Figura 57 – José Oiticica Filho, *Derivação 1-60*, 1950. Cópia em sal e prata. São Paulo, arquivos do Foto Cine Clube Bandeirante.

É preciso entender aqui o termo "derivação" como o conjunto das intervenções efetuadas ao longo do processo de revelação e ampliação de uma imagem captada do real. De forma que seu referente se encontra então inteiramente desconstruído, favorecendo uma imagem completamente autônoma de um ponto de vista formal, cujo resultado pretende provocar "a derrocada da linguagem fotográfica".[391] Ora, se a possibilidade aberta pela fotografia constituiu o principal motor da pesquisa de Oiticica Filho, ela é também o resultado de uma luta que

---

[391] Cf. GULLAR. Oiticica: fotografia se faz no laboratório. Entrevista com José Oiticica Filho publicada no suplemento do *Jornal do Brasil* de 24 de agosto de 1958, p. 3, *apud* COSTA; SILVA. *A fotografia moderna no Brasil*, p. 74.

opõe o corpo mecânico da máquina àquele, pensante e sensível, de quem a manipula:

> Sou o mais insatisfeito com a obra realizada [...], sabendo ser prisioneiro de uma máquina fotográfica teimosa em copiar em vez de criar. Sabendo ser prisioneiro de um meio de expressão algo limitado em suas possibilidades como é uma folha de papel cloro brometo. Daí a minha luta procurando dominar o meio pela técnica, para poder estampar em um retângulo de papel algo de estético de acordo, o mais que possível, com o meu interior.[392]

Assim como o corpo orgânico pôde entregar pouco a pouco os segredos de sua estrutura, através do olho do microscópio, a mais ínfima das estruturas fotógenas é revelada, planificada, cartografada: nada mais parece escapar da precisão científica. E isso de maneira tanto mais plausível, já que o aperfeiçoamento técnico do suporte e do aparelho, favorecendo a rapidez da imagem instantânea, pôde reduzir seu tempo de latência, evitando assim qualquer risco de alteração intermediária de sua matéria-prima. Esse ponto é importante, já que engendra uma profunda alteração em nossa percepção do mundo. Essa questão do infinitamente pequeno e invisível adquire, segundo Mauricio Lissovsky, toda a sua magnitude e pertinência justamente quando entra em relação com aquela, fundamental, do tempo e da aparição da fotografia moderna.

Em outros termos, a grande ruptura que retém aqui nossa atenção mostra-nos como, segundo ele, foi operado "o modo que, aceitando o tempo como o invisível da imagem fotográfica, permitiu que o seu, ausente da imagem, a atravessasse de múltiplas maneiras".[393] Da mesma maneira que as sombras sucessivas que desenham uma grade esquemática ao entrarem em contato com o papel constituíram todo um registro iconográfico inabitual para Geraldo de Barros (que ousou expô-las no espaço consagrado do museu), os tecidos orgânicos e outras curiosidades ópticas capturadas por Oiticica Filho operam um deslocamento de percepção da imagem, passando assim do óptico ao *háptico*.

Se as obras apresentadas neste quadro atestam uma orientação que privilegia progressivamente as propriedades formais do objeto em si, isso se deve principalmente à possibilidade atribuída a um objeto que "se basta a si mesmo". Mas, se apenas os caracteres formais primam na imagem, o que

---

[392]Extraido do artigo "Exposição de José Oiticica Filho", no Boletim Foto Clube, n. 88, p. 11-15, abr. 1954.
[393]LISSOVSKY, *A máquina de esperar*, p. 144.

pode advir de seu sentido? Esse sentido pode surgir daquilo que poderíamos qualificar como um verdadeiro exercício de redução sintética do conteúdo formal da imagem. De fato, o procedimento que consistiu em recusar qualquer finalidade (e impasse) ilustrativa da imagem, mas também os códigos que então regiam todos os seus temas de expressão, vai conduzir os principais atores da cena fotográfica paulistana a se afastarem progressivamente do peso da representação. Seu ápice será atingido com a criação das *Fotoformas,* de Geraldo de Barros, em 1950, que será o primeiro fotógrafo do Foto Cine Clube Bandeirante a proceder a esse tipo de intervenção. Se "o processo fotográfico tradicional – fotografar, revelar, ampliar – permaneceu íntegro até agora", a pesquisa de Geraldo de Barros vai permitir "dar corpo a um profundo questionamento dos limites da linguagem fotográfica".[394]

Transgressiva, essa postura do fotógrafo resulta de múltiplas intervenções, visando assim desafiar a realidade fotográfica da imagem. Com que finalidade? Quer se trate da superexposição de um mesmo clichê, quer de operações sobre o negativo tão inesperadas quanto um desenho, quer de fotomontagens ou de recortes, isso constitui uma luta que opõe o fotógrafo a seu instrumento, demonstrando que ele não é um simples *operator,* mas que coloca em jogo também seus gostos e seu senso crítico. Essas intervenções marcam sua presença no próprio coração da impressão fotográfica. Tais são as principais posturas que podemos levantar, atentas ao que pode haver de mais insignificante e desprovido de qualquer valor artístico e simbólico em si. Ora, ainda que cada um desses artistas "pioneiros" da fotografia moderna tenha se orientado para direções e campos de investigação distintos, suas obras não deixam de se completar.

Cada um deles manifesta a preocupação de "assumir a fotografia como um meio de expressão autônomo".[395] O que se expressa de diferentes modos: seja pelo recurso à geometrização do objeto, seja a um objeto que geometrize e quadricule a superfície bidimensional da representação, como observamos em José Yalenti (Fig. 58), que, ao contrário de José Oiticica Filho, estima que "[h]á assuntos que só podem ser pintados e nunca fotografados, pois convencem exclusivamente pelas suas cores, e há outros que só podem ser fotografados, e nunca pintados, pois convencem pelas suas formas geométricas e as linhas que perfazem".[396] Ou

---

[394] Cf. COSTA; SILVA. *A fotografia moderna no Brasil,* p. 86.

[395] COSTA; SILVA. *A fotografia moderna no Brasil,* p. 86.

[396] YALENTI. A linguagem das linhas. *Iris,* n. 15, p. 15-18, abr. 1948 *apud* COSTA; SILVA. *A fotografia moderna no Brasil,* p. 41.

ainda pelo tratamento do objeto como verdadeiro motivo abstrato, que encontramos em Thomaz Farkas, conhecido também por sua utilização da *contre-plongée*, que conferia a suas fotografias de arquitetura um caráter construtivista evidente.

Figura 58 – José Yalenti, *Energia*, 1954. Cópia em prata. São Paulo, arquivos do Foto Cine Clube Bandeirante.

O papel exercido pelos fortes valores de contraste é aqui determinante: além da repetição do motivo da curva (forma arredondada das telhas expostas ao sol), que parece se repetir ao infinito (impressão aqui exacerbada pelo enquadramento relativamente fechado), e o tratamento luminoso da ampliação, repartido entre brancos luminosos e pretos profundos, insistem bastante nesse efeito de reserva. Efeito que joga com o próximo e o distante, eludindo qualquer possibilidade de localização espacial e temporal em proveito da primazia formal do motivo. Tal pode ser ainda o caso da abordagem minimalista de German Lorca, que encontra na representação de objetos cotidianos a matéria para uma composição cuja estranheza se reduz ao equilíbrio frágil de algumas linhas, como se vê na obra intitulada *São Paulo*, passando então *do* real a *um* real (Fig. 59).

Porque as obras desses fotógrafos enriqueceram paralelamente uma concepção da fotografia que não é mais a simples "desvalorização mecânica de uma realidade visual", esta se manifesta, pelo contrário, através de uma abordagem sensível deslastrada de qualquer elemento visual superficial, mas que consiste sobretudo num verdadeiro *tour de force* de criação, "onde a realidade não raramente torna-se em parte pretexto, veículo comunicativo, passaporte de tudo onde existe uma parcela aprisionada de beleza".[397] Ou como fazer de uma superposição de chapas onduladas o objeto de uma composição cuja originalidade deriva da própria particularidade "física", repetitiva e inoperante de seu referente, transformado em verdadeiro indício de uma escritura fotográfica reduzida a sua estrita linguagem formal e mínima.

---

[397]COSTA; SILVA. *A fotografia moderna no Brasil*, p. 60.

Figura 59 – German Lorca, *São Paulo*, [s.d.]. Cópia em prata. São Paulo. Pinacoteca do Estado.

Eis-nos chegados ao termo deste capítulo. Temos de reconhecer que é difícil encontrar em todos os exemplos citados um rastro qualquer ou a ideia de saudade tal como pudemos descobri-la até agora. A ruptura modernista parece ter sido levada a termo. Essa ruptura pôs em xeque todo um conjunto de regras que tendiam a fazer prevalecer o belo e a ideia de fotogenia em fotografia, preceitos que já começavam a se esgotar, perdendo sua veracidade, mas aos quais aderiam ainda um bom número de fotógrafos. A partir daí.

> Para os repórteres fotográficos, a corrente de mais público [da] arte fotográfica se caracteriza fundamentalmente pela oportunidade do fato escolhido e também angulação, enquadramento e composição. Oportunidade e composição irão dar à fotografia seu sentido humano, poético ou mesmo caricatural. A esses, evidentemente, o elemento figurativo é essencial e, particularmente, a figura humana.[398]

Dois últimos exemplos nos remetem àquilo que poderíamos definir como *prova-síntese* da saudade. Uma fotografia de German Lorca, intitulada *Malandragem* (1949): essa tensão é aqui reforçada pelo tratamento exclusivo e contrastado da luz, em que predominam grandes *aplats* de preto obtidos por contraluz, transformando diversos elementos, como as silhuetas dos dois homens, em formas autônomas que se destacam da imagem. A esse efeito se acrescenta a escolha de um desenquadramento voluntário da cena, que torna impossível qualquer esforço de identificação, enfatizando, ao contrário, toda a atmosfera angustiante que aí pode reinar. Mas se a contraluz vem romper qualquer unidade da cena por

[398]MORAIS. A fotografia como forma artística. p. 48-49.

um violento contraste, ela confirma, paradoxalmente, "a interferência do fotógrafo em sua execução".[399]

O mesmo acontece na foto intitulada *Embarque* (1945), de José Yalenti: se a contraluz oculta qualquer indício visual que possa identificar de maneira inteligível o espaço e o momento em que foi tirada (fora a data informada na legenda), ela reforça simultaneamente essa sensação – irônica – de um olhar que se torna "inútil", já que confrontado à impossibilidade de reconstituir a cena original ou de identificar seus protagonistas. Como sublinha Helouise Costa, o objetivo de Lorca consiste precisamente em demonstrar que, como faculdade *re-produtora*, "a fotografia registra o real, mas que esse real é codificado por ser imagem".[400] Um jogo duplo que encontramos num segundo exemplo, de uma fotografia assinada por Eduardo Salvatore, intitulada *Oposição*. Oposição irônica de seu duplo retrato sobreimpresso, banhado de uma claridade límpida, no limite da queima, que nos evoca de novo essa consciência tão "janusiana" do tempo, imóvel e silenciosa, incessantemente prometida a uma perpétua renovação (Fig. 60).

Figura 60 – Eduardo Salvatore, *Oposição*, 1963. Cópia em prata. São Paulo, arquivos do Foto Cine Clube Bandeirante.

---

[399]Cf. COSTA; SILVA, *A fotografia moderna no Brasil*, p. 41.
[400]Cf. COSTA; SILVA, *A fotografia moderna no Brasil*, p. 45.

CAPÍTULO III

O ponto e o espinho

Chegamos agora ao final desta segunda parte. Depois de termos examinado a relação que a fotografia pode ter com o tempo, considerando, mais especificamente, certos caracteres que esclarecem aquilo que poderíamos chamar de uma *arché imagética* da saudade. Cabe-nos agora aprofundar esta análise sobre a ligação complexa que esse sentimento, ou, mais exatamente, sua sensação, parece manter com a percepção do tempo, frequentemente contraditória, e mesmo anacrônica, em face de sua representação fotográfica. A uma taxonomia rígida e fechada sobre si mesma preferimos uma abordagem mais aberta, fluida e fugaz como o sinal que vem aguçar a sensação feliz ou cruel da lembrança adormecida no mais profundo de nossa consciência. Sob o risco de considerar, por falta de ser reanimado, a possibilidade de que esse mesmo frágil sinal possa também "lutar contra si mesmo", condenado a sua própria desaparição.

Outra questão fundamental a ser tratada neste capítulo é a dos *possíveis* extratemporais da imagem, tão pouco explorados. Talvez porque esse *possível* nos pareça ainda singularmente estranho, ainda que a *imagem-saudade* possa evocá-lo e convocá-lo diretamente; mas também porque ele vem contradizer, à sua maneira, o próprio tempo da fotografia, constitutivo de seu númeno.[401] Nomearemos esse possível um *fora-do-tempo*. Esse *fora-do-tempo* nos convida, assim como ao espectador frente à imagem, a sair do desenrolar imparcial do tempo. Em função da ligação que a fotografia mantém com o tempo histórico, percebido

---

[401] Cf. LAOUYEN. Ruptures et signification dans les *Romanesques* d'Alain Robbe-Grillet, p. 182.

por Walter Benjamin como uma "problemática extremamente complexa e contraditória", e porque esse tempo permite ainda considerar a possibilidade de pensar a imagem como a emanação de uma consciência histórica não cronológica, podemos observar que "o passado se engaveta incessantemente com o presente, no qual aquilo que no passado permanece irrealizado vem dinamizar nossa consciência do presente".[402] Resulta desse pensamento uma "arqueologia do detalhe", que atribui especial atenção às "micrologias da existência, esse choque e a recriação dos valores, por vezes violenta, que ele provoca. Nesse sentido, a arte do presente é uma arte da memória, e a fotografia parece ter uma aptidão particular a tornar visível e inteligível esse engavetamento de níveis e de ritmos temporais".[403]

O laço aperta. Ainda mais que esse engavetamento intervém também no campo literário. Nesse sentido, a saudade gera a capacidade de brincar com vários estratos temporais sem necessariamente respeitar, nesse caso preciso, a ordem cronológica do acontecimento: ela é o modo que permite sentir uma profunda tristeza – a respeito de um acontecimento e/ou de um objeto cuja experiência passada é remetida a um tempo futuro –, ligada simultaneamente à alegria da esperança de seu retorno. Podemos então emitir a hipótese de que esta também é uma faculdade, sensível, de percepção do tempo que situa seu sujeito numa extensão do tempo levada a seu paroxismo, aquele de um tempo fora-do-tempo. Um tempo não mensurável por sua duração nem quantificável pelo seu grau de intensidade, do mesmo modo que a fotografia (e a própria noção de arquivo) consigna de maneira indeterminada o objeto de sua representação. Alguns exemplos fotográficos contemporâneos – Rosângela Rennó no Brasil, Christian Boltanski na França – ou fílmicos, como *Eu te amo, eu te amo*, realizado por Alain Resnais em 1968, são particularmente significativos a esse respeito.

A análise desse parâmetro implícito pode ser enriquecida por um aspecto similar que remete à estrutura do texto literário. Um aspecto que Roland Barthes, em conferência proferida em 1968, definiu como um "efeito de real". Esse efeito, essencialmente retórico, não se funda na experiência do real – o efeito do real em si – produzido por um mecanismo estrutural qualquer, mas se concentra no texto como fonte produtora de simulacros.[404] Assim como a imagem, pintada ainda por

---

[402]DURAND. *Le temps de l'image*, p. 34.
[403]DURAND. *Le temps de l'image*, p. 34.
[404]BARTHES. L'Effet de réel, p. 84-89.

cima, não terá cessado de ser, através de todos os seus subterfúgios, esse *eidolon* (e o ídolo, seu derivado), ou seja: "uma representação falsa, uma representação do que não existe ou do que não é verdade, engodo, imagem [*eikon*] destituída de realidade, como as visões do sonho e do delírio, as sombras projetadas no chão ou os reflexos na água".[405]

Esse recurso ao simulacro marca simultaneamente uma ruptura no regime fotográfico: se a veracidade e a crença na impressão fotográfica dada como prova de um real acabam sendo refutadas, elas continuam ainda hoje a ser comumente admitidas como tal, sutilmente adaptadas aos recentes meios de difusão. Essa ruptura prevalece igualmente no regime da escritura. Pois, em vez de se constituir como "uma janela aberta para o mundo, a realidade narrativa do texto permanece exterior àquilo que deve representar".[406] A originalidade da fórmula de Barthes não deriva do objetivo de criar uma poética do real, e sim do de favorecer uma teoria não mimética do regime discursivo. De maneira similar, se todo sentimento de saudade tem por embasamento comum uma soma de experiências vividas em tempo "real", esta continua a ser percebida como o fenômeno de uma sensação cujo efeito age no próprio momento de sua aparição. Instantânea, ela procede todavia de uma montagem (ou mesmo de uma remontagem) que seleciona uma ou algumas dessas experiências conservadas pela lembrança. Ela opera assim uma passagem do real consignado para um real reatualizado pela memória.

A expressão de Barthes demonstra que o grau e o valor do *real* contido ou expresso no texto derivam de uma descontinuidade, na medida em que esse real (da ficção ou do personagem) é um real reavaliado. Dessa forma, "o efeito de real" transforma o real num efeito. Eis porque essa relação "se estabelece indiretamente ao preço de uma alteração de um de seus termos. No enunciado de Barthes, o real, por ser heterogêneo ao universo da ficção literária, é justamente negado em proveito do efeito, ou seja, efeito unicamente textual".[407] De modo que, imitando uma fórmula do mesmo autor, poderíamos reformular esse efeito de maneira polêmica como *a morte do real*.

Assim, reencontramos aqui aquela tensão a que fizemos alusão anteriormente, na qual vêm se opor várias dimensões heterogêneas: uma, de ordem temporal, partilhada ela própria entre diversas temporalidades;

---

[405] MACHADO. *O quarto iconoclasmo e outros ensaios hereges*, p. 9.
[406] BARTHES. *Roland Barthes par Roland Barthes*, p. 104.
[407] LAOUYEN, *Ruptures et signification dans les Romanesques d'Alain Robbe-Grillet*, p. 182.

outra, da ordem da percepção; e, enfim, uma última que remete à sensação. Entretanto, uma vez reunidas, essas três dimensões formam um conjunto homogêneo e instantâneo, condensado na lembrança. Parecem então ressurgir duas características que fazem eco uma à outra e se superpõem em perfeita adequação para formar um "corpo único" de maneira inesperada: o *punctum*, conceito-"chave" analisado por Barthes, e o espinho, cuja "deliciosa" picada (que supostamente atinge nossa consciência), provocada por uma imagem que nos é familiar, viria "estimular" a lembrança.

Abordaremos esses dois termos em relação à fotografia contemporânea que, na França como no Brasil, dá conta de uma grande complexidade, tanto em suas intenções e posturas quanto em seus registros temáticos. Uma complexidade que coexiste em si mesma, dando lugar a uma grande variedade iconográfica. Os últimos 30 anos foram assim enriquecidos por numerosas experiências e pesquisas plurais, através das quais se afirmou a autonomia estética da fotografia, surgida de diversas práticas que contribuíram para ampliar seu campo de aplicação. É também um período em que a fotografia conhece uma mutação de regime sem precedentes e cujos primeiros sintomas podemos situar a partir dos anos 1960. Consideramos aqui o termo "mutação", dado que a alteração de regime se aplica menos ao *medium* e ao suporte – que conservam apesar de tudo sua função de documento – do que a um procedimento artístico que assume progressivamente sua prática e seu uso.

Esse ponto é importante porque explica em parte o ostracismo sofrido pela fotografia brasileira, embora redescubramos hoje toda a sua riqueza e variedade, por vezes subversiva, mas profundamente poética. É Pedro Karp Vasquez quem conclui que "[a] fotografia evoluiu de modo bastante particular no Brasil, passando de uma fase de ampla difusão nas últimas décadas do século XIX para um período de meio-hibernação, da qual ela vem somente acordar-se realmente ao final da década dos anos sessenta deste século".[408] Se uma certa indiferença persiste, não apenas para com a fotografia brasileira contemporânea, mas também em relação a sua fase moderna, isso resulta acima de tudo de um profundo desconhecimento nacional. Como sublinha Helouise Costa:

> O desconhecimento da fotografia moderna atinge não somente os fotógrafos, como os críticos e historiadores da fotografia. [...] Somos muito distantes das expectativas do desenvolvimento

---

[408]VASQUEZ. *Fotografia: reflexos e reflexões*, p. 27.

rápido dos anos quarenta, o que significa que as soluções plásticas de caráter modernista aplicadas por vários fotógrafos contemporâneos referem-se a uma visão do mundo que não corresponde mais ao momento no qual vivemos.[409]

Observemos agora o exemplo de uma fotografia inteiramente singular. Um longo corredor, encimado por um guarda-vento, prolonga-se até o fundo da imagem, do qual se destaca uma silhueta escura, afastada demais para ser identificada, enquadrada pelos braços de uma arcada que abre para um jardim, visível também a partir do primeiro dos pilares que escandem a margem esquerda da fotografia. Uma figura que faz fundo, como ponto culminante do olhar, último escape de uma *storia* que se mantém desconhecida para nós, recordando aqueles retratos ornados com cenários pintados de estúdios banhados de luz proveniente de altas vidraças e que compõem a imagem como um verdadeiro teatro de memória fotográfica. Para essa silhueta, distinta unicamente por seu contorno, convergem as linhas de fuga da composição, distribuindo de um lado e de outro de uma linha mediana planos escuros e planos iluminados, pessoas sentadas e crianças de pé. No primeiro plano, posa uma menininha, apoiada na balaustrada cimentada de uma escada, nova evocação do parapeito pintado que nos afasta. Sua presença reforça aqui o caráter familiar de uma cena a que continuamos alheios. Não apenas à contingência do lugar, mas também à porção de tempo aí recolhida para sempre (Fig. 61).

Figura 61 – Augusto Malta, *Hotel Corcovado,* Floresta da Tijuca, Rio de Janeiro, 1920. Rio de Janeiro, tiragem sal e prata sobre papel albuminoso. Instituto Moreira Salles.

Pela escolha dessa fotografia tirada em 1920 por Augusto Malta, fotógrafo "oficial" da municipalidade do Rio de Janeiro, introduzimos um

---

[409]Cf. COSTA; SILVA. *A fotografia moderna no Brasil,* p. 114.

ponto fundamental de nossa busca, em que parece se tecer pela imagem o elo material entre o ponto e o espinho. Essa fotografia nos convida, como sugere essa garotinha, a prosseguir, em sentido inverso, esse longo corredor do tempo, na esperança de descobrir uma solução para o enigma que nos anima. Uma combinação que parece funcionar como uma espécie de *input*, detonador do instante que reativa nossa memória. Isso pela própria consciência sensitiva da lembrança operada a partir de dois elementos heterogêneos: um, físico, nascido da percepção de elementos incluídos mais ou menos "voluntariamente" na imagem, espécie de *stimuli* sensoriais internos de nossa consciência; outro, virtual, nascido por associação de imagens provocadas simultaneamente por essa sensação: a montagem de um conjunto de imagens provenientes de um tempo passado que "foi" e que confere a essa sensação provocada e percebida no tempo presente de seu sujeito um sentimento de perda do objeto referente, supondo-se, evidentemente, que ele já a tenha experienciado. Pois, como observa Eduardo Lourenço, "[i]sso significa que essa temporalidade é diversa daquela outra, abstratamente universal, que atribuímos ao tempo como sucessão irreversível. Só esse 'tempo humano', jogo da memória e constitutivo dela, permite a inversão ficcional do tempo irreversível, fonte de uma emoção a nenhuma outra comparável".[410]

Duas referências maiores guiarão aqui nossa reflexão: a da célebre fotografia do jardim de inverno descrita por Roland Barthes em *A câmara clara*; e aquela, já citada, do verso aforístico de Almeida Garrett, extraído de seu poema "Perfume de Rosa". Assim, o ponto que retém nossa atenção opera um deslocamento de ponto de vista: não se trata de saber o que podemos fazer com uma fotografia a partir de sua revelação, como sugere Denis Roche, mas antes daquilo que podemos sentir em relação a ela, no próprio instante em que a descobrimos, no próprio instante do tempo em latência invertida. O que prevalece aqui se insere justamente no enigma desse contato. O que nos leva a uma terceira indicação, cujo enigma pressuposto é o fruto da união (senão da fusão) de uma metáfora poética e de uma imagem fotográfica. Uma de suas explicações revela-se então surgida de uma "coincidência" presente no célebre episódio descrito no romance *No caminho de Swann*, primeiro volume de *Em busca do tempo perdido*, de Marcel Proust, publicado em 1913. Coincidência que Proust relata com rara precisão, como um instante de estupor furtivo,

---

[410]LOURENÇO. Tempo português. In: *Mitologia da saudade,* seguido de *Portugal como destino,* p. 13.

uma comoção sutil que ele sente no momento em que leva à boca e saboreia a famosa *madeleine*:

> E logo, maquinalmente, acabrunhado pelo dia tristonho e a perspectiva de um dia seguinte igualmente sombrio, levei à boca uma colherada de chá onde deixara amolecer um pedaço da madeleine. Mas no mesmo instante em que esse gole, misturado com os farelos do biscoito, tocou meu paladar, estremeci, atento ao que se passava de extraordinário em mim. Invadira-me um prazer delicioso, isolado, sem a noção de sua causa. Rapidamente se me tornaram indiferentes as vicissitudes da minha vida, inofensivos os seus desastres, ilusória a sua brevidade, da mesma forma como opera o amor, enchendo-me de uma essência preciosa; ou antes, essa essência não estava em mim, ela era eu.[411]

Um instante que desperta nele, sutilmente, essa memória involuntária a partir da qual aparecem pouco a pouco suas lembranças e cuja sensação não apenas conjura o estado melancólico que o paralisa, mas cujo caráter relativamente deleitável revela também sua importância a seus olhos na medida em que constata, com lucidez, que ele não pode ser forçado pelo simples desejo de reproduzir essa sensação. Essa sensação não pode encontrar lugar na impressão fotográfica não *acheiropoïète* [feita pela mão do homem]: se conserva a faculdade de ser reprodutível mecânica e indefinidamente, a sensação do instante difere de acordo com o grau de instantaneidade que lhe confere ao mesmo tempo vida e morte no seio de sua própria aparição, explicando em parte sua pressuposta perda de aura (embora esse pivô essencial da noção de perda no pensamento da fotografia seja relativizado pelo próprio Benjamin, que prefere considerar a possibilidade de uma sobrevivência através de suas diversas transformações técnicas).

Se é possível discernir na relação de Proust com a fotografia um laço sentimental comparável à luta que a saudade parece travar contra a sensação de perda inexorável (e finalmente de morte), esse laço sobrevive a si mesmo, através de uma reminiscência de acontecimentos passados que reunimos na montagem operada a partir de nossa memória. A esse respeito, Georges Didi-Huberman sublinha: "A suposição da aura não pode se satisfazer com nenhuma sentença de morte (morte histórica, morte em nome de um sentido da história), na medida em que ela se

---

[411] PROUST, Marcel. *Em busca do tempo perdido. No caminho de Swan Combray* [1913], v. 1. Trad. Fernando Py. Rio de Janeiro: Ediouro – Paradidatic, 1995, p. 27-28

aparenta a uma questão de memória, e não de história no sentido usual, em suma, a uma questão de sobrevivência (o *Nachleben* warburguiano)".[412] E é Gilles Deleuze quem estima que:

> O essencial da *Recherche* não está na *madeleine* nem no calçamento. Por um lado, a *Recherche*, a busca, não é simplesmente um esforço de recordação, uma exploração da memória: a palavra deve ser tomada em sentido preciso, como na expressão "busca da verdade". [...] Na realidade, a *Recherche du temps perdu* é uma busca da verdade. Se ela se chama busca do tempo perdido é apenas porque a verdade tem uma relação essencial com o tempo. Tanto no amor como na natureza ou na arte, não se trata de prazer, mas de verdade. Ou melhor, só usufruímos os prazeres e as alegrias que correspondem à descoberta da verdade.[...] Se o tempo tem uma importância fundamental na *Recherche*, é porque toda verdade é verdade do tempo.[413]

Qualquer interpretação do instante exige um conhecimento do signo que tentamos explicar. Essa explicação do signo só é possível se o colocamos em relação com uma experiência correspondente: codificado, devemos então proceder a sua completa decifração. Sem o aprendizado preliminar do signo, encontramo-nos na impossibilidade de estabelecer uma relação, pois sua interpretação se torna caduca: "O perfume de uma flor; quando esta emite um signo, ultrapassa, ao mesmo tempo, as leis da matéria e as categorias do espírito. Não somos físicos nem metafísicos: devemos ser egiptólogos. Pois não há leis mecânicas entre as coisas, nem comunicações voluntárias entre os espíritos; tudo é implicado, complicado, tudo é signo, sentido, essência".[414]

Mas voltemos à fotografia de Augusto Malta. Esta não difere em si de outras chapas que poderíamos reunir sob o tema de uma cena de gênero: uma mocinha fotografada no corredor de um hotel. Ora, se observamos mais atentamente seu conteúdo, logo percebemos que diversos elementos seus evocam a descrição de um dos fenômenos mais sensíveis da imagem fotográfica: por sua força evocatória, mas sobretudo por sua capacidade de estimular nossa memória. Fenômeno que também ecoa na metáfora do espinho de Almeida Garrett, mas na medida em que essa fotografia de Malta figura como uma exceção, já que o conjunto de sua

---

[412] DIDI-HUBERMAN. *Devant l'image: question posée aux fins d'une histoire de l'art*, p. 237.
[413] DELEUZE. *Proust e os signos*, p. 95-98.
[414] DELEUZE. *Proust e os signos*, p. 95.

obra está mais para um trabalho de inventário do que para uma pesquisa autoral.[415] Um elemento retém particularmente o olho do *spectator*, assim nomeado por Roland Barthes. Ele se condensa na pose dessa garotinha – e só faz acentuar seu enigma: o de uma garotinha fotografada no jardim de inverno.

A leitura da célebre passagem de *A câmara clara* merece ser comentada. O olhar lançado a uma velha fotografia mergulha Barthes numa profunda dúvida angustiante: embora saiba que a criança representada é sua mãe, pela "claridade de sua face, a pose ingênua de suas mãos, o lugar que docilmente ela havia ocupado, sem se mostrar nem se esconder, sua expressão enfim, que a distinguia, como o bem e o mal", Barthes se coloca a questão fundamental: "E eis que começava a nascer a pergunta essencial: será que eu a *reconhecia*?".[416] A partir de então, essa vontade de verdade, que domina o coração e o espírito, e que Barthes, como Proust, sente como uma necessidade, parece provir de uma separação. Material, pela distância que provoca, mas também conceitual, em sua maneira de nos localizar no tempo: "Pois a separação é aqui essencial. Ela está em jogo em todas as fases do processo fotográfico: na tomada, no próprio momento do ato".[417]

O que equivale a reconhecer um paradoxo na própria tensão de seu advento. Se o ato fotográfico é um instante que nos escapa na extrema velocidade de sua unidade (só percebemos o gesto exterior, o *clique* sonoro, já que o processo de registro permanece privilégio da escuridão), a picada emocional que engendra a lembrança nos aparece como extremamente fugaz, produzindo um movimento contrário, uma fragmentação, reconstituindo um espaço visual e virtual sensível. Esse movimento da memória se constitui numa duração similar àquela que está incluída "durante todo o tempo intermediário em que a imagem é tão bem qualificada de 'latente'. [...] E também no momento em que o olhar pode enfim se lançar à imagem revelada, no tempo da contemplação final, todo o real esvanecido".[418]

Além disso, a descrição precisa que Barthes nos oferece dessa relação íntima com a imagem, modesto leitor exterior, recorta a faculdade maior e a capacidade que o sentimento de saudade tem de subir à contracorrente

[415] KOSSOY. *A fotografia como fonte histórica: introdução à pesquisa e interpretação das imagens do passado.*

[416] BARTHES. *A câmara clara: notas sobre a fotografia*, p. 99-102.

[417] DUBOIS. Palimpsestes ou la photographie comme appareil psychique, p. 104.

[418] DUBOIS. Palimpsestes ou la photographie comme appareil psychique, p. 104.

do tempo. A separação definitiva do ser amado e morto tende a se manter viva através da lembrança, não poupando seu sujeito, ao longo de suas rememorações, de experimentar esse sentimento particularmente tingido de amargor:

> Saudade! Gosto amargo de infelizes, Saudade!
> Delicioso pungir de acerbo espinho,
> Que me estás repassando o íntimo peito
> Com dor que os seios d'alma dilacera,
> – Mas dor que tem prazeres – Saudade![419]

Nesse caso preciso, a fotografia, por seu uso e sua finalidade, encarna de certa forma uma função transicional, um lugar de memória que liga o sujeito presente a seu objeto de saudade, ausente. Nesse sentido, o modo empírico dessa ruptura gera uma necessidade de separação, um *"coup de la coupe"* [golpe do corte] fundador do próprio advento da imagem fotográfica. Ora, como sublinha Philippe Dubois, se esse princípio parece simples, revela-se na verdade mais complexo na relação que estabelece com o tempo:

> A separação é mesmo o que funda qualquer efeito de olhar sobre uma foto. É ela que gera os movimentos perpétuos do sujeito espectador que não para, ao ver a imagem, de passar do aqui-agora da foto ao alhures-anterior do objeto, que não para de olhar intensamente essa imagem (de fato presente, como imagem), de se abismar nela, para melhor sentir seu efeito de ausência (espacial e temporal), a parte intocável que ela oferece a nossa sublimação.[420]

Toda tentativa de repetição se revela vã, pois a "originalidade" dessa sensação rompe com a sensação enganosa de *déjà vu* que nos oferece um "real habitual". A chave, sugere novamente Deleuze, parece ser constituída unicamente pelos "progressos do aprendizado".[421] Assim como o herói de *Em busca do tempo perdido* toma consciência dessa necessidade, esta não surge a partir de uma acumulação de imagens mais ou menos esparsas, e sim de uma longa série de decepções, esse "dia morno" que precede o instante "revelador" de desencantamentos e, sobretudo, essa impossibilidade de manter a duração do prazer proporcionado por essa estranha sensação. Sensação construída por uma sucessão temporal plural,

[419] GARRETT. *Camões*, p. 41-42.
[420] DUBOIS. Palimpsestes ou la photographie comme appareil psychique, p. 106.
[421] DELEUZE. *Proust e os signos*, p. 116.

"de onde a ideia fundamental de que o tempo forma diversas séries e comporta mais dimensões do que o espaço".[422] Marcel Proust continua então sua busca inesperada: "É tempo de parar, o dom da bebida parece diminuir. É claro que a verdade que busco não está nela, mas em mim. Ela a despertou mas não a conhece, podendo só repetir indefinidamente, cada vez com menos força, o mesmo testemunho".[423]

Contrariando qualquer expectativa, o ritmo da *busca* não é construído a partir de camadas sedimentares sucessivas da memória, mas segundo toda uma série de experiências frustradas. Se Proust relata sua incerteza diante de sua busca pela verdade e sua aflição em face da impossibilidade de encontrar essa sensação primeira, fá-lo por conhecer o caráter enganoso da impressão provocada por seu próprio objeto e pela crença que nos "traz o segredo do signo e sobre a qual nos fixamos".[424] Para Gilles Deleuze, esse conhecimento se torna difícil a partir do momento em que, referindo-nos a nossas impressões, preferimos o prazer objetivo à verdade. O espírito fica como que "embotado" pelo próprio prazer da sensação suscitada:

> E recomeço a me perguntar que estado desconhecido podia ser esse, que não trazia nenhuma prova lógica, mas a evidência de sua felicidade, de sua realidade. Diante da qual as outras se desvaneciam. Quero tentar fazê-lo reaparecer. [...]Mas sentindo meu espírito se cansar sem resultado, forço-o, ao contrário, a essa distração que eu lhe recusava, a pensar em outra coisa, a se refazer antes de uma tentativa suprema.[425]

O autor sublinha particularmente seu efeito desencantador quando constata que a visão do objeto não basta de modo algum para seu conhecimento: abstrato, ele permanece insosso, sem sabor particular. Pois é preciso que haja contato. Ora, como com qualquer lembrança, quanto maior a distância, mais difícil será o esforço de rememoração. A partir daí, a experiência desse simples bolinho revela ao herói uma verdade, guardada naquilo que aparece *a priori* destituído de qualquer significância. O "choque" da emoção é vivido como uma verdadeira estupefação: é um movimento rápido que acarreta subitamente a aparição de imagens profundamente escondidas na memória. É nesse

---

[422]DELEUZE. *Proust e os signos*, p.16.

[423]PROUST, Marcel. *Em busca do tempo perdido. No caminho de Swan Combray* [1913], v. 1. Trad. Fernando Py. Rio de Janeiro: Ediouro – Paradidatic, 1995, p. 28.

[424]DELEUZE. *Proust e os signos*, p. 116.

[425]PROUST, Marcel. *Du côté de chez Swan*. Paris: Gallimard, Collection La Pléiade, 1987, p. 45.

momento preciso que surge a memória involuntária, estimulada em função de um tipo de signo sensível particular, e de que "sentimos um imperativo que nos força a buscar seu sentido".[426] Um dentre eles nos interessa particularmente: aquele que se aparenta com a reminiscência definida como "ressurreição da memória":

> Mas, quando de um passado antigo nada subsiste, depois da morte dos seres, depois da destruição das coisas, só o cheiro e o sabor permanecem, mais frágeis porém mais vivazes, mais imateriais, mais persistentes, mais fiéis, ainda muito tempo, como almas, a lembrar-se, a aguardar, a esperar, sobre a ruína de todo o resto, a carregar sem vergar, sobre sua gotinha quase impalpável, o edifício imenso da lembrança.[427]

Essa sutil passagem em que Proust descreve as condições em que o herói vacila no turbilhão de suas lembranças insiste bem na precisão da observação e da descrição – de maneira tão nítida quanto pode ser a captura fotográfica de seu objeto referencial. Mas temos de constatar que a evocação nascida de sua simples leitura basta para paliar a ausência da imagem (ainda que Proust tenha votado ao longo de toda a sua vida uma intensa paixão à fotografia). É o que explica, por exemplo, para Brassaï, citando Proust, que: "A obra não passa de uma espécie de instrumento óptico oferecido ao leitor a fim de lhe ser possível discernir o que, sem esse livro, não teria certamente visto em si mesmo [...] pela magia da sua câmara escura o mundo inteiro se transforma num vasto ateliê de fotógrafo".[428] Em face dessa carência, propomos o exemplo de quatro fotos cujas cenas "instantâ-neas" parecem ecoar a experiência proustiana do tempo, "[que] não tinha ligado em seu espírito a fotografia ao seu passado longínquo, à nostalgia, à alegria melancólica da lembrança".[429]

Trata-se de quatro fotografias extraídas de uma série concebida por Jean-Loup Trassard e intitulada *Juste absente* [Apenas ausente]. Essas imagens foram produzidas em resposta a um de seus romances, *Tardifs instantanés* [Tardios instantâneos], redigido à mesma época, embora não o ilustrem. O escritor e fotógrafo aí expõe e explica precisamente suas intenções e os meios que utiliza, misturando relato autobiográfico e

[426]DELEUZE. *Proust e os signos*, p. 116.
[427]PROUST. *Du côté de chez Swan*, p. 46
[428]BRASSAÏ. *Proust sous l'emprise de la photographie*, p. 118-119.
[429]BRASSAÏ. *Proust sous l'emprise de la photographie,* p. 26.

ficção.[430] O que esses instantâneos nos dão a ver? São o resultado de um exercício em que se desenha a parte autobiográfica do autor, que relata o fantasma de uma mãe desaparecida quando ele tinha 11 anos, mas também a história de um escritor que decide fotografar essa ausência revelando os lugares onde sua mãe viveu e os objetos que compunham seu cotidiano: "Os esquemas em jogo são aqueles, associados, do descontínuo, do lacônico, do instantâneo, da rapidez, do enquadramento, do ajuste"[431] (Fig. 62). Sobre a relação que estabelece entre cada uma das fotografias, Trassard afirma realizar "pequenos livros em que a escritura e a fotografia não se explicam uma pela outra, mas se encontram num espaço íntimo para dizer cada uma a seu modo um lugar, um campo [...] Sem que uma prática influencie a outra, elas são antes consideradas quando uma ou outra podem entrar em jogo".[432] Isso porque "[a] lembrança permanece para mim aguda, animada – no sentido próprio – pela violência da perda".[433]

Figura 62 – Jean-Loup Trassard, série *Juste absente*, 1987. Coleção do autor.

Para Jean-Bernard Vray, quer seja da ordem do texto, quer seja da ordem da imagem, a escrita permanece, em Trassard, essencialmente tópica, ou seja, apta a representar lugares de que fala. É talvez nesse

[430] VRAY. Jean-Loup Trassard: la dormance et la trace. In: MÉAUX; VRAY (Orgs.). *Traces photographiques, traces autobiographiques*, p. 261-272.

[431] TRASSARD. Entretien avec Blandine Benoît e Arbaizar. In: *La campagne de Jean-Loup Trassard: écrits et photographies*.

[432] TRASSARD. Sous les nuages d'argent.

[433] TRASSARD. *Dormance*, p. 18.

espaço que a imagem e o texto acabam realmente por se juntar. A analogia entre o texto e a imagem pode enfim resultar de um gesto similar, um gesto que pode ser comparado àquele "de afastar as ramagens para ver, em devaneio, em questões, em busca, em ideias ou imagens que surgem, levar adiante uma frase no meio das emboscadas, das rasuras, que se abre um caminho [...] e revela por fragmentos, detalhe preciso ou perspectiva mais ampla mas vaga, uma existência".[434] Essa analogia é tanto mais importante, visto que esses signos tomam todo o seu sentido somente na presença de um rastro, escrito ou fotográfico. A partir daí, "essas breves prosas têm em comum com as fotografias o fato de serem claras quanto a seu objeto e cingidas de olvido, de silêncio, no que tange àquilo que não está no interior do quadro, no instante anterior e no posterior". São duas abordagens que formam conjuntamente um receptáculo: "como duas mãos unidas para pegar água".[435]

Concluiremos agora este primeiro ponto, voltando à noção de acontecimento, elemento essencial do ato fotográfico, contíguo a sua impressão. Se uma fotografia permanece profundamente impregnada de seu caráter indicial, "aderente" a seu referente, é ao designá-lo diretamente que ela afirma seu sentido. Essa pregnância do índice é uma força misteriosa que devolve a um objeto ou a um ser uma presença única na imagem: "presença que afirma a ausência. Ausência que afirma a presença",[436] daquilo que estava ali e nunca mais terá lugar. Esse parâmetro é fundamental. E se opõe à ideia comum de que a imagem só existe para aquele que a olha. O que equivale a esquecer o fato de que aquele que observa foi um dia observado. Ora, essa perturbação nasce da questão maior que provém de um encontro, surgido de um estranho cruzamento de que a lembrança formaria então a aliagem. Essa aliagem resulta de um cruzamento similar que promove a passagem da imagem de um estatuto "exclusivamente" documental àquele de ordem artística. Essa passagem permanece igualmente válida na ruptura que André Rouillé decifra como a passagem de uma "arte dos fotógrafos" a uma "arte-fotografia".

[434] VRAY. Jean-Loup Trassard: la dormance et la trace, p. 266.

[435] BENOÏT; ARBAIZAR *apud* VRAY. Jean-Loup Trassard: la dormance et la trace, p. 267.

[436] Remeto ao texto de Eugène Green que trata da noção de presença na fotografia do fim do século XIX, intitulado "À la recherche de la présence cachée: la chambre des ténèbres", dedicado essencialmente à obra de fotográfica de Eugène Atget. In: GREEN. *Présences*, p. 39 -79.

Uma arte que defende "um emprego assumido, plenamente controlado, e frequentemente exclusivo, da fotografia".[437] Como foi anteriormente evocado pelo exemplo da *madeleine* de Combray, reencontramos essa ligação implícita, surgindo por coincidência, no efeito provocado pelo espinho de Almeida Garrett e naquilo que Barthes determina como o *punctum* da imagem fotográfica.

Essa chave explica como o sentimento de saudade pode se manifestar numa fotografia. Resta-nos determinar sua possível razão. A ideia barthesiana de *punctum* é acima de tudo da ordem da designação (e não da expressão), pois parte do princípio de que a fotografia "aponta com o dedo um certo face a face e não pode sair dessa pura linguagem dêitica".[438] O *punctum* designa em latim uma picada, um ponto. Desse nome deriva o verbo "pungir", que encontramos nos versos de Garrett. Numa foto, ele é "esse acaso que, nela, me aponta (mas também me mortifica, me punge)", como demonstram os exemplos de Fidel Castro, *L'Homme aux ailes de pierre* [O homem de asas de pedra], fotografado por Agnès Varda (Fig. 63), ou ainda o do presidente Juscelino Kubitschek, *J.K com asas*, de Flávio Damm (Fig. 64).[439]

Figura 63 – Agnès Varda, *L'Homme aux ailes de pierre*, 1962. Cópia em prata. Coleção particular.

Figura 64 – Flávio Damm, *JK com asas*, 1948. Cópia em prata. Coleção particular.

Trata-se por certo de um acaso voluntário que intervém na fotografia de Flávio Damm e faz com que as asas da águia de pedra

---

[437] ROUILLÉ, *La Photografie*, p. 450.
[438] ROUILLÉ. *La Photographie*, p. 450.
[439] BARTHES. *La chambre claire: note sur la photographie*, p. 45.

pareçam pertencer ao presidente brasileiro, figura mítica do milagre econômico que precedeu o golpe de 1964. Mas ele torna a imagem ainda mais equívoca. Depreende-se desses dois exemplos que o *punctum* permanece profundamente tributário do acaso, uma vez que seu sentido se amplia quando vem sublinhar de maneira implícita e sutil a contradição que une elementos heterogêneos (o homem e a pedra). A força e a surpresa do *punctum* explicam assim que sua presença não seja voluntária, intencional, mas surja como "um lance de dados". Assim como o *punctum* se distingue do *studium*, intrínseco à imagem, o *spectator* difere do *operator*. Contrariamente ao *studium*, esse "interesse vago, liso, irresponsável, que temos por pessoas, espetáculos, roupas, livros que achamos legais",[440] o *punctum* é um detalhe, isolado e particular, "que me atrai ou me fere", e vem assim desafiar a fotografia dita unária, cuja unidade de composição é reduzida ao mínimo, desprovida de qualquer elemento inútil, confinada a sua mais extrema banalidade: "quando ela transforma enfaticamente a realidade, sem desdobrá-la, fazê-la vacilar. Nessas imagens, nada de *punctum*: choque sim – a letra pode traumatizar –, mas nenhuma perturbação".[441] Detalhar é diferenciar, distinguir, operar de novo o "corte", mas em sentido inverso, dado que "o detalhe desloca também o quadro, não apenas por isolar um elemento em que o todo se afoga, mas sobretudo por desfazer o dispositivo espacial regulado que deve, ao longo da história da mimese na pintura, gerir a relação física do espectador com o quadro, de modo que este faça todo o seu 'efeito' da distância conveniente".[442] Espectadores, não procuramos o detalhe – é ele que nos interpela. Não obstante, à diferença do detalhe na pintura, o detalhe fotográfico não depende apenas da vontade de seu criador. Como podemos observar neste exemplo de Walker Evans, *Interior of a Portuguese House* [Interior de uma casa portuguesa], fotografado em 1930, seu valor pode nascer, por exemplo, da confluência ambígua dos porta-retratos dissimulados atrás da planta verde, que *contamina* o campo da imagem, e atrás da qual surge a ponta de uma bandeira dos Estados Unidos (Fig. 65).

[440]BARTHES. *La Chambre claire: note sur la photographie*, p. 48.

[441]BARTHES. *La Chambre claire: note sur la photographie*, p. 49.

[442]ARASSE. *Le Détail: pour une histoire rapprochée de la peinture*, p. 387.

Figura 65 – Walker Evans,
*Interior of a Portuguese
House*, 1930. Cópia em
prata. Los Angeles, The
Paul Getty Museum.

O *studium* exige um saber, "uma espécie de educação que me permite encontrar o *operator*, viver os objetivos que fundam e animam suas práticas, mas vivê-los de certa forma ao inverso, segundo meu querer de *spectator*".[443] Ora, é o desejo de interpretação que cria problemas em nossa relação com a imagem. Neste ponto, Barthes é categórico: a fotografia se torna perigosa a partir do momento em que se encontra dotada de "funções que lhe servem de álibis. Essas funções são: informar, representar, surpreender, fazer significar, dar vontade".[444] Prerrogativas que as estratégias de comunicação contemporâneas não cessam de amplificar. Resta ao espectador recebê-las "com maior ou menor prazer" por seu *studium*, mantendo-se alheio ao gozo e à dor.[445]

A ruptura que intervém desde o fim dos anos 1960 marca assim profundamente as práticas, já que, legitimando os usos, denuncia paralelamente seus mitos. Da mesma forma que a presença do *punctum* na imagem a "libera" de seu estatuto *unário*. Um dos pontos mais notáveis de *A câmara clara* é portanto a célebre passagem do jardim de inverno onde Barthes redescobre, através do rosto dessa garotinha, a lembrança de sua mãe. Verdadeira *imagem-cristal*, sua contemplação revela dois aspectos que ligam o espectador, o fotógrafo e a imagem. Um, visual, fragmentário, desloca, ao tentar recompô-la, a imagem de sua mãe ausente em seus mínimos detalhes, como seu rosto ou a pose de suas mãos. O outro, de natureza empírica, situa-nos numa relação de passagem do tempo: uma

[443]BARTHES. *La Chambre claire: note sur la photographie*, p. 51.
[444]BARTHES. *La Chambre claire: note sur la photographie*, p. 51.
[445]BARTHES. *La Chambre claire: note sur la photographie*, p. 51.

verdadeira volta no tempo. Se a leitura do *punctum* permanece rápida, sua compreensão, ao contrário, não é necessariamente simultânea e imediata. A intensidade é maior quando sua presença surge de surpresa. De fato, se alguns detalhes podem nos pungir é porque, em contrapartida, aceitamos nos entregar, nos deixar tocar. A percepção do *punctum* (diferente do *studium*, cuja interpretação supõe *a priori* um saber) depende de dois fatores essenciais: para ser percebido como tal, ele deve ser autônomo, livre de qualquer intenção, e aparecer então "no campo da coisa fotografada como um suplemento ao mesmo tempo inevitável e gratuito".[446]

O valor dessa fotografia é tanto maior para Barthes por só existir a seus próprios olhos, em toda a sua unicidade, pois "ele não pode de modo algum constituir o objeto visível de uma ciência [...] Para vocês esta não seria mais do que uma foto indiferente".[447] É difícil transcrever esse instante em palavras. O próprio Barthes admite: "Acontece de eu poder conhecer melhor uma foto de que me lembro do que uma foto que vejo, como se a visão direta desnorteasse a linguagem".[448] E, da mesma forma que o narrador da *Busca* convida seu espírito a encontrar a sensação nova que reativa sua memória, esse empreendimento se revela uma luta delicada e dolorosa consigo mesmo: "tensionado para a essência de sua identidade, debatia-me em meio a imagens parcialmente verdadeiras, portanto totalmente falsas".[449]

O jogo do véu

O capítulo precedente terminou com a inquietude formulada por Roland Barthes em relação à verificação da veracidade de uma fotografia no próprio instante em que a observamos. Risco paradoxalmente contradito pela própria lembrança do objeto que mantemos presente à luz de nossa memória, em volta da passagem da fotografia de ordem documental à fotografia de ordem artística. Como observamos anteriormente, o *punctum* não resulta nem de um ato voluntário, nem de um arranjo (uma fotomontagem), nem de qualquer artifício exterior cuja presença o anularia por afetar sua essência, como se percebe ao observar uma foto pintada ou retocada. Continuaremos perseguindo o sentimento de saudade, abordado aqui sob um novo ângulo: a rivalidade que opõe as lembranças passadas do

---

[446]BARTHES. *La Chambre claire: note sur la photographie*, p. 80.
[447]BARTHES. *La Chambre claire: note sur la photographie*, p. 87.
[448]BARTHES. *La Chambre claire: note sur la photographie*, p. 87.
[449]BARTHES. *La Chambre claire: note sur la photographie*, p. 103.

que perdemos ou permanece ausente para nós e o olhar presente, a partir do momento em que olhamos uma imagem que consigna essa lembrança, assim evocada num curto poema de Miguel Torga, "Câmara escura". Nele, o autor descreve a angústia que enfrenta em face da fugacidade do tempo, ela própria latente, que surge quando a imagem se revela:

> Devagar,
> Hora a hora,
> Dia a dia,
> Como se o tempo fosse um banho de acidez,
> Vou vendo com mais nitidez,
> O negativo da fotografia.
> [...]
> A este assombro de se ver forrado
> Dum pano de negrura que desmente
> A nua claridade do outro lado.[450]

Uma das características da fotografia é ser uma imagem-duplo: ela combina um tempo presente (do ato à percepção) e um tempo passado (o da lembrança). Uma das especificidades do tempo presente de uma imagem reside justamente no fato de que ela também evoca um futuro imediato (quando de sua revelação), sem deixar de se referir a um tempo passado daquilo que ela acaba de registrar. Essa duplicidade temporal conduz Roland Barthes a operar, progressivamente, uma leve modificação no próprio conceito de *punctum*: surge então no autor essa consciência do tempo fotográfico, definida pela noção de "isso foi". Ela sustenta assim a ideia de um tempo que se desenrola continuamente desde o passado, que não é ele próprio senão um presente antigo, que sucede naturalmente ao passado; esse "isso" é para Barthes uma coisa que adere (como o referente) a uma realidade material: "Esse objeto realmente existiu e esteve ali onde o vejo". E esclarece: "nunca posso negar que a coisa esteve ali. Há uma dupla posição conjunta: de realidade e de passado. [...] O nome do *noema* da fotografia será portanto 'isso foi'".[451] Ora, é porque essa noção de "isso foi" do objeto permanece subordinada ao real, como uma evidência, que o acreditamos vivo. Pegos de surpresa, por uma lapso de tempo, tomamos consciência de que o objeto existiu; que ele 'foi' mas 'não é mais'".[452]

[450] TORGA. Câmara escura. In: *Orfeu rebelde*, p. 14-15.
[451] BARTHES. *La Chambre claire: note sur la photographie*, p. 141.
[452] Barthes cita o exemplo do retrato do condenado à forca Lewis Payne, por Alexander Gardner: "A foto é bela, o rapaz também: trata-se do *studium*. Mas o *punctum* é: ele vai morrer. [...] A fotografia me diz a morte no futuro. O que me punge é a descoberta dessa equivalência" (BARTHES. *La Chambre claire: note sur la photographie*, p. 142).

Da mesma maneira que o retrato de Lewis Payne atinge o olho emotivo de Barthes, a intensidade do acontecimento é aqui tanto mais viva na primeira foto que a tensão da cena é acentuada por cada grupo de pessoas estáticas diante do pórtico da Catedral de São Paulo, à espera. Toda intensidade desse efeito está igualmente contida em duas fotografias emblemáticas tiradas pelo fotógrafo-repórter Juca Martins, durante uma manifestação em frente da catedral da Sé, em 1978. Supomos que o confronto esteja prestes a advir, a estourar. Acompanhamos a partir daí o deslocamento do fotógrafo realizando uma segunda tomada, mais aproximada, depois da dispersão da multidão. A intensidade desse instante é então perceptível no próprio resultado do confronto: os soldados estão perto do portal de entrada, os gases fumígenos escapam, os montes de papel nos informam sobre a confusão reinante.

Essa fotografia não parece querer provar nem tornar visível o confronto, mas seu resultado violento. Para Dubois, ela é o resultado de um afastamento, partilhada num entre-dois, que nos separa do objeto sensível e de sua representação: "A imagem latente só pode então ser uma imagem *duplamente* sonhada: sonho do que não existe mais *e* do que ainda não é, é a encarnação da própria distância que fundamenta a fotografia".[453] Poderíamos a partir daí abrir a questão supondo que esse estupor nasça no próprio momento da revelação da imagem, por sua aparição latente:

> Esse tempo de latência é o de uma perturbadora experiência da espera, de uma provação singular da distância [...] Estamos num ritmo do tempo e nada podemos fazer. E enquanto se está entre essas duas fases (mais ou menos deliciosas), todas as dúvidas são permitidas, e as flutuações, e as ilusões, as esperanças, as crenças, as ficções. A imagem, ainda virtual, fantasma de imagem, não cessa de correr todos os riscos, todos os sonhos.[454]

Essa *"mise en boîte"* [encaixotamento] do objeto se inscreve então numa *mise en abîme* do tempo, emanando ela própria de maneira particularmente surpreendente quando encaramos sua representação. Se a imagem não cessa de "correr todos os riscos, todos os sonhos", os *Robes de mariées* [Vestidos de noiva] fotografados por Valérie Belin nos convidam a dar corpo a essas segundas peles efêmeras. Não obstante, essas figuras

---

453DUBOIS. *O ato fotográfico*, p. 313.
454DUBOIS. *O ato fotográfico*, p. 312-313.

mortuárias, inabitadas, remetem-nos, *a contrario*, a uma cruel sensação de finitude. Roupas de um tempo transcorrido, apresentadas em sua caixa -esquife recoberta de papel. A dimensão imponente de cada fotografia (120 x 200 cm), o tratamento da luz por contrastes densos e violentos de cada modelo discrepa do aspecto dos tecidos gastos, esgotados por terem sido usados demais, e cujo lento processo de decomposição é paralisado pela imagem (Fig. 66).

Figura 66 – Valérie Belin, *Les Robes de mariées*. Cópia em prata, 120 x 200 cm cada. Calais. Musée de la dentelle.

Observemos que esse efeito de estupor não é exclusivo do *medium* fotográfico. Ele intervém igualmente no *medium* fílmico, no seio da própria matriz da imagem, fonte-impressão do instante, instante fugitivo de sua desaparição. Podemos observar esse processo, por exemplo, numa das sequências do filme *Roma*, realizado por Federico Fellini em 1972, durante a qual uma equipe composta de engenheiros de trabalhos públicos e de dois arqueólogos mergulha nas entranhas da cidade, perfuradas por um longo túnel. Entrando por acaso no oco de uma falha, numa sala que recorda a *cena* de um templo romano, cujas paredes e pilastras estão recobertas de afrescos, eles descobrem progressivamente uma série de personagens, dispostos em friso, à luz de suas lanternas. Ora, a intensidade da cena intervém no momento em que cada afresco começa a se recobrir com um véu, furtando-se a nosso olhar, como que chocado, cegado pela luz elétrica. Nenhuma salvaguarda é possível: efêmeras e frágeis, as imagens fogem num curto instante, destruídas para sempre pela própria luz que as revelou. O visível se torna invisível, mantido apenas na memória daqueles que puderam contemplá-lo.

Citamos essa sequência para mostrar que essa possibilidade de passagem temporal não está circunscrita unicamente ao campo da fotografia, mas pode também ser traduzida pela escritura cinematográfica. Já que, da mesma maneira que os afrescos se recobrem de um véu definitivo, toda fotografia, "no momento em que é tirada, lança para sempre seu objeto ao reino das sombras".[455] Mas também por ela ser particularmente emblemática de um tipo de imagem que Gilles Deleuze nomeia *imagem cristalina* – termo que será discutido no próximo capítulo –, constituindo a contraparte daquilo que chamamos anteriormente de uma imagem-saudade. Por sua capacidade de efetuar uma passagem entre três tempos diferentes, reunidos num só momento, a presença da saudade pode ser assim ativada pela simples visão de uma fotografia da qual um dos referentes desperte a lembrança do objeto distante a que ela remete. Uma segunda passagem vem assim se efetuar a partir de uma fotografia "real" – ou seja, física, palpável e visível num tempo atual – a uma imagem mental, que vem igualmente se acrescentar a outras imagens, formando um todo que se encadeia num movimento cuja finalidade rememora um objeto e uma experiência passada. Esse encadeamento multitemporal da imagem é portanto percebido diferentemente pelos teóricos que tentaram defini-lo através do mecanismo de nossa memória, engendrado por nossa recepção da imagem: assim, o "isso foi" barthesiano foi recentemente questionado por André Rouillé, que lhe prefere a noção de "isso se passou", proposta por Henri Bergson. Falar de uma noção como a de "isso se passou" significa considerar o tempo, e mais precisamente o presente, não como aquilo que "é", mas como "aquilo que se faz".[456] Abandona-se assim aquilo que se aparenta ao regime referencial e se passa para aquele do eventual. No entanto, o corte entre esses dois modos nem sempre é tão claro.

Essa questão nos leva diretamente ao estudo do elo entre o sentimento de saudade e a imagem fotográfica, através do que podemos chamar a partir de agora de uma necessidade de arquivo, ou uma prática arquivística do arquivo. Segundo André Rouillé, a passagem da fotografia-documento a uma fotografia de arte faz eco a um fenômeno mais geral, que sobreveio ao longo de todo o século XX. Essa passagem

---

[455]DUBOIS. O ato fotográfico, p. 312-313.
[456]ROUILLÉ. *La Photographie*, p. 290.

se inscreve numa época que anuncia uma mutação, contraditória, das sociedades resultantes da era industrial para as da informação, em busca de "imagens-choque" que representem os transtornos do mundo. Percebidas como o perfeito reflexo de uma realidade truncada e incerta, essas imagens tendem a ser difundidas, em primeiro lugar, em razão de seu valor expressivo. Essa contradição continua presente no desenvolvimento das redes digitais de comunicação, que aboliram a dimensão espacial e temporal da imagem.

Paralelamente, novos campos de estudo contribuíram para a exploração de pesquisas fotográficas originais. Veremos como esse recurso ao *medium* fotográfico interviu questionando e criticando a fotografia como simples prova do real registrado. À diferença de Rouillé, François Soulages aborda esse *medium* por ângulos mais específicos: ele não tenta estabelecer uma história da fotografia de maneira linear e evolutiva, mas prefere, ao contrário, enfatizar seus principais elementos, concentrando-se na ontologia da imagem fotográfica. É assim que, para compreender como a noção de "fotograficidade" pode alterar nossa percepção da imagem, Soulages tenta definir aquilo que poderia ser da ordem do "sem-arte" e de sua passagem à "arte". Em que critérios essa passagem pode se fundar e o que isso tem a ver com a ideia de fotograficidade?

No que concerne à questão do "sem-arte", Soulages se refere ao fotógrafo Marc Pataut, que realizou uma série de fotografias num hospital psiquiátrico colaborando apenas do "exterior", deixando as tomadas a cargo de crianças com problemas motores.[457] Alheio à preocupação com o ato fotográfico e a qualquer medo relativo à legibilidade da imagem, o aparelho fotográfico se tornou um meio de exploração e experimentação. Dado que todo o dispositivo acionado o foi essencialmente de maneira a perceber o primeiro objeto diretamente visível através da objetiva, a saber, seus corpos, essa obra permanece forte e desconcertante ao mesmo tempo, transtornando, a partir de dentro, nossos hábitos visuais e nossa relação com a própria fotografia.

Uma perturbação intervém. Essas fotos atestam a impossibilidade de atribuição das imagens àqueles que as criaram, pois foram feitas por crianças "anônimas". Do mesmo modo, a ausência de qualquer indicação de lugar e das preocupações com enquadramento e composição aparenta cada imagem a uma fotografia dita *falhada* e a libera paradoxalmente das prerrogativas estéticas de uma imagem julgada bela porque "bem-sucedida".

---

[457]SOULAGES. *Esthétique de la photographie*, p. 142-150.

No entanto, essas fotografias são perfeitamente legíveis em seu conjunto e demonstram como essa passagem do "sem-arte" à "arte" é possível: é a intervenção do próprio artista, restrito a seu projeto de reuni-las, que lhes confere existência. Assim, o que deriva para Soulages do "sem-arte" não deriva nem de uma intenção em seu projeto nem de uma aspiração artística. Segundo ele, a maior parte das fotografias derivam dessa categoria. Marc Pataut considera que um dos aspectos importantes de seu trabalho reside no fato de que essas fotos não "captam nem o real nem o sentido, mas simplesmente dão a ver [...] elas são antianedóticas, acima de tudo poéticas".[458]

Por outro lado, aquilo que Soulages entende pela noção de "fotograficidade", a parte fotográfica da imagem, consiste em "considerar, além da existência de uma fotografia real, sua dimensão do possível".[459] Esse conceito abstrato só pode nascer na tensão existente entre duas realidades, uma física, pela irreversibilidade da impressão negativa, sem nenhum poder de intervenção interna no momento de seu registro, a outra temporal, por seu procedimento de reprodução inacabado, estendido ao infinito. A simples parada desse inacabamento, em sua forma mais radical, leva à destruição de seu suporte de impressão negativo. É portanto dessa possibilidade de destruição, ou mesmo de autodestruição e, finalmente, de desaparição da imagem, que se tratará a partir de um dos caracteres mais enigmáticos – e mais ambíguos – da fotografia, a saber, sua dimensão e seu valor *arquivístico*.

A imagem percebida como arquivo (sem nenhuma distinção *a priori* entre o regime documental e o regime artístico da imagem) nos leva a interrogar essa presença da saudade, consignada aqui no fundo da imagem, gerando tanto um possível afastamento temporal, por sua leitura anacrônica, quanto um possível afastamento de sentido. Esse afastamento é uma espécie de entre-dois, situado no intervalo que separa a recepção de uma imagem de nosso julgamento estético, validação final do conteúdo que ela representa, desde o instante de sua captação até o lugar de sua mostração. O que designa aqui essa mostração? Jean-Luc Nancy comenta:

> Assim, a imagem é de essência monstrativa ou 'monstrante'. Cada imagem é uma monstrância [...] A imagem é da ordem do monstro: monstrum é um signo prodigioso (moneo, monestrum)

---

[458] SOULAGES. *La Photographie*, p. 150-151.
[459] SOULAGES. *La Photographie*, p. 107-134.

> que adverte de uma ameaça divina [...] É assim que há uma
> monstruosidade da imagem: ela está fora do comum da presença,
> porque ela é sua ostentação, mas como exibição, como trazer à
> luz ou para a frente.[460]

Particularmente emblemática dessa vontade *monstrativa*, a obra fotográfica de Eric Rondepierre é ainda mais significativa por proceder ao avesso; bem diferente de uma memória involuntária proustiana, mas também de qualquer inventário arquivístico, ela passa assim de um fotograma fílmico, deformado ou alterado quimicamente, para uma fotografia que consigna esse lento processo em curso de degradação. Trabalhando a partir de filmes de arquivos mudos, Rondepierre explora todas as possibilidades plásticas e todos os registros formais de decomposição que lhe são oferecidos: rostos despedaçados, rachados, evanescentes e se evaporando como esse olho contaminado por um signo inoculado sobre a retina, no curso de sua aparição (Fig. 67). Se o método empregado pode se confundir com o da arquivagem – em função do próprio título de certas fotos, pela retomada do número de inventário do filme ou de uma frase superposta à imagem –, ele se explica pelo fato de que essas fotografias adotam o *parti pris* de conservar a matéria da imagem segundo seu estado de deterioração, a fim de poder ler e decifrar o enigma de seu conteúdo tornado ilegível – imagem e intertítulos confundidos. Ela desaparece, como que estupeficada em seu último sopro mudo (Fig. 68).

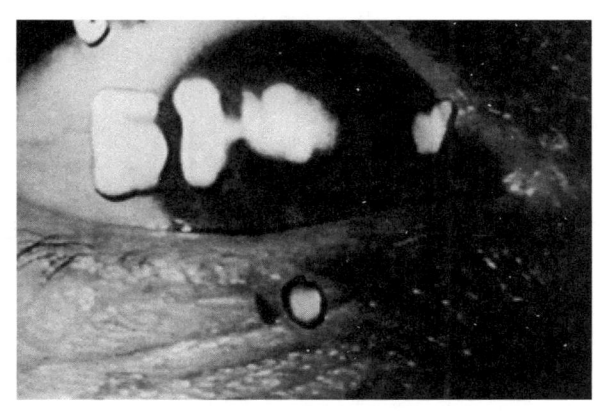

Figura 67 – Eric Rondepierre, *R433A*, 1995.
Cópia em sal e prata sobre alumínio, 49 x 70 cm. Coleção do artista.

---

[460]NANCY. *Au fond des images*, p. 46-47.

Figura 68 – Eric Rondepierre, *W1930A*, 1995.
Cópia em sal e prata sobre alumínio, 70 x 105 cm. Coleção do artista.

Assim, Eric Rondepierre cria, a partir de todas essas deteriorações "naturais", um catálogo de formas visuais autônomas que põem à prova qualquer nova tentativa de plena aderência dessas fotografias a seus referentes originários. Esse exemplo de postura nos conduz a apreender então a imagem em sua função ao mesmo tempo material e simbólica de arquivo, perfeita impressão mnemônica do acontecimento. Permanece portanto a questão de saber como, para além de sua função documental, ela se torna ela própria um objeto de saudade reativado. Esclareçamos aqui brevemente a distinção que existe entre o arquivo e o rastro. Se o conceito de arquivo permanece particular, o de rastro, pelo contrário, é geral, vasto e sem limites. Evidentemente, o arquivo resulta de um rastro (escrito, fotográfico). As duas noções estão intimamente ligadas, mas exprimem uma divergência: o rastro é livre, *em si*, de qualquer intenção. Só uma intervenção exterior modifica seu caráter e seu sentido, como acontece no caso da fotomontagem ou da correção digital de imagens. Por sua vez, o arquivo não existe sem rastro: como o arquivo supõe uma intenção da ordem da apropriação, da conservação e mesmo da reapropriação. Organizado, classificado, controlado: "Não há arquivo sem poder político".[461]

O termo "arquivo" provém do grego *arkheion*, lugar reservado àqueles que tinham um interesse político para a cidade a fim de que pudessem depor ali todo e qualquer documento importante ou conta, gerido por administradores escolhidos para desempenhar essa função.

---

[461] DERRIDA. *Mal d'archives*, p. 27.

Função que encontramos hoje de maneira implícita na obra de Christian Boltanski, *A reserva dos suíços mortos*, de 1991: dissimulando voluntariamente (ou jogando com a dissimulação) seu conteúdo, *reservado* – muitas vezes evocatório de uma profunda ferida – em caixas de ferro (gesto que evoca o costume de guardar fotos de família em caixas de biscoito) coletadas e acumuladas no espaço, estas se aparentam a verdadeiras esculturas mnemônicas de conteúdo virtual, ou ao menos desconhecido. Essas colunas dissimulam do olhar aquilo que não pode ser visto. Seu espaço de apresentação se assimila ao de um teatro contemporâneo da memória. Ou fazendo diretamente *corpo* com o espaço arquitetado, como nos mostra o exemplo seguinte de uma instalação em que a própria ideia de memória é desviada para algo que se aparenta com um verdadeiro muro das lamentações. Ela tende assim a nos alertar contra a barbárie, mas sobretudo contra o esquecimento.

É interessante observar que essa luta visual contra o esquecimento – através do dispositivo mnemotécnico, amplamente teatral, acionado por Boltanski – se inscreve numa tradição já descrita por Cícero no século V a.C., a do uso de tabuletas enceradas pelo orador a fim de garantir e aprimorar sua arte declamatória.[462] Após uma longa preparação, que consistia em cumular no seio de sua memória toda uma suma retórica, a ser defendida em face de seu auditório, o orador se posicionava, então, sozinho sobre o *proskenion* do teatro antigo, de frente para seu público. Seu tratado *De oratoriæ* foi tão importante que encontramos ainda sua influência no século XVI, na Itália, sob a égide de Giulio Camillo – inventor de um famoso "teatro da memória" desdobrado em volta de um plano em hemiciclo, o antigo *koilon*, composto de uma sucessão de fileiras de arquibancada. Esse modelo chegou à Inglaterra com o exemplo do dispositivo mnemotécnico imaginado por Robert Fludd e desenvolvido num estudo consagrado à arte da memória, *Ars memoriæ*, ou seja, a "ciência da alma memorativa".[463] Um estudo em que a própria figura do teatro dará a essa memória sua forma arquitetural e cujas pesquisas servirão de embasamento para a concepção cênica do Globe Theater, de Londres, "dando-lhe, é verdade, um reflexo deformado pelos espelhos da memória mágica"[464] (Fig. 69-70).

[462]CICERON. *De l'Orateur*-II, § LXXXVI, v. 351-354, p. 154.
[463]YATES. *L'Art de la mémoire*, p. 348.
[464] YATES. L'Art de la mémoire, p. 345.

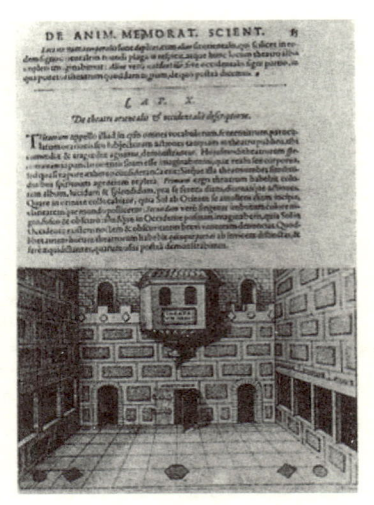

Figura 69-70 – Robert Fludd, primeira página da *Ars memoriæ* e vista do teatro, extraída de *Utruisque cosmi...* Gravuras de Théodore de Bry, Oppenheim, 1619, tomo 2.

Mas voltemos à questão do arquivo. Para Michel Foucault:

> Trata-se de um domínio imenso, mas que se pode definir: é constituído pelo conjunto de todos os enunciados efetivos (quer tenham sido falados ou escritos), em sua dispersão de acontecimentos e na instância própria de cada um. [...] O arquivo é, de início, a lei do que pode ser dito, o sistema que rege o aparecimento dos enunciados como acontecimentos singulares. [...] O arquivo não é o que protege, apesar de sua fuga imediata, o acontecimento do enunciado e conserva, para as memórias futuras, seu estado civil de foragido; é o que, na própria raiz do enunciado-acontecimento e no corpo em que se dá, define, desde o início, *o sistema de sua enunciabilidade*.[465]

O arquivo vem portanto pôr à prova, resistir contra qualquer tentativa de controle (e portanto de manipulação) do poder que um Estado pode exercer a partir dele. Em contrapartida, enquanto lugar de consignação do acontecimento, e portanto do tempo, ele não cessa, por seu desvelamento, de modificar nossa leitura da história e do olhar que podemos lançar ao homem.

Esse elo entre o arquivo e o poder é analisado também por Jacques Derrida, para quem não existe "nenhum poder político sem controle

---

[465]FOUCAULT. *A arqueologia do saber*. p. 146-147.

do arquivo, senão da memória". Ora, o ponto mais intenso de seu argumento reside na luta que o arquivo trava consigo mesmo. De maneira similar ao sentimento de saudade, nascido da perda – não definitiva – de seu objeto mantido *a posteriori* "vivo" através da lembrança, o arquivo registra e conserva, por uma duração indefinida, a presença de seu objeto ausente, mas permanece paradoxalmente um objeto e um lugar de memória particularmente frágil.

O arquivo constitui assim um lugar de seleção, de organização e de classificação. Ora, como o rastro, a essência do arquivo só se completa com a possibilidade de sua própria autodestruição. Ele reveste então, segundo Derrida, o caráter particular de sua própria desaparição, preocupado em preservar aquilo que se expõe a sua própria destruição, em si, e no lugar que o recebe. Suspendido por um fio, como nesse retrato de velho feito por Tiago Santana no Ceará: essa memória se condensa em cada um dos rostos de seus antepassados, alinhados numa tabuleta visível à direita da imagem, uma memória de salvaguarda que paira sobre o velho absorvido em seus devaneios (Fig. 71).

Figura 71 – Tiago Santana, [Sem título], [s.d]. Cópia em prata. Coleção do autor.

Eis por que essa razão encontra sua motivação na preocupação com uma ameaça de morte, *a priori*, aquela que emana de uma "pulsão de morte [...] anarquivística".[466] Consequentemente, essa pulsão se opõe à "pulsão de arquivo", cuja finalidade consiste em consignar, selecionar e interpretar todo e qualquer rastro inventariado. Como observa Derrida: "Desde que eu tenho uma experiência do rastro, não posso reprimir o movimento para interpretar os rastros, selecioná-los, guardá-los ou não, para constituir então os rastros como arquivos e escolher o que eu quero

---

[466]DERRIDA. *Mal d' archive*, p. 26.

escolher".[467] É por isso também que essa pulsão encontra lugar no inconsciente. No que concerne ao tempo, não se deve ver obrigatoriamente no arquivo uma relação sistemática com o passado, mas, ao contrário, uma preocupação com o porvir. E isso no próprio gesto violento de sua consignação: pois só selecionamos aquilo que julgamos necessário, na esperança de uma existência futura perene, indefinida.

Isso também é válido no que concerne a nossa memória, sujeita a uma economia do rastro, tal como se pode observar na série *Fotografias deslumbradas*, realizada pelo duo de fotógrafos brasileiros Boff-Ramiro em 1995. As fotografias, saídas de sua caixa, já tinham começado seu lento processo de deterioração. Trata-se de dois retratos de uma garotinha, sozinha e em família, anônima. Essas duas imagens se dissolvem em sua própria impressão: a matéria de seu suporte papel se esboroa pela ação do tempo, riscada até o limite do visível; elas são voluntariamente entregues e apresentadas ao olhar como tais. Assim, nossa memória pode escolher conservar ou destruir:

> Há portanto constituição de arquivos mnésicos lá onde há economia, seleção dos rastros, interpretação, rememoração, etc. O arquivo começa lá onde o rastro se organiza, se seleciona, o que supõe que o traço já tenha terminado. Portanto, um rastro pode se apagar. Isso pertence a sua estrutura, isso pode se perder. Pertence ao rastro poder se apagar, se perder, se esquecer, se destruir. É sua finitude.468

E é porque o rastro é finito que existe o arquivo: esforçamo-nos por selecionar e conservar alguns, destruir tais outros, ou ainda deixar desaparecer certos rastros em proveito de tais outros, porque sabemos que os rastros são finitos. E um arquivo é sempre finito, destrutível, pois estamos conscientes de que cabe a ele ser destruído. A saudade se assemelha então com uma luta travada contra a perda definitiva de seu objeto, contra uma morte definitiva; no entanto, ela cria um recurso similar: só queremos nos lembrar de experiências felizes. Por isso, todo elemento referente que contradiga essa vontade será isolado para não entravar o bom desenrolar de sua aparição. A partir daí, a saudade se expõe também

[467]DERRIDA. *Mal d' archive*, p. 26.
[468]DERRIDA. Trace et archive, image et art. Entrevista organizada em colaboração com François Soulages durante uma conferência na Université de Paris 8, no dia 25 de junho de 2002. A resenha dessa entrevista pode ser consultada em: <http://www.jacquesderrida.com.ar/frances/trace_archive.htm>.

a uma ameaça similar do véu que não é outra senão a da perda progressiva da memória, do apagamento das lembranças que abolem qualquer baliza temporal, deixando seu sujeito num espaço-tempo vago, ou seja, uma pulsão anarquivística destrutiva: "ela não incita somente o esquecimento, a amnésia, o aniquilamento da memória, como *mnémé* [...] ela comanda também o apagamento radical, na verdade a erradicação do que nunca se reduz à *mnémé*, a saber, o arquivo, a consignação".[469]

Preocupada com o risco de desparecer na fonte de sua consignação, a imagem fotográfica vem se recobrir de novo com esse véu fino e tênue, que nos mantém a distância, situados no limite do visível, e que no entanto ressurge em curtas instâncias, de acordo com o olhar que a percorre. Dois retratos fotográficos feitos pela artista Rosângela Rennó manifestam claramente esse aspecto. Esses dois retratos foram extraídos da *Série vermelha – militares*. A prática da artista consiste numa reapropriação perturbadora de retratos de oficiais militares coletados pelo mundo afora. Perturbadora porque alguns, identificáveis pelas insígnias que trazem no peito, deixam-nos adivinhar que a maior parte deles serviu regimes militares totalitários. Mas não é o reconhecimento dessas insígnias que forma o interesse maior dessa série. Cada retrato está recoberto por uma fina película avermelhada que torna difícil qualquer tentativa de leitura. Esse véu vermelho (que supomos ser intencional, como um véu de sangue), aplicado pela ferramenta digital, mergulha assim cada figura no fundo da imagem, jogando com a distância entre o próximo e o longínquo, contingente dentro e fora do quadro de representação (Fig. 72).

Figura 72 – Rosângela Rennó, [Sem título], *Série vermelha – militares*, 1996. Fotografia digital. Cópia em c-print, 140 x 95 cm.

[469]DERRIDA. *Mal d'archive*, p. 27.

Ora, se a imagem pintada anula, segundo Barthes, o efeito de *punctum*, aqui, no entanto, ele continua presente. Seu efeito é tanto mais surpreendente pelo fato de não surgir da imagem à primeira vista, mas exigir, pelo contrário, um tempo para que nos acostumemos, assim como a imagem só aparece a pequena distância. De longe, ela se transforma num simples *aplat* monocromo. Além de dar conta de uma reapropriação transgressiva, desconcertante, do regime do arquivo, não se trata mais aqui de fotografias, e sim de quadros. Mas quadros específicos, em que o jogo do artista "faz com que a propriedade do quadro não seja um espaço de qualquer modo normativo, cuja representação nos aponta ou designa ao espectador um ponto e um ponto único para onde olhar; o quadro aparece como um espaço diante do qual e em relação ao qual podemos nos deslocar".[470]

Esse jogo nos alerta para nosso lugar de espectadores, partindo do princípio, como observa Georges Didi-Huberman, de que:

> Olhar seria pôr em prática o fato de que a imagem é estruturada como um diante-dentro: inacessível e impondo sua distância, por mais próxima que seja – pois é a distância de um contato suspenso, de uma impossível relação carne a carne. Isso quer dizer simplesmente – e de uma maneira que não é apenas alegórica – que a imagem é estruturada como um limiar. Uma forra de porta aberta, por exemplo. Uma trama singular de espaço aberto e fechado ao mesmo tempo. Uma brecha numa parede, ou um rasgão, mas obrada, construída, como se fosse preciso um arquiteto ou um escultor para dar forma a nossas feridas mais íntimas.[471]

Um outro quadro, que compõe a mesma série, nos mostra um jovem militar desviando seu olhar. Sua pose ingênua – mãos juntas sobre as coxas, expressão cândida do rosto –, conforme à tradição do retrato burguês do bom filho de família, opõe-se ao retrato apresentado anteriormente, que supomos ser o retrato oficial de um militar japonês e que nos apresenta um homem de rosto impassível, que nos observa e nos desafia. Então: "cada um diante da imagem – se nomeamos imagem o objeto, aqui, do ver e do olhar – se comporta como diante de uma porta aberta em que não se pode entrar: o homem da crença vem para aí ver alguma coisa além".[472]

---

[470] FOUCAULT. *La peinture de Manet*, p. 47.

[471] DIDI-HUBERMAN. *Devant l'image: question posée aux fins d'une histoire de l'art*, p. 192-193.

[472] DIDI-HUBERMAN. *Devant l'image: question posée aux fins d'une histoire de l'art*, p. 192-193.

Da imagem cristalina ao fora-do-tempo da imagem

Em face da imagem, acabamos então por atingir seu limiar, separados por um véu – como uma fina membrana invisível – que nos mantém próximos e distantes ao mesmo tempo. Resistindo na própria matéria de sua impressão, ela parece nos afastar ao mesmo tempo que nos convida a penetrar no mais fundo de sua essência sensível. Ela se apresenta como um enigma cuja resolução só pode ser encontrada ao termo de um trajeto minucioso e atento de nosso olhar, que percorre sua superfície.[473] Este é o poder da fotografia: o de nos abstrair do momento, em seu próprio corte de tempo. Esse corte temporal nos aparece então, à primeira vista, unificado, unitário, não fazendo mais do que um, no instante real do ato que, em parte, o faz nascer. Mas se começamos a querer "descascar" esse instante, ele logo se mostra mais complexo do que parecia.

Essa complexidade se intensifica a partir do momento em que a consciência convoca nossa memória passada a partir de uma montagem de imagens sutil, extensível, cuja duração de agenciamento tende paralelamente a nos extrair da fuga contínua do presente, que, ele próprio, não cessa de ser já passado. Se o episódio da descoberta da fotografia do jardim de inverno de Roland Barthes acaba por situar o autor de certa forma fora de si mesmo, ela o leva assim a uma luta que exige um esforço ao mesmo tempo de extração – das lembranças – e de abstração – ressituadas no passado, triadas e reorganizadas por nossa consciência no presente. Recompondo uma nova trama visual e narrativa, visando imaginar de novo um eventual retorno, senão a lembrança futura do objeto que falta, esse corte age como uma linha de ruptura solicitada na busca perpétua de sua nova formulação.

Assim, essa ruptura corrobora a ideia de uma modernidade incessantemente renovada e cuja finalidade nos conduz ao seguinte paradoxo: se o conhecimento do presente é praticamente impossível sem um conhecimento do passado é porque "é ao mesmo tempo [...] o presente se dá como presente e se constitui como passado. Em outros termos, há contemporaneidade entre o passado e o presente que ele foi".[474] Pensar o presente

---

[473] Um enigma cuja estranheza, de novo, vem confirmar: "a paradoxal fecundidade do anacronismo. Para chegar aos múltiplos tempos estratificados, às sobrevivências, aos longos anos do mais-que-passado mnésico, é necessário o mais-que-presente de um ato reminiscente: um choque, um rasgar de véu, uma irrupção ou aparição do tempo" (DIDI-HUBERMAN, *Devant le temps: histoire de l'art et anachronisme des images*, p. 20).

[474] DELEUZE. Bergson, propositions sur le cinéma. Cours de Vincennes du 18 maio 1983. Disponível em: <www.webdeleuze.com>.

equivale, nesse sentido, a traçar uma experiência-limite que desenha uma fronteira, "ao mesmo tempo fechamento e abertura para produzir novidade, ser, ato".[475] Por outro lado, por surgir de um ato de corte, de uma parada do tempo que foge em sua corrida, a imagem é capturada uma segunda vez no instante de nossa percepção: ela se fixa, estática, em nossa consciência particular, como uma parada em movimento, fora do resto do mundo, prosseguindo seu movimento perpétuo. Assim emerge o *fora-do-tempo*. A imagem obtida não lhe restitui "a memória de um percurso temporal, mas antes a *memória* de uma experiência de corte radical da continuidade, corte que fundamenta o próprio ato fotográfico".[476]

Essa observação sublinha o fato de que o corte fotográfico, embora furtivo, não se limita por isso apenas ao instante. Se intervém como um simples lapso de tempo – quantificável arbitrariamente como que por equação, em função da quantidade de luz que passa pelo obturador – calculada pela focal – e do tempo adequado de pausa que vem romper sua escala, essa parada, em contrapartida, aparece-nos como perpetuamente imutável, como uma espécie de tempo "fossilizado". Essa *mise en abîme* atemporal do tempo ressurge então pela simples faculdade reprodutora que a matriz fotográfica tem de revelar ao infinito uma imagem ao mesmo tempo síncrona e instantânea. Esse princípio de corte "é também passagem desse ponto rumo a uma nova inscrição na duração: tempo de parada, decerto, mas também, e por aí mesmo, tempo da perpetuação do que só aconteceu uma vez".[477] Tomemos como exemplo essa fotografia de Jacques-Henri Lartigue que representa uma cena de banho (Fig. 73).

Composição perfeitamente simétrica, como um efeito de espelho, ela se divide em dois níveis – um, superior, representando a cena "real", e outro, inferior, que não é outro senão seu reflexo –, separados por uma faixa mediana que corresponde à esplanada que está acima da piscina. Se nada parece poder ser desestabilizado, um aspecto vem no entanto perturbar essa ordenação estável como um verdadeiro efeito de suspensão. Trata-se do grupo de nadadores, e especialmente do mergulhador, cujo movimento, capturado "no ato", remete àquilo que Mauricio Lissovsky denomina uma "latitude de expectativa", longa ou curta: "conforme a janela que se abre para o devir do instante",[478] e que precede esse instante

[475]BURGÈRE. Foucault et Baudelaire: l'enjeu de la modernité.
[476]DUBOIS. *O ato fotográfico*, p. 164.
[477] DUBOIS. *O ato fotográfico*, p. 165.
[478]LISSOVSKY. *A máquina de esperar*, p. 73.

decisivo, capturando e mantendo o corpo do nadador no espaço em completa suspensão.

O efeito estático do corpo do nadador em movimento – assim como a pausa imóvel daqueles que o observam – é ainda mais perturbador por contrastar com a vibração ondulatória da superfície de água que os reflete. Esse contraste opõe assim os dois níveis – superior e inferior – da imagem e insiste, de novo, nessa ideia de tensão presente na imagem: tensão do mergulho no momento mesmo em que ele advém, assim como aquela do instante supremo em que intervém o clique do aparelho fotográfico. O instante nos aparece como o produto de uma contração de tempo. Se Lessing estimava, em seu tratado de 1766 sobre a pintura e a poesia, que esse instante era pregnante na imagem pintada, é porque sua presença resultaria apenas da escolha do pintor, buscando exprimir "a essência do acontecimento".[479]

Figura 73 – Jacques-Henri Lartigue, *Charly, Rico et Sim*, Rouzat, setembro de 1913. Cópia em prata. Charenton-le-Pont. Doação de Jacques Henri Lartigue.

A fotografia nos mostra, pelo contrário, que esse instante se revela "uma noção de natureza plenamente estética que não corresponde a nenhuma realidade fisiológica".[480] Eis por que: "A espera deve ser estreita bastante para que dure apenas o tempo de uma decisão, por mais longo que seja o intervalo que a precede e no qual nada se decide".[481] Esse aspecto de latitude nos parece ainda mais curto no exemplo de outra cena de mergulho, fotografada por Pedro Martinelli na bacia do

---

[479] Cf. LESSING. *Laocoon ou Des frontières de la peinture et de la poésie*, p. 10.
[480] AUMONT. L'Image, p. 180.
[481] LISSOVSKY. *A máquina de esperar*, p. 83.

rio Amazonas e que confere à imagem um caráter instável. Seu simples desenquadramento é reforçado por uma tomada em *contre-plongée*, e a latitude restrita do fotógrafo lhe permite captar todo o dinamismo de cada movimento, pego como de surpresa, na urgência e na fugacidade de seu movimento, prolongando-se num tempo fora-do-tempo (Fig. 74).

Figura 74 – Pedro Martinelli, *Rio Nhamunda Amazonas*, [s.d.]. Cópia em prata. Coleção do autor.

Um novo enigma se impõe, portanto, e de maneira no mínimo contraditória: se a imagem resulta em parte de uma porção temporal, como pode sugerir ao mesmo tempo a possibilidade de um tempo fora-do-tempo? Esse tempo lhe é inerente ou só pode lhe ser exterior? O que podemos entender por essa noção de fora-do-tempo? Em que medida esse fora-do-tempo se apresenta a nossa consciência, e será que ele pode constituir um outro elo entre a imagem fotográfica e o sentimento de saudade? Para poder responder a essas questões colocadas pelo fora-do-tempo, vamos nos concentrar em três aspectos constitutivos da imagem fotográfica. Partindo da análise de Henri Bergson a propósito da diferença que separa o instante da duração, interrogaremos então, em relação à representação fotográfica da saudade, esse caráter tão específico da memória, feita de *assemblage*, construída mais exatamente a partir desse agenciamento de imagens que não é outro senão aquele das imagens cristalinas. Nossa hipótese consiste aqui em demonstrar que a manifestação da saudade, longe de ser estática, *passiva*, procede ao contrário de uma construção dinâmica operada através de uma montagem de imagens virtuais heterogêneas que formam um todo unitário e coerente. Isso nos conduzirá progressivamente a esse fora-do-tempo, de que já podemos pressupor a imanência particular de um *fora*, elevando ao sublime.

Antes mesmo de abordar essa dimensão estranha de um possível *fora-do-tempo* da fotografia, comecemos por comentar brevemente aquilo que diferencia o instante da duração quando olhamos uma fotografia. Nossa percepção age de certa forma por distinção entre um tempo presente e um tempo passado que Bergson define como imediato. Ele explica esse parâmetro afirmando que "[n]ós só percebemos, praticamente, o passado, o presente puro sendo o inapreensível avanço do passado a roer o futuro".[482] Esse emaranhado temporal da memória se apresenta como uma relação complexa que exige um esforço singular, "[m]as como o passado, que, por hipótese, cessou de ser, poderia por si mesmo conservar-se? Não existe aí uma contradição verdadeira ?".[483]

Independentemente das circunstâncias em que esse processo é acionado, perceber (e portanto receber uma imagem) continua indissociável de um saber que convoca nossa memória. Bergson, aliás, diferencia dois tipos profundamente distintos. Haveria, segundo ele, de uma parte, uma memória "fixada no organismo", que permite que nos adaptemos em função de nossas necessidades. Mas essa memória é enganosa, incompleta, pois aparece como um "hábito mais do que como uma memória, joga com nossa experiência passada, mas não evoca sua imagem".[484] Um segundo tipo, por sua vez, designaria uma memória verdadeira que agiria num passado definitivo, ao contrário da memória que atua num presente que renasce sem parar.

Como esses dois tipos de memória podem ser convocados por nossa percepção quando nos defrontamos com uma imagem? Como se "materializa" essa escala temporal no seio de tal processo mecânico? Bergson explica que a relação entre nossa percepção e nossa memória só é possível pela reunião, ou mesmo a "fusão", operada por nossa consciência a partir da experiência que temos das coisas, mas também em função desses dois tipos de memória. Dessa distinção resulta uma junção que se efetua da seguinte maneira: "Por um lado, com efeito, a memória do passado apresenta aos mecanismos sensório-motores todas as lembranças capazes de orientá-los em sua tarefa e de dirigir a reação motora no sentido sugerido pelas lições da experiência: nisto consistem precisamente as associações por contiguidade e por similitude".[485]

Nossa percepção é ao mesmo tempo governada por nossa ação (medida pelas coisas), por nossas necessidades (por eliminação de qualquer elemento que não corresponda a nossas necessidades) e, sobretudo, por nossa memória.

---

[482]BERGSON. *Matéria e memória*, p. 167.
[483]BERGSON. *Matéria e memória*, p. 175.
[484]BERGSON. *Matéria e memória*, p. 175.
[485]BERGSON. *Matéria e memória*, p. 178-179.

Assim, o que Bergson entende por essas "associações por contiguidade e por similitude" designa um mecanismo de percepção fundado numa "associação por semelhança" que justifica assim o fato de nossas percepções nunca serem momentos reais das coisas. Associada a um processo de repetição, esta é detonada a partir da emissão de um signo ou ainda por aquilo que ele define como um "chamado" que conecta percepções antigas análogas a uma percepção presente. Ele confirma a doxa segundo a qual: "Não há instantâneos [pois] não há percepção que não esteja impregnada de lembranças".[486] Nesse sentido: "a percepção presente age em virtude de sua similitude com as percepções passadas, e há aí também uma associação por contiguidade, já que os movimentos consecutivos a essas percepções antigas se reproduzem, e podem inclusive arrastar consigo um número indefinido de ações coordenadas à primeira".[487]

Essa associação por semelhança ou por contiguidade foi igualmente abordada por Gilles Deleuze, em seu ensaio consagrado à *Imagem-tempo*, e mais especificamente no capítulo intitulado "Os cristais de tempo". Essa associação ecoa portanto na experiência particular do tempo que produz um sentimento de *déjà vécu* [já vivido], conhecido sob o termo "paramnésia", ou seja, a sensação pontual de já ter vivido uma cena ou uma situação no próprio momento em que ela ocorre. Não obstante, essa sensação difere da associação descrita por Bergson, na medida em que, por um lado, ela não pode ser datável e, por outro, ela não é similar à sensação de semelhança, ou seja, a sensação "de ter vivido alguma coisa de semelhante que evocaria uma memória. [...] Nós a vivemos num passado qualquer".[488] A originalidade dessa percepção particular de uma duplicação do presente nos conduz então, no que tange à imagem fotográfica, a considerar a percepção do acontecimento em sua relação dinâmica com o tempo, motivando assim a passagem de um "isso foi" da imagem para um "isso se passou".

Ora, assim como nossa consciência só seleciona aquilo que deseja preservar, a relação que mantemos com o presente e com o passado se inscreve numa espécie de elã, um "elã vital" que separa o que nos é útil daquilo que não o é, explicando assim essa sensação de *já vivido* determinada num duplo movimento presente-passado unilateral: "O que nos é útil é a lembrança em relação a presentes atuais. Eis que me ponho não

[486]BERGSON. *Matéria e memória*, p. 178-179.
[487]BERGSON. *Matéria e memória*, p. 195.
[488]DELEUZE. Image-temps, image-mouvement. Cours de Vincennes du 17 maio 1983. Disponível em: <www.webdeleuze.com>.

a perceber a cena como presente, mas como passada. Percebo o atual presente como passado; e não em relação a um novo presente, percebo o atual presente como passado em si".[489]

O presente, em si, de nossa consciência é um eixo maior que nos oferece nossa percepção do passado e, ao mesmo tempo, desdobra-se paralelamente. Nesse sentido, a experiência temporal a que nos convida o sentimento de saudade (como faculdade que reanima nesse presente um objeto passado, perdido ou distante) surge no seio de uma concepção paradigmática de um presente-passado cuja complexidade sugere dois modos referentes. Um, simples, forma-se no seio do presente que passa, enquanto o segundo resulta "de um passado que faz passar todos os presentes. [...] ou seja, quando um presente captura em si o passado que ele foi".[490] Esse desdobramento do tempo define então um cristal de tempo:

> No cristal, podemos voltar sob a condição de que apreendamos sempre o passado não em relação ao presente em função do qual ele é passado, ou seja, o atual presente, mas em função do presente que ele foi. [...] É o que chamo uma imagem-cristal em que um passado é apreendido não simplesmente em função do presente em relação ao qual ele é passado, mas em função do presente que ele foi. [...] Daí a estranha vida em que é como se víssemos a coisa através de uma bola de cristal.[491]

Podemos entender melhor essa faculdade que nossa consciência tem de fazer reaparecer de maneira virtual um objeto (ou um acontecimento passado) a partir do presente em que ele existiu, por intermédio de uma imagem-lembrança. Ora, essa imagem-lembrança difere da imagem-cristal pela relação que ela própria mantém com a escala do tempo. Em contrapartida, a imagem-cristal é assimilável ao conceito de lembrança pura, que se opõe às imagens mentais tais como estas puderam ser formadas pelo sonho ou pela lembrança. A imagem-cristal é o fruto específico da coexistência do passado capturado no presente que ele foi.[492] Se o presente produz uma imagem *atual*, esta supõe um passado

[489] DELEUZE. Image-temps, image-mouvement.
[490] DELEUZE. Image-temps, image-mouvement.
[491] DELEUZE, Gilles. Image-temps, image-mouvement. In: *Cours de Vincennes du 17 mai 1983*. Disponível em: <www.webdeleuze.com>.
[492] Do mesmo modo, se a imagem-cristal se opõe à imagem lembrança e à imagem-sonho – nas quais real e imaginário parecem ser indiscerníveis –, sua forma se distingue claramente daquela da imagem de tipo orgânico. A forma orgânica é a única associada ao verdadeiro. Assim: "Em uma descrição orgânica, o real suposto se reconhece diante

contemporâneo que não é outro senão o de uma imagem virtual, sua imagem em espelho, seu duplo.

O que devemos entender por imagem virtual? A noção de imagem virtual se revela aqui de grande importância. Em primeiro lugar, como espelho de uma imagem atual, a imagem virtual não precisa de nenhuma atualização, na medida em que é estritamente contígua, correlativa à imagem atual: "O atual e o virtual coexistem, e entram num estreito circuito que nos reconduz constantemente de um a outro. Não é mais uma singularização, mas uma individuação como processo, o atual e seu virtual. Não é mais uma atualização, mas uma cristalização".[493] A imagem virtual existe em si e por si, autônoma, ou independente de qualquer consciência. Ela se opõe às imagens-lembrança ou às *imagens-sonho*, que "se atualizam de acordo com as necessidades de nossa consciência".[494] Ora, o que é preciso reter aqui se relaciona justamente com nossa parte de ação vidente, através desse elã vital que nos conduz para fora de nós, tornando-nos assim nossos próprios espectadores. Esse elã estimula um movimento dinâmico progressivo e simultâneo, segundo o qual "percebemos as coisas lá onde elas estão, e [...] é preciso investir as coisas para perceber, do mesmo modo como vamos buscar a lembrança lá onde ela está", chegando finalmente a "nos instalar no salto do passado em geral, nessas imagens puramente virtuais que não pararam de se conservar ao longo do tempo. Isto é, num passado tal como ele é em si, tal como ele se conserva em si, em que estamos procurando nossos sonhos ou nossas lembranças, e não o contrário".[495]

Esse jogo de desdobramento e redobramento – de um presente já tão passado que coexiste com o passado que foi esse presente – se constrói a partir de uma *mise en abîme* temporal cuja complexidade é tamanha que acaba portanto por nos tornar exteriores a nós mesmos, desdobrados. Essa é a *mise en abîme* que podemos apreciar ao longo do filme de Alain Resnais intitulado *Eu te amo, eu te amo*, de 1968, em que o protagonista, Claude Ridder, participa de uma curiosa – e dolorosa – experiência de volta no tempo. Como observa João Luiz Viera, *Eu te amo, eu te amo*

---

da sua continuidade, mesmo interrompida, às junções que a restabelecem, às leis que determinam as sucessões, as simultaneidades, às permanências: isto é um regime de relações localizáveis, de encadeamentos atuais, de conexões legais, causais e lógicas" (DELEUZE.Image-temps, image-mouvement, p. 166).

[493] ALLIEZ, Éric. *Deleuze, filosofia virtual*. trad. Heloise B. Rocha. São Paulo: Editora 34, 1996.

[494] DELEUZE. *Cinéma 2: l'image-temps*, p. 106-107.

[495] DELEUZE. *Cinéma 2: l'image-temps*, p. 106-107.

"materializa a fusão cinema-memória, que pode ser ampliada para um esquema de representação imediata entre cinema e percepção, colocando o espectador diretamente no interior da personagem".[496]

Ao sair do hospital, após ter sobrevivido a uma tentativa de suicídio, desprovido de qualquer apego sentimental e profissional ao mundo, Ridder aceita o convite de uma equipe de cientistas para servir de "cobaia", em companhia de um rato posto ao seu lado, embaixo de um vidro, mas prometido a um destino diferente. Um rato que vemos transformado em camundongo bem no meio da sessão de retorno em uma de suas lembranças, ele próprio índice *atual* de um presente já passado. Ridder se torna portanto a cobaia do que se assemelha a uma verdadeira experiência de *dessolidarização* de si: seu corpo se separa "fisicamente" do mundo atual, a fim de reviver, mergulhado no mais profundo de suas lembranças, certos momentos particularmente marcantes de sua vida. Claude Ridder encarna a figura perfeita de um ser desencantado, talvez por excesso de lucidez, terrivelmente angustiado pela monotonia do tempo. O protagonista encontra-se no início da sequência, enclausurado numa estranha cela de aspecto orgânico, comparável à *máquina-cérebro*: o personagem se separa de seu invólucro corporal, então desaparece, deitado numa poltrona cuja forma guarda a impressão moldada por seu corpo; ele inicia então uma longa viagem virtual introspectiva em seu passado, como um rizoma penetra na terra. A experiência, que devia ser curta, revela-se de duração indefinida, por vaivéns sucessivos.

Ora, a intensidade emocional de suas lembranças é tamanha que não cessa de se prolongar, contra todas as expectativas da equipe que o observa. Esse lapso de tempo extensivo arrasta Ridder a uma "segunda morte", mergulhado num sono definitivo, reaparecendo somente de maneira breve no mundo "real", apenas presente "corporalmente", abrindo seus olhos, de que escapam algumas lágrimas. Ele se situa então num *entre-tempo*, partilhado entre o tempo presente "atual" da sensação de estar ali, no espaço fechado da antecâmara, consciente de sua mundaneidade, e o tempo passado "virtual", vivendo em meio a suas lembranças e seus sonhos surrealistas. Alguns entre eles chegam mesmo a se duplicar diversas vezes, principalmente o do mergulho submarino, deixando o mundo do mar para encontrar o da terra e sua companheira, mas, se observamos bem, cada um apresenta uma leve variação de posição e de gestos.

---

[496]VIERA. Meandros imprevisíveis da memória, p. 55.

Segundo Martin Heidegger, o *Ser-aí* é aquilo que por essência não se define de antemão nem se encerra em algo de fechado. Oposto a qualquer outra forma de *ente*, mutante e manipulável, o que distingue fundamentalmente o *Ser-aí* de qualquer outro *ente* consiste naquilo que ele tem "a ser", ou seja, que ele deve captar todas as possibilidades fundamentais que o caracterizam. É o que significa sua essência, seu *a ser*, um saber ser em si, que funda assim sua existência, seu *Dasein*, ou seja, como unicamente feito de *Ser-aí*, simultaneamente no espaço e no tempo:

> Existindo, o *Dasein* é o seu "aí", o que significa, assim: o mundo é "aí"; o seu *ser- "aí"* [*Da-sein*] é o seu ser-em. E este é igualmente "aí", isto é, como aquilo em-vista-de-que o *Dasein* é. [...] ele é primariamente ser-possível. O ser-possível essencial do *Dasein* concerne aos modos caracterizados da ocupação do mundo, da preocupação com os outros e, em tudo isso e já sempre, o poder-ser em relação a si mesmo, em vista de si.[497]

Ora, para atingir esse saber ser em si e inalienável, o *Ser-aí* não pode portanto existir como forma fechada, pois ele supõe um conhecimento unicamente acessível *fora de si*, para compreender o que se abre *a si*. Essa possibilidade de sair fora de si constitui assim o caráter dinâmico do *Ser-aí*, propulsionado por um elã em direção à saída, ao fora: "A unidade estática da temporalidade, isto é, a unidade do 'fora-de si' nas estases do futuro, ser–do–sido e presente, é a condição da possibilidade de que possa haver um ente que existe como seu 'aí'". [498]

Há portanto novamente ruptura, não apenas em relação ao mundo, mas também para consigo mesmo: "O que acontece é que eu me vivo, à letra, como espectador de mim mesmo: de um lado, estou agindo, e, do outro lado, eu me olho agir".[499] Se o sentimento, ou o estado que supõe a saudade, recorre de maneira específica e pontual às imagens-lembrança que buscamos reviver em nossa consciência, estas nos remetem paradoxalmente "às puras imagens virtuais que são os modos ou os graus de atualização".[500] É portanto essa capacidade de apreender e de testar a elasticidade desse tempo através desse sentimento que pode explicar que a saudade, como fenômeno, seja estimulada, "picada" a partir de um detalhe presente. Essa picada suscita então em nossa consciência o recurso a imagens virtuais passadas. Ela pode igualmente levar a que nos

---

[497] HEIDEGGER. *Ser e tempo*, p. 407.
[498] HEIDEGGER. *Ser e tempo*, p. 951.
[499] DELEUZE. *Cinéma 2: l'image-temps*, p. 110-112.
[500] DELEUZE. *Cinéma 2: l'image-temps*, p. 110-112.

separemos do tempo absoluto e do mundo que nos cerca, *desencarnados* de nós mesmos, suspensos num tempo fora-do-tempo.

Esse fora-do-tempo é uma parte singular do tempo que, "no entanto, não é outra coisa senão a maneira segundo a qual o tempo insiste quando ele se ausenta: a maneira como a expectativa – onde o tempo vai se refugiar – o surpreende e o apresenta".[501] Uma segunda sequência extraída do filme *Eu te amo, eu te amo* é particularmente evocatória, na medida em que essa noção de fora-do-tempo é citada de maneira explícita por Claude Ridder, ele próprio mergulhado em total imersão bem no meio de seus devaneios e de suas lembranças. Ele exprime uma verdadeira ansiedade frente ao caráter repetitivo do tempo, amplificado pelo tédio implacável que sente, insatisfeito com seu trabalho rotineiro:

> – O tempo passa para os outros, mas só para mim, fechado nesta sala, ele não passa mais.
> – Estou fora de jogo, fora-do-tempo.
> – São três horas para sempre.

Esse monólogo traduz perfeitamente aquilo que poderíamos definir como uma angústia aporética do tempo, em que "[é] impossível determinar o tempo seja como ente, seja como não-ente. O agora é, mas não é o que é. Mais precisamente, ele não é o que ele é. [...] ele só é 'fracamente' aquilo que é. Mas, na medida em que ele será, como o porvir ou a morte [...] ele ainda não é".[502] Ela encontra igualmente sua representação em alguns gestos emblemáticos de Claude Ridder, absorvido num clima humoral particularmente moroso, resignado em suas lembranças. Nos gestos e numa posição do corpo, finalmente, que não deixam de evocar certa representação do sujeito acedioso, indiferente, apático e desconcentrado de sua atividade. Fica assim mais fácil compreender, como lamenta Marcel Proust, que:

> Sim, se a lembrança, graças ao esquecimento, não pôde contrair nenhum laço, lançar nenhum elo entre si e o minuto presente, se permaneceu em seu lugar, em sua data, se manteve suas distâncias [...] ela nos faz, de repente, respirar um ar novo, precisamente porque é um ar que respiramos outrora, esse ar mais puro que os poetas em vão tentaram fazer reinar no paraíso e que só poderia dar essa sensação profunda de renovação se já tivesse sido respirado, pois os verdadeiros paraísos são os paraísos que perdemos.[503]

---

[501] LISSOVSKY. *A máquina de esperar*, p. 84.
[502] DERRIDA. *Apories*, p. 32-33.
[503] PROUST, Marcel. *Le Temps retrouvé*. Paris: Gallimar, Coll. La Pléiade, 1998, p. 449.

Elegia de uma perpétua ausência

Nem a matéria, nem o espaço, nem o tempo são, de
20 anos para cá, o que eram desde sempre.
É de se esperar que tão grandes novidades transformem
toda a técnica das artes, ajam assim sobre a própria
invenção, cheguem até a modificar maravilhosamente a
própria noção de arte.

Paul Valéry, La conquête de l'ubiquité
[A conquista da ubiquidade]

Nostalgias

Chegamos agora ao termo de nosso percurso, depois de termos examinado a questão crucial do tempo em relação à imagem fotográfica, mas também de termos tentado compreender como esta podia conter a presença particular da saudade através de suas representações. Objeto passado que está lá de novo, reaparecendo no próprio momento de sua recomposição, e cuja lembrança ou vontade de retorno encontra lugar num tempo indefinido e nos mantém então, por sua duração, num tempo fora-do-tempo. Essa passagem nos conduziu assim a considerar certos aspectos singulares e observar como estes podiam constituir chaves de leitura pregnantes da fotografia. Misteriosas e inabituais, eles evocam, na própria apreensão da imagem, uma verdadeira parada, um corte operado conscientemente a fim de abstrair do tempo absoluto e não quantificável.

Vimos também como o aporte de uma noção como a de *Ser-aí*, forjada por Martin Heidegger, ilumina a percepção de um ser que, por essência, nunca está definido de antemão: aberto, ele resiste a qualquer forma de mudança, já que a única função que lhe cabe é o "a ser" e a de

243

reunir todas as possibilidades que podem caracterizá-lo. Ora, são essas possibilidades reunidas por seu *Dasein*, esse "saber ser em si", que fundam assim sua existência, pelo simples fato de estar aí, simultaneamente no espaço e no tempo, de se situar em seu ser, superado por esse *saber-ser* que ele tem de si mesmo. Possível, essa colocação *fora de si* por si termina nos situando, como sujeitos, no espaço específico que não é outro senão aquele da *imanência*.

Então não seria um dos estranhos poderes da fotografia o de nos convidar a sair, a nos dissociarmos de nós mesmos, no momento em que a olhamos? Pensar a imanência como a possibilidade que conduz o homem, como sujeito criador, a se "desterritorializar" de si mesmo? O que equivale a considerar esse estado de imanência absoluta, fora de nossos próprios limites. Gilles Deleuze estende sua importância ao próprio ato criador, considerando a imanência como "Uma vida", ou seja, "Uma vida [que] é a vida absoluta, que não pode ser atribuída a um sujeito, nem a um objeto. Ela é em todos lugares, atravessando tudo o que é no plano. Isto é, justamente essa vida que atravessa a escritura, que atravessa o ato de criar, que o potencializa e que o torna real".[504]

Depois de ter explorado esse fora, esse *fora de si*, como possível fonte de conhecimento, iniciaremos este terceiro tempo de nosso estudo concentrando-nos na questão do espaço convocada pelo imaginário que intervém tanto no seio de múltiplas representações da paisagem quanto no da experiência poética e geográfica da saudade. Isso tudo em torno de uma *geopoética*, continuidade da *mundivisão* mencionada pelo padre Antônio Vieira no século XVII. Insistiremos principalmente na ideia de um sentimento de saudade que teria se inoculado na imagem desde seu campo pictórico até suas representações fotográficas. Nossa análise fará uso sobretudo da representação contemporânea de *alhures* e de *outrem*. Uma representação que podemos desde já considerar como a expressão da ideia de uma queda do Paraíso e da perda do Éden mítico – tema que se manifestou ao longo dos séculos na predileção pelas ruínas. Incensada e levada a seu apogeu na Europa, no século XVIII, a ruína se torna o motivo pictórico e poético predileto do romantismo – opondo-se de certa forma ao *belo ideal* clássico, que exaltava um longínquo heroísmo pagão –, associado ao culto de um novo *ser supremo*.

A figura da ruína desaparece pouco a pouco em meados do século XIX, no momento em que se consolida, no coração das sociedades

---

[504]DELEUZE; PARNET. *Diálogos*, p. 108.

ocidentais em plena transição industrial, a transformação do homem em instrumento mecanizado de produção. Desse ponto de vista, compreendemos melhor as reticências de Baudelaire diante de um mundo em plena mutação tecnológica que encontra na fotografia e no cinematógrafo as ferramentas adequadas à celebração do progresso e da modernidade científica. E isso através de uma imagem que ele julga desnaturada, reprodutível ao infinito e que não depende mais então apenas da intervenção decisiva da mão do homem, e sim da máquina.

Ruína do momento como metáfora do tempo perdido ou símbolo de decadência, essa figura interessa a partir de então não apenas o olho arquivista da fotografia documental, mas também o olho melancólico da corrente picturalista. Essa figura da ruína retém portanto nossa atenção, já que se constitui acima de tudo como o símbolo de uma postura poética e contemplativa. No entanto, longe de perceber nela a expressão de uma visão pós-moderna e desencantada do mundo, privilegiamos aqui a ruína não apenas como figura – paradoxal – do não-lugar mnemônico, mas também como lugar de resistência e emancipação do olhar do espectador.

É por isso que privilegiaremos, por um lado, um tipo de memória que se situa em espaços do "entre-dois", ou seja, compreendidos entre a cidade propriamente dita e as zonas suburbanas, mas também em espaços periféricos localizados no coração do tecido urbano da cidade. Esses espaços foram qualificados por Michel Foucault de *atópicos*, em oposição aos espaços utópicos.[505] Nesse sentido, aprofundaremos precisamente o sentimento de saudade por seu "acionamento" associado ao espaço do não-lugar como marco de representação, seja ele de ordem geográfica, urbanística, seja ainda simbólica. Zonas de uso público, espaços abandonados, destituídos de qualquer função utilitária, ou "terrenos baldios urbanos" contemporâneos, reapropriados progressivamente de maneira marginal, depois destruídos e caídos no esquecimento. As zonas de não-lugares remetem também às delimitações "simbólicas" das fronteiras.

Se alguns rastros subsistem, inscritos e legíveis no substrato da história do homem no espaço que ele continua a ocupar atualmente, suas marcas "físicas" originais perderam hoje toda e qualquer visibilidade. Tal é a problemática colocada, por exemplo, pela representação contemporânea do exílio – frequentemente recuperada em benefício de uma estética da compaixão. Ou ainda, através de uma desterritorialização que podemos perceber desde a figura emblemática do *flâneur*, ou do fotógrafo

---

[505] FOUCAULT. Des espaces autres, p. 46-49.

que escolhe a postura da errância. Mantida num estado de translação perpétua, essa experiência pode então lançar uma luz sobre a questão colocada pela ideia do "retorno hipotético", que supõe raízes intactas em seu país de origem: "Para passar de um lugar a outro, a distância não é puramente geográfica. A translação, a viagem, são simbólicas; o que é posto em causa é a identidade daqueles que se transladam por vontade própria ou à força. Arrancamento é o nome dessa partida sem certeza de chegada, e periferia o sofrimento daqueles que param no meio da travessia, nem de um lado nem do outro".[506]

Examinando alguns temas recorrentes da representação fotográfica da saudade, observamos que eles constituem uma espécie de *leitmotiv*, transmitido através da lembrança: a viagem, a partida e o retorno (hipotético e insolúvel). A partir daí, como a saudade pode ser reatualizada hoje? Que similaridades esse sentimento pode apresentar, percebido na experiência singular da migração ou na do olhar contemporâneo lançado sobre a cidade, suas arquiteturas, seus bairros abandonados, mas também no retrato de seus habitantes? O sentimento de saudade veiculado através do não-lugar ressurge assim, nos últimos 20 anos, nas fotografias francesas e brasileiras. Um não-lugar proteiforme, em perpétuo movimento.

Sempre presente no registro dos espaços de trânsito, a saudade se estende também a outros tipos de espaços: fechados, íntimos, ou fotografados de um ponto de vista mais distanciado. Ela é também a possibilidade "expressiva" e paradoxal de um lugar sem valor memorialístico, *a-monumental*. Finalmente, não poderíamos tratar da questão, vasta, do espaço fotográfico e de sua relação com a saudade sem evocar a noção particular de nostalgia, ainda que tenhamos tomado o cuidado de distingui-las na primeira parte deste estudo. Se a nostalgia nos remete ao *mal du pays*, esse mal-estar nascido da separação e da distância do sujeito de um lugar que lhe permanece caro, ela se assemelha, no fim das contas, a um certo gozo que reside na esperança de um possível retorno; gozo ele próprio doloroso, já que hipotético.

Sentimento também assimilável a uma forma de melancolia, embora não definitiva, a saudade arrasta então seu sujeito – como por encantamento – ao mais profundo de suas lembranças. Esse recurso, estimulado por uma sensação de falta, tende então a cumular no presente, a partir de imagens atuais e/ou virtuais, a perda ou a recordação desses lugares de experiências passadas. A partir daí, se a luta parece voltar a ser travada, é

---

[506]DOLLÉ. Habiter l'absence, ou l'absence d'habitation. In: *Métropolitique*, p. 58-61.

antes de tudo para garantir uma certa sobrevivência da memória que nos conecta com o mundo. Ou decidir, ao contrário, destruir qualquer signo seu, qualquer existência, como nos convida a fazer Hollis Frampton em seu filme-ensaio intitulado *Nostalgia* (1971): a película do filme, verdadeira matriz arquivística, dá-nos a ver, como que fixada num último elã, cada "prova" fotográfica que ele comenta à medida que ela queima e se consome no plano. *Nostalgia* é assim composto de um encadeamento de fotografias, selecionadas por Frampton, que se sucedem umas às outras ao longo de sua destruição, consumindo-se lentamente sobre a resistência elétrica de uma chapa quente, marcadas "a ferro e fogo" pela resistência elétrica. Sua lenta queima é ainda acompanhada de um comentário que age à maneira de uma reminiscência, evocando assim seu contexto de produção.

Ora, o que importa reter aqui, além do próprio processo da montagem discordante que liga o som da voz em *off* à imagem através de um encadeamento dessincronizado, é não apenas o fato de que esse filme nos oferece uma memória cujo movimento se inverteu completamente (movimento que costuma ir do acontecimento mais antigo ao mais recente), mas também o fato de que essa dessincronização desafia e desmitifica de certa forma sua veracidade; ela sublinha a fragilidade do caráter "orgânico" de sua matriz, ela também em *sursis* [suspensão].

A despeito do gesto derradeiro que visa queimar a imagem fotográfica, destruindo o valor e a matéria memorialística de seu suporte, subsiste de novo, apesar de tudo, esse paradoxo cuja presença atravessa a passagem de uma imagem fixa a uma imagem em movimento. De fato, *Nostalgia* resulta claramente de uma experiência espaçotemporal que explora sua própria passagem cinemática, acarretando uma disjunção entre o som e a imagem. Essa passagem acaba dando à fotografia uma segunda vida, transformada através do fotograma. Esse paradoxo presente na imagem fotografia foi aliás muito bem descrito por Walter Benjamin em sua

> "Pequena história da fotografia": Apesar da perícia do fotógrafo e de tudo o que existe de planejado em seu comportamento, o observador sente a necessidade irresistível de procurar nessa imagem a pequena centelha do acaso, do aqui e agora, com a qual a realidade chamuscou a imagem, de procurar o lugar imperceptível em que o futuro se aninha ainda hoje em minutos únicos, há muito extintos, e com tanta eloquência que podemos descobri-lo, olhando para trás.[507]

---

[507]BENJAMIN. Pequena história da fotografia. In: *Magia e técnica, arte e política*, p. 94.

Herança indissociável da história e da cultura lusófonas, evocamos anteriormente o fato de que a saudade pôde constituir, paradoxalmente, um meio de resistência às propagandas de Estados que não cessaram de tentar recuperá-la e usar seus diversos símbolos. Por isso, não poderíamos deixar de fazer referência àquilo que constitui indiretamente um dos símbolos particularmente imutáveis da cultura lusófona, que encontra seu marco de representação no mito de Ulisses, viajante errante cujo périplo atravessa os séculos, celebrado nestes versos, já citados, de Fernando Pessoa:

> O mito é o nada que é tudo.
> O mesmo sol que abre os céus
> É um mito brilhante e mudo –
> O corpo morto de Deus,
> Vivo e desnudo.[508]

Mito de um homem conquistador, vagando no meio dos mares, entre seus companheiros de viagem, amarrado para não sucumbir ao canto maléfico das sereias, que acaba sua viagem vários séculos mais tarde, encalhado na margem de uma praia pedregosa, olhando o horizonte distante na companhia de uma criança (lembrando-nos da criança pintada no tríptico de António Carneiro que abriu este estudo), numa curiosa "composição com figuras", comparável a uma marina surrealista intitulada *Ulysse* e fotografada por Agnès Varda numa praia normanda em 1954. Composição esta que age enquanto perfeito objeto de saudade, reinvocado em seu documentário realizado em 1982.

Ulisses encarna assim esse curioso destino, embora pareça resistir a ele. Da mesma maneira que o Orfeu descrito por Miguel Torga, o Ulisses contemporâneo se rebela contra essa fatalidade imutável, cantada pela triste melodia do fado – nome, como já vimos, derivado de *fatum*, acaso ou destino. Mas é sobretudo o mistério de uma impressão terrificante, que nos toma de chofre, querendo que seu navio, contrariamente ao do herói da *Odisseia*, realize sua longa viagem de destino hipotético sem jamais atingir seu porto final, como parece sugerir o título dessa série fotográfica de Pedro Karp Vasquez, *Nadando em água escondida,* que representa um simples banco fixado numa esplanada (Fig. 75), do qual não subsiste mais do que a armação, impedindo quem quer que seja de gozar do repouso, ou de esperar, contemplando o

---

[508]PESSOA. Os castelos. In: *Mensagem*, p. 17-22.

horizonte, a volta dos seres amados e a lembrança da terra abandonada. Só resta então escutar o triste lamento cujo canto ressoa de maneira tão sensível no sexto brasão da *Mensagem,* de Pessoa, endereçado ao glorioso rei navegador dom Diniz, conhecido também como autor de belas cantigas de amigo:

> Arroio, esse cantar, jovem e puro,
> Busca o oceano por achar;
> E a fala dos pinhões, marulho obscuro,
> E o som presente d'esse mar futuro.
> E a voz da terra ansiado pelo mar Sexto.[509]

Figura 75 – Pedro Karp Vasquez, [Sem título], extraído da série *Nadando em água escondida*, 1984. Cópia em prata, 30,8 x 20,8 cm. São Paulo, Coleção Pirelli/MASP.

[509]PESSOA. Sexto. D. Diniz. In: *Mensagem*, p. 22.

CAPÍTULO I

A queda do Éden: contra a estética da compaixão

Comecemos este capítulo com este poema de Miguel Torga, publicado em 1973 sob o sugestivo título de "Viagem":

> É o vento que me leva.
> O vento lusitano.
> É este sopro humano
> Universal
> Que enfuna a inquietação de Portugal.
>
> É esta fúria de loucura mansa
> Que tudo alcança
> Sem Alcançar.
> Que vai de céu em céu,
> De mar em mar,
>
> Até nunca chegar.
> É esta tentação de me encontrar
> Mais rico de amargura
> Nas pausas da aventura
> De me procurar...[510]

Questiona-se assim a natureza desse espaço representativo da saudade, colocando-se igualmente a questão de saber como esse tipo de espaço, simbólico em última instância, experimentado há mais de cinco séculos, acaba por anunciar e reativar, desde o início do século XX, uma

---

[510] TORGA, Miguel. Viagem. *Diario*. Vols. IX – XII [1995] Alfragide: Dom Quixote, 2011, p. 273.

verdadeira percepção singular, quase caótica, do mundo, partilhada entre uma visão que exalta o progresso industrial e outra, estética, que lança sobre esse mesmo caos um olhar particularmente inquieto e pessimista. Como não desejamos tratar a saudade como um sentimento exclusivamente associado ao lamento por um mundo idílico perdido, veremos agora como diversos fotógrafos adotam uma postura que propõe, ao contrário, uma verdadeira *reativação* da ideia de um novo Éden, através de uma representação da paisagem quase ascética e com tendência ao sublime.

No entanto, como sublinha Eduardo Lourenço em seu ensaio intitulado *O esplendor do caos*, longe da perpétua rememoração nostálgica de uma certa ordem pensada como imutável,

> [o] que chamamos de caos sugere não somente a ideia de confusão e de desordem dos elementos, mas uma espécie de incapacidade do espírito de entender, e além disso de dominar, um estado das coisas, do mundo, da sociedade, da história, onde não se dá a perceber nem a sombra de uma ordem [...] No entanto, a mitologia grega, ao contrário da visão bíblica, imaginou que, no começo, foi o caos.[511]

Como essa percepção "caótica" pode então surgir como um pretexto nostálgico de um mundo que não existe mais, mas cujo valor diversas práticas fotográficas interrogam em suas representações contemporâneas? Como essa fascinação pelo caos, claramente explícita na fotografia de reportagem, pode se dividir no entanto, segundo certos fotógrafos, entre um registro da "sensação de choque" e o de uma "economia da dor"? Aquilo que tentaremos definir justamente como uma "economia da dor" exige uma postura que recusa não apenas essa prática documental que comercializa todo e qualquer transtorno que ocorre no mundo em proveito de todo um conjunto de escolhas que tornam caduca qualquer valorização estética ambígua dessa *foto-choque* evocada anteriormente.

Essa prática fotográfica resulta em grande parte do circuito das agências fotográficas e de imprensa: submetida à forte concorrência da televisão no mercado da informação desde o fim dos anos 1960, sua difusão se faz acompanhar de uma exigência que a obriga a transmitir uma informação rápida e persuasiva, considerada como prova. Por isso, numerosos exemplos de reportagens documentais demonstram certa reticência, voluntária ou não, diante dessa forma em que prevalece

---

[511] LOURENÇO. *La Splendeur du chaos*, p. 7-13.

unicamente a preocupação em informar, em transcrever o contexto de produção da imagem. No caso específico que nos ocupa, citemos por exemplo duas fotografias tiradas durante a Primeira Guerra Mundial. A sensação de caos que emana delas é particularmente forte; seu *pathos*, o estupor silencioso e o clima mórbido dos lugares são reforçados pela ausência total do homem (presente apenas na forma de alguns restos) bem no meio de dejetos esparsos (Fig. 76).

Tiradas no *front* e nas trincheiras do leste da França, elas não trazem nenhuma indicação toponímica nem legendas identificadoras. Uma delas, no entanto, permite que identifiquemos seus atores: trata-se de um regimento português, cuja nacionalidade pode ser reconhecida pela presença, no canto direito da imagem, de uma bandeira portuguesa recomposta a partir de pequenas pedras brancas, formando novamente o *punctum* da imagem (Fig. 77). Isolada, essa imagem parece de pouco interesse, salvo por seu caráter de arquivo. Mas se a colocamos em relação com as três outras imagens selecionadas (uma vez que fazem parte do mesmo inventário), o efeito de estupor caótico, dramático, intensifica-se, acompanhado de uma carga melancólica – pela presença pregnante do sentimento de morte. Nostálgica também, na medida em que essa morte iminente intervém num lugar diferente do da origem, estrangeiro e indiferente. Um lugar que paradoxalmente faz dessas imagens verdadeiras imagens-saudade topográficas: elas conseguem construir em si o lugar do último túmulo de uma viagem sem retorno.

Figura 76-77 – Anônimo, *Vues des tranchées occupées par l'armée portugaise. Front de l'Est* [Vistas das trincheiras ocupadas pelo exército português. *Front* do leste], 1916. Cópias em prata, 13 x 24 cm. Paris, arquivos da Bibliothèque de Documentation Internationale Contemporaine.

Esses exemplos nos incitam então a verificar em que medida a emanação fotográfica da saudade não pode ser submetida a qualquer abuso visual – direto e "cativante" –, preferindo surgir, ao contrário, de maneira mais sutil e distante, desviando-se das armadilhas de uma postura "compassiva", evocada anteriormente. Postura que constituirá aqui um dos pontos principais de nossa crítica a esse regime de

> insistência direta, voltada para o tratamento de temas críticos como a violência ou a miséria, desconsiderando que, muitas vezes, esta fotografia insere-se em um contexto conservador de manutenção das aparências. Tendência que traz, como seu correlato, a desqualificação da produção criativa, frequentemente considerada como um acúmulo de exercícios meramente formais.[512]

Trata-se nesse sentido de uma visão cujos diferentes campos continuam a se propagar hoje no seio de um *corpus* de representações fotográficas contemporâneas que sempre contêm certos sintomas seus, tanto no Brasil quanto na França. Ela se manifesta, como já assinalamos, em torno à figura da ruína.

De fato, grande parte de suas representações espaciais que nos concernem mais diretamente, especialmente no Brasil, foi por muito tempo regida e codificada por um registro iconográfico específico que tinha por desígnio exaltar o caráter prolífico e exótico de terras até então virgens, antes da instalação de colônias europeias. No entanto, a curta ocupação francesa no Brasil bastará sempre na era contemporânea para marcar o imaginário nacional de uma representação exótica, ou até primitivista, dessas regiões longínquas, o que conhecerá seu apogeu durante a primeira metade do século XX. Se o imaginário francês permanece seduzido por essa visão edênica, isso se explica, segundo Pierre Rivas, pelo fato de que uma certa incompletude, originada de sua ascendência latina, solicitaria ser preenchida. A partir daí, "se Portugal é o país da Saudade, o Brasil é 'o país do Desejo' [...] É nessa polaridade entre Saudade e Desejo, o Outro e o Mesmo, inocência dos costumes ancestrais camponeses e inocência do Bom Selvagem que o imaginário francês se fixa nessa relação triangular".[513]

Não obstante, como observa Denis E. Cosgrove – e essa observação é aqui da maior importância – a respeito da relação específica da saudade com o espaço e, de maneira mais geral, da representação da paisagem natural ou urbana, modificada ou não pelo homem, "[a] história da arte convencional frequentemente considerou a exclusão gradual da presença humana e da narração a medida da arte da paisagem", por isso "a presença corporal é central a fim de compreender a significação cultural da paisagem".[514] Veremos mais adiante que o contrário também pode

---

[512] FATORELLI. *Fotografia e viagem: entre a natureza e o artifício*, p. 32.
[513] RIVAS. *Diálogos interculturais*, p. 66.
[514] COSGROVE. *Geography and Vision: Seeing, Imaging and Representing the World*, p. 55.

ser considerado, quando apenas os rastros da ocupação de um corpo já ausente são dados a ver.

No entanto, alguns substratos subsistem, através daquilo que poderíamos relacionar com um *exotismo tradicional*, dividido entre dois "eixos fundadores da modernidade", a saber, o de uma regressão mítica e primitivista e o do exílio utópico e "mundonovista",[515] ambos reveladores da emergência do Novo Mundo nas consciências europeias. Como esse pensamento pode se traduzir numa aplicação espacial e ideológica? Podemos nos apoiar na análise de Rivas a propósito da literatura e, especificamente, do caso de Blaise Cendrars, em que "o mito brasileiro se faz mitografia pessoal".[516] Mas sobretudo na medida em que o Brasil, terra "dionisíaca" e exuberante, não cessa de ser visto, no seio do imaginário francês, como um *éthos* particular, refratário, telúrico, que se opõe assim à lógica ordenada dos jardins à francesa, já que "[o] Brasil é a contrafigura de uma ordem, social ou estética que nós rejeitamos, ou o sonho de uma incompletude a preencher".[517]

Como vimos na segunda parte, uma grande transformação interviu no campo da fotografia documental em seguimento à Segunda Guerra Mundial, escrutando o mundo mergulhado num caos sem precedentes e cujas marcas custarão a se dissipar. Se a ambição da fotografia humanista visa regenerar uma crença otimista e um pouco ingênua no homem, o desenvolvimento fulgurante do mercado e das redes de imprensa e a contingência de novos dramas que ocorrem no mundo vão progressivamente modificar a relação que o fotógrafo pode estabelecer com seus objetos de representação, e sobretudo com seus pares.

Para fechar esse primeiro ponto, vamos interrogar e comparar dois fotógrafos que apresentam posturas opostas em diversos aspectos. Não apenas em face dessa delicada questão da representação da dor contida numa imagem, mas também em face da necessidade de representar o irrepresentável. Necessidade "monstruante" por excelência, mencionada por Jean-Luc Nancy em seu já citado ensaio. Referimos aqui a duas fotografias particularmente evocativas, intituladas *Serra Pelada* e *Escalando a Serra Pelada*, tomadas pelo fotógrafo-repórter Sebastião Salgado em 1986, produzida na famosa mina a céu aberto de Serra Pelada. Essa análise será seguida pela de um exemplo mais

---

515 Rivas. *Diálogos interculturais*.
516 Rivas. *Diálogos interculturais*, p. 64.
517 Rivas. *Diálogos interculturais*, p. 64.

recente, a .série de Sophie Riestelhueber, realizada entre 2005 e 2006 na fronteira que separa a Palestina do Estado de Israel, intitulada *W-B (West Bank)*.

As duas séries remetem a contextos bem diferentes – da exploração humana em proveito do lucro à lógica de uma guerra latente separando dois povos que vivem num mesmo território –, e seus registros temáticos e suas condições de produção revelam certa mutação sobrevinda na prática da reportagem no curso dos últimos 20 anos. A primeira, fiel ao imperativo de "mostrar tudo", ávida por uma "imagem-choque" denunciadora do horror, colocada a serviço de um prestígio midiático mascarado por uma preocupação humanitária. A segunda, ao contrário, parece reatar com a grande tradição autoral, através da qual se perfila uma preocupação ética que questiona essa "economia do espetáculo" e a paisagem humana exibida pela fotografia de reportagem contemporânea. Paisagem que sofreu ela própria uma verdadeira mutação, tanto em seu valor formal quanto em seu conteúdo, a partir do momento em que a fotografia jornalística passou a gozar do prestígio da área nobre dos museus.

Essas duas séries foram escolhidas em função do debate que suscitam. Qual é a problemática fundamental que dão a ver? Para responder, citemos aquilo que Jacques Rancière nomeia *imagem intolerável*. Segundo ele, o problema consiste em saber onde se situa o limite ético. Se um limiar de saturação visual ligado aos sentimentos de dor e indignação acaba sendo atingido, essa imagem oferece em troca "ao olhar dos *voyeurs* não apenas a bela aparência, mas também a realidade abjeta".[518] Logo compreendemos que se trata aqui de um tipo de imagem bem particular, um "tratamento de choque" visual, mais eficaz em sua maneira de se impor, provocando nossa emotividade por meio de um sentimento de culpabilidade e de sua capacidade de gozar indiretamente da miséria alheia. Um jogo parece então se instaurar, impondo na imagem essa aparente realidade. Ora, é também a própria realidade que é colocada em xeque, já que seu conteúdo referencial é demasiado "intoleravelmente real" para ser retranscrito pela imagem.

É por isso que, ao examinarmos de perto essas fotografias, não podemos *a priori* qualificá-las de *imagens-saudade*, apesar de alguns elementos visuais que as compõem, percebidos como consecutivos a fatos sócio-históricos num espaço determinado. Porém, mais do que apreensão

---

[518]RANCIÈRE. *Le Spectateur émancipé*, p. 93.

nostálgica de uma terra abandonada, distante, estamos lidando aqui com uma representação da paisagem dividida segundo dois registros formais de motivações antagônicas. O primeiro, observado em Salgado, sendo da ordem da saturação de uma representação do homem que "recobre" a paisagem. Essa paisagem saturada, dada a ver através dessas duas fotografias, apresenta-nos os garimpeiros trabalhando, gravitando ao redor de um verdadeiro formigueiro humano.

Tanto pelo enquadramento quanto pela distância da tomada – obtida graças à grande angular –, seu tratamento aparece de tal maneira que a paisagem acapara o olhar do espectador, não lhe deixando nenhuma saída ou escape visual. Um olhar através do qual é imposta toda a ênfase do espetáculo do sofrimento, num cenário que, observemos, não é especificamente brasileiro, mas similar a qualquer outro canteiro de obras no mundo. Nesse sentido, se a série sobre a Serra Pelada se libera da imagem turística de um Brasil exótico, ela perpetua entretanto uma visão miserabilista de que o fotógrafo tira proveito. O importante não sendo tanto explicar o contexto da cena quanto convencer o receptor de que o intolerável se faz presente ali. Numa entrevista, Salgado nos informa claramente sobre sua maneira bastante específica de conceber a imagem. Uma concepção da imagem "pronta para consumo", que desvaloriza nesse sentido a capacidade de reflexão de seu receptor:

> Finalmente descobrimos a linguagem universal, que é a imagem. A imagem que faço aqui no Brasil, ela vai ser difundida em dez, doze países, sem uma linha de tradução. Qualquer um que ler minha imagem no Japão vai compreender, quem ler minha imagem na Índia vai compreender. Realmente é uma escrita, uma linguagem universal. Por meio dela, uma vez que se chega a dominá-la e a afirmar essa escrita como estilo, como maneira de apresentar, você chega a se comunicar de uma maneira muito forte.[519]

A partir daí, o efeito dramático da fotografia *Serra Pelada* se acentua pela massa dos corpos aglutinados que apaga qualquer identificação dos lugares, perceptível apenas na fotografia *Escalando a Serra Pelada*, cuja composição se ordena num cenário escarpado e não pode escapar de uma

---

[519] E é Sebastião Salgado quem conclui: "Realmente, as pessoas compreendem. Você não precisa nem ser alfabetizado. Eu acho que qualquer pessoa que vê uma imagem lê uma imagem. Você não depende de jeito nenhum do seu nível de sofisticação teórica. Você lê em função da sua vida dentro do âmbito social" (SALGADO. Trecho de uma entrevista concedida ao jornal *O Estado de S. Paulo* em 8 jun. 1996, *apud* PERSICHETTI. *Imagens da fotografia brasileira*, p. 80).

verdadeira impressão de encenação teatral. Ora, como observa Jacques Rancière, é a própria ação que se desenrola na imagem que vem aguçar nossa culpabilidade em face da irrepresentável:

> Assim, precisa-se de imagens de ação, de imagens da verdadeira realidade ou de imagens imediatamente invertíveis em sua verdadeira realidade para nos mostrar que o simples fato de ser espectador é uma coisa errada. A ação é apresentada como a única resposta ao mal da imagem e à culpabilidade do espectador. E, no entanto, são ainda imagens apresentadas a esse espectador; esse aparente paradoxo tem a sua razão: se não olhasse imagens, o espectador não seria culpado. Ora, a demonstração da sua culpa importa talvez mais ao acusador do que a sua conversão à ação.[520]

Se a imagem constitui em si uma linguagem universal, como afirma Sebastião Salgado – embora isso talvez não seja verificável em si e mereça uma análise mais ampla que ultrapassa nosso escopo –, a saudade, dada como sentimento ou estado específico, leva em si uma dimensão que ultrapassa algumas de suas particularidades culturais. Essa é a razão pela qual escolhemos tratar do exemplo de uma série de Sophie Riestelhueber, na qual podemos localizar um segundo registro formal, mais próximo da retenção, do apagamento – numa representação da paisagem reduzida, ao contrário, a seu mínimo, eludindo qualquer presença humana. Ora, é nessa tentativa de apagamento, ou, mais exatamente, nessa tentativa de se limitar ao mínimo referencial, que reside toda a força do trabalho da fotógrafa.

Nesse sentido, podemos estimar que a série *W. B* (*West-Bank*) realizada pela fotógrafa Sophie Riestelhueber nos territórios das Cisjordânia sugere mais as consequências geradas pelo conflito entre Israel e a Palestina, diretamente perceptível pelos vestígios de destruição da paisagem. Assistimos

---

[520] RANCIÈRE. *Le Spectateur émancipé*, p. 97-98 Sebastião Salgado, por sua vez, estima que esse sentimento de culpabilidade se explique pelo fato de que "[e]xiste hoje uma coisa muito interessante, especialmente nos países ricos. Uma certa consciência de culpa por mostrarem as imagens dos mais pobres. A pessoa só pensa nas imagens do mais pobre porque é mais rica. Então você incomoda. Mas acho que deveríamos assumir nosso papel dentro da sociedade e que deveríamos tentar resolver problemas. Na verdade, a imagem está ali, latente, não sou eu quem a está criando. Sou simplesmente um vetor. A imagem foi criada por um ato social da nossa sociedade e nós temos de assumir. As pessoas não compreendem o meu trabalho. Ele não é importante nem para mim nem para elas. Meu trabalho não é nada, é apenas um tracinho entre um enorme problema e um enorme universo. Mais nada. Eu achava que as pessoas deveriam compreender mais. Não é meu trabalho. Isso não interressa" (SALGADO *apud* PERSICHETI. *Imagens da fotografia brasileira*, p. 82-84).

aqui, ao contrário das fotografias de Salgado, a uma ruptura da lógica de sobrecodificação "emocional": O caráter "perturbador" dessa série consiste na escolha de não mostrar em si nenhuma ação dramatizada de destruição. Não se trata aqui, portanto, de interpelar de maneira frontal a emotividade do espectador por meio da expressão do horror, mas de observar as consequências cotidianas que uma tal lógica de guerra engendra naqueles que habitavam essas terras, forçados a escolher entre permanecer ali, apesar dos riscos e das tensões subjacentes, ou fugir.

Ora, se a manifestação da saudade procede de uma "reconstituição" temporal de seu objeto ausente, sua representação no espaço da fotografia, reativada por referentes heterogêneos, só é possível em sua ausência. Essa é a razão pela qual podemos considerar que essa série se aproxima justamente de uma tradução visual da imagem-saudade de um ponto de vista espacial: esta não encontra lugar numa demonstração visual do horror que oblitere qualquer distância de apreciação crítica no espectador que a observa, já que cada foto é tirada depois de o acontecimento ter sobrevindo. Ela surge aqui de uma ruptura inscrita no substrato mesmo do chão: estradas destruídas por tiros de obus ou interditadas por barricadas improvisadas. Essas fotografias, por seu total despojamento, desorientam-nos, já que "a desorientação de nosso olhar implica ao mesmo tempo sermos separados do outro e sermos separados de nós mesmos, em nós mesmos. Em todos os casos, perdemos algo aí, em todos os casos estamos ameaçados aí pela ausência".[521]

Impressão da ausência

A recepção de uma imagem se inclui portanto numa relação de confiança. Essa relação se intensifica na fotografia, especialmente pela instantaneidade de seu registro, imperceptível a olho nu, tênue e frágil, unicamente pela veracidade do sistema que ele impõe. O instantâneo não resulta do movimento fugaz de captar um objeto que acaba sempre por nos escapar? A existência da fotografia, independentemente da evolução técnica de seus suportes de registro e difusão, não acaba sempre por se inscrever nesse espaço-tempo de uma *"Zeitlupe"*, essa lupa temporal em que "o primeiro plano estira o espaço e o retardador estira o tempo" pela sua ampliação?[522] Isso equivaleria a admitir finalmente o fato de que o instantâneo vem desmitificar a aura que podiam conter e exercer as antigas fotografias produzidas a partir de 1850,

---

[521] DIDI-HUBERMAN. *O que vemos, o que nos olha*, p. 231.
[522] BENJAMIN. Pequena história da fotografia, p. 98.

mortificando seu objeto-modelo pelo recurso ao "retoque e ao cenário dos retratos, como uma mistura de arte e de comércio, a fim de se refugiar por uma última vez no rosto humano".[523] Pelo contrário, o instantâneo é um procedimento que "levava o modelo a viver não ao sabor do instante, mas dentro dele durante a longa duração da pose, eles por assim dizer cresciam dentro da imagem, diferentemente do instantâneo."[524]

Se uma modificação intervém na recepção desse tipo de imagem documental, solicitando uma nova relação de confiança, o que pode advir da relação que mantemos com a fotografia artística? Esse deslocamento do valor da *aura* de uma fotografia – assim como dos espaços que ela representa – não invoca tanto a importância do referente, mas "algo que nunca será reduzido ao silêncio, que exige insolentemente o nome".[525] Para perceber o valor dessa noção de deslocamento, vamos nos concentrar numa fotografia de Eugène Atget selecionada entre seu "inventário" dos interiores parisienses, enfatizando um de seus caracteres que evoca o sentimento de saudade: este se relaciona com a ausência de qualquer figura humana no seio de um espaço fechado e íntimo; uma ausência que aponta para essa invisibilidade do ser, evocada a partir de objetos cotidianos cuidadosamente ordenados.

Essa ausência nasce igualmente de uma estranha ambiguidade, que Benjamin associa à própria dimensão cultual e, sobretudo, ritual da imagem:

> Na origem, a inscrição da obra de arte no sistema da tradição encontrava sua expressão no culto. [...] Ora, é de uma significação decisiva que esse modo de existência aurática da obra de arte nunca se separe essencialmente da sua função ritual. Em outros termos: o valor único em seu gênero da obra de arte "autêntica" encontra seu fundamento no ritual em que ela teve seu valor de uso primeiro e originário.[526]

Um valor ritual, esclareçamos, que ele atribui às primeiras fotografias. Um segundo ponto nos interpela, convocando, além do mais, a ligação que Benjamin opera entre "o culto das imagens" e sua "beleza melancólica". Ligação sem a qual a aura da imagem não pode ter lugar: "No culto dedicado à lembrança de um amor longínquo ou morto, o valor de culto das imagens encontra seu último refúgio. Na expressão

---

[523]BENJAMIN. Pequena história da fotografia, p. 98.
[524]BENJAMIN. Pequena história da fotografia, p. 95.
[525]BENJAMIM. Pequena história fa fotografia, p. 98.
[526]BENJAMIN. A obra de arte na era de sua reprodutibilidade técnica. In: *Mágia e técnica, arte e política*, p. 169-170.

fugitiva de um rosto humano, a aura acena, pela última vez, nas primeiras fotografias. É isto que produz a sua beleza melancólica e incomparável".[527]

A saudade procede portanto de uma certa relação ritual inegável com as imagens que desperta, ao mesmo tempo que cumula, aquilo que nos falta; no entanto, essas imagens um pouco alteradas por nossa memória tampouco estão isentas de um valor aurático. Ora, se a apreciação da aura definida por Benjamin é pertinente, ela permanece, em vista de nosso objeto, delicada e incompleta. De fato, a saudade é acima de tudo algo que nos une ao ser querido e, pela distância que nos separa dele, também nos liga aos lugares de nossas experiências. Benjamin, aliás, tinha plena consciência desse paradoxo, nascido de um processo de recuo. Por isso, a aura não desaparece: há, a partir daí, deslocamento e inversão do movimento de recepção da imagem. Ao valor centrípeto da figura humana corresponde aquele, centrífugo, dos lugares, tal como podemos percebê-lo, por exemplo, na obra de Atget, quer se trate de espaços públicos, quer de lugares íntimos que se dão a ver como verdadeiros cenários de teatro:

> Mas quando o homem se retira da fotografia, o valor de exposição, pela primeira vez, prevalece sobre o valor de culto na confrontação que os opõe. O que faz a importância excepcional de Atget, que fixou as ruas de Paris em torno de 1900 nessas imagens em que o homem não aparece, é que elas conservaram um rastro desse processo. Diz-se muito justamente que ele as fotografava como o palco de um crime.[528]

Uma presença única, portanto, no coração da imagem, revelando "uma presença que afirma a ausência. Ausência que afirma a presença"[529] daquilo que estava ali e nunca mais terá lugar. Podemos assim avaliar o poder dessa dicotomia da imagem fotográfica que oscila entre presença e/ou ausência, como duplo acontecimento, interno e externo à imagem fotográfica, no próprio coração da representação. Essa questão pode ser estudada a partir de um tema bem particular, que continua até hoje a nos interpelar, a despeito de sua – relativa – simplicidade e de sua evidência: o olho sensível do fotógrafo.

Esse tema não é outro senão o da representação de interiores domésticos. Mas não se trata de qualquer tipo de interior: os exemplos foram

---

[527]BENJAMIN. A obra de arte na era de sua reprodutibilidade técnica, p. 174.
[528]BENJAMIN. A obra de arte na era de sua reprodutibilidade técnica, p. 174.
[529]GREEN. *Présences*, p. 79.

aqui escolhidos em função de um certo caráter inabitual, já que não são cenas de gênero nem cenas de interior propriamente ditas: essas vistas de interior propõem de fato um regime iconográfico esvaziado de qualquer presença humana. Por isso, se tivéssemos de encontrar um denominador comum para eles, fora de qualquer consideração cronológica, poderíamos constatar que eles vêm perturbar de novo nosso olhar, incomodado, desestabilizado, pois deslocalizado. Essas fotografias se situam em completa ruptura com qualquer motivação antecipadora: subsiste apenas o lugar, espaço especulativo. A primeira obra selecionada é uma fotografia de Atget intitulada *Intérieur de Mme. C., modiste, place Saint-André-des-Arts* [Interior da Sra. C., modista, praça Saint-André-des-Arts], datada de 1910 (Fig. 78).

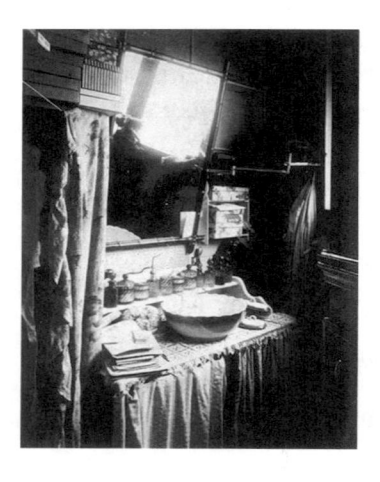

Figura 78 – Eugène Atget, *Intérieur de Mme. C., modiste, place Saint-André-des-Arts* [Interior da casa da Sra. C, modista, praça Saint-André-des-Arts] , 1911. Tiragem sal e prata sobre papel albuminoso, 22,5 x 17,8 cm. Paris. Bibliothèque Nationale de France.

Essa fotografia, de que apenas a legenda nos indica a função de sua ocupante, representa portanto uma vista de interior doméstico. Seu registro iconográfico oscila entre uma cena de gênero e uma natureza-morta. Ora, Atget podia ter optado por um enquadramento fechado em volta de objetos colocados sobre uma mesa e uma lareira, mas o que a cena nos dá a ver é um quarto enquadrado de maneira um pouco mais aberta, apesar da exiguidade do espaço excessivamente mobiliado. Além disso, se a tomada de Atget acentua o caráter "fantasmático" do lugar (reforçado pelo intenso brilho da janela que se reflete no espelho), existe, no entanto, bem no seio dessa representação, a ideia de uma "presença" do sujeito. Esse paradoxo é importante – apesar do título da fotografia, que insiste em seu anonimato, à maneira de um catálogo em que a identidade do proprietário se encontra reduzida à primeira letra de seu nome, assim como uma sequência de elementos que nos informa sobre sua profissão, seus hábitos, sua maneira de ocupar o lugar, e por um conjunto de códigos que vêm personificar de modo um tanto distante essa habitação (basta observar a maneira como cada objeto está disposto). Atget é um fino observador e não para de registrar e de se concentrar no mais ínfimo detalhe, consciente e sensível, no próprio momento em que capta cada signo ínfimo, aqueles que são contidos num cenário prometido ao desaparecimento, hoje já ido.

Poder da imagem que se constitui ela própria como lugar do arquivo, atualizando sempre no presente seu passado, uma vez registrado e arquivado, através de nosso olhar. Porque um passado se fixa e se renova numa imagem apesar da fragilidade de seu suporte – essa incerteza vem desmentir qualquer dimensão de duração eterna –, torna possível uma presença que se reativa perpetuamente. Presença do tempo e dos seres, eles próprios excluídos do privilégio da representação. Mas a imagem como lugar possível de uma memória indefinida detém uma força, não por sua capacidade de antecipar a emoção, e sim, ao contrário, por conter uma intenção, uma intuição no instante particular em que o *Eu* exterior agente decide, enquadra e dispara o ato irreversível.

Conhecido essencialmente por suas fotografias de paisagens de Paris e de seus arredores, Eugène Atget não abandonou, no entanto, o tema da figura humana, sempre representada num ambiente urbano. Porém, a originalidade desse exemplo surgido de uma série inteiramente dedicada aos interiores nos demonstra como Agtet não representa aqui um indivíduo em pessoa, mas através da representação de um conjunto de objetos que lhe pertenceram, ordenados e agenciados cuidadosamente, à maneira de uma vitrine. O interior que se dá a ver aqui é acima de tudo o lugar da falha, da ruptura de um pensamento e de um uso da imagem como modo promocional do indivíduo. O enquadramento operado por Atget é determinado ao redor do elemento central, um espelho, refletor da luz que vem de cima, de uma janela situada além da margem direita da fotografia. Ora, é também essa forte luminosidade, que desvela o agenciamento de um local doméstico, que nos permite compreender como o fotógrafo, por meio do enquadramento, consegue reforçar essa presença misteriosa – e contraditória – pela ausência dos dois referentes essenciais: Mme. C. e a janela. Janela cuja fonte luminosa projetada se apresenta como uma alegoria do dispositivo fotográfico e vem, segundo Eugène Green, "isolar no presente de um ser, ou de um lugar, tudo o que eles comportavam de eterno".[530]

---

[530]GREEN. *Présences*, p. 80.

O exemplo dessa fotografia de interior demonstra uma capacidade potencial da imagem de dar conta da presença escondida de um ser, sugerida em si mesma por sua ausência, contida pela imagem fotográfica; não apenas como rastro – uma fotografia não pode se reduzir a essa única dimensão –, mas também como impressão, substrato fundamental do dispositivo fotográfico. Segundo François Soulages, o rastro em si "não vale nada: é preciso trabalhá-lo; isso não quer dizer fazê-lo reviver nem fazer reviver o vivo de que ele é o rastro, mas produzir alguma coisa a partir dele".[531] Trabalhar o rastro fotográfico, fixá-lo na matéria do suporte que o recebe, é intervir num processo particular. Consiste de novo em pensar a passagem que encontramos a partir de um segundo conjunto de obras produzidas pelo acionamento de um processo invertido: não apenas a impressão fotográfica criada se revela em negativo, mas ela é o fruto, além do mais, de uma deslocalização, deslocado pela transferência de um suporte de produção para um receptáculo de fixação. Ainda mais do que uma deslocalização, os exemplos aqui mencionados resultam de uma *des-locação*, verdadeiro recuo desde o lugar onde seus objetos de representação se situavam na origem. A força plástica e iconográfica dessa *des-localização* pode ser observada numa obra particularmente eloquente do artista Claudio Parmiggiani.

Obras "quase fotográficas", compostas de impressões nascidas do ar, de poeira e de luz, cuja combinação orgânica constitui o material e lhe dá corpo. Três elementos que encontramos no essencial de seus trabalhos, mas que os compõem cada um de maneira diferente, de acordo com o lugar e o suporte de intervenção. O resultado visual produz uma estranha sensação, ao mesmo tempo melancólica e nostálgica: melancólica – por aquilo que não é mais mas permanece numa forma esboçada; nostálgica – pela desaparição do lugar da matriz original. Elementos cujas possibilidades combinatórias foram exploradas, por exemplo, numa intervenção realizada na biblioteca do Museu Fabre de Montpellier e que faz parte de uma série intitulada, não por acaso, *Delocazione*, iniciada em 1970, sobre a qual insistiremos mais especificamente, e três em outros exemplos extraídos da série intitulada *Polvere*, de 1998.[532]

A pesquisa do artista, iniciada por acidente, derivou indiretamente da experimentação e da produção de impressões a partir de diversas intervenções: a partir de uma retirada que produziu o efeito de uma reserva

[531] SOULAGES. La Trace ombilicale *apud* MÉAUX; VRAY. *Traces photographiques, traces autobiographiques*, p. 21.
[532] DIDI-HUBERMAN. *Génie du non-lieu*, p. 123-150.

delimitada pela queima; uma camada de cinzas manchando uma parede onde os contornos de um objeto vêm se fixar, como por incandescência. A luz vem portanto dar forma, e o ar vem ordenar o depósito de poeiras dispostas em volta dos restos do objeto arrancado do lugar de sua destruição. Depostas na superfície do suporte-receptáculo de uma nova impressão, similar a um "porta-impressão".[533] Só ela tem a faculdade de tornar visível aquilo que é da ordem do impalpável.

A impressão se torna quadro. Evoca assim as naturezas-mortas mínimas pintadas por Giorgio Morandi – pinturas de gamas cromáticas acinzentadas, desbotadas. Tonalidades que encontramos aliás na interpretação proposta por Miguel Rio Branco na natureza-morta – não menos irônica e dramática – intitulada *Morandi perverso*, de 1993, em que descobrimos, jogada bem no meio de um amontoado de garrafas de vinho vazias, com o efeito de um *punctum* "ácido", uma seringa. Toda a atmosfera dessa fotografia se faz acompanhar de um silêncio mortífero pelo véu de poeira que recobre os objetos abandonados.

O caráter volátil das cinzas, depostas sobre uma parede, é caracterizado por Georges Didi–Huberman como *espace soufflé* [espaço soprado], sobre o qual a poeira vem recobrir e fixar a memória de sua localização original. Nesse sentido, "o lugar é 'soprado' na medida em que é *produzido por um sopro de cinzas que invade o espaço*".[534] Essa impressão cria então uma reserva que "torna visível o próprio ato de retirar o quadro", ato que Parmiggiani provoca com seu procedimento a partir de uma "colocação em movimento do lugar",[535] pela conservação do depósito da cinza e pela retirada do quadro. É portanto pela sucessão dessas diferentes retiradas que aparece uma verdadeira memória espacializada de imagens. Sua coleta poderia se aparentar com a Mnémosyne de Aby Warburg como "saber-montagem"[536]

---

[533] A faculdade de engendrar imagens por meio desse lugar-receptáculo nos remete assim à noção de *khôra*, o molde ou "porta-impressão" que Platão define no *Timeu* como lugar de criação do mundo e que constitui assim aquilo em que as figuras se formam. Cf. DERRIDA. *Khôra* e a leitura feita por Serge Margel do *Timeu* de Platão, em DERRIDA. *Tombeau du dieu artisan*.

[534] DIDI-HUBERMAN. *Génie du non-lieu*, p. 38. Segundo Véronique Mauron: "A matéria residual da cinza garante uma aparição 'nativa', a da imagem. [...] Como o relâmpago, o processo da *delocazione* procede da combustão para produzir uma imagem. Assim, essas figuras claras se assemelham tanto às imagens criadas pelo raio quanto a um negativo fotográfico" (MAURON. La Biliotèque en feu: naissance des images – installation pecturale de Claudio Parmiggiani à Montpellier, [s.d.]).

[535] DIDI-HUBERMAN. *Génie du non-lieu*, p. 34-38.

[536] Cf. ALAIN-MICHAUD. *Aby Warburg et l'image en mouvement*, p. 10-15.

de rastros encontrados num lugar após ele ser inteiramente esvaziado. Uma coleta que reúne e reorganiza seus objetos de acordo com um modo de inventário. Para Didi-Huberman, essa 'vida silenciosa' (*Stilleben*) das naturezas-mortas é uma vida do 'após-viver' (*Nachleben*)".[537] Ora, essa estranheza do tempo nunca seria possível sem "a colocação em ato de uma estranheza do lugar".[538] Parmiggiani reforça essa constatação ao afirmar que "o objeto não está mais lá, e no entanto percebemos sua profundidade, não apenas seu simples contorno, mas como que uma qualidade física [...] não a sombra de uma forma física, mas a forma física da sombra".[539]

No centro desses vestígios, a imagem renasce portanto das cinzas. É aparição. Ora, é esse modo que constitui, segundo Benjamin, a existência de sua aura. Se a imagem, como processo de impressão, está carregada de um forte valor indicial – aderindo de perto ou de longe a seu referente –, seu valor aurático reside, sobrevive, em sua qualidade icônica, associada diretamente a sua dimensão cultural, a partir do momento em que a imagem não é mais percebida como simples documento anônimo e sim como obra de arte autêntica – essa autenticidade sendo *a priori* verificável apenas pela existência da matriz do negativo. Uma relação com a imagem que quer que o uso, a conservação e o prazer de a observar pela lembrança que propicia sejam então dotados de uma função ritual, garantidora de sua autenticidade: "Desse modo apoiam um conceito de aura pelo qual se entende, com ela, a 'aparição irrepetível de uma distância'... O essencialmente distante é inacessível: e a inacessibilidade é uma qualidade essencial da imagem de culto".[540]

Essa noção de rito é aqui particularmente preciosa, pois evoca diretamente a relação que o sentimento de saudade mantém com seu objeto. Da mesma forma que pode ser percebida a função da imagem cultual:

> A definição da aura como "única aparição de um longínquo, por mais próxima que ela possa estar" não é mais que a formulação do valor cultual da obra de arte nas categorias da percepção espaçotemporal. Longínquo é o contrário de próximo. O longínquo é por essência o inaproximável. De fato, a imagem que serve pelo culto tem como principal qualidade ser inaproximável. [...]

[537] Essa sobrevivência é aliás associada à nuance cinza, cinzenta, que representa, segundo Aby Warburg, a cor por excelência daquilo que é antigo. Cf. DIDI-HUBERMAN. *Génie du non-lieu*, p. 126.

[538] DIDI-HUBERMAN. *Génie du non-lieu*, p.126.

[539] Proposições recolhidas de PARMIGGIANI, p. 88.

[540] BENJAMIN. A obra de arte na era de sua reprodutibilidade técnica, p. 175.

Se é possível se aproximar de sua materialidade, isto acontece sem que se rompa esse longínquo onde ela permanece após ter aparecido.[541]

Por uma iconografia contemporânea da ruína

Atravessemos portanto a soleira dessa porta, a fim de concluir este primeiro capítulo. Não se trata mais de comentar uma imagem cujo registro e modo de expressão se esgotam pela própria força de sua eloquência, nem uma imagem nascida do ato poético e apocalíptico de sua própria destruição, renascendo a seguir sob a forma de uma sombra fantasmática delimitada por seus contornos de fuligem e de poeira. Trata-se agora de direcionar nossa atenção a um tipo de representação que desafia, à sua maneira, uma relação frequentemente cínica com o mundo que não tem por ambição mais do que alimentar seus clichês falsamente ingênuos. Prosseguiremos portanto nosso estudo em torno de uma figura que se revela tão importante na fotografia contemporânea que é facilmente identificável em numerosas obras.

Presente de maneira evidente desde os 15 últimos anos no seio da representação fotográfica da paisagem, seja ela pública ou privada, íntima, que lhe oferece, de fato, seu lugar de representação, seu *genius loci*. Essa figura é a da ruína. Pregnante na representação da paisagem contemporânea, podemos observar uma mutação que se operou em seu registro pelo menos desde a Renascença. A renovação de seu registro tende assim a se distanciar da carga religiosa de uma visão apocalíptica do mundo, em proveito de um pensamento meditativo da perda.

Alto símbolo nostálgico dos vestígios do passado, insistimos aqui na similaridade que pode existir entre esse espaço, lugar de meditação e de contemplação poética, e aquele da saudade, na medida em que

> [o] lugar, o instante presente suscitam bruscamente todo um escalonamento de lugares e de momentos anteriores, toda uma duração já passada, marcada pela destruição, o luto, a perda: esse

---

[541] E Benjamin acrescenta: "Independentemente desse ponto, a função do conceito de autenticidade permanece unívoca na contemplação estética: com à secularização da arte, a autenticidade toma o lugar do valor cultual. [...] Mas a partir do instante em que o critério de autenticidade deixa de se aplicar à produção artística, é toda função social da arte que é perturbada. Ela deixa de estar fundada no ritual para achar o seu novo fundamento numa outra práxis: a política" (BENJAMIN. A obra de arte na era de sua reprodutibilidade técnica, p. 170-171).

espaço antecedente só tem como apoio e garantia a memória do poeta. É apenas dele que procede a cadeia das analogias que une as figuras: estas são as "caras lembranças" a que ele permanece habituado para todo sempre.[542]

A fim de melhor apreciar a força iconográfica que uma tal figura pode conter em si, podemos nos remeter à definição proposta por Denis Diderot, distinguindo seu valor pictórico – sem dissociá-lo de seu caráter fortemente teatral – de seu valor arquitetônico: "Ruína: decadência, queda, destruição; as ruínas são belas de pintar. Sem o crime, nada de poetas épicos, nada de tragédia; sem o ridículo e o vício, nada de comédia".[543] Essa analogia se revela pertinente a partir do momento em que estudamos a representação fotográfica da ruína em relação com a da cidade.

Essa figura, outrora emblema da desolação, chega, durante o século das Luzes, a desempenhar um papel evocatório e preponderante – como lugar não apenas de rememoração, mas também de contemplação –, cuja força poética conduz o sujeito a sair do mundo em direção a um retiro meditativo sobre o tempo. Seu uso e sua representação, fortemente valorizados na definição precedente, conferem-lhe uma função mnemônica performativa que reativa uma espécie de ideal como objeto de transferência que implica de maneira indireta seu sujeito numa consciência espaço-temporal da perda. Em que medida a figura da ruína pode ser associada a uma forma de saudade, já que esse sentimento implica uma rememoração de imagens de lugares que nos são caros, propiciando-nos ao mesmo tempo prazer e tristeza? À diferença da percepção "lírica" da ruína que Diderot nos propõe, tornada o lugar contemplativo privilegiado, a saudade parece geralmente privilegiar lugares de memória comuns e íntimos.

O que o filósofo retém aqui da ruína, e especialmente da força que ela confere à representação pictórica da paisagem, pode sempre encontrar eco, hoje, em sua representação fotográfica. Além da "imediata aparência" de sua presença, ela permanece um convite meditativo sobre o tempo, uma consciência da perda sempre mais próxima. A fotografia não seria ela própria ao mesmo tempo a impressão e o símbolo dessa perda? A ruína não é apenas o resultado de um espaço que surge de maneira caótica, mas também aquele que se recompõe na própria ordenação dos escombros e se dá a ver como o fruto de "uma construção do espaço

---

[542]Cf. STAROBINSKI. *La Mélancolie au miroir: trois lectures de Baudelaire*, p. 58.

[543]DIDEROT; D'ALEMBERT. *Encyclopédie, ou dictionnaire raisonné des sciences, des arts et des métiers*, p. 52.

de tal perfeição que a fotografia aparece como um ato poético superior, que exige de nós uma atenção à sua altura".[544] É toda essa atenção que se concentra na abertura escancarada de uma casa arruinada, fotografada por Rubens Mano no bairro periférico chamado Casa Verde, em 1997, na cidade de São Paulo. A fotografia que representa essa casa particular nos remete perfeitamente à maneira como a codificação enciclopédica do século XVIII pôde fixar a forma da ruína, guiando o imaginário dos artistas pintores e dos arquitetos da época. Mas o aspecto mais inesperado está bem contido no centro da imagem: essa construção frágil, de que não restam mais do que as paredes de sustentação e o teto, ergue-se sobre um embasamento, tal como um pedestal, colocado no meio de um amontoado de tijolos com dois furos. Ora, aquilo que se deve talvez a um simples acaso produz, no entanto, um efeito original e surpreendente, duplicando o quadro da *imagem-tela*, como uma segunda janela que se abre para uma paisagem com um enquadramento fechado.[545] Embora esse efeito seja acentuado, de um lado, pela visão frontal dessa construção – frontalidade que reforça paralelamente a profundidade de campo – e, de outro, pela mureta que se apresenta como um parapeito na margem inferior da imagem – como um distanciamento de um lugar prestes a desaparecer –, esse lugar que a fotografia nos dá a ver age de maneira similar a um *porta-tela* monumental. Outrora ponto de acesso à cidade, cujos limiares e limites não cessaram de desaparecer e de se redefinir, esse dispositivo modifica, além do mais, os ângulos de visão e nossa maneira de olhar a paisagem; uma possibilidade de contemplação que se obstrui geralmente à medida em que nos aproximamos do coração da cidade.

Reduzir a imagem fotográfica a seu mais extremo significante – em aparência insignificante – não é coisa fácil: ela permanece uma imagem a que nenhum indício pode escapar. No entanto, uma atração "minimalista" reaparecida na fotografia no fim dos anos 1980, liberada de certa sobrecarga referencial, pode se constituir como postura de resposta crítica a uma produção de imagens sobrecodificadas (veiculadas tanto pela televisão quanto pelos painéis publicitários). Seu desenvolvimento, no entanto, intervém em continuidade de obras que recorreram progressivamente ao uso da fotografia, desde o final dos anos 1960, por sua estrita função documental e de arquivo de obras

---

[544]DURAND, Régis. *Le temps de l'image. Essai sur les conditions d'une histoire des formes photographiques*. Paris: La différence, 1995, p. 144.

[545]Tomo esse termo emprestado de: LEMAGNY. Genius loci ou l'étendue rêveuse, p. 85.

efêmeras. A consequência dessa inversão, segundo Régis Durand, explica hoje em dia que

> Tudo se passa como se finalmente todos estivessem prontos para renunciar aos últimos usos analógicos da imagem fotográfica, e como se tudo aquilo que se condensara nela no passado, toda essa energia de captura e de construção, estivesse implodindo. E novas construções estivessem sendo instaladas sobre os escombros, nas quais a fotografia devesse renunciar a seu papel de estado último das coisas, esse valor de exibição que ela conservava ainda na maior parte dos artistas plásticos. O teatro da fotografia está portanto se transformando profundamente.[546]

Essa implosão pôde então se imiscuir como um novo sopro na imagem fotográfica, abrindo passagens entre o estilo documentário e os diferentes gêneros artísticos. Ora, se esse sopro interveio como um movimento que dinamiza a criação de novos registros de representação, ele pôde também servir de pretexto para sua destruição, como ato último que pulveriza um espaço no seio do qual a imagem se estrutura e se encerra. A fotografia, capturando esse instante, consigna então sua última existência. A partir daí, a possibilidade nostálgica do lugar é reforçada na medida mesma em que nos parece condenada a sua perda definitiva. Assim se dá a ler a obra do artista-fotógrafo Mathieu Pernot, autor de duas séries intituladas respectivamente *Chambres* [Quartos/Câmaras], de 1997-1998, e *Implosions* [Implosões], produzida em 2000. Trata-se pois de duas séries em que essa perda "em devir" é particularmente demonstrativa: sua força visual oscila entre o instante sublime da espera e o de um ato ao mesmo tempo destruidor e criador, bem no coração do lugar do desastre. Outra porta se entreabre então, deixando cair um véu de poeira que pousa sobre esses escombros. Essas fotografias representam vários tipos de lugares que delimitam e compõem essas zonas suburbanas, prometidas a uma destruição iminente. Compõem assim um percurso através do qual o fotógrafo propõe uma espécie de constatação, um *état des lieux* [estado dos lugares] – título de um álbum "topográfico".

Assim, essas fotografias capturam e fixam num momento preciso um lugar ou sítio lentamente degradado e arruinado pelo tempo, quando se trata de interiores devastados ou caóticos cuja porta de acesso abre

---

[546]Cf. DURAND. *Le temps de l'image. Essai sur les conditions d'une histoire des formes photographiques*, p. 149.

para uma paisagem invisível irradiada de um fino fio de luz cegante na série dos *Chambres*, ou uma visão tornada impossível para o fora a contemplar quando as janelas estão obstruídas por uma parede de tijolos. Ou ainda instável, até cair num movimento de desintegração pela força dos explosivos quando da destruição de grandes conjuntos de imóveis HLM [Habitações de Aluguel Módico], de sua série *Implosions* (Fig. 79). Essas duas séries de Mathieu Pernot se aparentam assim a um verdadeiro manifesto fotográfico (e poético) da demolição.

Figura 79 – Mathieu Pernot, [Sem título], série *Implosion*, 2000. Cópias em prata sobre papel baritado, 100 x 130 cm.

Os dois exemplos de implosão citados aqui têm por postulado a representação de uma paisagem suburbana em plena mutação. A representação de uma paisagem cuja aparente insignificância tem por intenção, conta-nos o fotógrafo, representar toda a vulnerabilidade de sua estrutura no momento em que o imóvel vacila e vem abaixo. As transformações frequentes desses espaços e a destruição desses imóveis têm também como consequência fazer desaparecer toda memória do lugar: resta apenas uma existência documental e fotográfica que insiste, nesse caso preciso, na pulsão anarquívica, em que nada é mais frágil do que "aquilo que expõe à destruição, e em verdade ameaça de destruição", porta fatal aberta para o olvido, espaço do abismo e do vazio.[547] Sensação de desorientação transcrita pelo poeta português Nuno Júdice:

> Quando um mundo acaba, não é somente o vazio que
> Enche os corações com seu peso de dúvida;
> As palavras igualmente se desfazem no espírito
> Que interroga o passado. E de todos os lados
> Que se olha, o horizonte parece se fechar [...]

[547]DERRIDA. *Mal d'archives*, p. 27.

A obra de Mathieu Pernot é impressionante por representar o perfeito contraponto de um pensamento do construído em geral e do monumento em particular, correspondente ao pensamento midiático de certos programas arquitetônicos do Estado, preocupados com uma perenidade visual. O acontecimento que a marca se relaciona, segundo Alain Mons, com "um fenômeno marcante de nossa 'extramodernidade', na fronteira entre a fundação da cidade (base material) e sua espetacularização (projeção midiática). Esse choque das 'substâncias', materiais e imateriais, é particularmente destoante e sintomático de uma época. Trata-se portanto para nós de partir do "ponto de vista" da comunicação para sublinhar o fenômeno arquitetônico hoje".[548]

Se a representação da ruína termina em Pernot na captura do "instante decisivo" da implosão, ela se aparenta igualmente a um registro iconográfico da falha particularmente explícito no primeiro exemplo extraído da série *Chambres*, em que o postigo aberto da porta-janela opera uma perfuração luminosa (a falha designa originalmente um tecido de seda cujas malhas estão furadas, ou: falhar é deixar uma falta, faltar).[549] Ora, essa falha se acentua a partir do momento em que abre ao mesmo tempo o espaço e o vazio que ela evoca, pois "é toda a cena no que ela tem de indefinido que nos comunica essa grande força de sentimento; sentimos a dor mas não a vemos, as lágrimas correm sem que nos sejam mostradas, e a hora e o momento, no conjunto, são o mistério que envolve silhuetas e paisagens, dores e lágrimas".[550] Essas implosões arquitetônicas revelam um mal-estar que se harmoniza visualmente, mas como que por inversão, com o efeito da mancha que mascara e obscurece o sintoma para melhor dissimulá-lo: "Os buracos efetuados, as falhas estenografadas, flertam com a mancha, a nódoa urbana, como se a desconstrução, ou mesmo o dispêndio, em arquitetura, se chocasse com a cegueira, ou seja, a impureza fenomenal da cidade".[551]

À diferença do dispositivo de uma *imagem-tela* fotografada na estrutura perfurada de uma casa por Rubens Mano, existe igualmente um dispositivo que nos conduz a contemplar e a "compreender" a paisagem arquitetada de maneira invertida: não como paisagem visível a partir do interior, a partir de uma janela, mas aquela que nos convida a entrar no espaço interno

[548]MONS. *Paysages d'images: essais sur les formes diffuses du contemporain*, p. 135.
[549]DIDI-HUBERMAN. *L'Étoilement: conversation avec Simon Hantaï*, p. 91.
[550]CROCE. *Une théorie de la tache*, p. 21.
[551]MONS. *Paysages d'images: essais sur les formes diffuses du contemporain*, p. 142.

que ordena o lugar a partir do exterior, pelo oco de sua falha. Dessa falha surge uma falta, um buraco aberto, uma "mancha cega tanto de dia como de noite",[552] similar a um "buraco dentro do qual soçobra, se consome o edifício do pensamento, se arruína".[553] Assim, como observa Benedetto Croce, a existência da mancha permanece essencial para toda composição pictórica, já que gera um movimento que afirma que:

> A execução, a conclusão de um quadro, não é nada além do fato de aproximar cada vez mais do objeto, que o movimento de discernir e fixar o que apareceu a nossos olhos como deslumbre. Mas, se essa primeira harmonia fundamental vem a faltar, a execução, a realização, por grandes que sejam, nunca chegarão a emocionar, a produzir o menor sentimento no espectador, ao passo que, pelo contrário, a simples mancha nua, sem nenhuma determinação de objeto, é perfeitamente capaz de suscitar esse sentimento.[554]

---

[552] MONS. *Paysages d'images: essais sur les formes diffuses du contemporain*, p. 142.

[553] BATAILLE *apud* HOLLIER. *La Prise de la concorde*, p. 183.

[554] Em referência a um texto de Vittorio Imbriani sobre uma *Deposição de Cristo* do pintor Morelli, publicado em seu ensaio *La quinta Promotrice* (Nápoles, 1868), Croce chega a definir a mancha, reduzida a sua última expressão, como "[u]m acordo de tons, ou seja, de sombras e de luzes, capaz de ressuscitar na alma um sentimento que exalte a fantasia até torná-la produtiva. E a mancha é o *Sine qua non* do quadro, o essencial indispensável que pode às vezes fazer esquecer certas outras qualidades ausentes, mas que não pode ser substituído por nada" (CROCE. *Une théorie de la tache*, p. 23-25).

CAPÍTULO II

Saudades urbanas

A ruína constitui portanto em si um registro iconográfico de expressão melancólica privilegiado, que consegue despertar no espectador uma consciência específica da perda de um lugar. Um lugar que, fotografado ao longo de seu lento processo de degradação, incita-nos a observá-lo, contemplativos, como um lugar de resistência à ação irreversível do tempo. Assim como sua desaparição faz dele objeto de certas obras fotográficas contemporâneas, revelado através da força da fotografia documental, por sua função de arquivo. É por isso que convocaremos novamente o arquivo, compreendido aqui não mais em sua dimensão temporal, e sim espacial, como verdadeiro lugar de memória.

Esse aspecto temporal "fixado" do espaço é importante por questionar diretamente um dos desafios colocados pelo fenômeno da saudade, inoculada no coração da representação fotográfica de um lugar. Ora, isso não deixa de criar certos problemas. Em primeiro lugar, em que medida a representação de um lugar, público ou privado, pode ser significativa de um desígnio – voluntariamente ou não – arquivístico? Como ela pode ser associada a posteriori a uma postura impregnada desse sentimento particular? Nessa perspectiva, será que esse registro fotográfico documental exclui qualquer "possibilidade" ou "vontade" de imagem de arte, para retomarmos o termo de Alois Riegl? Se consideramos que ele pode ser ao mesmo tempo sujeito e objeto de memória, como sua representação pode então traduzir esse *Einfühlung* que Theodor Lipps descrevia como "um gozo objetivado de si"?[555]

---

[555]BERENSON. *Esthétique et histoire des arts visuels*, p. 76-78.

A questão da objetividade retém particularmente nossa atenção, já que se relaciona indiretamente com duas fotografias em torno das quais concentraremos nossa atenção a fim de compreender o que "os teóricos da época chamaram a fisionomia das coisas, quer dizer, a sua consideração subjetiva, em oposição a uma consideração objetiva que aspiraria a captar sua natureza".[556] Evocaremos portanto alguns exemplos de obras cujo registro e cuja produção, mas sobretudo cuja intenção, informa-nos sobre a diferença aporética que distingue uma imagem de arte de uma imagem documental no que concerne à representação fotográfica da saudade. Para tanto, analisaremos algumas fotos extraídas de uma série de Claude Lévi-Strauss e outras tomadas à obra fotográfica de Alain Resnais. Apesar da diferença de abordagem e de uso, o que as une consiste no fato de que todas elas representam a cidade, tanto seu centro quanto sua periferia. Sendo que as de Lévi-Strauss nos interpelam diretamente por se abrigarem sob o título *Saudades de São Paulo*.

Daremos continuidade a esse tema no ponto seguinte interessando-nos particularmente pelos problemas do exílio e da solidão, consequência imediata de uma mudança de território, conferindo à saudade toda a sua dimensão nostálgica. Concluiremos a questão do exílio sob o tema do "habitar", a propósito de espaços como aqueles onde a rota do exílio vem muitas vezes terminar: em instalações provisórias ou favelas. Veremos assim como essa ocupação de espaços "da margem" encontra lugar no espaço fotográfico. Quer se aplique a um país percebido em sua globalidade, quer a uma cidade em sua localidade, a saudade reveste um valor altamente nostálgico, principalmente em Claude Lévi-Strauss, cuja obra fotográfica só foi redescoberta e publicada recentemente. Em que consiste precisamente essa saudade em Claude Lévi-Strauss? Para tentar responder, escolhemos aqui um conjunto de fotos do livro *Saudades de São Paulo*.

Saudades de São Paulo nos oferece um olhar íntimo que liga o pesquisador francês a uma cidade brasileira ainda "provinciana", alguns anos antes de sua plena e rápida transformação. Sua metamorfose será tanto mais impressionante na medida em que marcará profundamente o autor, que explica suas expectativas nos seguintes termos: "Cheguei portanto a São Paulo preparado para encontrar bem mais do que um novo

---

[556]LÉVI-STRAUSS. *Le Regard éloigné*, p. 334.

quadro de vida: uma daquelas experiências em tempo e em dimensão reais geralmente vedadas às ciências humanas por causa da lentidão com que se modificam os fenômenos e da impossibilidade material e moral de agir sobre eles".[557]

Saudades de São Paulo reúne 49 fotografias da futura megalópole e da cidade de Santos, importante porto internacional, escala de emigrantes provenientes dos quatro cantos do mundo. O conjunto dessas fotografias data aproximadamente do período entre 1935 e 1937, provindo de um fundo em que "alguns rolos de negativos sofreram dos desgastes do tempo e das tribulações às quais foram expostos meus arquivos, em conjunturas várias vezes arriscadas".[558] Essas fotos demonstram o interesse de Lévi-Strauss por essa megalópole nascente. Interesse que reside sobretudo em seu aspecto geográfico e urbano: São Paulo ainda era bordada de campos em seus limites periféricos – à diferença do Rio de janeiro, já havia muito tempo urbanizado, como vimos anteriormente nas fotos tiradas por Augusto Malta desde o fim do século XIX (o fotógrafo será encarregado de acompanhar a transformação e a evolução dos trabalhos que modificam profundamente a capital). O relevo acidentado de São Paulo se torna o lugar de emergência de uma cidade construída "num terreno que as obras públicas, no momento em que lá me encontrava, não haviam ainda modificado substancialmente".[559]

Após algumas fotos de sua equipe, convidada pela então recém-fundada Universidade de São Paulo, encontramos o prestigioso arranha-céu da época, ainda visível hoje, conhecido como Edifício Martinelli, ponto alto da modernidade e do progresso industrial que vai ganhando terreno sobre os espaços naturais cultivados que ainda cercavam a cidade. Nostalgia dos lugares, guardião de um tempo que não é mais e de um espaço em constante transformação, a sensação de perda singular que emana desse livro pode se explicar em parte na medida em que se aparenta com um sentimento de saudade invertido, já que será preciso esperar cerca de 60 anos para que essas fotografias sejam publicadas. No entanto, quando Lévi-Strauss decide fotografar a cidade de São Paulo, concebe seu percurso à maneira de

[557] LÉVI-STRAUSS. *Saudades do Brasil*, p. 14.
[558] LÉVI-STRAUSS. *Saudades do Brasil*, p. 14.
[559] LÉVI-STRAUSS. *Saudades do Brasil*, p. 14.

um levantamento topográfico: suas tomadas se dividem entre grandes avenidas, ruas comerciais, bairros residenciais ou ainda cruzamentos e praças públicas; o etnógrafo usa então a fotografia e experimenta toda a sua força documental acima de tudo como uma ferramenta de classificação e de arquivo.

Dessa abordagem haure uma experiência do terreno que empregará também em suas investigações entre os povos ameríndios do Brasil, então pouco conhecidos, levantando lugares, atividades, acontecimentos importantes de "socialização", como os rituais religiosos (em ressonância com os mitos transmitidos oralmente de geração em geração), que ritmam sua vida cotidiana. Assim, a prática da fotografia permanece, em Lévi-Strauss, essencialmente determinada por seu valor informativo, como ferramenta de pesquisa e observação, vindo assim substituir as fontes textuais. É por essa razão que podemos considerar que essas fotografias de São Paulo constituem já, em primeiro lugar, um objeto de estudo "antropológico", no sentido em que: "Estas imagens não falam por si sós, mas expressam e dialogam constantemente com modos de vida típicos da sociedade que as produz. Neste diálogo elas se referem às questões culturais e políticas fundamentais expressando a diversidade de grupos e ideologias presentes em determinados momentos históricos".[560]

E Claude Lévi-Strauss esclarece que investigou não apenas essa cidade, cujo espaço podia ser "talvez indiferenciado antes que os homens o ocupem", mas também a maneira como os homens "escolhem se distribuir nesse espaço, a maneira como as diversas formas de atividade política, social, econômica se inscrevem no terreno, nada disso se faz ao acaso, e é apaixonante investigar se as cidades se diferenciam em tipos e se é possível discernir constantes em sua estrutura e seu desenvolvimento".[561] Também é interessante constatar como essa repartição humana, assim como a estrutura urbana e arquitetônica da futura megalópole, permanece profundamente contrastada naquela época: dividida entre um centro relativamente pequeno mas já denso – reunindo toda a atividade administrativa, comercial e cultural – e sua periferia, conservando ainda uma paisagem cuja configuração permanece fortemente rural (Fig. 80-81).

[560]NOVAES. O uso da imagem na antropologia, p. 116.
[561]LÉVI-STRAUSS. *Saudades do Brasil*, p. 13.

Figura 80 – Claude Lévi-Strauss, *Vale do Anhangabaú, vista do edifício Alexander Mackenzie, sede da sociedade de bondes de São Paulo Light and Power Ltd.*, rua Xavier de Toledo, c. 1935-1936. Cópia em prata. São Paulo, Instituto Moreira Salles.

Figura 81 – Claude Lévi-Strauss, *Vale do Itororó, perto do atual viaduto Pedroso, visto da fachada posterior do edifício Martinelli*, c. 1935-1936. Cópia em prata. São Paulo, Instituto Moreira Salles.

O contraste entre esses dois tipos de paisagem contingente, presentes nessas duas fotografias-documento como dois mundos que se justapõem, anuncia já um fenômeno que vai se acentuar progressivamente a partir dos anos 1970, culminando numa profunda ruptura social. Veremos posteriormente como esse contraste não cessará de se anunciar também nos decênios que se seguirão à Segunda Guerra Mundial, atingindo seu ápice no exemplo da construção da futura capital, Brasília, "cidade nova", surgida *ex-nihilo* no meio de lugar nenhum, num território ainda virgem de qualquer atividade humana. Mas também como a representação da cidade vai então se tornar objeto de experimentações visuais a partir dos anos 1940, explorando todas as suas qualidades geométricas, enfatizadas por fotógrafos particularmente marcados pelo estilo construtivista que desempenharão um importante papel no nascimento e na consolidação do movimento concretista brasileiro.

Uma última fotografia retém aqui nossa atenção. Trata-se de uma foto do pai de Lévi-Strauss, ele próprio fotografando, encostado ao portão da casa da família. Citamos essa imagem por duas razões principais, que nos ajudarão a compreender melhor a maneira como o antropólogo concebe o valor que atribui à fotografia. Em primeiro lugar, se *Saudades de São Paulo* é acima de tudo uma coletânea composta de representações de bairros e de indivíduos anônimos – captados em diferentes lugares da cidade que, em grande parte, desapareceram ou mudaram profundamente –, a inserção dessa foto de seu pai torna mais claro o significado dessa imagem-saudade. Trata-se de uma saudade que podemos compreender não apenas de maneira temporal, mas também em sua dimensão espacial e afetiva: pela presença da residência onde Lévi-Strauss morou durante sua estadia, e aquela, discreta, de seu pai, cujo corpo é dominado pelo da casa (Fig. 82).

Figura 82 – Claude Lévi-Strauss, *Fotografia de seu pai, Raymond, fotografando a rua em frente à residência de Claude Lévi-Strauss, rua Cincinata Braga, 395*, c. 1935-1936. Cópia em prata. São Paulo, Instituto Moreira Salles.

Essa fotografia revela-se muito interessante nesse contexto, já que parece conter aquele que seria o *punctum* implícito da série. Isso em referência à análise do termo barthesiano proposta por Etienne Samain: "o *punctum* da fotografia em Barthes é o que a imagem cala, o indivisível da imagem, o inesgotável da imagem. O silêncio que, nela, fascina e perturba, faz gritar o corpo, quando o olhar à procura de si aventura-se no seu espelho, no seu corpo cego".[562] Além disso, ela retém nossa atenção por uma segunda razão, que nos esclarece sobre a relação que Lévi-Strauss mantém com o *medium* fotográfico e principalmente sobre o valor estritamente documental que ele lhe reconhece quando afirma, em *Saudades do Brasil*, que "uma foto é um documento; existem belas fotos, mas para mim trata-se de uma arte de fato menor".[563]

Esclareçamos em primeiro lugar que seu pai, pintor, utilizava então a fotografia como simples ferramenta de estudo, com a única finalidade de registrar detalhes destinados a serem reproduzidos em seus quadros. Esse

---

[562]SAMAIN. Um retorno à *Câmara Clara*: Roland Barthes e a antropologia visual. In: *O fotográfico*, p. 130.
[563]LÉVI-STRAUSS. *Saudades do Brasil*, p. 9.

uso documental se transpõe assim, no caso de seu filho, em sua concepção etnográfica da fotografia: tomada como "uma espécie de reserva de documentos, ela permite conservar as coisas que não poderão ser vistas de novo uma outra vez. Os documentos fotográficos me provam a sua existência, sem testemunhar a seu favor, nem me os tornar sensíveis".[564] Essa tomada de distância em relação a qualquer regime emocional ou afetivo da fotografia (cuja depreciação não deixa de fazer eco ao menosprezo baudelairiano) explica também como ela difere, segundo Lévi-Strauss, de uma obra pintada, definida no contexto de um pensamento tipicamente estruturalista, ou seja, não percebida em função das regras estéticas que a regem, mas exclusivamente pela relação significado/significante de seu objeto:

> Uma obra de arte é signo de um objeto e não uma reprodução literal; ela manifesta alguma coisa que não é signo do objeto e não uma reprodução que nós temos do objeto e que é a sua estrutura, porque a característica especifica à linguagem da arte é que existe sempre uma homologia muito profunda entre a estrutura do significado e a estrutura do significante [...] ao significar o objeto (como o faziam os surrealistas com objetos do quotidiano) o artista sucede a elaborar uma estrutura de significação que mantém uma relação com a estrutura mesma do objeto.[565]

Ora, a diferença maior que existe entre a pintura – arte maior – e a arte da fotografia, que ele considera menor, proviria do fato de que a pintura contém uma liberdade de ação mais ampla do que a permitida pela fotografia, restrita a seu forte valor indicial e referencial, limitada unicamente ao real imediato. Essa limitação a que estaria submetido o fotógrafo, obrigando a imagem a permanecer em perfeita contiguidade com seus referentes exteriores, explicaria a dificuldade de lhe reconhecer um estilo fotográfico próprio, possibilidade que ele atribui ao pintor, livre para gozar do privilégio de poder selecionar, organizar, classificar toda informação proveniente do mundo exterior. E é quando esquecem-se voluntariamente algumas informações, privilegiam-se e modificam-se outras, que as coerências de escolha culminam na criação de um estilo singular.[566] Como observa Caiuby Novaes: "É precisamente essa possibilidade de escolha a

---

[564]LÉVI-STRAUSS. *Saudades do Brasil*, p. 9.
[565]LÉVI-STRAUSS. *Entretiens avec Georges Charbonnier*, p. 80-120. Cf. NOVAES. Lévi-Strauss: raison et sensibilité.
[566]Remeto o leitor particularmente ao capítulo intitulado "À un jeune peintre", em *Le Regard éloigné*.

partir de um modelo que não é dada à fotografia e que a transforma, para Lévi-Strauss, em documento, ou em arte menor".[567]

Essa posição revela-se um tanto quanto paradoxal, já que o próprio Lévi-Strauss afirma que a contribuição da fotografia lhe permitiu abrir o campo da antropologia, preocupada então unicamente com as fontes-"provas" textuais. Mas também, como vimos anteriormente, não querer reconhecer a multiplicidade estilística das numerosas obras que não cessaram de enriquecer o campo dessa disciplina e a prática do *medium* equivale a reduzir a fotografia a seu simples papel documental e designador. Assim como recusar sua parte artística, também ela marcada pelos sintomas da época e da sociedade que a produzem – e da qual os artistas-fotógrafos representam igualmente um segmento. Dessa forma: "A fotografia capta, por assim dizer, essa ordem tangível das coisas, isto é inegável".[568] Em consequência, para que a fotografia possa atingir esse estatuto, ela deve abrir o debate com outras artes, ou seja, "manter entre o modelo, a matéria-prima, as leis ou propriedades físicas ou químicas e o próprio artista um diálogo paciente, daí sim poder-se-ia obter uma obra que condensasse, de forma sensível, os termos de um pacto entre todas essas partes".[569]

Finalmente, se o pensamento da arte em geral, e da fotografia em particular, enunciado por Lévi-Strauss parece estar excluído de uma práxis que não cessa entretanto de querer se libertar do jugo das regras clássicas é porque ele permanece preso a seu estrito mecanismo reprodutivo, portanto unicamente a seu fim útil, que faz dela apenas uma "prova". No entanto, esse jugo foi fortemente abalado por todas as revoluções estéticas dos movimentos de vanguarda que eclodiram no mesmo período e que jogavam justamente com sua faculdade reprodutora. Dois aspectos emergem assim desse ensaio fotográfico. O primeiro deles convoca nosso objeto, na medida em que o dispositivo empregado não contém essa possibilidade reversível que possui, por exemplo, o mito ou uma partitura musical: essa possibilidade depende então do receptor, que revive e evoca esse espaço simultaneamente fixo e flutuante, em que tudo que o compõe vem inexoravelmente se extinguir e se reanimar a cada vez que se olha sua representação. Donde uma concepção e um recurso que dão conta do olhar do etnógrafo, que declara, pessimista e

[567] NOVAES. Lévi-Strauss: raison et sensibilité, [s.p.].
[568] NOVAES. Lévi-Strauss: raison et sensibilité, [s.p.].
[569] NOVAES. Lévi-Strauss: raison et sensibilité, [s.p.].

resignado: "Dentro de algumas centenas de anos, neste mesmo lugar, outro viajante, tão desesperado quanto fui eu próprio, chorará o desaparecimento que percebo, fere-me e me condena permanentemente a não olhar suficientemente".[570]

Um segundo aspecto nos conduz à análise de nosso segundo exemplo. Como Lévi-Strauss tenta, ao longo de toda a sua estadia no Brasil, registrar, preocupado, aquilo que é mas não será mais, suas fotografias se aparentam fortemente com aquelas que enriquecem, dia após dia, um diário de viagem. Esse aspecto itinerante é experimentado também por Henri Cartier-Bresson, que "circula [...] com lentidão, suavizando as transições entre as regiões", e declara que "[o] aparelho fotográfico é para mim um caderno de esboços, o instrumento da intuição e da espontaneidade, o mestre do instante que, em termos visuais, questiona e decide ao mesmo tempo".[571] Aliás, é importante observar que o próprio Cartier-Bresson recusava o estatuto artístico de suas fotos, considerando-se sempre do lado do fotojornalismo, desconfiando, como assinala Gilles A. Tiberghien, "de toda forma de 'hibridação', considerando sempre o *medium* por si mesmo, sem se preocupar com o partido que as artes plásticas, em particular, podiam tirar dele integrando-o ao domínio da arte em geral. [...] a fotografia decididamente não é a arte, em todo caso, não no sentido em que se a entende tradicionalmente; é a vida – e tanto melhor se ela se confunde com a arte".[572] O que o fotógrafo confirma: "Eu descobrira a Leica: ela se tornou o prolongamento do meu olho e não me larga mais. Eu andava o dia inteiro com o espírito alerta, buscando nas ruas tirar fotos do que estava acontecendo na hora, como se fossem flagrantes delitos".[573]

Essa reflexão nos conduz a tratar agora de nosso segundo exemplo, anunciado anteriormente, em torno do arquivo fotográfico do cineasta Alain Resnais, reunido no álbum *Repérages* [Reconhecimentos]. Esse livro é constituído de fotos particularmente reveladoras do laço que

---

[570] LÉVI-STRAUSS. *Tristes tropiques*, p. 40.

[572] CARTIER-BRESSON *apud* TIBERGHIEN. Henri Cartier-Bresson, la photographie comme forme de vie, p. 45-46.

[572] E Tiberghien prossegue: "Fotografar é reter seu fôlego quando todas nossas faculdades convergem para captar a realidade fugidia. Fotografar é colocar na mesma linha de mira a cabeça, o olho e o coração. É uma maneira de viver" (TIBERGHIEN. Henri Cartier-Bresson, la photographie comme forme de vie, p. 45-46).

[573] CARTIER-BRESSON *apud* TIBERGHIEN. Henri Cartier-Bresson, la photographie comme forme de vie, p. 45-46.

une a saudade a uma relação nostálgica com os lugares. Diz a lenda que Alain Resnais teria se iniciado no exercício do reconhecimento depois de ter utilizado uma Leica emprestada por Agnès Varda, em 1956, para fotografar os planos do curta-metragem *Toda a memória do mundo*. Relação frequentemente esquecida, o fato é que uma boa parte dos cineastas emergentes daquela época começaram sua carreira cinematográfica experimentando esse suporte fotossensível. Esse recurso à fotografia pode assim ser observado em numerosas obras de ficção, como *La Jetée*, de Chris Marker, de 1962, e *Salut les cubains!*, de Agnès Varda, de 1963.

Repérages é um livro-ensaio publicado em 1974, fruto da colaboração de Alain Resnais com o escritor Jorge Semprun. Ele compila 77 fotografias selecionadas a partir de uma coleção de quase dois mil contatos. O projeto de *Repérages* nasce num contexto particularmente difícil para o cineasta. Um período pouco fecundo de produção em que Resnais teve diversos projetos abortados, entre os quais *La Chronique d'Harry Dickson* ou *The Inmates*. O livro reúne, assim, várias tomadas de lugares percorridos e visitados por ele durante a preparação de alguns longas-metragens de ficção, sempre apoiados numa pesquisa documental aprofundada, revelando um olhar atento e observador, viajando de Nevers a Hiroshima, passando por Londres e Nova York.

Concebido em formato paisagem, à italiana, aquilo que poderia se aparentar a um simples catálogo fotográfico de vistas revela-se, à medida que viramos as páginas, o esboço sensível de um percurso visual que acumula um canteiro de lugares que pontuaram o imaginário do cineasta desde 1969. Trata-se dos vestígios do castelo do Marquês de Sade em Lacoste – modesta homenagem a André Breton, por quem Resnais nutre uma profunda admiração – ou do revoar "lírico" inesperado de detritos abandonados num terreno baldio, na periferia de Nova York. Alain Resnais percorre os lugares, registra incansavelmente. No coração de seus reconhecimentos, opera-se então uma síntese de diversos temas que lhe são particularmente caros, acumulados ao longo do tempo, revelando dessa maneira uma visão de mundo singular, nostálgica, "congelada" em seus vestígios e ruínas, alimentando um universo em que se compõe uma obra tão prolífica quanto polimorfa, como essa memória do mundo a que ele presta homenagem.

O caminho pelo qual poderíamos abordar esse trabalho começa nesse impasse encontrado então pelo cineasta, provavelmente similar à escolha de abandonar uma imagem fixa em proveito de uma série de imagens em movimento. Podemos assim constatar que Resnais manifesta uma concepção particular dessa noção de reconhecimento e da prática dos lugares gerada através da imagem fotográfica. Tomemos o exemplo das duas fotografias apresentadas a seguir. Primeiramente, como observa Jean-Louis Letrat, essas duas imagens atestam o forte interesse de Resnais pela montagem. A cena se passa no centro da França, em Nevers, cidade onde ele realizou um reconhecimento para a filmagem de *Hiroshima, mon amour*.[574] Essas fotografias (a 36ª e a 37ª do livro) têm por legenda: "Nevers. Chegada dos personagens nos cenários vazios do espaço dramático".

Se o enquadramento permanece praticamente idêntico, a segunda imagem nos mostra uma mulher idosa caminhando pela rua, olhando firmemente para a frente, prosseguindo seu caminho. Mas observando atentamente podemos ler um leve deslocamento de sua cabeça, dirigida para a objetiva da câmera, desafiando, por assim dizer, a própria postura do cineasta-fotógrafo. Olhar camuflado, roubado, de uma cena cotidiana, através da qual o movimento duro de seu corpo que atravessa esse pedaço de rua da cidade, varrendo o espaço de um ângulo ao outro, vê-se bruscamente dinamizado. A evocação de Eugène Atget se faz novamente evidente se consideramos que suas fotografias das ruas de Paris são como caixas que encerram as raras silhuetas dos personagens presentes; eles próprios parecem regidos, segundo marcas precisas, misturando seus corpos, no espaço ambiente onde tomam lugar, e cuja pose testemunha, ainda hoje, a atmosfera que ali reinava antes de sua destruição.

Os lugares visitados, fotografados, depois revelados na forma de contatos por Resnais constituem eles próprios uma espécie de catálogo urbano composto de ruas, fachadas, lugares públicos e seus habitantes. O exercício do reconhecimento resulta nesse sentido da experiência de uma visita "em tempo real". Resnais recorre portanto à fotografia por sua função primeira: a de registrar. Preenche assim, pouco a pouco, seus "blocos de anotação", em que armazena as mais diversas imagens: "As fotos terão uma utilidade prática", já que "é mais fácil dialogar com o cenarista ou com os produtores se, no momento de dizer: 'quero um bistrô aqui, um cruzamento ali', você mostra para eles o bistrô e o cruzamento. Mais tarde, colaremos a foto no lugar correto da decupagem, e o assistente não terá nenhuma dificuldade em encontrar o lugar".[575] Como esclarece o cineasta,

[574] Cf. LEUTRAT; LIANDRAT-GUIGUES. Repérages, photographies d'Alain Resnais. Artigo publicado quando da exposição *L'image d'après*, organizada pela Cinémathèque Française, em 2007.

[575] Declaração de Resnais citada em RESNAIS; SEMPRUN. *Repérages: photographies d'Alain Resnais*, p. 11.

ele fez dessa coleta uma espécie de inventário, no qual hauriu os materiais para recompor, de maneira mais ou menos direta, um cenário para cada um de seus filmes de ficção, impregnado de uma certa concepção teatral. É o caso, por exemplo, das colunas do cemitério de Londres em estilo "neoegípcio", cuja influência podemos localizar no castelo barroco de *A vida é um romance* (o castelo compósito se assemelha assim ao Palácio da Pena, situado na cidade de Sintra, perto de Lisboa).

O que é preciso entender exatamente por *réperage*? Esse termo designa, entre outras coisas, a ação de demarcar ou de observar um território com a ajuda de binóculos ou de balizas. É por isso que Robert Benayoun chama Resnais de "agrimensor do imaginário".[576] As 77 fotos dão conta dos espaços percorridos, cruzados, através dos quais o cineasta-fotógrafo esboça sutilmente toda uma topografia que atravessa sua obra fílmica. Ficamos surpresos pelo caráter desértico de uma boa parte de suas tomadas, devido à ausência de qualquer presença humana: "as fotos de Alain Resnais nos fazem mergulhar nesta angústia original, neste mal-estar, neste desconforto, neste questionamento: a ausência do homem vivida pelo homem. Por nós mesmos, nesse caso, espectadores de nossa própria ausência".[577]

É importante notar, entretanto, que a escolha dos lugares nunca é fruto do acaso: esses "reconhecimentos" são demarcações que funcionam como citações visuais. Em face de um tal "cenário", encontramo-nos a meio caminho entre um real contíguo a seu registro (devido ao suporte fotográfico) e a exaltação da ruína, figura-motriz de um *fora-do-tempo* inquietante de que podem surgir a cada instante personagens animados, saídos do próprio imaginário do cineasta. Gilles Deleuze não define o cinema de Alain Resnais como um "cinema do cérebro"?[578] Resnais nos convida então para um passeio nostálgico, no fundo do qual o espectro daqueles que habitaram esses lugares começa a partir de então a desaparecer para sempre.[579] Uma surpreendente dupla de fotos vem fechar esse itinerário. A primeira tem por título-legenda: *Nova York. Buster Keaton em* Film *(1964), de Alan Schneider e Samuel Beckett* ; ao passo que a segunda

[576]BENAYOUN. *Alain Resnais: arpenteur de l'imaginaire – de Hiroshima à Mélo*, p. 28-29.

[577]RESNAIS; SEMPRUN. *Repérages: photographies d'Alain Resnais*, p. 13.

[578]DELEUZE. *Cinéma 2: L'image-temps*, p. 271.

[579]Isso nos conduz a um texto de Jean-Luc Nancy sobre a paisagem: "Uma paisagem é sempre a suspensão de uma passagem, um afastamento, um vazio da cena ou do ser: não é uma passagem de um ponto a outro, de um momento a outro, mas o *pas* [passo/não] da própria abertura" (NANCY, *Au fond des images*, p. 118).

é intitulada: *Nova York. Aparição do tema da lixeira, da podridão e da morte ligada à leitura de Beckett.*

Essas duas imagens vêm de certa forma coroar esse breve percurso pelo universo de Alain Resnais: verdadeiras apologias da ruína, atualizam e invertem, simultaneamente, a grande tradição da paisagem romântica. Contraponto do "espelho da alma", exaltado em sua época por Caspar David Friedrich, ou arqueologia de um mundo moderno onde é minuciosamente auscultado tudo aquilo que se reinventa a partir de seus próprios escombros. Buster Keaton é "capturado" em plena contemplação: como uma estátua de bronze de postura hierática, apoiado de costas na parede, ele olha, fixando ao longe os restos esparsos de um não-lugar nova-iorquino, vestígios onde reinam o vazio e a dessacralização.

A segunda fotografia se diferencia da primeira pela revoada lírica de dejetos que a compõe: o personagem, situado na margem esquerda da imagem, tenta com dificuldade passar através dos papéis espalhados pelo vento. Distante de uma postura firme, parece, pelo contrário, vacilar e tende a cair a qualquer momento. A fina rede que tenta reter os detritos, protegendo assim a paisagem, torna-se de certa forma o elemento motor que dinamiza a cena. Fina membrana através da qual se engolfa o vento, ela cria assim uma dinâmica de ar que não cessa de evocar uma das principais características da imagem cinematográfica: o movimento contido no encadeamento das imagens fixas. Instante decisivo do efêmero, essas demarcações de Alain Resnais são janelas que anunciam paisagens impregnadas de uma estética da desaparição, do dejeto. Abrem o caminho pelo qual nos exilamos, para nos referirmos novamente a Jean-Luc Nancy, concluindo este percurso: "o exílio opera na suspensão da presença: imanência de uma partida ou de uma chegada, nem bem nem mal, apenas um esgarçamento, uma abertura para deixar pensar e passar essa suspensão".[580]

Caminhos de exílios

Se a experiência do exílio se situa bem no coração de um esgarçamento, veremos agora como esta também pode encontrar na fotografia contemporânea múltiplos lugares de representação. O que equivale a explorar aquilo que constitui um dos axiomas maiores do sentimento

---

[580]Jean-Luc Nancy estima que: "Despovoada, a paisagem exila: não há mais comunidade nem vida civil, mas não é natural. É o país dos apátridas, que não são um povo, mas são ao mesmo tempo os afastados e os contempladores do infinito, talvez de seu infinito exílio" (NANCY. *Au fond imagens*, p. 117).

de saudade que liga o ser ao mundo, estimando à primeira vista que essa experiência do exílio supõe um abandono de tudo aquilo que pode ligar um indivíduo aos lugares cuja lembrança ele não cessa de cultivar nos recônditos profundos de sua memória. Portanto, o que nos importará aqui – alem da tarefa maior de explorar essa noção de exílio, assim como a de errância a que ele leva – consistirá justamente em ampliar o campo de aplicação. Isso a fim de descobrir como numerosos fotógrafos de reportagem, artistas-fotógrafos e mesmo cineastas puderam ser particularmente sensíveis a esse tema que não cessou de influenciar sua prática artística e, de maneira mais geral, sua concepção da imagem. Significa também abrir o campo geográfico, analisando algumas obras produzidas fora da estrita zona lusófona, a fim de apreciar a questão do exílio em relação com o sentimento de saudade em sua dimensão universal.

À guisa de introdução, podemos fazer referência àquilo que Dominique Baqué identifica como sendo da ordem de um *être-ailleurs* [ser/estar alhures], estado a que se associa essa dor, estado particularmente pregnante para todos os povos e culturas surgidos de uma diáspora. Por isso, esse estado, longe de situar seu sujeito numa aflição extrema, pode constituir uma força dinâmica de pensamento, mas também de condição criadora. Um pensamento que atinge seu ponto culminante principalmente a partir da experiência situacionista promulgada e desenvolvida por Guy Debord, mas também através de proposições heterogêneas, que reatualizam a postura do *flâneur* baudelairiano/benjaminiano e culminam na experiência da deriva e da deambulação. Essas duas práticas, explorando principalmente o espaço urbano a partir dos anos 1980 e 1990, encontraram seus principais representantes em Francis Alÿs e no coletivo de intervenção urbana Stalker, referência ao filme de Andrei Tarkovski – cujo protagonista representa a figura do *passador*.

As intervenções fortemente poéticas que daí resultam, apesar de seu valor documentário, parecem elas próprias relativizar não apenas o papel funcionalista da arquitetura moderna e racionalista da cidade, mas enunciam também uma certa crítica à lógica da rentabilidade do tempo. A postura adotada por esse grupo é assim justificada: "a recusa, não apenas de erguer, de construir, mas também de acrescentar o que quer que seja aos territórios preexistentes. Nada acrescentar, portanto, mas andar, bater chão, deixar-se levar, oferecer-se às flutuações urbanas. Pensar em termos de processo, de devir, e não segundo a lógica do fazer e do ser".[581] É igualmente essa recusa,

---

[581]BAQUÉ. Marcher, se décentrer, penser-autre. In: *Histoire d'ailleurs. Artistes et penseurs de l'itinérance*, p. 240.

que tem motivos tanto políticos quanto econômicos, como veremos, que conduz às estradas numerosos indivíduos, animados pela promessa de um porvir melhor, constituindo nesse sentido uma saudade bem particular, nascida do abandono. Mas voltemos à noção de nostalgia, iniciando este percurso específico com um de seus exemplos mais significativos, o filme de Andrei Tarkovski intitulado justamente *Nostalghia* [1983].

Nostalghia é a história de um poeta chamado Gorchakov, que vai para a Itália a fim de reunir todo o material de pesquisa possível a respeito de um compositor russo, Beryózovsky, tema de um de seus livretos de ópera. Tendo manifestado uma perfeita aptidão para a música, seu mestre o enviou para estudar na Itália, onde viveu muitos anos, produzindo diversos concertos. Citamos aqui esse diretor russo na medida em que seu filme contém várias chaves de leitura que podem nos ajudar a entender melhor o tema da nostalgia, comum e complexo ao mesmo tempo, mas sempre universal. De maneira similar ao estado de saudade, a nostalgia consiste numa profunda e dolorosa sensação de perda. Mas provocada sobretudo pela distância dos lugares, de uma terra que queremos bem. Aquela cuja lembrança nos liga de maneira implacável ao passado, que Andrei Tarkovski admite viver então como "uma doença cada vez mais difícil de suportar" e que deu em consequência ao filme o nome de *Nostalghia*. O filme foi concebido como um retrato, nascido do dilaceramento e do afastamento de um homem em relação a seu país, mas também de seu dilaceramento interior. Ele é então: "incapaz de encontrar um equilíbro entre a realidade e a harmonia pela qual anseia, num estado de nostalgia provocado não apenas pelo distanciamento em que se encontra de seu país, mas também por uma ânsia geral pela totalidade da existência".[582]

Se *Nostalghia* permanece um filme plenamente metafórico, duas sequências são particularmente eloquentes. A primeira ocorre numa igreja, durante a procissão da virgem, diante da qual uma fiel se ajoelha. Espera-se que esta permaneça silenciosa, numa posição de recolhimento, mas ela rompe subitamente sua meditação, aproxima-se da estátua e abre seu manto, do interior do qual escapa, num movimento fugaz, uma horda de pássaros, fruto revisitado das entranhas sagradas da virgem. Atrás dessa mulher, no fundo da cena, vê-se um afresco, réplica da *Madonna del parto*, pintada por Fra Angelico em 1490, precedida de um candelabro sobre o qual queimam vários círios votivos. Esse braseiro de cera que se consome remete assim perfeitamente àquilo que Tarkovski nomeia um *princípio poético*, que transcende o

---

[582]TARKOVSKI. *Esculpir o Tempo*, p. 246.

real que nos é dado perceber, similar ao efeito do real barthesiano comentado anteriormente. Na verdade, como explica o cineasta, o estado nostálgico resultaria do encontro no ser de duas realidades: "O princípio poético de um autor emerge do efeito que a realidade circundante exerce sobre ele. Esse princípio pode se erguer acima dessa realidade, questioná-la, entrar em implacável conflito com ela; e não somente com a realidade exterior ao autor, mas também com a que ele tem dentro de si".[583]

A segunda sequência é ainda mais significativa, por constituir um perfeito exemplo de metáfora cinematográfica, na medida em que procede também de um encontro original entre duas realidades em dois lugares distantes que se misturam um com o outro. A primeira, relacionada ao passado, representa a vida anterior de Gorchakov: sua casa e a cidade-zinha de sua Rússia natal. Ela se perpetua na memória do protagonista como um verdadeiro lugar de memória íntima, mas encontra seu lugar de representação "fictícia" numa segunda realidade espacial: a de uma catedral românica italiana, a Itália sendo sua nova pátria.

Há portanto confluência de duas realidades, uma confluência que traduz de maneira precisa a perturbação que perdura adormecida nele, mas cujo despertar se revela a cada vez tão doloroso quanto a queimadura provocada por uma chama. A esse propósito, Tarkovski admite o aspecto metafórico dessa tomada final. Segundo ele,

> Trata-se de uma imagem elaborada que tem laivos de literali-dade: é um exemplo da situação do herói, da divisão interior que o impede de viver como até então vivera. Ou talvez, pelo contrário, é sua nova totalidade, na qual as colinas toscanas e o interior da Rússia fundem-se indissoluvelmente; ele os percebe como que pertencendo-lhe de forma inerente, incorporados ao seu ser e ao seu sangue.[584]

Toda a dimensão nostálgica do plano – e do filme – se confirma pela menção de uma dedicatória – em italiano – que Tarkovski faz à memória de sua mãe. *Nostalghia* surge assim como um filme-ensaio, como uma metáfora universal, um manifesto que exprime um estado interior e oferece, aos olhos do cineasta, "um espetáculo de absoluta me-lancolia", já que esse estado, longe de mantê-lo apático, vem lhe provar que suas reflexões sobre como as suas "relações sobre o modo como a arte do cinema pode, e até mesmo, deve, transformar-se em um molde

---

[583]TARKOVSKI. *Esculpir o Tempo*, p. 249.
[584]TARKOVSKI. *Esculpir o tempo*, p. 259.

da alma do indivíduo, e comunicar uma experiência humana singular, não eram apenas o fruto de uma especulação ociosa, mas uma realidade que se revela naquele momento, indiscutível, diante dos meus olhos".[585]

Da mesma maneira que a saudade se distingue ou se opõe, resiste a qualquer lógica compassiva da imagem, a nostalgia pode se constituir ela própria como uma consciência da perda que evoca diretamente a livre interpretação do espectador. Essa inquietude é igualmente manifesta numa produção restrita de filmes cuja narração visa se afastar do modelo de roteiro correspondente a uma lógica de antecipação emocional, obliterando assim todo o livre arbítrio do espectador. Em resposta a essa tentativa de banalização e de padronização, Tarkovski defende um tipo de cinema "orgânico", ou seja, de forte poder sugestivo e transmissível no que possui de mais recôndito, que vem tocar diretamente nossa sensibilidade particular e nos convida a rasgar sua "tela-membrana". De que modo? Deslocando-nos de novo do real de nossa percepção a um outro real, o de nossas sensações. Tornamo-nos nós mesmos, então, espectadores pensantes e potencialmente agentes:

> Quando a tela traz o mundo real para o espectador, o mundo como ele realmente é, de tal modo que possa ser visto em profundidade e a partir de todas as perspectivas, evocando seu próprio "cheiro", permitindo que o público sinta na pele sua umidade ou sua aridez – a impressão que temos é que o espectador perdeu a tal ponto a sua capacidade de simplesmente entregar-se a uma impressão estética imediata, emocional, que, no mesmo instante, ele sente a necessidade de se deter e perguntar: "Por quê? Para quê? O que significa?"[586]

Se o estado de nostalgia encontra enfim sua razão, para Tarkovski, nessa perturbação nascida da impossibilidade de exprimir um mal-estar indizível, pelo fato de estar situado no seio de um *entre-dois* mundos, podemos igualmente localizar sua evocação na obra do artista-fotógrafo português Jorge Molder. Particularmente em um exemplo tirado da série *The Sense of the Sleight-of-Hand Man*, realizada entre 1993 e 1994. Esse exemplo representa um autorretrato do artista em que este intervém diretamente sobre a ampliação. Encontramos assim uma forte influência dos autorretratos do pintor Francis Bacon.[587] Esse autorretrato nos dá a ver a

[585] TARKOVSKI. *Esculpir o tempo*, p. 244.
[586] TARKOVSKI. *Esculpir o tempo*, p. 255.
[587] SARDO. Fainting, Falling, Fading and Faking. In: *Luxury Bound Photographs of Jorge Molder*, p. 44.

face do artista amordaçada seja por uma espécie de rasgão que se prolonga por todo o seu rosto, seja, gesto mais radical, por um buraco aberto que suprime toda a sua parte de baixo (Fig. 83).

Figura 83 – Jorge Molder, *The Sense of the Sleight-of-Hand Man*, 1993-1994. Cópia em prata sobre papel baritado, 102 x 102 cm. Paris, Maison Européenne de la Photographie.

Recorreremos a essa fotografia na medida em que ela nos aparece como uma perfeita alegoria de um silêncio interior, uma palavra impronunciável submetida à própria impossibilidade de uma consciência perdida nos meandros de suas contradições ou de suas incertezas. O mal-estar que emana daí se acentua pelo fato de toda a obra de Molder ser assombrada pela questão do duplo, iniciada através de uma série anterior intitulada *The Portuguese Dutchman*, única em que o artista inscreve uma referência autobiográfica, ligada ao exílio de seu pai.[588] O impacto de seu efeito é potencializado pelo tratamento plástico de cada um de seus retratos, reduzido a um espaço mínimo de representação: não existe nenhuma indicação de lugar, apenas um único *aplat* de preto uniforme.

Toda a atenção se concentra na face do artista, a partir da qual percebemos novamente uma citação do tratamento pictórico utilizado por Bacon: se observamos melhor a parte de baixo do rosto, constatamos que o espaço não é diferenciado: tudo se relaciona a um único plano entre o fundo e a forma *emergente*. Por isso, localizamos aí uma passagem, operada seja de maneira clara por um efeito de corte, como nos mostra o primeiro exemplo, seja, ao contrário, por um efeito de desaparecimento, um "sopro" que vem dissolver a face. Como explica Jorge Molder.

> Nessa nova fase, continuei a usar eu mesmo como sujeito, mas de uma maneira ou de outra fui capaz de achar, nessa represen-

---

[588]SARDO. Fainting, Falling, Fading and Faking, p. 41.

tação particular de mim mesmo, um personagem que não era inteiramente eu mesmo. No entanto ele não podia ser qualquer outro além de mim mesmo. Suponho que ele não se torne uma semelhança ideal – ideal no sentido de que ela não existe –, mas uma identidade que tem uma identidade quase equivalente a minha.[589]

Essa estranha sensação em face de um ser amado e/ou de um lugar implica o fato de nos afastarmos, de certa maneira, de nós mesmos. Projetamo-nos então, de alguma forma, num outro *eu virtual* (visualizando-se como tal graças ao concurso de nosso imaginário e de nossas lembranças), consignado num espaço-tempo "passado" e já ido, distanciado de nosso *eu atual,* que vive num espaço-tempo "presente". Um caráter que Delfim Sardo comenta nestes termos:

> A obra de Jorge Molder, um artista que usa a fotografia como sua forma de expressão, consagra-se ao desdobramento. Seu ponto de partida é a ficção em relação ao outro, um personagem que o artista concebe usando seu próprio corpo em seus autorretratos – acontece que não se trata de autorretratos, porque a figura que aparece neles não é o resultado da pesquisa do autor sobre uma autenticidade interna, é quase o oposto de fato, pela qual ele aparece como uma figura ficcional.[590]

Um segundo aspecto também merece nossa atenção. Este se relaciona a um método de produção de imagens em série, insistindo assim em sua dimensão repetitiva. Por isso, longe de ser um método mecânico de tipo serigráfico, cada retrato fotográfico do artista conserva toda a sua singularidade. Longe de ser narcisista, obcecado com seu próprio retrato como figura de representação, o artista-fotógrafo adota uma postura aliada a um procedimento que tende aqui não apenas a ultrapassar os limites convencionais do retrato como "encenação" de si em proveito de um possível outro, mas também a atingir um *além* metafísico. Eis por que "seu uso da repetição não é mecânico. Ele está aliado a um processo intuitivo e faz parte de uma busca".[591]

Essa questão da repetição vai assim prolongar a sequência de nossa proposição, para a qual nos apoiaremos na análise de dois exemplos representativos

---

[589]MOLDER. *Jorge Molder Photographs.*
[590]SARDO. Fainting, Falling, Fading and Faking, p. 36.
[591]SARDO. Fainting, Falling, Fading and Faking, p. 36.

de uma imagem que resulta de uma "associação".[592] Associamos esse termo posto em relação com a imagem a partir do comentário desenvolvido por Gilles Deleuze em *Diferença e repetição*. De fato, se a diferença e a repetição são dois tipos de associação que insistem nesse caráter repetitivo da imagem, e não do dispositivo fotográfico propriamente dito nem de um suposto anacronismo – embora ele lhe seja inerente –, sua aplicação resulta de uma curiosa coincidência operada a partir de um mesmo objeto. Além de seu caráter histórico, temos de observar que a obra fotográfica comentada nesse quadro ultrapassa a simples constatação sociológica. Essa dimensão se amplia ainda mais, dado que os espaços aqui representados não tiveram o privilégio, na sua época, de receber qualquer espaço ou monumento comemorativo.

Podemos aprofundar essa reflexão a partir de um caso que nos apresenta uma associação, portanto, uma associação de duas imagens distintas, tanto por seu regime iconográfico quanto pelo lugar que configuram. A primeira imagem refere-se a uma fotografia que faz de uma série fotográfica de Jorge Molder intitulada *Zerlina*, de 1988. A segunda encontra-se num documentário intitulado *Le Mal des grandes villes* [O mal das grandes cidades], de 1964, apresentado no célebre programa televisivo francês das 5 Colonnes à la Une. *A priori*, nada parece ligar essas duas imagens, afora um objeto, mais exatamente um objeto fragmentado, quebrado: voltamos a encontrar aqui nosso espelho melancólico. Mas esse objeto revela, não obstante, um parâmetro fundamental da fotografia contemporânea. Evoquemos brevemente esse espelho, que capta o real positivo por seu oposto *virtual* negativo. Podemos portanto refletir nesse caso um dispositivo que opera de certa maneira nessa perspectiva, por sua possibilidade de nos dar a ver aquilo que permanece indiretamente fora do campo, fora do quadro da imagem: apresentando um cenário vazio no primeiro caso ou assinalando a presença de crianças no segundo.

Nesse sentido, como sublinha Antonio Fatorelli, a emergência de tais fotografias resulta de uma longa mutação do olhar que se manifestou

---

[592]No sentido proposto por Gilles Deleuze, para quem a memória é um espaço de rememoração onde "[o] passado em geral é o elemento dentro do qual podemos visar cada antigo presente que se conserva nele; o antigo presente encontra-se 'representado' no atual. Os limites dessa representação ou reprodução são determinados de fato pelas relações variáveis de semelhança e de contiguidade conhecidas sob o nome de associação; porque o antigo presente, por ser representado, assemelha-se ao atual e dissocia-se em presentes parcialmente simultâneos de durações muito diferentes, desde então contíguos uns aos outros, e, no limite, contíguos com o atual. A grandeza do associacionismo é de ter fundado toda uma teoria de signos artificiais sobre essas relações por associação" (DELEUZE. *Différence et répétition,* p. 109).

especialmente na maneira de enquadrar o tema, incluindo nele tanto o fotógrafo quanto o espectador, sem recorrer à fotomontagem: "O surgimento da fotografia significou uma mudança radical do papel da visão, uma mudança que dependeu da maturação das concepções particulares sobre entidades tão abstratas quanto o tempo e o espaço e de um reposicionamento do observador".[593] E conclui assim que essa mutação permitiu a ativação "[de] novos processos de subjetivação, socialmente compartilhados, que inscreveram de maneira oblíqua os saberes técnicos e os dispositivos ópticos que mobilizaram, deslocando-os, reposicionando-os".[594]

O segundo exemplo confronta duas fotografias, uma extraída de um mesmo fundo fotográfico que reúne tomadas feitas num campo de batalha no leste da França no fim da Primeira Guerra Mundial, citado inicialmente no primeiro capítulo desta parte. A segunda foi tirada cerca de 50 anos mais tarde, pelo fotógrafo-repórter Gérald Bloncourt, ele próprio exilado político do Haiti, perseguido por ter participado de vários movimentos contestatários, tendo se instalado em Paris. Como anunciamos antes, a confrontação dessas duas fotografias documentais, apesar de um contexto histórico e geográfico muito diferente, revela-nos diversas similitudes. E em primeiro lugar, como nos recorda também Antonio Fatorelli: "além de serem discursivas, as imagens possuem outras dimensões – estéticas, políticas e emotivas –, que se definem em rede pela posição relacional do produtor e da obra em determinado contexto cultural".[595] Dois homens, situados bem no centro da imagem, sentados num espaço estranhamente similar. Apenas sua roupa, assim como a "construção do cenário" de cada cena, indica-nos duas situações históricas bem distintas (Fig. 84-85). O que apresentamos na segunda parte como uma ressurgência de gestos – em referência à obra fotográfica e fílmica de Agnès Varda – nos leva aqui a reconsiderar dois pontos importantes.

---

[593] Numa entrevista com o artista-fotógrafo John Coplans, Jorge Molder explica que desse jogo resulta um estranhamento: "Não acredito que o espelho possa determinar minha unicidade. Isto é uma outra questão. Mas isso produz um efeito estranho, porque eu acho alguém que, numa certa medida, é meu duplo. Eu o reconheço. Eu reconheço certas caras que, tenho certeza, me pertencem, mas ao mesmo tempo, não reconheço a mim mesmo no espelho ou, se você prefere, nas imagens que produzo. [...] Acho que isto é uma notável experiência e gostaria de dizer que essas imagens são abstratas"(MOLDER. Entretien avec John Coplans *apud* SARDO. Fainting, Falling, Fading, Faking, p. 37).

[594] FATORELLI. *Fotografia e viagem: entre a natureza e o artifício*, p. 37.

[595] FATORELLI. *Fotografia e viagem: entre a natureza e o artifício*, p. 23.

Figura 84 – Anônimo, *Soldado português cortando os cabelos nas trincheiras*, 1918. Cópia em prata, 13 x 18 cm. Paris, arquivos da Bibliothèque de Documentation Internationale Contemporaine.

Figura 85 – Gérald Bloncourt, *Coupe de cheveux d'un exilé portugais dans le bidonville de Champigny-sur-Marne* [Corte de cabelo de um exilado português na favela de Champigny-sur-Marne], 1966. Cópia em prata, 13 x 18 cm. Arquivos do autor.

O primeiro ponto se relaciona portanto com a questão da repetição, que não consiste mais apenas num simples fenômeno mecânico, mas participa, nesse caso preciso, de novo, de uma abordagem anacrônica. O que nos remete mais precisamente àquilo que Gilles Deleuze nomeia uma contração de tempo, ou ainda uma "síntese passiva" do sujeito. Assim:

> Longe de se opor à continuidade, o corte a condiciona, implica ou define o que ele corta como continuidade ideal. É que, como vimos, toda máquina é máquina de máquina. A máquina só produz um corte de fluxo na medida em que está conectada a uma outra máquina suposta a produzir o fluxo. E sem dúvida essa outra máquina é, por sua vez, na realidade, corte. Mas só o é em relação com uma terceira máquina que produz idealmente, isto é, relativamente, um fluxo contínuo infinito.[596]

Observamos então como a saudade emana, em cada um desses exemplos, de um lugar físico e concreto particularmente propício à sua representação. Pois, se esse sentimento pôde até agora nos parecer um pouco idealizado, enfatizado, qualquer que seja a forma de expressão pela qual

---

[596]DELEUZE; GUATTARI. *O anti-Édipo*, p. 44.

se manifesta, estamos neste caso diante de sua contrapartida, inquietante e caótica, que atesta toda a força evocatória da fotografia documental, incluída nos "meio visuais [que] são a expressão de modelos cognitivos e perceptivos de uma época".[597] Esses dois exemplos demonstram bem, além do mais, o modo de intervenção dessa repetição: "A repetição está essencialmente inscrita na necessidade, porque a necessidade repousa sobre uma instância que diz respeito essencialmente à repetição, que cria o para-si da repetição, o para-si de uma certa duração".[598]

Ora, se a repetição se inscreve, a fundo, através da faculdade reprodutora fotográfica, ela ultrapassa, e mesmo anula, a simples relação tripartite de tempo, já que a repetição é também uma questão de hábito, dotada de signos, "definidos como hábitos ou contrações que, remetendo-se umas às outras, pertencem sempre ao presente".[599] Do mesmo modo, porque a representação do mundo não se constitui nem segundo um modelo uniforme nem num espaço-tempo indefinido e atemporal, o hábito constitui ele próprio uma "síntese originária do tempo, que constitui a vida do presente que passa", à diferença da memória, que é a "síntese fundamental do tempo, que constitui o ser do passado (aquilo que faz o presente passar)".[600] Por isso seria errôneo perceber e compreender o hábito como um fenômeno formado em função de uma linha espaço-temporal contínua, infinita e unitária: a repetição só é perceptível na diferença, já que se constrói a partir de um movimento de construção/desconstrução operado a partir de nossa imaginação:

> Arrancar da repetição algo de novo, arrancar-lhe a diferença, tal é o papel da imaginação ou do espírito que contempla em seus estados múltiplos e retalhados. [...] Entre uma repetição que não para de se desfazer em si, e uma repetição que se desdobra e se conserva para nós no espaço da representação, houve a diferença, que é o para-si da repetição, o imaginário. A diferença habita a repetição.[601]

Nesse sentido, se diferença há, esta se manifesta finalmente na dimensão reflexiva e temporal da repetição, cuja particularidade maior se revela composta segundo dois aspectos que funcionam em correlação, a

---

[597]DELEUZE; GUATTARI. *O anti-Édipo*, p. 97-112.
[598]FATORELLI. *Fotografia e viagem: entre a natureza e o artifício*, p. 18.
[599]DELEUZE; PARNET. *Diálogos*, p. 99-108.
[600]DELEUZE; PARNET. *Diálogos*, p. 109.
[601]DELEUZE. *Différence et répétition*, p. 103.

existência de um gerando sempre seu contrário. Ela resulta assim de uma síntese ativa, assimétrica, entre "reprodução e reflexão, rememoração e recognição, memória e entendimento. Muitas vezes foi observado que a reflexão implicava algo a mais do que a reprodução; mas este algo a mais é somente essa dimensão suplementária onde todo presente se reflete como atual ao mesmo tempo em que representa o antigo".[602] Além de seu aspecto reflexivo, essas duas fotografias testemunham igualmente uma profunda dimensão nostálgica e trágica, tanto no que concerne a seu contexto histórico quanto no que tange ao espaço onde cada uma encontra seu lugar de representação. Elas nos representam portanto uma cena de vida cotidiana de dois homens cortando o cabelo; o que, a princípio, estaria mais para uma anedota do que para um acontecimento extraordinário. No entanto, funcionando como "prova" de um acontecimento preciso, essas duas imagens manifestam com particular claridade as condições de vida difíceis que ambos tiveram de enfrentar em sua época, num território hostil, perdida toda dignidade.

Que sua presença numa terra estrangeira esteja ligada a razões políticas – membro de um contingente do exército a serviço da guerra ou fugitivo de um país que não que lhe garante a mínima liberdade de expressão, desertor ou clandestino que se recusa a participar do absurdo de uma guerra colonial sem saída – ou ainda enfrentando a miséria de uma situação econômica, procurando simplesmente um futuro melhor: esses dois homens (assim como aqueles que executam a tarefa de cortar o cabelo) acabarão encontrando como "terra prometida" o horror de um campo de batalha ou uma favela insalubre. Visíveis, embora "inexistentes", refletem uma outra vertente do sentimento de saudade que se desenvolve nesses espaços periféricos, à margem. O estado nostálgico nasce da experiência de separação de um lugar, pelo qual experimentamos uma afeição particular.

Dos terrenos baldios às terras da seca

Prosseguir nossa pesquisa sobre a representação e a manifestação da saudade como fenômeno aplicado ao espaço fotográfico coloca o problema da definição do espaço *em si*. Como explica Marc Augé: "O termo 'espaço' em si mesmo é mais abstrato do que o termo 'lugar', pelo uso do qual referimo-nos a um evento (que aconteceu), um mito

---

[602] *Différence et répétition*, p. 109-110.

(lugar-dito) ou uma história (lugar privilegiado)".[603] Consequentemente, preferimos-lhe o conceito de lugar – e de não-lugar –, assim como o de território. Vamos portanto priorizar essas duas situações particulares, estudando algumas representações ligadas à questão do exílio através de uma seleção de fotografias que tratam do exílio português na França a partir dos anos 1960. Num segundo momento, no Brasil, abordando a representação específica de um tipo de paisagem conhecido como "seca", termo que designa uma paisagem de terras áridas do Nordeste brasileiro, e de um tipo de errância particular, em referência à obra do cineasta Nelson Pereira dos Santos, intitulada *Vidas secas*, filmada em 1963.

Podemos entrar na matéria através de uma cena pelo menos ambígua, e cuja fotografia ilustrou um calendário de 1975, celebrando o advento do Novo Portugal, um ano após ter se livrado de seu regime fascista – enfraquecido pelas guerras coloniais que esgotaram uma grande parte de seus recursos financeiros e humanos, arrastando progressivamente o país para um abismo político e econômico que durou cerca de 40 anos. A imagem representa portanto uma criança que enfia um cravo num fuzil, simbolizando a célebre Revolução dos Cravos, que aconteceu na noite de 24 para 25 de julho de 1974. Imagem insólita, a adequação do corpo da criança ao da arma, segurada pelas duas mãos de um indivíduo fora do campo, faz pensar numa fotomontagem.

Acontecimento marcante na história de Portugal, retranscrito, entre outros, por Miguel Torga em seu diário, cuja última parte, escrita durante o verão de 1974, foi publicada na França sob o título *En franchise intérieure* [Em franqueza interior]. Mais do que uma diáspora, Torga não hesita em retomar um dos adágios fundadores do espírito da saudade:

> Nós que fomos os nômades do mundo, deveremos ser de agora em diante os sedentários comparsas de uma Europa onde sempre nos sentimos apertados e na qual não soubemos nos realizar. Partir, essa era a nossa maneira de nos emancipar. De agora em diante, nosso caminho não será mais o da busca de espaços vastos onde afirmar o que nos era recusado desde o berço, mas o de uma descoberta interior adiada há séculos e mais séculos.[604]

Não obstante, o que será vivido paradoxalmente por muitos portugueses como uma obrigação de pensar e de propagar uma alegria conforme ao otimismo que se fazia de bom tom, que se chocava com

---

[603]AUGÉ. *Non-lieu: introduction à une anthropologie de la surmodernité*, p. 105-109.
[604]TORGA. Lettre du 27 juillet 1974. In: *En franchise intérieure*, p. 403. [Tradução do autor.]

uma outra realidade, dissimulada, reprimida, que refletia o avesso da situação, certa vergonha de um povo decaído e mantido contra a vontade na margem do anonimato e das consequências que ele supõe.[605] Um povo que escolheu o exílio desde o fim dos anos 1950, a fim de encontrar fora de suas fronteiras uma terra de asilo que lhe assegurasse o gozo dos direitos mais fundamentais, mas que rapidamente foi confrontado à ilusão de um novo Éden econômico que não passou de miragem, à queda em alojamentos improvisados e favelas situadas na periferia de Paris, à miséria anônima, irascível.

Cidade-"luz" a propósito da qual Francis Carco já afirmava: "Não é, de modo algum, denegrir Paris responder a qualquer um que disser conhecê-la que nela tudo é o avesso do que se espera e mais difícil de apreender – sob sua gentileza aparente – do que de ignorar".[606] Vamos também descobrir como os exemplos seguintes conferem ao sentimento de saudade esse reverso de cenário de uma dignidade perdida, por sua localização geográfica, através dos lugares – efêmeros, lembremos – de que ele pode emergir. Essas duas fotografias nos convidam paralelamente a refletir sobre a questão específica dos não-lugares e de sua eventual capacidade de conter esse sentimento de saudade através de sua representação fotográfica. Segundo Marc Augé, o não-lugar constitui "espaços de circulação, de comunicação e de consumo, onde as solidões coexistem sem criar laço social ou mesmo uma emoção social".[607] É importante observar que a descrição do não-lugar proposta por Augé se aproxima da de Michel de Certeau, embora este a construa a como uma espécie de descrição "negativa" do lugar, ou seja, pela "ausência que lhe é imposta a partir do nome que o predetermina".[608]

Se a identificação habitual de um lugar determinado se define pela atribuição de um nome – sua toponímia –, o não-lugar pode também resultar de um jogo ambíguo pelo uso do mesmo nome que o identifica. Apenas sua função permanece indeterminada, como acontece nos espaços abandonados das periferias das cidades, onde: "Esses nomes criam o não-lugar nos lugares; eles os transformam em passagens", pois neles desdobra-se "a faculdade própria do deslocamento, segundo um itinerário por exemplo

---

[605] Fluxo migratório que ocorre de maneira legal, no quadro de um acordo assinado entre o Office National d'Immigration (ONI) francês e a Junta da Emigração Portuguesa, em 1957. Cf. PEREIRA. La politique d'émigration de l'Estado Novo entre 1958 et 1974.

[606] CARCO, Francis. L'envoûtement de Paris In: BIDERMANAS. *Paris des rêves*, p. 52.

[607] Cf. AUGÉ. Paris and the Etnography of the Contemporary World *apud* SHERINGHAM. *Parisian Fields*, p. 178.

[608] CERTEAU. *L'Invention du quotidien 1: arts de faire*, p. 156-159.

(pelo qual um indivíduo pode enunciar os nomes sem necessariamente medir o conhecimento deles), encontra-se um pouco desviada por esses nomes que lhe conferem sentidos (ou direções) até então imprevisíveis".[609]

Se a noção de não-lugar marca sua especificidade em relação à de espaço, mais geral, ela também difere da de *no man's land*, ou ainda da de terreno baldio, embora essa terminologia seja comumente utilizada para designar lugares e praças abandonadas, e mesmo lixões públicos. Por exemplo, Ian Walker observa que "o termo *no man's land* era portanto originalmente aplicado a uma zona fora das muralhas de Londres onde ocorriam execuções".[610] O mesmo acontecia em Paris, no século XIX, fora de sua pequena muralha. . O fotógrafo irlandês Paul Seawright se interessou por esses tipos de espaços em sua versão contemporânea, através de uma série intitulada *Sectarian Murders* [Assassinatos sectários]. Série esta que o autor desenvolveu, percorrendo todos lugares pelos quais ele cresceu em Belfast, logo após dos confrontos de 1970. A particularidade dessa série consiste no fato em que cada tiragem é identificada por uma "data anônima", tal como o exemplo da paisagem conhecida como o título de *Friday 22nd September 1972*. Ela nos mostra um lixão público cheio de detritos e objetos esparsos. Uma mala abandonada bem no meio desse monte se torna uma metáfora visual do fim trágico de um périplo.

Se os vestígios presentes na imagem não nos desvelam nem o lugar nem seu acontecimento singular, é porque ela permanece perfeitamente independente do texto-legenda que a acompanha; o texto nos relata apenas as circunstâncias do desaparecimento de um homem encontrado morto com sinais de tortura. Etapa, ponto final da morte de um Ulisses contemporâneo de destino infortunado. Mas o ponto sensível dessa imagem consiste no fato de o artista-fotógrafo ter escolhido esse terreno baldio a fim de reatualizar um acontecimento sobrevindo 16 anos antes, mas cuidando para estabelecer um distanciamento em relação a ele: o fotógrafo decide constatar os eventuais rastros, mas estranhos ao acontecimento, evitando assim qualquer julgamento. A partir daí, os não-lugares nos interpelam aqui em particular pela experiência que geram: embora de natureza efêmera, essa experiência se constitui essencialmente num movimento de passagem, de travessia. Assim, para Edward S. Casey, a relação que liga o homem a um lugar se articula de

---

[609]AUGÉ. *Non-lieux: introduction à une antropologie de la surmodernité,* p. 105-109.

[610]WALKER. Terrain vague *apud Paul Seawright*. Salamanca: Ediciones Universidad Salamanca/The Brittish Council, p. 126.

acordo com a maneira como seu corpo o investe, ocupa-o e encontra sua posição nele:

> Os corpos vivos pertencem aos lugares e ajudam a constituí-los. Mesmo se tais corpos podem ser deslocados em certos locais, eles nunca são sem lugares [...] Assim como não há lugares sem os corpos que os sustentam e os vivificam, não há tampouco corpos vivos sem os lugares que eles habitam e atravessam. Mesmo os lugares do imaginário trazem consigo corpos virtuais – corpos sutis – em sua primeira nomenclatura. Corpos e lugares são termos congeniais. Eles interagem cada um entre-dois.[611]

Enfim, se os não-lugares nos aparecem preliminarmente como espaços que atravessamos, eles podem no entanto se transformar em espaços de socialização, provisórios ou definitivos, quer se trate da existência de imensas favelas nas cidades europeias dos anos 1950, quer ainda das favelas das megalópoles brasileiras formadas por uma sucessão ao mesmo tempo horizontal – por seu desenvolvimento tentacular – e vertical – pela superposição anárquica de construções improvisadas umas sobre as outras. Uma situação atestada, por exemplo, por esta fotografia de Gerald Bloncourt tirada em 1956 numa favela da cidade de Nanterre, localizada no terreno baldio que servirá para a instalação da Universidade de Paris X (Fig. 86).

Figura 86 – Gerald Bloncourt, *Bidonville de Nanterre*, 1966. Cópia em prata, 26 x 26 cm. Coleção do autor.

Muitas são as reportagens que seguiram e acompanharam a formação crescente de numerosas favelas instaladas nos terrenos baldios da região parisiense, mas também em Lisboa. Essa mesma fotografia introduz,

---

[611] CASEY. How to Get from Space to Place in a Fairly Short Strecht of Time. In: *The Fate of Place: a Philosophical History*, p. 24.

nesse sentido, um dos pontos sensíveis que nos ocupam, concentrado em torno da questão da habitação e de sua relação com o espaço. Isso a fim de compreender em que medida as práticas fotográficas documentais, nas quais se constituem lugares de arquivo, compõem e enriquecem elas próprias um espaço de consignação em perpétua mutação, em relação ao que não é mais nem sequer rememorado pela marca e função simbólica de um *lugar-monumento*.

Podemos portanto observar aquilo que podia se parecer com um lugar nascido *ex-nihilo*, construído a partir de materiais reciclados, desprovido da mínima infraestrutura e incluído no seio de uma rede de habitações divididas segundo um plano indefinido, delimitado apenas pelos sulcos dos caminhos lamacentos. Se essa situação propõe uma outra vertente do não-lugar "tradicional", isso provém do fato de que ela não se beneficia de nenhuma legitimidade ou reconhecimento urbano. Mas também porque seu caráter anônimo provém principalmente da inexistência de ruas com nomes: cada morador é identificável e localizável apenas pelo número inscrito em seu barraco ou simplesmente em sua caixa de correspondência. O que faz Gilles A. Tiberghien colocar a questão: "Que os barracos sejam edificados no meio dos bosques ou no entorno mal delimitado das cidades, a diferença não é radical. Os homens e mulheres instalados nesses barracos feitos de pedaços de madeira, estrados quebrados, tábuas abandonadas e chapas enferrujadas vivem 'como animais' e, assim sendo, voltaram simplesmente ao estado de natureza?".[612]

Essas construções frágeis e efêmeras nos informam sobre a maneira como esses não-lugares apareceram ao longo do tempo, antes de terem sido definitivamente varridos, quando surgiram, no início dos anos 1970, os grandes conjuntos habitacionais coletivos, marca arquitetônica das cidades periféricas que se desdobraram na periferia das grandes cidades.[613] O agenciamento desses campos nos remete especialmente àquilo que Martin Heidegger define como um espaço da ordem do "arranjo", ou seja:

> Um espaço [Raum] é algo que é "arranjado", deixado livre a saber no interior de um limite. [...] O limite não é onde algo cessa, mas antes [...] aquilo a partir do que algo começa a ser [Sein wesen beginnt]. O espaço é essencialmente aquilo que foi "arranjado", aquilo que fizemos entrar cada vez dotado de um lugar [gestattet] e desta maneira inserido, quer dizer, reunido por um lugar, a saber,

[612] TIBERGHIEN. *Notes sur la nature...la cabane et quelques autres choses*, p. 131.
[613] TIBERGHIEN. *Notes sur la nature...la cabane et quelques autres choses*, p. 131.

por algo como uma ponte. Segue daí que os espaços recebem seu ser dos lugares, e não do "espaço".[614]

Terrenos ocupados de maneira mais ou menos aleatória, anárquica, aparentam-se aqui aos espaços das antigas *zonas* – espaços interurbanos desativados. Espaços que consideramos como espaços do *entre-dois*. Tolerados mas conservados à margem da cidade, mantidos a distância e fora de vista por cerca de 20 anos – sua existência acabou por oferecer o triste espetáculo de uma decadência indecente. Eles permaneceram no entanto bem presentes na medida em que permitiam a sobrevivência de seus ocupantes – apesar das condições sanitárias impróprias –, massa formada em grande parte por uma população imigrada clandestina. A esse respeito, Victor Pereira nos lembra que essa clandestinidade "semilegal" resultou de um acordo tácito entre Portugal e França, já que:

> O Estado português, voluntariamente, não tomou as medidas a fim de interromper completamente a emigração clandestina. O regime não transformou Portugal em cadeia, não erigiu nenhuma parede para impedir a população de sair. A emigração era percebida pelo regime como uma válvula de segurança que permitia evitar as perturbações sociais e como uma fonte de renda. Então, o Estado limitou-se, antes de tudo, a dar a ilusão de que lutava contra a emigração clandestina.[615]

Essa clandestinidade se carrega então, nos lugares que a acolhem, de uma expressão contemporânea da saudade particularmente marcada pelo dilaceramento nascido do desenraizamento e de uma profunda miséria humana, social e política. Sentimento altamente simbólico da cultura lusófona e intenso no imaginário desses expatriados, a quem as vicissitudes da história conduziram de novo a escolher a via de um destino nômade: ainda pouco reconhecida, essa saudade será então vivida no solo francês de maneira totalmente exclusiva. É por isso que podemos considerar, nesse sentido, que a fotografia lhe oferece, nessa circunstância, um quadro de representação em que a memória pode então vir habitar, construir um embasamento:

---

[614] HEIDEGGER. *Essais et conférences*, p. 182-184. O autor anota assim que: "A maneira como você é e como eu sou, a maneira como nós homens somos na terra é o *buan*, a habitação. Ser homem significa: estar na terra como mortal, quer dizer, habitar. [...] Habitar, ser colocado em segurança, significa: permanecer enclausurado (*eingefriedet*) dentro do que nos é parente (*in das frye*) e que cuida de toda coisa em seu ser" (HEIDEGGER. *Essais et conférences*, p.173-176).

[615] Cf. PEREIRA. La politique d'émigration de l'Estada Novo entre 1958 et 1974, [s.d.].

> Habitar seria assim, em todos os casos, o fim que preside a toda construção. Habitar é o fim de que construir é o meio. Ora, enquanto o nosso pensamento não anda mais longe do que isso, entendemos "construir"'e "habitar" como duas atividades separadas, o que exprime decerto algo de exato, mas ao mesmo tempo, pelo esquema fim-meio, fechamo-nos o acesso às relações essenciais; construir, queremos dizer, não é só um meio da habitação, uma via que conduz até ela, construir é já, em si mesmo, habitar.[616]

Ora, se habitar e construir partilham, para Heidegger, uma função e uma finalidade comuns, essas duas ações engendram ainda um pensamento através do qual uma interage com a outra, sempre para um fim similar, pois: "'Construir' e pensar, cada um a seu modo, são sempre inevitáveis e incontornáveis para a habitação. É só quando podemos habitar que podemos construir".[617] Heidegger conclui, por outro lado, que: "o construir jamais dá forma ao 'espaço'".[618]

Se essa conclusão permanece então facilmente verificável por um pensamento da arquitetura restrito a sua possibilidade funcional, ela se torna hoje muito relativa, senão contestável. De fato, da mesma maneira que a construção do espaço de habitação se funda a partir de um ponto de partida ao redor do qual são edificados lugares para a compilação de cada um de seus espaços, essa habilitação do território procede então de um movimento de reunião que encontra eco hoje no campo da arte contemporânea, perceptível nas fotografias de instalações de Tadashi Kawamata. Esse artista e arquiteto desenvolveu uma obra tão desconcertante quanto poética. Sua força de impacto, *in-situ*, vem modificar não apenas nossa concepção, mas também nossa crença no valor atemporal do edifício. É ainda uma obra que se desenvolve no seio de sítios naturais ou de lugares arquitetados mas desativados e prolonga sua existência por meio de um tipo de intervenção que enfatiza o lugar dado como sítio de criação da obra.

Assim, resulta dessa abordagem uma confrontação do homem com a escala da natureza e um distanciamento do fotógrafo de suas próprias intervenções no meio natural: "Imaginem que minhas esculturas são também construídas para o visor de meu aparelho, para que ele as perceba. Que, para além dos elementos precipitados, acrescenta-se o afastamento

---

[616] HEIDEGGER. *Essais et conférences*, p. 170-171.
[617] HEIDEGGER. *Essais et conférences*, p. 190 -193.
[618] HEIDEGGER. *Essais et conférences*, p. 188.

produzido pelo óptico".[619] Mas essa distância revela a própria fragilidade das coisas que tendemos a acreditar eternas. Eis por que a representação fotográfica de tipo efêmero que prolonga sua existência ao mesmo tempo que instaura "a separação, a exploração da incerteza" desvia assim a escultura de sua vocação primeira: "Bem longe de vir confirmar a experiência sensível, ela atesta sua precariedade e volta para a escultura. Esta é então cada vez menos pensada como formação de um novo objeto do mundo do que como máquina de ver esse mundo".[620]

Seja como for, o essencial da obra de Kawamata, como explica Marie-Ange Brayer, não tem por princípio primeiro criar ou definir uma forma, encerrada em seus próprios limites e isolada em seu próprio espaço interno. Muito pelo contrário, esse tipo de espaço "mina os fundamentos dessa arquitetônica e se intromete nos interstícios, escava passagens, recicla o tempo, como atestam seu recurso aos materiais reciclados, sua predileção pelas arquiteturas abandonadas, as zonas equívocas entre natureza e urbanidade, as *no man's land*, etc.".[621] Ora, um de seus aspectos maiores que nos interessa aqui explica, em primeiro lugar, que o conjunto de suas intervenções/construções resulte de uma apropriação do espaço urbanizado pelo espaço arquitetado.

Mas também, por outro lado, porque esse espaço nasce também de uma prática de *assemblage* feita de elementos esparsos recolhidos, formando um volume mais ou menos indefinido, e que "implodem" simultaneamente no vazio, modificando nesse sentido a percepção e o pensamento do construído em sua dimensão unicamente utilitária, unitária e estática, como dá a ver a instalação exposta na Bienal de Veneza de 1982. O efeito dinâmico dessas construções pode ser igualmente apreciado num segundo exemplo de intervenção realizada bem no coração de um espaço urbano. Trata-se da obra intitulada *Tree Hut*, concebida para a feira de arte da cidade de Basileia, em 2007, em que Kawamata reinveste o tema da cabana. Mas não temos aqui mais uma cabana perdida no meio da floresta ou de um campo, como pôde servir de refúgio ao protagonista do romance mítico *Walden*, de Henry David Thoreau, cabana-refúgio onde o autor buscou gozar plenamente de sua liberdade, através de um retiro contemplativo, subtraindo-se à civilização (Fig. 87).

---

[619] MÉCHAIN. *L'Exercice des choses*, p. 20.
[620] GARAUD. Une esthétique du déplacement *apud* BRAYER. Catalogue *Kawamata*, Tours: Atelier Calder/Centre de Création Contemporaine, 1994, p. 49.
[621] BRAYER. Kawamata: constructions nômades *apud catalogue Kawamata*, p. 73.

Figura 87 – Tadashi Kawamata, *Tree Hut*, 2007. Instalação, Basileia. Vista de conjunto.

Pelo contrário, a cabana de Tadashi Kawamata se inscreve no cruzamento das vias de circulação da cidade. Próxima do refúgio de um sem-teto, da cabana de infância ou ainda de um pombal, ela envolve, enrola-se em torno de um pilão maciço e convida o passante a erguer os olhos para o céu e se retirar, por um movimento ascensional, da densidade do tecido urbano, em busca de paz interior. Brayer sublinha que:

> [...] o movimento centrífugo das construções de Kawamata, que se enrola muitas vezes em ninho ao redor da construção, provoca uma sensação cinética, que ergue literalmente a construção de sua inércia, a faz decolar de sua inscrição. A construção implode em formigamento de direções e intensidades, fluidifica-se no espaço e no tempo.[622]

Assim, a *assemblage* de tábuas rústicas, traves ou outros materiais diversos agenciados se estrutura como um jogo de *mikado*. Tais construções "parasitam o mais das vezes arquiteturas existentes, revolvendo como uma pele o interior e o exterior, desdobrando uma rede de multiplicidades espaciais e temporais. Seu ritmo centrífugo e seu princípio de conexão não deixam de convocar as 'linhas de fuga' ou de 'desterritorialização'".[623]

---

[622]E a autora acrescenta que, da mesma maneira que uma fotografia científica pode fixar um movimento de crescimento do mundo orgânico: "A impressão que resulta daí é a de um instantâneo, semelhante à eclosão espontânea da germinação de uma planta que em seguida fenecerá e desaparecerá. Esse ciclo orgânico é fundamental na *démarche* de Kawamata e explica também sua predileção pelas arquiteturas marcadas pelo abandono e a nêmesis urbana. Mas essa 'velocidade de desterritorialização' evoca também, é claro, a rapidez do processo de destruição/construção das cidades" (BRAYER, p. 78).
[623]BRAYER. Kawamata: constructions nômades *apud catalogue Kawamata*, p. 73.

Essa forma de "desterritorialização" se retranscreve igualmente além-Atlântico sob outra forma, numa narrativa literária: provinda da experiência do exílio, tema de um dos primeiros romances da escritora de origem ucraniana Elisa Lispector, intitulado *No exílio* e publicado em 1948. A autora relata o périplo de sua família em fuga das perseguições feitas aos judeus na Ucrânia, no início do século XX.[624] É portanto no Brasil que sua família encontrará finalmente uma nova pátria. Trata-se de uma angústia particularmente sombria que se prolongará à sua chegada ao porto de Recife, onde sua família permanecerá pouco tempo. Elisa Lispector experimenta a partir de então essa sensação, tornada literalmente física, como uma verdadeira liquefação que atravessa inteiramente seu corpo: "Debruça-se à janela. De onde está, vê as águas escuras do Capibaribe, à luz mortiça que se escoa da cadeia pública. [...] O silêncio do rio já é mais audível. O sereno vai caindo. Gradativamente começa a sentir estranha sensação de leveza, como se estivesse flutuando, como se ela própria se estivesse transubstanciando em matéria fluida".[625]

Esse trecho nos leva a tratar da relação da saudade com o exílio, comentando uma de suas temáticas mais sensíveis no Brasil. Trata-se portanto de concentrar nossa atenção sobre a questão do espaço da seca do Nordeste brasileiro, assim como sobre o território singular conhecido como *sertão*. São muitos os romances que fazem referência a esse espaço. Mário de Andrade, por exemplo, detalha as consequências que o clima tem para os habitantes dessa região em seu diário de viagem intitulado *O turista aprendiz*, de 1927, não sem ironia e certo horror: "O nordestino é prolífico. Dez meses de seca anual. Não tem nada a fazer, faz filho. Os mais fortes vão-se embora. Fica mas é a população mais velha, desfibrada pelo sol, apalermada pela seca, ressequida, parada, vivendo porque o homem vive, acha meio de viver até aqui! Mas fica porque... meu Deus! Porque não sabe partir!... É medonho".[626] Graciliano Ramos é também um de seus melhores intérpretes. Autor do célebre romance *Vidas secas* – adaptado ao cinema por Nelson Pereira dos Santos no filme homônimo realizado em 1963 –, ele apresenta esse espaço da maneira seguinte: "O estrangeiro que não conheceu o Brasil e nem leu um dos livros que a nossa literatura referente à seca pôde produzir, literatura já

624LISPECTOR. *No exílio*. *No exílio* foi publicado em 1948, precedido de *Além da fronteira*, publicado em 1945. No entanto, é o livro inédito *Retratos antigos* que sintetiza todos os episódios dramáticos vividos pela família Lispector durante as perseguições na Ucrânia.
625LISPECTOR. *No exílio*, p. 114.
626ANDRADE. *O turista aprendiz*, p. 264.

bem vasta, graças a Deus, imaginaria que essa parte da terra que vai da serra Ibiapada até Sergipe é deserta, uma espécie de Sahara".[627]

Como já afirmamos a partir do exemplo de Maureen Bisilliat fotografando a região do sertão nordestino, a seca é um espaço que se constitui como um verdadeiro *topos*, ou seja, como a transcrição e a expressão de uma contingência sociogeográfica particularmente desafiadora, mas também como um registro iconográfico e literário associado a essa paisagem singular. Assim, ao filmar *Vidas secas*, Nelson Pereira dos Santos não apenas presta homenagem ao escritor que resistiu à censura (e à prisão) do governo Getúlio Vargas, mas também toma uma posição política em relação a uma das principais questões do início dos anos 1960.

Trata-se de dar visibilidade a um *homem subterrâneo,* "inteiramente voltado para o drama social e geográfico da sua região",[628] mas de um drama social que interage com a angústia e o drama pessoal dos protagonistas. Sobretudo estabelecendo uma associação com um povo mantido em sua condição de excluído, ele consegue manipular a própria retórica a fim de melhor denunciá-la. Como observa Antonio Candido: "em lugar de contentar-se com o estudo do homem, Graciliano o relaciona intimamente ao da paisagem, estabelecendo entre ambos um vínculo poderoso, que é a própria lei da vida naquela região".[629] De um ponto de vista estético, a aposta é grande, já que o desafio consiste então em atingir a expressão de uma forma artística capaz de ultrapassar aquela neorrealista da compaixão e encetar paralelamente um debate político. Desafio colocado não apenas pela adaptação cinematográfica da obra literária de Graciliano Ramos, mas também pela preocupação de abordar uma problemática representativa do Brasil em sua totalidade.

No coração desse deserto do sertão deambula, resignada ao drama de sua condição de vida extremamente precária, a família de Fabiano, figura perfeita do *retirante*, esse viajante migrante em exílio que deixa as terras empobrecidas e hostis da seca na esperança de encontrar um futuro melhor em regiões agrícolas mais férteis ou na cidade. Assim como a terra é inóspita ao homem, as relações entre cada membro de sua família permanecem elas próprias "secas", até dolorosas, atiçadas pela fome e pelo cansaço. Graciliano esclarece, aliás: "A figura do retirante, celebrado em prosa e verso, inspirou compaixão e algum desprezo, compaixão porque

---

[627]RAMOS. A propósito da seca. In: *Linhas tortas*, p. 186.
[628]CANDIDO. *Graciliano Ramos: trechos escolhidos*, p. 86.
[629]CANDIDO. *Graciliano Ramos: trechos escolhidos*, p. 15.

ele era evidentemente infeliz, desprezo por ser um indivíduo inferior, vagabundo e meio selvagem. O sentimentalismo romântico sempre viu as famílias dos emigrantes vagando à toa pelas estradas, rotas, sujas, trocando crianças por punhados de farinha de mandioca".[630]

Nesse sentido, a figura do retirante reativa, de maneira radicalmente oposta, a do mítico *cangaceiro*, alto personagem do folclore nordestino e verdadeiro símbolo de luta política e contrapoder. Se "[o] tipo heroico do cangaceiro do século passado, espécie de Dom Quixote que se rebelava contra a ordem para corrigir injustiças, por questões de honra ou de desavença política, é uma figura que vai desaparecendo ou desapareceu completamente, [o] cangaceiro atual é uma criatura que luta para não morrer de fome".[631] No filme, essa luta é plasticamente acentuada pelo tratamento luminoso fortemente contrastado: a luz inunda o espaço, chegando mesmo a queimá-lo por vezes, através de violentos contrastes que não passam por nenhuma filtragem, nenhuma atenuação. Efeito que acaba distinguindo profundamente o céu (ultraluminoso) da terra (de modelos muito contrastados, chegando a uma profunda obscuridade), fazendo do horizonte ilimitado uma simples linha contínua.

Esse é portanto o espaço que se abre aos olhos dos quatro membros da família de Fabiano, homem movido apenas pelo desespero no seu longo e lento percurso através da caatinga, descrita desde a abertura da primeira sequência do filme. Esse longo périplo silencioso é entrecortado por curtos monólogos, em que cada personagem prossegue sua marcha solitária no coração de um ambiente rural defasado pintado pelo cineasta. Cada um se encerra numa profunda solidão, pensando apenas em sair do espaço de sua própria sobrevivência. Como observa Célia Aparecida Ferreira Tolentino:

> No seu drama interior, no máximo permitido por sua condição particular de retirantes, gente de lugar nenhum, sofrem de dialética rarefeita de ser ou não ser. [...] Ou seja, padecem de uma identidade transitória, se assim podemos dizer, fazendo que a compreensão do mundo dependa das condições imediatas, uma vez que o dia seguinte pode trazer consigo outros elementos determinantes para a existência e, consequentemente, outro ponto de vista.[632]

---

[630]RAMOS. A propósito da seca, p. 130.
[631]RAMOS. A propósito da seca, p. 130.
[632]TOLENTINO. Vidas secas: o ciclo da sobrevivência. In: *O rural no cinema brasileiro*, p. 149-150.

CAPÍTULO III

A experiência solitária

Chegamos agora ao termo de nosso percurso. Mais do que um sentimento, vamos descobrir que a saudade gera uma condição particular, própria a cada um, transformando-se num verdadeiro estado d'alma – cujo sentido adquire aqui toda a sua envergadura. Esse estado d'alma se constrói a partir de duas experiências bem distintas, embora permaneçam em estreita relação. Trata-se, por um lado, da solidão, que pode conduzir seu sujeito a uma forma de sublime, devido principalmente ao caráter transcendental da saudade. A condição de solidão gera nesse sentido uma liberdade do ser, possível apenas pela renúncia a seu objeto, projetado num devir futuro sem seu objeto faltante, em direção a um derradeiro absoluto. Esse absoluto, como aquele que Fernando Pessoa pôde descrever pela aspiração metafísica do verso poético, expressa através de seu heterônimo Álvaro de Campos, exige uma relação com o mundo fora de si, ao mesmo tempo singular e múltipla. Todavia, nosso problema se concentra aqui em torno da representação fotográfica da saudade em sua dimensão espacial, em relação a certos lugares geográficos cujas representações parecem ser mais reveladoras, embora diversas delas, frequentemente enganadoras, permaneçam alheias a esse sentimento.

Fechamos o capítulo precedente com o exemplo do filme *Vidas secas*, evocando uma forma singular de exílio, nascida da impossibilidade de viver numa terra particularmente inóspita. Essa deriva não se circunscreve apenas aos territórios da seca, mas também àqueles que se inscrevem no coração das grandes cidades e dos terrenos baldios. Essa deriva, ou essa errância incerta, permanece uma das vias que permitem ao ser viver a experiência específica da solidão, nômade ou sedentária, anônima, deambulando no coração dos grandes centros urbanos. Se esse modo de nomadismo engendra práticas particulares, ele leva também seu sujeito a interrogar temas tão diversos quanto o território, a fronteira, a demarcação, assim como suas formas de expressão. O que torna o limiar entre o registro documental e o registro artístico na fotografia contemporânea tênue e mesmo aporético.

A partir daí, a escolha da experiência solitária aparece de certa forma como o motor de numerosos fotógrafos preocupados em desenvolver sua aproximação do mundo adotando o *parti pris* do isolamento. O que equivale a defender a ideia, como sublinha Rubens Fernandes Junior, a propósito da obra de Maureen Bisilliat, de que é preciso "sofrer um corte radical, cortar as amarras e as referências e aprender o que está diante de si".[633] Mas não nos enganemos a respeito de uma intenção que poderia nos induzir ao erro: não se trata aqui de defender um pensamento da criação que resultaria de um sacrifício ou de um castigo redentor.

Pelo contrário, podemos observar como diversas obras fotográficas conseguem dar conta dessa condição universal pela representação espacial de um lugar de saudade singular. Mesmo que, vale lembrar, à experiência e à consciência desse sentimento correspondam em cada ser humano "tantas experiências e estatutos da solidão quanto há experiências e estatutos do eu".[634] Eis por que prosseguiremos nosso estudo referindo-nos novamente a duas fotografias de Gerald Bloncourt que tratam da questão da passagem de um território a outro: a primeira, intitula *La traversée des Pyrénées* [A travessia dos Pireneus], foi tirada nos Pireneus, em 1966. A segunda fotografia, intitulada *Immigrés portuguais* [Imigrantes portugueses], também de 1966, foi tirada num trem que fazia o trajeto Biarritz–Paris. De fato, em ambas, a experiência do exílio surge como profundamente singular e solitária.

Essas imagens testemunham um acontecimento doloroso, mas a solidão que representam não é causada por essa dor. A *imagem-saudade* "manifesta sua evidência. Mas ela é própria a qualquer sensação. Nunca podemos sentir o que sentem os outros. [...] Essa solidão vem bem menos, por conseguinte, do combate que se trava em nosso corpo e que vivemos do que da representação que dela formamos".[635] Elas acabam no entanto remetendo à experiência solitária que o homem tende a experimentar

[633]Trecho do artigo de Casimiro Xavier de Mendonça publicado no *Jornal da Tarde* de 15 de julho de 1978 *apud* FERNANDES JUNIOR. *Labirinto e identidades*, p. 154.

[634]GRIMALDI. Solitude de l'âme. In: *Traité des solitudes*, p. 43.

[635]GRIMALDI. Solitude de l'âme, p. 79.

em face do mundo; uma experiência que se exacerba hoje, quando as estratégias invasivas da comunicação modelam um espaço virtual que "se abre à fragmentação e tematiza a errância".[636] Sempre ao longo do caminho transitório que esses homens percorrem de um território a outro, desconhecido e inquietante. Caminho onde todos esses personagens "vejam os laços de pertencimento cortados, introduzindo num novo mecanismo contratual de identificação pela semelhança do anonimato", no coração de seu trânsito, arrastados por sua deriva (Fig. 88).[637]

Figura 88 – Gerald Bloncourt, *La traversée des Pyrénées* [A travessia dos Pireneus], 1966. Cópia em prata, preto e branco, 16 x 24 cm.

A esperança de uma sorte melhor é também a de um devir em espera, cuja experiência mais radical de nosso eu interior "consiste nesse sentimento de estarmos originariamente unidos àquilo a que estamos também originariamente desunidos." É o que exprimem todos os mitos da proscrição, da queda e do exílio, mas também todas as filosofias da separação, da procissão e da perda".[638]Além disso, se a fotografia representando a travessia de três fugitivos retém mais especificamente nossa atenção, é por dar conta não apenas dessa condição de solidão vivida ao longo desses lentos trânsitos, mas sobretudo pela experiência física e direta da paisagem por parte daqueles que a percorrem em estreitos caminhos, solitários e silenciosos. A fotografia dos imigrantes nos transmite, ao contrário, toda a tensão retida no compartimento de um vagão de trem no momento de um controle de identidade. Se o personagem assentado e olhando por fora da porta-janela,

[636]GRIMALDI. Solitude de l'âme, p. 79.

[637]Segundo Renato Fernandes Junior, esse sentimento de perda, distinto, permanece no entanto comum a qualquer ser que viva uma experiência similar. Assim, compreende-se que: "O trânsito pelos não-lugares só autoriza, no tempo de um percurso, a coexistência de individualidades distintas, semelhantes e indiferentes umas às outras, ou seja, comunhão de destinos humanos experimentada solitariamente no anonimato do não-lugar" (FERNANDES JUNIOR. *Labirinto e identidades*, p. 179).

[638]GRIMALDI. Solitude de l'âme, p. 76.

com o rosto iluminado pela lâmpada, exprime essa viva angústia (pelos gestos de suas mãos), é interessante observar o rosto de seu companheiro à direita: obscuro, com os braços cruzados e resignado, indiferente. Sua expressão não deixa de evocar mais uma vez aquela de uma figura melancólica que deixa seu rochedo árido para tomar lugar no banco de uma exígua cabine de trem e cuja viagem se revelará muitas vezes sem retorno.

Essa experiência particularmente difícil da travessia e do abandono pode igualmente ser percebida nestes versos extraídos do poema "Adeus à pátria", de Domingos José Gonçalves de Magalhães, em que a figura da montanha se transforma num verdadeiro *lugar-monumento* natural, um *tópos* nostálgico de uma terra que o eu lírico é obrigado a deixar, mas não cessa de contemplar:

> Eis ali a montanha
> Cujos pés beijam o mar que em flor se esbarra.
> Quantas vezes ali triste, sentado,
> Minha alma no infinito se espraiava,
> Os olhos vagueando
> Sobre este mar, que deve hoje levar-me! [639]

Esse trecho contém dois aspectos preponderantes da solidão, fazendo eco indiretamente à imagem fotográfica. Assim como invoca uma solidão associada pela consciência a uma dor atiçada pelo abandono de um lugar. É o que o escritor Antonio Tabucchi denomina uma *nostalgia metafísica*. Um dos poemas mais célebres a que Tabucchi alude é a "Ode marítima", de Álvaro de Campos, um dos heterônimos de Fernando Pessoa.[640] Poema em que a própria nostalgia opera outro deslocamento: o ser não é então apenas estranho à terra que deve deixar, mas sobretudo a si mesmo. Estamos mais uma vez diante de um corte, um corte que nos isola do movimento contínuo e absoluto do tempo – e do mundo. Essa solidão pode assim ser comparada aos próprios fundamentos da fotografia, nascida de um corte espaçotemporal, como já apontamos. Latente de sua revelação, como nos sugere essa fotografia de João Bizarro Nave Filho, intitulada *Canícula*, tirada em 1963 (Fig. 89). O que ela representa? Uma pessoa sentada num simples banco, de frente para o mar, protegendo-se do sol com uma sombrinha preta. Supõe-se que ela olha o horizonte longínquo, esse longínquo que "afasta proximamente do 'próximo', do amigo, do parente, do vizinho, tornando estrangeiros

[639]MAGALHÃES. *Suspiros poéticos e saudades*, p. 354.
[640]TABUCCHI. *La Nostalgie du possible: sur Pessoa*, p. 38.

– e mesmo inimigos – todos aqueles que se encontram na proximidade, família, relações de trabalho ou de vizinhança".[641] Esse exemplo opera a partir daí uma articulação particularmente desafiadora, por sua relativa economia narrativa que rege a composição dessa alegoria da espera, intimada pela imagem-saudade.

Figura 89 – João Bizzaro Nave Filho, *Canícula*, 1963. Pinacoteca do Estado de São Paulo.

Mas essa imagem, por outro lado, vem reativar o que parece finalmente encarnar a maneira como o sentimento de saudade pode se inocular, de maneira pregnante, na imagem e delimitar um registro iconográfico que elude toda a sua intenção ilustrativa. Em que condição podemos construir um paralelo entre essa "solidão da espera" e a fotografia contemporânea? Vamos descobrir que as formas e os temas com que o sentimento de saudade pode ser identificado resultam de uma postura e de um pensamento surgidos dessa experiência específica da espera. Em seu *Traité des solitudes* [Tratado das solidões], Nicolas Grimaldi assim identifica essa espera:

> Da mesma maneira que só se percebe uma forma decupando sua pregnância sobre um fundo que ela indiferencia, a espera indiferencia o presente fazendo dele apenas o fundo sobre o qual ela espreita que venha a se perfilar a forma que ela espera [...] vivendo mais intensamente o que ela espera do que o que a separa daquilo, ela corrói o presente, desvitaliza-o, destitui-o, e não lhe reconhece mais do que a morna consistência de um adiamento. Experimentando então o presente como um palco vazio, e o tempo como uma separação, a experiência da espera só pode ser a de uma solidão.[642]

[641] VIRILIO. *La Vitesse de libération*, p. 33.
[642] GRIMALDI. Solitude de l'âme, p. 76.

A solidão, condição comum a cada um de nós, foi objeto de experiências bastante perturbadoras. Experiências cujo *télos* nostálgico se enuncia ao longo de um outro tipo de deslocamento, que acaba por transportar o valor documental de uma imagem ao seio de uma obra de ficção. Podemos citar, por exemplo, um curta-metragem realizado por Christian Boltanski em 1973, *L'Appartement de la rue de Vaugirard* [O apartamento da rua de Vaugirard], em que a câmera deambula num apartamento inteiramente vazio, enquanto uma voz em *off* descreve minuciosamente a decoração de cada uma das peças. Esse filme será seguido de uma publicação de mesmo título que retraça seu percurso. A ambiguidade não se aplica tanto à relação referencial que a imagem estabelece com um lugar abandonado, mas à dicotomia nascida entre o modo documental e o modo ficcional da obra, no seio da qual desfilam essas visões de espaços vazios, sem histórias particulares, acompanhadas de curtas legendas que descrevem cada peça e sua decoração imaginária. Legendas elas próprias impessoais e *dés-affectées* [des-ativadas, des-afeiçoadas], ou seja, transponíveis – a partir de seu procedimento descritivo que evacua qualquer referência autobiográfica – a qualquer outro lugar similar onde não subsistam mais do que rastros de objetos imaculados sobre as paredes e os assoalhos frios de um espaço desencarnado.

Mas a solidão se dá a ver também de outras formas no coração de nosso objeto fotográfico. Tendo observado que ela podia ser transcrita de maneira desencarnada, sem afeto, ela nos remete ao modo como permanecemos paradoxalmente ligados a um lugar, ou preliminarmente tentados a descrever sua lembrança. Ela pode, além disso, manifestar-se sob a forma da deriva, interrogando de maneira mais global a experiência que extraímos do espaço arquitetado, urbanizado ou natural, como convidavam a fazê-lo alguns artistas surrealistas ou situacionistas reunidos ao redor de Guy Debord, contribuindo para essa psicogeografia, retomada mais tarde pelo grupo Stalker, ativo principalmente na Itália. O que devemos reter desse conceito encontra sua aplicação em proposições através das quais numerosos artistas puderam tecer um laço nostálgico com a cidade, sendo muitas as fotografias que descrevem esse percurso e continuam a nos oferecer exemplos que guardam até hoje sua força evocatória. Pensamos nas deambulações de Sophie Calle, em sua *Filature* (Fiação), de 1978. Perseguindo incansavelmente, obsessivamente mesmo, um objeto "posto em ato" de que não tinha até então nenhuma experiência passada e que não era outro senão ela própria, ela elabora uma estratégia que visa ser seguida, fazendo de seu próprio corpo o objeto de sua investigação, à espera:

"essa espera é a própria consciência. Assim, não há para ela experiência mais originária do que aquela da separação, da distância e do desvio. [...] Só o homem permanece sempre separado de si mesmo pelo simples fato de que seu *télos* é tão indefinível quanto indeterminável. O que quer que tenha realizado, sempre poderia ter sido outra coisa".[643]

Essas propostas de investigação fotográfica produziram tanto impacto nos últimos 30 anos que legitimaram um uso subjetivo da fotografia como *medium* artístico verdadeiramente autônomo. Podemos encontrar ainda hoje a influência dessa postura na série intitulada *Cidade*, da artista-fotógrafa portuguesa Rita Magalhães, realizada na cidade de Porto entre 1998 e 2001. Uso em que a fotografia se coloca ela própria em cena, ao longo de um percurso que reatualiza de certo ponto de vista a experiência feita pelo duo Victor Palla e Costa Martins, e "fala da rotina da vida nas ruas, no caso, as da cidade do Porto".[644]

A experiência fotográfica da deriva no seio da cidade, através desses espaços públicos, perpetua o retrato similar do *flâneur* a partir da descrição que Baudelaire fez dele: a obra resulta a partir daí de uma separação de si para consigo mesmo, percebido por um olhar introspectivo e exterior, como observa Gilles A. Tiberghien a propósito da descrição oferecida por Baudelaire em *O pintor da vida moderna*. O *flâneur*, assim como o fotógrafo que registra metodicamente cada detalhe do lugar que atravessa, haure nesses diversos deslocamentos um prazer particular que vem compensar, nesse sentido, sua condição de homem solitário. Esse prazer surge no próprio momento em que ele acaba paradoxalmente por

[e]leger domicílio no número, no ondulante, no movimento, no fugitivo e infinito. Estar fora de casa e, no entanto, sentir-se em casa por toda parte; ver o mundo, estar no centro do mundo e ficar escondido do mundo, tais são alguns dos pequenos prazeres desses espíritos independentes, apaixonados, imparciais, que a língua só pode muito desajeitadamente definir.[645]

Assim, aquilo que os registros dos deslocamentos de Magalhães dão finalmente a ver, como sublinha Nicolas Grimaldi, não é mais do que essa possibilidade que experimentamos a partir do real imediato: partindo de minha condição singular, pode-se então considerar que "projeto

---

[643]GRIMALDI. Solitude de l'âme, p. 54.

[644]Ernesto Souza a propósito da série "cidade", artigo disponível no site: http://www. ritamagalhaes.com

[645]TIBERGHIEN. Henri Cartier-Bresson, la photographie comme forme de vie, p. 48.

realizar esse eu que imagino, e ao qual tendo como à realização de uma segunda natureza".[646] Não nos situamos mais, em definitivo, próximos desse *télos* final a que nos conduziria essa *saudade do futuro*? Uma saudade que, à diferença do ser melancólico, estupeficado pela própria impossibilidade de lutar contra sua resignação, traz-nos assim a promessa de uma profunda modificação, não mais nesse *eu* passado, e sim nesse *outro* em devir? Grimaldi estima assim que a experiência da solidão só seja possível na espera que vem fundir "essa originária transcendência a si que nomeamos consciência. A espera é a própria consciência".[647] Uma espera que o rosto da artista não cessa de exprimir (falsamente) resignada à sua sorte. Essa espera acaba por se conjugar, em Rita Magalhães, com o acaso, a própria essência de suas peregrinações urbanas.

É também o acaso que rege cada uma dessas encenações, ao longo das situações e dos encontros registrados meticulosamente pela fotógrafa, visando assim fazer "coincidir a atividade individual com a criatividade do mundo. [...] Ao mesmo tempo que essas atitudes sem preocupação invadem meu campo de ação, estou transformando também de maneira 'eterna' os momentos diários simples".[648] Esses simples momentos compõem um dos temas que estamos analisando, entre duas séries de obras em que essa solidão contemporânea é apreendida em lugares, ou, mais exatamente, não-lugares, que, por definição, não se prestam a nenhum acontecimento ou a histórias de relações particulares. Da primeira série, referimos a duas fotografias do fotografo Cristiano Mascaro, ambas tiradas em São Paulo. A segunda refere-se a uma composição da fotógrafa Valérie Jouve, proveniente de uma série intitulada *Les Personnages* [Os personagens], produzida entre 1995 e 2002. Duas razões explicam essa escolha. Em primeiro lugar, trata-se de saber como essas obras apreendem a solidão contemporânea a partir de uma distância temporal que nos é mais próxima. Paralelamente, parece importante fazer um aporte sobre esses espaços capturados por esses dois autores, que nos levarão a considerar um outro aspecto que enfatiza o caráter anônimo dessa solidão e do lugar solitário, através dos quais se esboça o laço que une o indivíduo aos lugares periféricos de nossas cidades contemporâneas

---

[646]GRIMALDI. Solitude de l'âme, p. 55. E o autor acrescenta que essa solidão constitui a condição *sine qua non* de toda criação, na medida em que "[n]ão apenas tal solidão é a condição de qualquer obra, mas ela é mais geralmente ainda a mais banal condição de nossa sinceridade" (GRIMALDI. Solitude de l'âme, p. 55-56).

[647]GRIMALDI. Solitude de l'âme, p. 56.

[648]SOUZA, E. Cidade. Artigo disponível em: <http://www.ritamagalhaes.com>.

O que as duas fotografias de Cristiano Mascaro – ambas conhecidas sob os títulos *Votorantim, SP, de 1999*, e *São Paulo, de 2003* –, podem oferecer de surpreendente, e particularmente intrigante, provém da simplicidade de seus temas, modelos em poses "involuntárias", pegos de surpresa, atentos à sua atividade ou divagando em seus devaneios. O enquadramento, muito aproximado, insiste na relação relativamente "íntima" que a fotografia mantém com seus modelos anônimos. Essa relação íntimo/público, próximo/distante contrasta com essas vistas de enquadramentos operados com grandes angulares cujos amplos planos nos oferecem um retrato que magnifica o caráter onírico e caótico das cidades que o fotógrafo atravessa. Caótico na medida em que essas representações urbanas contemporâneas não cessam de insistir em sua "desordem permanente, onde tudo – pessoas, automóveis, arquitetura, nuvens, luz – está num terrível descompasso, onde cada elemento pertence a mecanismos diferentes, sobre os quais não temos nenhum controle".[649]

Nesse sentido, trata-se de dois retratos que não apenas vêm contradizer, mas também se opõem aos quadros dramáticos que exploram o horror à maneira de um *predador*, para retomarmos a expressão de Sebastião Salgado. Não se trata aqui de cumular o vazio de um discurso por meio de efeitos visuais espetaculares que venham especular sobre os infortúnios da condição humana. Pelo contrário, reina aqui uma solidão calma, silenciosa, cotidiana.[650] Uma solidão exangue não desprovida de uma forte carga poética e melancólica.[651] Assim, a fotografia mostrando essa mulher presa na gaiola de um parque de diversão traduz perfeitamente esse vago n'alma que se delineia no curso dos dias (Fig. 90). Representa uma mulher que espera pacientemente um cliente, separada do mundo exterior pela *claustra* das grades de seu caixa, cansada de sua tarefa.

---

[649]FERNANDES JUNIOR. *Labirinto e identidades,* p. 165.

[650]Nesse sentido, a obra de Cristiano Mascaro se opõe àquilo que Dean Inkster nomeia uma "imagem cínica", ou seja, uma imagem "que se desintegra em sua própria virtualidade e, assim, perdura como simulacro, uma imagem que não articula mais o sentido através da exterioridade ou alteridade do agenciamento humano, mas continua a existir como fim em si" (INKSTER, Dean. Valérie Jouve. Paris: Centre National de la Photographie, 1988.).

[651]Esse valor poético é assim identificado por Rubens Fernandes Junior como o resultado de um flagrante delito que consiste, no caso de Cristiano Mascaro, em fotografar "a cidade como um espetáculo transitório e único, registrando o cotidiano das ruas e dos interiores, dos pequenos encontros e dos desencontros, nesse turbilhão, nesse caos, nessa excitação alucinada, que caracteriza as metrópoles contemporâneas" (FERNANDES JUNIOR. *Labirinto e identidades*, p. 165-166).

Figura 90 – Cristiano Mascaro, *Votorantim*, SP, 1999, 66,6 x 100 cm. Coleção do autor

São Paulo permanece o objeto privilegiado do fotógrafo, que a percorre dia após dia, conforme um ritual que consiste em "sair muito cedo de sua casa, ver o amanhecer, perceber a luz e o movimento das pessoas e buscar o máximo de informações antes de iniciar sua leitura sobre o espaço urbano".[652] O que é preciso reter acima de tudo de uma tal disciplina deriva de uma certa contradição, nascida do confronto entre esses retratos de anônimos, capturados à sua revelia, representados no espaço *off* gigantesco onde essas cenas humildes encontram lugar. Como sublinha Nicolas Grimaldi: "A representação distingue. Exclui. Separa. Abstrai. Assim como funda a originária solidão da consciência por meio desse ponto de vista que a posiciona fora de toda visibilidade, ela suscita uma outra forma de solidão pela imagem dispersada que compõe de nós".[653]

Esse espaço não é outro senão aquele que nós mesmos atravessamos por vezes sem prestar atenção, já que este em geral não foi pensado nem construído de acordo com essa intenção. Consequentemente, esses dois exemplos nos convidam, sem que isso seja preliminarmente explicitado, a compreender de outra maneira as paisagens inventariadas por Mascaro, cujo desígnio é "valorizar a virtude do vazio, como forma de provocar o leitor".[654] Pois, para além de um olhar contemplativo que o leitor poderia atribuir a essas imagens, trata-se acima de tudo de convidá-lo a pensar a imagem de maneira diferente já que o fotógrafo, como afirma Pedro Karp Vasquez, sempre se desdiz: "simultaneamente e intensivamente, a efetuar uma reflexão sobre a natureza específica da fotografia e dos seus limites expressivos através da própria prática fotográfica".[655]

---

[652] FERNANDES JUNIOR. *Labirinto e identidades*, p. 164.
[653] GRIMALDI. Solitude de l'âme, p. 167.
[654] VASQUEZ *apud* FERNANDES JUNIOR. Labirinto e identidades, p. 163.
[655] VASQUEZ *apud* FERNANDES JUNIOR. Labirinto e identidades, p. 163.

Esses limites expressivos são eles próprios convocados por um exemplo extraído da série *Figures*, da artista-fotógrafa Valérie Jouve (Fig. 91). A que elas podem se referir? Qual o seu contexto? São retratos anônimos que se oferecem à contemplação tanto no silêncio quanto na ausência que parece nimbar cada um desses indivíduos – o valor iconográfico dessa palavra nunca terá tido tanto sentido e força quanto aqui – anônimos perdidos no meio de lugar algum. Embora exprimindo dois tipos de situação solitária, o retrato seguinte traduz aqui um sentimento de solidão bem particular: o *personagem* se distingue, isola-se num fundo de paisagem urbana que evoca de maneira evidente a sensação de vazio e de ausência. A fotografia representa uma mulher sentada numa mureta branca, cabeça abaixada, adormecida ou perdida em seus devaneios, não observando portanto nada em particular. Ora, como constata o crítico Dean Inkster, esse tipo de retrato não apenas opera uma ligação entre o espaço do visual e do verbal na imagem, mas nos lembra também que: "Na representação fotográfica, a vida física da linguagem é a perpétua marcescência dos resíduos 'mortificados' de nossos gestos. Esse limite, esse 'quadro' não marca apenas os limites da fotografia em sua representação da palavra, mas, de maneira figurativa, os limites da própria palavra".[656]

Figura 91 – Valérie Jouve, [Sem título], extraído da série *Les Figures*, 1995-1996. Cópia colorida a partir de negativo, 170 x 210 cm. Paris, Centre National de la Photographie

Ora, se esse exemplo demonstra bem a maneira como a não expressividade de todo afeto pode ser uma das apostas maiores da fotografia contemporânea, nem por isso ele exclui toda a legibilidade de uma experiência particular que nos une ao lugar. Assim, "a experiência do lugar e o lugar da experiência se retiram numa imagem em devir".[657] A leitura proposta por

---

[656]INKSTER, Dean. Valérie Jouve. Paris: Centre National de la Photographie, 1988.
[657]INKSTER, Dean. Valérie Jouve. Paris: Centre National de la Photographie, 1988.

esse retrato nos convida a partilhar a experiência que Inkster define como a de um "ser-sem-lugar", ou seja, aquela em que estamos conscientes de ser estrangeiros a nós mesmos, sensação que nos faz perceber "estranhamente o fato de que somos, literalmente, fotografados".[658] O resultado é uma "tendência a nos sentirmos bem mais concernidos pela identidade social, a identidade de classe desses personagens imóveis e solitários que parecem se destacar da onipresença do movimento urbano".[659]

Esse retrato insiste também na importância que a figura do não-lugar pode exercer no seio da representação da paisagem urbana contemporânea. O indivíduo não encontra nem lugar nem marco de representação em pleno coração nevrálgico da cidade, mas sim no seio de uma paisagem periférica, uma periferia que se constitui como cenário de fundo, anônimo como ele. O espaço periférico é "o horizonte a partir do qual se entra na cidade. [...] A periferia é assim o limiar através do qual, em sua busca por si mesma, a sociedade contemporânea manifesta sua autoridade e, ao fazer isso, a revela como seu próprio niilismo", de maneira que nos confrontamos a partir de então com a impossibilidade de distinguir a cidade de sua periferia, "entre o urbano e seus limites, sem omitir, é claro, aquilo que se estende para além deles: a natureza que ele erode".[660]

O último Éden

Prossigamos nossa deriva a partir da questão de uma natureza "erodida", evocada anteriormente em relação ao espaço onde essa figura fotografada por Valérie Jouve encontra seu lugar de representação. É estranha e angustiante a sensação produzida por esse espaço urbano – que podemos qualificar como sendo da ordem de um espaço do entre-dois, ou seja, um espaço situado geralmente à margem da cidade –, aparentado, nesse caso, a um não-lugar bem específico, já que se constitui não em si, mas como um centro estruturado a partir de redes de trânsito que deve ser atravessado para que se chegue de um lugar a outro, como teoriza Marc Augé. Trata-se de um espaço que não cria relações nem histórias humanas destinadas a perdurar.

Ponto de vista confirmado, aliás, pelo geógrafo Milton Santos, para quem a estrutura desse espaço e das relações que podem ser tecidas nele é apenas o reflexo daquelas dos territórios urbanos contemporâneos:

[658] INKSTER, Dean. Valérie Jouve. Paris: Centre National de la Photographie, 1988.
[659] INKSTER, Dean. Valérie Jouve. Paris: Centre National de la Photographie, 1988. p. 102-104
[660] INKSTER, Dean. Valérie Jouve. Paris: Centre National de la Photographie, 1988. p. 100.

[a]s cidades atuais, sobretudo as metrópoles, abertas a todos os ventos do mundo, não são menos individualizadas. Esses lugares, com a sua gama infinita de situações, são a fábrica de relações numerosas, frequentes e densas. [...] A cidade é o lugar onde há mais mobilidade e mais encontros. A anarquia atual da cidade grande lhe assegura um maior número de deslocamentos, enquanto a geração de relações interpessoais é ainda mais intensa.[661]

Assim, o que resulta de uma paisagem urbana "sem história" é comentado de maneira pertinente pelo escritor Jean-Christophe Bailly, para quem esse fenômeno encontraria sua explicação na própria perda da cidade: "Estendendo incessantemente seu domínio para além de si mesma pelas vias e pelos acessos que a conectam a outras cidades, a cidade chegou, e isso não surpreende ninguém, a se perder, mas como alguém que se perdesse no próprio bosque que plantara".[662]

Precisemos, no entanto, como recomenda Renato Fernandes Junior, o fato de que "[o] não-lugar não constrói laços tradicionais de identidade, mas relações pragmáticas com indivíduos tomados como clientes, passageiros, usuários, ouvintes".[663] O que não significa que ele fique restrito a uma completa neutralidade, encravado numa densa rede de circulação urbana. Muito pelo contrário, o não-lugar é "o espaço da identificação, aprisionando as descontinuidades e os deslocamentos que marcam a experiência social dos sujeitos contemporâneos".[664] Nesse sentido, suas representações fotográficas vêm paliar de certa forma uma falta, aquela que tem lugar justamente na imagem e, por extensão, alimenta uma memória "reconhecida", quando estas acabam elas próprias sendo expostas no lugar nobre das instituições culturais, exibidas nos museus, como se pôde observar na exposição *Les Peintres de la vie moderne* [Os pintores da vida moderna], apresentada no Centro Georges Pompidou, em 2006, oferecendo assim uma seleção de obras extraídas da coleção fotográfica da Caisse des Dépôts et Consignations. Ou ainda na seleção apresentada todo ano no Museu de Arte de São Paulo, que vem enriquecer os fundos da famosa coleção Pirelli/MASP.

O que vem constituir a fonte de uma "tensão solitária" nascida da confrontação entre o espaço interno e externo da cidade, que se

---

[661] SANTOS. *A natureza do espaço*, p. 255.

[662] Cf. Jean-Christophe Bailly, trecho de um texto apresentado pelo autor em sua intervenção nos "Rendez-vous de l'Architecture" no Parc de la Vilette no dia 3 de outubro de 1997. Artigo disponível no site: <http://remue.net/cont/bailly.html>.

[663] FERNANDES JUNIOR. *Labirinto e identidades*, p. 178-179.

[664] FERNANDES JUNIOR. *Labirinto e identidades*, p. 178-179.

encontra, por outro lado, no processo de criação da obra, e mais precisamente de uma obra dita "participativa". Esta convida a partir de então o espectador a evoluir no seio de seu espaço, circunscrita nos limites da instituição que a recebe. É o exemplo de uma instalação de Hélio Oiticica, *Éden*, também conhecida como *The Whitechapel Experience*, criada, como seu nome indica, na Whitechapel Gallery de Londres, em 1969. Se a questão da solidão encontra seu lugar na possibilidade pertinente do recuo – permitindo assim a cada um se isolar, dissimular-se do olhar de outrem –, isso significa encontrar, no espaço fechado de uma simples tenda, aquele de seu próprio eu interior.[665] Mas *Éden* é também o manifesto de uma obra concebida como um "campus experimental, [...] onde todas as experiências humanas são permitidas – humano enquanto possibilidade da espécie humana".[666] Mais do que um espaço dedicado à redescoberta da experiência humana, a experiência proposta por *Éden* recobra aqui toda a sua dimensão metafísica, transcendental. Esse espaço é então descrito pelo artista como "uma espécie de lugar mítico para as sensações, para as ações, para a feitura de coisas e a construção do cosmos interior de cada um – por isso, proposições 'abertas' são dadas e até mesmo materiais brutos e crus para 'fazer coisas' que o participador será capaz de realizar".[667]

Essa instalação atrai nossa atenção também pelo fato de que uma experiência como essa reaviva nossa problemática relativa à representação específica da saudade no seio da paisagem contemporânea. E isso na medida em que a evocação de um paraíso edênico adquire todo o seu caráter dinâmico, e mesmo gozoso, experimentado no momento em que sua sensação vem surgir de novo. É a aplicação de um pensamento *orgânico* da obra estruturada e composta a partir daquilo que Oiticica chama "células germinativas",[668] reunindo num só perímetro espaços distintos em que "a imaginação, as sensações e o pensamento se libertam [...] de modo que o mais importante é o efeito de não-ambientação produzido pela fantasia dos participantes".[669] Se a menção a esse projeto de instalação de Hélio Oiticica pode parecer surpreendente, essa escolha se explica pela vontade de ligar a saudade a uma aplicação espacial fotográfica. Isso

[665] FERNANDES JUNIOR. *Labirinto e identidades*, p. 188.
[666] OITICICA. In: FIGUEIREDO. *Hélio Oiticica aspira ao grande labirinto: seleção de textos (1954-1969) apud* FAVARETTO.
[667] OITICICA *apud* FAVARETTO. *A invenção de Hélio Oiticica*, p. 185.
[668] OITICICA *apud* FAVARETTO. *A invenção de Hélio Oiticica*, p. 185.
[669] OITICICA *apud* FAVARETTO. *A invenção de Hélio Oiticica*, p. 186.

equivale a considerar toda a importância que pode adquirir a sensação produzida não apenas como meio liberador do pensamento, mas também como elemento motor da imaginação.

Nesse sentido, defenderemos aqui a ideia de que esse sentimento não pode se satisfazer em encontrar na imagem fotográfica apenas um espaço de representação atualizado referente ao passado. De que é preciso compreender, pelo contrário, como esse espaço pode conjuntamente estimular e despertar – tanto no fotógrafo que pensa a imagem quanto no espectador que a recebe – uma sensação visual quase tátil, *háptica*, como se pode sentir num autorretrato de Michel Campeau, *Sans titre* [Sem título] extraído de sua série *Humus*, de 2001. Uma situação em que o fotógrafo, vestido de preto, é representado deitado num solo árido, ressecado, rachado, no meio de um espaço dificilmente identificável.

Se essa representação do artista deitado acima de um campo árido permanece sem título, não seria para reforçar essa sensação cujo potencial parece contido na superfície plana da imagem? Sugerimos essa ideia em referência ao argumento defendido por Bernard Berenson segundo o qual o espaço pictórico bidimensional conteria certos valores táteis que viriam assim criar uma terceira dimensão, ilusionista:

> Presentemente, a pintura é uma arte cujos objetivos consistem em produzir uma impressão constante de realidade artística com apenas duas dimensões. O pintor tem, contudo, de fazer conscientemente o que fazemos inconscientemente – construir sua terceira dimensão. E ele pode cumprir a sua tarefa se nós realizamos a nossa, conferindo às impressões retinianas valores táteis. A sua primeira preocupação, no entanto, é estimular o sentido tátil para o qual preciso ter a ilusão de ser capaz de tocar um rosto.[670]

A partir daí, querer absorver todo o conteúdo expressivo de uma imagem-saudade, pelo concurso de nossa imaginação, não seria o mesmo que querer transcender esse sentimento a fim de atingir um último possível metafísico, sublime? Esse desejo é convocado por uma fotografia bastante estranha. Estranha por parecer ser de certa forma reduzida a sua mais simples representação, mínima, transpondo assim essa solidão numa verdadeira ausência. Essa ausência, assim como o vazio que nela

---

[670]BERENSON. *Les Peintres italiens de la Renaissance*, p. 115.

se desdobra, produz então o que poderíamos determinar como a "estranheza inquietante" de seu objeto fotográfico, ou seja, um sentimento que emana "do silêncio, da solidão, da obscuridade", e que Sigmund Freud associou à "angústia infantil que não desaparece completamente na maior parte dos homens".[671]

Trata-se da obra intitulada *Cadeira com guarda chuva*, composta por German Lorca em 1951 (Fig. 92). Apesar de sua relativa simplicidade – lembrando os arranjos surrealistas pintados por Giorgio de Chirico –, essa fotografia insiste nessa capacidade *poiética* do vazio, particularmente evocatória. Verdadeiro símbolo dessa economia narrativa que elude toda necessidade expressiva, a cena consegue assim gerar uma ambiência pertinentemente desconcertante, já que

> [t]odo objeto não é mais aqui objeto de reconhecimento: torna-se objeto de estupor. [...] A ordem segundo a qual esse objeto se dispõe ao olhar aparece como enigmática [...] Pois é desse desvio da representação do real, na medida em que é mínimo e não atinge a credibilidade do representado, que nasce a estranheza. Só há inquietude na medida em que o real é expressamente colocado como tal e que sua figuração representa apenas um desvio, o menor possível.[672]

Figura 92 – German Lorca, *Cadeira com guarda chuva*, 1951. Cópia em prata. Coleção acervo German Lorca.

Poderia parecer fortuito insistir no valor fenomenológico do vazio e da ausência, ainda mais que sua presença na imagem fotográfica tende paradoxalmente a se opor a nossa intuição inicial, preocupada em compreender de acordo com que modalidades a saudade pode encontrar

[671] FREUD. Das Unheimlich. In: *Essais de psychanalyse appliquée*, p. 210.
[672] CLAIR. De la métaphysique à l'inquiétante étrangeté, p. 63-74.

lugar e forma particular de representação como regime iconográfico próprio. É justamente no coração desse paradoxo que nossa busca atinge sua meta última: compreender como a expressão plástica de um sentimento tão denso e complexo pode surgir finalmente a partir do "pouco", senão do nada. Inquietude que permanece atual na medida em que essa ausência tende a se intensificar quando nos encontramos submergidos no seio de um ambiente principalmente urbano, denso e complexo, regido pela difusão da informação e pelo controle cada vez maior dos dispositivos de vigilância.

Em semelhante contexto, o poder de *autodissimulação* é diretamente invocado e explorado na instalação de Rubens Mano intitulada *Detector de ausências*, concebida no marco do projeto *Arte-cidade*, executado em São Paulo, em 1994 (Fig. 93). Composta de dois projetores de luz de grande intensidade, dispostos dos dois lados de um dos mais antigos viadutos da megalópole, o Viaduto do Chá, ela iluminava assim cada pedestre que o atravessava. Esse dispositivo tornava visível, pelo tempo de uma passagem furtiva, a presença efêmera de uma sombra já esvanecida. Se a sensação de vazio permanece predominante, essa representação não omite um tipo de espaço em que Jean-Claude Lemagny percebe aquilo que define como uma "extensão sonhadora", num artigo publicado nos *Cahiers de la Photographie* que explorava a questão do território. Em que pode consistir essa extensão? Não se trata de um espaço concreto, tangível e material, nem de "um aspecto da matéria sonhadora", mas de algo que encontra seu lugar figurativo preciso no "império imenso e movediço do imaginário".[673] Todavia, "[e]la não se confunde com outras espécies de espaço onde se desdobra também nossa imaginação. Não é um espaço dinâmico, percorrido por impulsos e velocidades. Não é um espaço estagnante e profundo como a água morta, cujas propriedades poéticas Gaston Bachelard soube descrever tão bem. [...] Ela é propriamente espaço, vazio, parte de vida entre coisas, nem sempre clara, mas sempre evidentemente delimitada por objetos. E o que caracteriza em primeiro lugar essa extensão sonhadora – por mais diversa que seja – é o fato de ser habitada, assombrada, por um espírito invisível, o espírito do lugar, *genius loci*".[674]

---

[673]LEMAGNY. Genius loci ou l'étendue rêveuse, p. 87.
[674]LEMAGNY. Genius loci ou l'étendue rêveuse, p. 87.

Figura 93 – Rubens Mano, *Detector de ausências*, 1994. Acervo Itáu Cultural

Prossigamos nossa análise a partir desse caráter fantasmático, dados os numerosos exemplos em que a representação fotográfica da paisagem contemporânea parece estar particularmente banhada de seu halo, associando sua presença a essa "extensão sonhadora", bem no meio dos espaços vazios que esses exemplos nos desvelam. Que esses espaços remetam à representação de espaços urbanos, naturais ou, como veremos nas páginas seguintes, a um tipo de representação de espaços dados como reais, embora seu tratamento plástico resulte de intervenções técnicas originais, o espaço contido por essas paisagens não acaba por refletir nosso próprio espaço interior? Reflexo que reitera assim, a dois séculos de distância, esse pensamento romântico da paisagem dividido entre uma percepção fenomenológica e sensível da natureza e uma apreensão quase *mística* de seus efeitos sobre o homem. Assim, como escreveu Julien Gracq no início de seu romance *La Forme d'une ville* [A forma de uma cidade], essa apreensão do lugar acaba por criar uma sensação contraditória:

> A antiga cidade – a antiga vida – e a nova se superpõem em meu espírito mais do que se sucedem no tempo: estabelece-se de uma a outra uma circulação atemporal que libera a lembrança de qualquer melancolia ou pesadume; o sentimento de uma referência desengatada da duração projeta para frente e amalgama ao presente as imagens do passado em vez de puxar o espírito para trás.[675]

Esse sentimento difere assim, por suas intenções, da concepção tipicamente romântica da natureza na medida em que sua fonte se aparenta com uma falha, uma dissolução flagrante das fronteiras que separam o ser de seu meio. Mesmo se este, "em sua realidade ao mesmo tempo sensível e

---

[675] GRACQ. *La Forme d'une ville*, p. 9.

factual, ignora as substâncias intrínsecas e as identidades próprias; conhece apenas fluxos de relações, que conectam indissoluvelmente os sujeitos aos objetos, e estes e aqueles entre si".[676] Não obstante, como sublinha Maria Cristina Batalha, "[a] dissolução das fronteiras entre o sujeito e seu ambiente provoca, ao mesmo tempo, a dissolução da ordem temporal, linear, e a paisagem recria aqui os elos perdidos com o quadro e o tempo originários e imemoriais. A paisagem proteiforme e suas transformações sucessivas criam uma ponte entre o presente e o passado, entre o mito e a realidade".[677] Efetuamos aqui um percurso inverso, partindo do espaço urbano para o espaço natural, em torno a duas obras extraídas da série intitulada *Noturnos*, realizada pelo fotógrafo Cássio Vasconcelos, concebida a partir da ideia de uma deambulação noturna através de diferentes bairros de São Paulo, durante quatro anos. Escolhemos duas fotografias de lugares. A primeira representa um prédio público, na obra *Praça da Sé #3.5* (5-2000) recoberto de uma rede de proteção. A segunda, um cemitério situado bem no centro da cidade, conhecido como Cimetério do Araçá (*Cemitério do Araçá #2*, 10-2001). Essa longa deambulação citadina experimentada e acionada por Vasconcelos pode ser comparada àquilo que o geógrafo Milton Santos estima ser uma *transindividualidade* resultante de uma construção a partir de "relações inter-humanas que incluem o uso das técnicas e dos objetos técnicos".[678]

Se essa noção, definida inicialmente por Gilbert Simondon, fazia parte de um discurso que criticava a sujeição das novas redes de comunicação ao poder político, é preciso constatar que esses dois exemplos – e a série inteira – demonstram bem, por seu aspecto geográfico fragmentado, a maneira como o próprio território é igualmente transindividualidade, já que o isolamento noturno do fotógrafo na cidade não é outra coisa senão a afirmação de uma postura que ilumina implicitamente a maneira como "a compartimentação da interação humana no espaço [...] é tanto um aspecto da territorialidade como da transindividualidade".[679] O que observamos aqui nos conduz a tratar mais precisamente de um último aspecto do elo que une não apenas o indivíduo a seu espaço circundante. Isso é igualmente válido no que concerne à presença da saudade inoculada

---

[676]BERQUE. *Médiance de milieux en paysage*, p. 40.
[677]BATALHA. Le Paysage dans "Demônios" d'Aluísio Azevedo: une troisième rive du naturalisme, p. 117.
[678]SANTOS. *A natureza do espaço*, p. 254. A noção de transindividualidade aparece pela primeira vez na tese defendida por Gilbert Simondon, em 1958.
[679]SANTOS. *A natureza do espaço*, p. 254.

num certo tipo de paisagem fotográfica contemporânea, anunciando um outro tipo de espaço que Milton Santos nomeia *prático-inerte*. Trata-se de um espaço que consigna "as cristalizações da experiência passada, do indivíduo e da sociedade, corporificadas em formas sociais e, também, em configurações espaciais e paisagens".[680]

Se a paisagem constitui o objeto privilegiado do fotógrafo, este continuou, em contrapartida, a encontrar, através dessa série, a possibilidade de transpor o aspecto profundamente documental de sua *démarche* acrescentando-lhe um caráter tipicamente artístico, pictórico e fortemente gráfico. Eis por que, como observa Nelson Brissac Peixoto: "Um deslocamento essencial está ocorrendo aqui: o significado desses monumentos não está mais inscrito diretamente na paisagem, mas na imagens. Cássio Vasconcelos é um fotógrafo radicalmente contemporâneo: seu ponto de partida – sua realidade primeira – é o próprio mundo das imagens".[681] Ele chega a essa meta pela escolha de um tratamento saturado da cor através de fortes valores de contrastes complementares (simultaneamente devido ao uso da película polaroide e de uma iluminação exterior artificial, modificada com a ajuda de projetores e filtros coloridos).

Esse procedimento produz então um clima estranho que vem modificar profundamente a percepção que podemos ter de uma cidade, deserta, esvaziada de toda presença humana. *Noturnos* é um projeto cujas representações são partilhadas entre desolação e visão futurista. As diversas vistas urbanas que descreve nos envolvem por vezes numa sensação lúgubre, um sentimento mórbido: "elas tratam de fazer a fotografia, que em princípio pertence ao mundo real – usada sempre como prova documental, evidência de realidade –, ser um retrato de um tempo arcaico, mítico. [...] Funcionam como um véu, evidenciando o mistério que as envolve".[682]

Assim, a rede que dissimula a fachada desse imóvel age como um catafalco recobrindo um corpo extinto, tingido de tonalidades esverdeadas

---

[680]SANTOS. *A natureza do espaço*, p. 254. O "prático-inerte" remete a um meio – como unidade exterior correlativa à experiência do trabalho sobre a matéria – em que os homens agem sob o império da matéria obrada, do mundo moldado pelo trabalho, das atividades reguladas pelo coletivo, obrigado a um efeito de "serialidade" que acaba assim por transformar os indivíduos em multiplicidades humanas, configurando-os como elementos intercambiáveis. Cf. SARTRE. De la praxis individuelle au pratico-inerte. In: *Critique de la raison dialectique*, p. 219-220.

[681]PEIXOTO. Janelas, estátuas. In: *Paisagens urbanas*, p. 137.

[682]PEIXOTO. Janelas, estátuas, p. 140.

e amareladas, enquanto os túmulos do cemitério são tingidos de um véu de luz vermelha, sublinhando assim o clima angustiante desse lugar onde se amontoam estátuas de santos e Cristos crucificados, conjunto que compõe a cenografia barroca de uma dor para sempre calada. Esses lugares de memória consignam em si, não obstante, uma parte dessa extensão sonhadora comentada anteriormente. Essa parte se manifesta aí não apenas pela ausência da figura humana, mas também pela potência evocatória de seus artefatos. A partir daí, como sublinha Jean- Claude Lemagny:

> As coisas poéticas não se passam mais por encontro e oposições, mas por uma qualidade do espaço onde qualquer objeto pode encontrar seu lugar. [...] Tudo o que se encontra ali, tudo o que se passa ali, e que em geral nada tem de extraordinário nem de assustador, pertence ao mistério, é-lhe consubstancial. Dessa região do mistério somos levados a dizer que é a da morte, já que se trata de um além e não conhecemos outras alternativas além da vida e da morte.[683]

Se nos concentramos até aqui em alguns aspectos relativos às questões da solidão e da ausência que podem evocar o sentimento de saudade em sua representação fotográfica contemporânea, abordaremos agora a última questão que virá então concluir nosso estudo. Apreciaremos particularmente como o mar e a montanha podem assim constituir dois temas que desempenham um papel ativo, performativo, como elementos simbólicos da distância que nos separa de um lugar afetivo, um lugar ao mesmo tempo topográfico e sentimental. É a partir dessa experiência da separação e da viagem que a paisagem assume então sua função mais contraditória, aquela de um verdadeiro *dépaysement* [exílio + desorientação]. Não obstante, seria incompleto falar do sentimento de saudade omitindo uma fonte também muito importante, embora os exemplos a seguir não aludam diretamente a ela. Ora, não é tanto a importância que o imaginário pode atribuir a essas duas figuras que predomina, e sim a postura do fotógrafo-espectador diante daquilo que observa. Postura igualmente presente no poeta, cujo olhar retrospectivo acaba por se deslocalizar. Eis um trecho do poema "Ode marítima", atribuído a Álvaro de Campos:

> Ah, todo o cais é uma saudade de pedra!
> E quando o navio larga do cais
> E se repara de repente que se abriu um espaço
> Entre o cais e o navio,

---

[683]LEMAGNY. Genius loci ou l'étendue rêveuse, p. 87.

Vem-me, não sei porquê, uma angústia recente,
Uma névoa de sentimentos de tristeza
[...]
Ah, quem sabe, quem sabe,
Se não parti outrora, antes de mim,
Dum cais; se não deixei, navio ao sol
Oblíquo da madrugada,
Uma outra espécie de porto?[684]

Já que o sentimento de saudade permite implicitamente ao ser que o experiencia uma espécie de elevação transcendente, a nostalgia expressa nesses versos nos conduz a abordar sua dimensão metafísica, ao mesmo tempo estranha e costumeira, que dá conta perfeitamente de um *possível*.

Como foi anunciado anteriormente, aquilo que Antonio Tabucchi nomeia uma *nostalgia do possível* designa uma "nostalgia oblíqua, ao avesso, cujo alvo não é apenas o que foi, mas também o que poderia ter sido. [...] Essa nostalgia do possível é o signo mais inquietante, mais próximo de nós, homens de hoje".[685] Se Leon Battista Alberti definiu em sua época o espaço pictórico como uma janela que abria para uma paisagem, uma *storia*, as fotografias a seguir perturbam essa ideia de janela como dispositivo binocular pelo qual seríamos conduzidos a observar o mundo exterior, obliterando assim qualquer ideia de quadro regido por linhas de fuga organizadoras da paisagem.

É por isso que estimamos que as duas fotografias de Cássio Vasconcelos comentadas anteriormente marquem, pelo contrário, uma renovação do potencial expressivo da fotografia, nos antípodas de qualquer encenação. E isso na medida em que sua força tênue provém em primeiro lugar do fato de que "estas janelas urbanas não mostram ruínas, mas um horizonte saturado. Agora está próxima. Ela é aquilo com que se trava um embate, um corpo a corpo. No auge da visibilidade, a cidade tornou-se invisível".[686] Um traço comum pode então ligar várias fotografias que compõem uma só paisagem – uma paisagem percebida como sítio – através de um dispositivo que nos convida à sua contemplação, como sugere o tríptico de François Méchain, intitulado Grand écran [Grande tela] de 2007.

---

[684]Cf. CAMPOS. Ode Maritime [Ode marítima]. In: *Livros de versos*. Trad. Teresa Rita Lopes. Lisboa: Editorial Estampa, 1993, p. 159 *apud* TABUCCHI. Álvaro de Campos. In: *La nostalgie du possible: sur Fernando Pessoa*, p. 38. "Ode Marítima". *Revista Orpheu, n. 2,* disponível em http://www.gutenberg.org/cache/epub/23621/pg23621.html.

[685]CAMPOS *apud* TABUCCHI. Álvaro de Campos, p. 40-41.

[686]PEIXOTO. Janelas, estátuas, p. 130.

Uma tela cuja visão central se aparenta com uma *membrana-tela* artificial e diante da qual nos sentamos, como faríamos no cinema, esperando que a cortina se abra e que comece o desfile linear da projeção de um filme. Nesse sentido, do mesmo modo que Jean-Luc Nancy o define em *Au fond des images* [No fundo das imagens], a paisagem continua a ser: "uma representação da região como possibilidade de um ter lugar de sentido, [...] fazendo abertura e visão não como perspectiva do olhar sobre um objeto, mas como surgimento, abertura e apresentação de um sentido que não remete a nada além dessa mesma apresentação".[687]

A paisagem como oferenda última

Apresenta-se doravante um tipo de paisagem que se dá a observar como uma espécie de *paisagem interior*. Essa paisagem forma um registro composto de um conjunto de espaços cuja representação permanece homogênea e coerente em sua leitura, embora o efeito vibrante da fatura lhes confira um aspecto perturbado e heterogêneo. Majoritariamente desfocadas, indecisas em seus contornos, as representações fazem desses espaços lugares topográficos enigmáticos, como se dão a observar nas vastas extensões de campos de café brasileiros, fotografadas pelo duo de fotógrafas belgas Christine Felten e Dominique Massinger em 2004. São espaços entre os quais perdemos progressivamente qualquer referência, a partir do momento em que tentamos captá-los em sua *dimensão* sonhadora, no sentido em que a descreve Gaston Bachelard, segundo quem "a unidade de uma paisagem se oferece como a realização de um sonho frequentemente sonhado, mas a paisagem onírica não é um quadro que se preenche de impressões, é uma matéria que pulula".[688]

Concebidas no marco do projeto intitulado *Caravana obscura* – uma caravana transformada em aparelho e em laboratório fotográfico itinerante –, essas fotografias foram obtidas por meio de um procedimento bióptico (o visor do aparelho tendo sido instalado no único furo pelo qual a luz penetra para imprimir a paisagem diretamente sobre uma grande folha de papel), cujo efeito visual lembra aquele produzido por um *sténopé* – ou ainda aquele dos autocromos, de que Léon Gimpel se revelou um dos mestres. A câmara simplesmente se transformou e se ajustou à escala de uma caravana ambulante.

---

[687]NANCY. *Au fond des images*, p. 112.
[688]BACHELARD. *L'Eau et les rêves*, p. 6.

Empreendimento perigoso, essas duas fotógrafas percorrem as estradas do vasto território brasileiro, ao longo de uma viagem imóvel em que será preciso "preparar a nova caravana, deslocá-la sobre as estradas e manejá-la como um novo aparelho", e ao termo do qual "[e]las souberam evitar as armadilhas do exotismo e da descrição, apesar da beleza do país".[689] Cada uma dessas obras oferece "à contemplação uma impressão saturada da manifestação orgânica dos lugares, das coisas e dos seres, que deriva de um imaginário poético e exalta o sentimento do belo".[690] No entanto, como sublinha Maria Cristina Batalha, é também uma representação de paisagem cuja ambição não consiste tanto em enfatizar essa ideia do belo quanto em tentar "refletir a realidade mais crua, captada pelo olhar de uma testemunha que busca fixar suas nuances, evolui para um espaço desconhecido, fugitivo e evanescente, adquirindo uma dimensão cósmica".[691] Tal é o clima que nos oferece esta fotografia de Zé Frota, tirada de uma série intitulada *Espaços interiores*, realizada na cidade de João Pessoa, em 2008, exposta recentemente durante o 17º Salão da Fotografia no Museu de Arte de São Paulo (MASP) (Fig. 94).

Figura 94 – Zé Frota, *Espaços Interiores 2, 01*, Jõao Pessoa, Paraíba, 2008. Cópia em procedimento cromógeno, 60,5 x 90,0 cm. Coleção Pirelli – MASP de fotografia

Podemos assim aproximar esse espaço interior daquele da saudade, se partimos do princípio de que este se aparenta com um espaço similar. Foi Georges Bataille, entre outros, que descreveu essa sensação com grande exatidão, em seu livro *A experiência interior*, sensação que o conduziu a um estado que ele chama de "êxtase", ou seja, um fenômeno cuja intensidade

[689]CANONE, Xavier. In catalogue *Felten-Massinger. Caravana Obscura*, Bruxelas, Comissariado geral das Relações Internacionais da Comunidade francesa Wallonie-Bruxelles, set./dez. 2004, p. 58-59.

[690]FELTEN, Christine; MASSINGER, Dominique, Caravana Obscura. Bruxelles: Communauté Française de Belgique, 2004 .

[691]BATALHA. Le paysage dans "Demônios" d'Aluísio Azevedo: une troisième rive du naturalisme, p. 115.

ele aproxima da dos "estados místicos".[692] Ora, da mesma maneira que a sensação fugitiva provocada pelo primeiro bocado da *madeleine* degustada por Proust, assim como a lembrança reavivada pelo *punctum* fotográfico de Barthes, essa sensação desaparece assim que aparece, embora o autor tente acreditar em seu caráter imutável e perpétuo.[693]

Essa paisagem interior, em sentido próprio e figurado, fotografada por Zé Frota nos oferece a representação de um lugar – um simples terreno, uma rua a partir da qual entrevemos dois painéis publicitários pintados diretamente no muro – que nos aparece mais uma vez em toda a sua banalidade. Seu tratamento plástico merece nossa atenção: em primeiro lugar, o desfocamento geral em que banha essa imagem nos leva a considerar um aspecto particular da fotografia, localizado por Bernard Berenson na arte pictórica como valores táteis. Os tons sombrios e surdos que dominam essa paisagem noturna enfatizam esses valores que ressoam aqui pela presença de zonas mais luminosas, "salpicadas" por uma luz pálida que vem iluminar, como que por camadas localizadas, a rua e os *slogans* pintados da paliçada.

O efeito de perturbação é também reforçado pelo desfocamento provocado pela tremida do obturador, conferindo à imagem um aspecto áspero e poroso, próximo da própria materialidade orgânica do lugar, onde subsistem apenas a terra, a madeira ou ainda os muros repintados. Mas essa perturbação confere a essa paisagem um aspecto estranhamente silencioso e angustiante. Aproximar essa fotografia de valores táteis é uma operação que merece ser sublinhada, não apenas porque estes supõem uma participação ativa do espectador em sua leitura, mas também porque isso significa estimar que o tratamento plástico de sua fatura pode agir de maneira voluntária em resposta a esses valores, cujo efeito é o de produzir *stimuli*, descritos por Berenson como

> [i]ntensamente reais no sentido de que excitam com toda a sua força nossa imaginação tátil, já que se impõem subitamente, em todas as coisas que estimulam nosso sentido do tato enquanto se apresentam a nossos olhos, a fim de aprovar sua existência. E é

---

[692]Bataille descreve essa experiência da maneira seguinte: "senti a que ponto a doçura das coisas me penetrara. Acabava de ter o desejo de um movimento de espírito violento e, nesse sentido, percebi que o estado de felicidade em que caíra não diferia inteiramente dos estados 'místicos'. Pelo menos, como passara bruscamente da desatenção à surpresa, senti esse estado com mais intensidade do que de costume e como se outro e não eu o experimentasse" (BATAILLE. L'extase. In: *L'expérience intérieure*, p. 130-131).
[693]BACHELARD. L'extase, p. 131.

apenas quando podemos tomar por aprovada a existência do objeto pintado que ele começa a nos dar o prazer realmente artístico, separado do interesse que temos por símbolos.[694]

A estranheza desse clima nos conduz finalmente a tratar de um último caso de representação fotográfica da paisagem contemporânea. Uma paisagem que, segundo Nelson Brissac Peixoto, é difícil de compreender, por parecer, segundo o autor, fazer face à impossibilidade de nos transcender, como que hipnotizados pelo olho mecânico do aparelho fotográfico, já que, ao contrário da pintura, a fotografia "evoca tudo aquilo que ela não é [...] para questionar seu próprio olhar mecânico".[695] Mesmo que o autor admita, no entanto, que, no seio dessa paisagem contemporânea, "algo se produz entre o olhar e o mundo, que não é simples representação mas se dá à reprodução artística: a presença da imagem".[696] Esse algo é talvez o mistério de sua *magia do nada*.

Se a representação desse tipo de paisagem permanece significativa de um certo vazio que nela opera não por subtração, e sim por acumulação, esta não fica isenta de um *rien* [nada não substantivo], noção não tão contemporânea quanto parece, mas que continua essencial a partir do momento em que se deseja apreciar de maneira mais precisa o elo da saudade com sua manifestação fotográfica. Para tanto, nos apoiaremos na análise proposta por Pierre Wat da obra do pintor inglês John Constable:

> Pintar o nada, para Constable, é antes de tudo, já o vimos, escolher pintar aquilo que só tem valor de tema a seus próprios olhos. Fazendo "a história de suas afecções", guiado unicamente por sua relação enfática com os lugares, ele pinta aquilo que, na boca dos críticos, é designado como "nada". Aquilo que para os críticos é um defeito, é precisamente aquilo que, aos olhos de Constable, permite definir a finalidade de sua pintura.[697]

---

[694]BERENSON. *The florentine Painters of the Renaissance*, p. 11.

[695]PEIXOTO. Janelas, estátuas, p. 125.

[696]PEIXOTO. Janelas, estátuas, p. 125.

[697] Segundo Pierre Wat: "fazer alguma coisa de nada não é aqui nem fazer pintura abstrata *avant la lettre*, nem pintar apenas com sua imaginação, e sim ver a pintura como uma 'arte de imitação', uma arte que consiste em realizar, não em fingir, uma arte nascida da fusão romântica entre abstração e naturalismo. [...] E essa verdade, ou, dito de outro modo, aquilo que deve ser pintado, é a natureza percebida em sua diversidade. Para quem sabe ver a pintura assim, não há tema pequeno". (WAT. Peindre le rien. In: *Naissance de l'art romantique*, p. 103-104).

Se a referência à pintura romântica pode surpreender, ela não é, no entanto, fortuita. De fato, um último exemplo nos mostra como a prática fotográfica da paisagem veio recentemente reatualizar de certa forma essa proposta, tomando em consideração que "a natureza, na concepção romântica, basta a si mesma. A partir do momento em que o olhar do pintor reabilita seu valor simbólico, o tema no sentido clássico tende a desaparecer em proveito de uma maior atenção lançada à própria pintura".[698] Trata-se de uma atenção que se opõe às paisagens do tipo que Nicolas-Antoine Taunay pintou durante sua estadia no Rio de Janeiro, a partir de 1816, como nos mostra esta *Vista do Outeiro, Praia e Igreja da Glória*, de 1817. Sua composição parece resultar em si mesma de uma lógica de agenciamento, e não da transcrição fiel de um modelo natural. Se observamos a maneira como ele pintou o céu, principalmente, seguindo a grande tradição pictórica neoclássica francesa dos quadros de gênero, por exemplo, em proveito da observação minuciosa do tempo meteorológico no momento da execução de seu quadro. Nesse sentido, essa representação da paisagem se opõe à "revalorização romântica da noção de natureza individual" que "vai de par com o abandono dos princípios de seleção e combinação" (Fig. 95).[699]

Esse exemplo prova que a clivagem que, para Brissac Peixoto, parece opor a imagem fotográfica à imagem pintada está longe de ser tão evidente. Os pintores modernos de paisagens não recorreram aliás a diversos meios ópticos que lhes permitam ordenar de maneira racional uma representação da paisagem a fim de chegar justamente a fazer dela aquilo que ela jamais deixou de ser, a materialização iconográfica de um olhar lançado ao mundo? Ora, mais do que uma questão de olhar, não se trataria daquela de um limiar? Limiar este que, uma vez transposto, nos conduziria a um dos espaços mais misteriosos, porque ilimitado, como nos convida a fazer esta paisagem recentemente fotografada por André Paolielo: inteiramente nimbado de bruma, o espaço fotográfico entra aqui em relação com o infinito. De forma que a ausência de margem faz com que "as relações que existem entre o espaço fotográfico e a posição do sujeito que olha sejam totalmente incertas, independentes"[700] (Fig. 96).

Assim, esse "retorno", certamente anacrônico, pode encontrar sua justificação na leitura que nos propõe Jean Clair:

[698] WAT. Peindre le rien, p. 103.
[699] WAT. Peindre le rien, p. 105.
[700] BRISSAC PEIXOTO. Janelas, estátuas, p. 125.

Mais geralmente, toda reação clássica só pode acarretar esse sentimento de estranheza e inquietude ao fazer ressurgir no tempo presente configurações, formas e situações que pertencem ao passado [...] é sempre aquele da coisa inanimada que assume a aparência da vida, ou, o que dá no mesmo, do ser que se manifesta sob os traços de um passado que acreditávamos morto: aquilo que era lembrança escondida no mais íntimo, aquilo que sempre soubemos fazer parte de um saber comum esquecido, volta e toma corpo, como uma aparição.[701]

Figura 95 – Nicolas-Antoine Taunay, *Vista do Outeiro, Praia e Igreja da Glória*, 1817. Rio de Janeiro, Museu Castro Maya – IPHAN/MINC.

Figura 96 – Andre Paolielo, [Sem título], *Taquarembo, Uruguay*, 2007. Taquarembó, Uruguai. Impressão Ink Jet 40 x 53,5 cm. Coleção Pirelli – MASP de fotografia

Essa aparição parece ser portanto a de um espectro do pintor romântico. O efeito se faz ainda mais inesperado. Ora, a perturbação que não cessou de atravessar essas últimas imagens encontra aqui o lugar último de sua expressão: essa imagem acaba sendo "inteiramente liberada, cortada

[701] CLAIR, Jean. *Mélancolie, Génie et folie en occident*. Paris: RMN – Gallimard, 2008, p. 78-79.

de suas amarras, flutuando no céu, exatamente como uma nuvem".[702] Observamos então uma postura que adota um *parti pris* estranhamente equivalente àquele defendido na época da pintura romântica. Partindo do princípio de compor uma representação do espaço que ultrapasse a simples concepção naturalista do espaço fotografado, ele se dá a contemplar então como "o fruto do olhar romântico tal como a educação do olho o concebe: um olhar que restaura a natureza em sua verdade, ou seja, devolve sua dimensão de infinito ao muito pequeno, ao insignificante".[703]

Pois, finalmente, se adotar uma visão romântica do mundo tem por único desígnio imaginar, ou seja, ir "contra o desencantamento do mundo, atribuir ao nada sua dimensão verdadeira, reencontrar o infinito no seio do vazio e restaurar assim a unidade perdida entre o indivíduo e o infinito",[704] cada uma de suas representações se dá então como uma oferenda sublime. Não obstante, como esclarece Jean-Luc Nancy, esta deve não apenas ser oferecida, mas "oferecer ela própria – oferecer a liberdade, no esforço da imaginação. Com o sentimento do esforço, essa coisa será antes uma coisa da arte (a própria natureza, aliás, é sempre apreendida aqui como uma obra de arte: de uma liberdade suprema)".[705]

[702]BRISSAC PEIXOTO. Janelas, estátuas.

[703]WAT. *Naissance de l'art romantique*, p. 108.

[704]WAT. *Naissance de l'art romantique*, p. 108.

[705]"A oferenda renuncia ao próprio dilaceramento, ao excesso da tensão, aos espasmos e às síncopes sublimes. Mas não renuncia à tensão e ao afastamento infinitos, não renuncia ao esforço e ao respeito nem à suspensão sempre renovada que ritma a arte como uma inauguração e como uma interrupção sagradas" (NANCY. L'Offrande sublime. In: *Le sublime*, p. 75).

CONCLUSÃO

Eis-nos chegados ao fim deste percurso, ao longo do qual tentamos erguer o véu do enigma dessa estranha *imagem-saudade*, à medida que surgiam os principais indícios de seu mistério. No entanto, uma questão permanece, inelutável: existe uma imagem-saudade, e em que medida esse sentimento pode influenciar nossa abordagem e nossa percepção da imagem fotográfica? Se uma estranha impressão parece a partir de então manter seu espectro, querendo que toda fotografia *a priori* possa ser uma imagem-saudade, ou ao menos conter alguns de seus aspectos, essa impressão parece não apenas encontrar ela própria seu valor no coração do valor semântico dessa palavra, mas sobretudo na ligação rica e complexa que ela mantém com o tempo, através do espaço de sua representação fotográfica.

É uma relação complexa, senão contraditória, que une portanto a palavra à imagem. A contradição que ela gera explica nesse sentido que essa ligação escape a qualquer tentativa de classificação taxonômica, especialmente quando se trata de analisar suas principais aplicações. Pois uma abordagem semelhante logo chegaria a um impasse, cuja consequência maior seria reduzir sua magia operatória. É justamente o temor desse impasse, assim como o temor do arquétipo, que nos conduziu a ampliar o campo de suas possíveis presenças, explorando os diversos modos operatórios a partir dos quais esse sentimento pode então abarcar um vasto panorama iconográfico. Se a imagem-saudade surge subitamente no seio de nosso imaginário, reanimando seu objeto, da mesma maneira que sua revelação fotográfica queima a marca de seu acontecimento sobre o suporte que a recebe, consignamos então no mais fundo de nossa memória seus caracteres mais pregnantes e ativos.

Assim como acontece com a melancolia, pudemos constatar que era possível pensar um registro iconográfico da saudade, em sua dimensão tanto singular quanto universal. Um desses primeiros aspectos nos remeteu assim à relação específica que a imagem mantém com o tempo, seu efeito maior sendo o de uma picada que reaviva a lembrança de seu objeto e modifica nossa relação com o tempo absoluto; um dos poderes mais inesperados dessa picada é o de nos situar de certa forma fora de nós mesmos, no coração da própria mundaneidade do acontecimento. Ela se coloca como uma baliza, um signo que nos localiza numa relação de tempo extensível, que o espaço fotográfico reatualiza incessantemente, por meio de uma tensão de elementos contrários.

Esse aspecto temporal, embora fixado de maneira perene pela imagem, parece situar seu sujeito numa fuga perpétua. Ou, mais exatamente, ele invoca essa possibilidade da imagem fotográfica de nos entregar sua magia ao mesmo tempo que nos escapa, no oco da falha; ou seja, uma ruptura do real presente do acontecimento que lhe dá forma, embora já não seja mais do que uma porção de acontecimento passado. Uma escapada do real, portanto, fantasmática e virtual, que acaba, no entanto, por despertar, por contiguidade, uma imagem real, atual, de sua matriz de consignação até sua revelação latente. É a tensão nascida do cruzamento desses dois rostos que acabam por se juntar em seu reflexo sobre o vidro de um quarto de hotel, formando apenas um (Fig. 97).

Figura 97– Denis Roche, *Les Sables d'Olonne, Atlantic Hôtel, chambre 301, 24 décembre 1984.* Cópia em prata preto e branco. Coleção do autor.

Essa fuga acaba igualmente por tornar a busca fotográfica perpétua, interminável, para retomar o título de uma conversa entre Gilles Mora e Denis Roche, oferecendo ao leitor um olhar retrospectivo sobre sua obra. Denis Roche, aliás, viveu uma curiosa experiência, que lhe foi revelada, nesse sentido, apesar de toda espera antecipadora: "Fiz um dia uma foto que tentava fazer havia muito tempo, mas sem o saber, sem jamais ter desconfiado. Uma foto muito simples, uma foto absoluta, aquela capaz de dizer tudo o que eu pensava, uma imagem que seria a geometria, de certa forma, daquilo que eu pretendia dizer em fotografia. Eu me dizia: 'Preciso fotografar a fotografia'".[706] Dessa relação temporal complexa nasce a liberdade de sua presença. Seria portanto insuficiente e mesmo errôneo afirmar que toda fotografia, por seu poder de consignação do acontecimento – esse "isso foi" ou esse "o que se passou" –, seja, por essência, representativa de uma imagem-saudade. Da mesma maneira que ela designa como objeto de representação aquilo que já não é mais, é preciso ainda que sua inteligibilidade se manifeste de maneira universal, tendo em vista seu objeto particular. É preciso que ela possa ser reconhecida e partilhada, embora não transmissível, de maneira comum entre os indivíduos que a experienciam.

O que devemos reter aqui se relaciona com a diferenciação que o sentimento de saudade gera em relação à sua comparsa melancólica. Essa diferença se explica sobretudo pelo fato de que a imagem em que ela encontra seu suporte de aplicação e seu lugar de expressão desafia o simples afeto melancólico que atribuímos, num determinado momento de nossa existência, àquilo que acreditamos ter perdido definitivamente. Nesse sentido, a imagem-saudade é uma imagem que deve ser finalmente entendida como o elemento anunciador de uma promessa futura, indefinida, do ser. E isso pelo viés da lembrança ou da esperança do retorno daquilo de que estamos separados, desmunidos. Ela poderia ser comparada a esse gênio que os poetas e pintores do Renascimento acreditavam agir do alto de nosso ombro; gênio criador e inspirador de um ideal, mesmo quando seu sujeito está mergulhado numa profunda amargura que consome o delicioso espinho de sua mágoa. É a razão pela qual a complexidade desse sentimento, dificilmente traduzível, pode explicar então que: "logo percebemos que não é permitido buscar um padrão apropriado fora dele próprio [em sua natureza], mas simplesmente nele mesmo. É uma perfeição comparável apenas a si mesma. Eis por que fica claro que o sublime não pode ser olhado na natureza das coisas, mas em nossas próprias ideias".[707]

---

[706]ROCHE. *La Photographie est interminable*, p. 102.
[707]HUSSERL. Foundational Investigations of the Phenomenological investigations of the Phenomenological Origin of the spatiality of Nature. In: *Shorter Writings*, p. 228, *apud* CASEY. Apocalyptic and contemplative sublimity. In: *Representing Place, Landscape Paintings and Maps*, p. 47.

Longe de qualquer postura apática, por muito tempo associada a uma melancolia desprovida de qualquer saída liberadora, essa esperança possível distingue, além do mais, uma imagem-saudade contemporânea de qualquer intenção falsamente ética e de uma prática da fotografia dissimulada por trás de sua máscara de compaixão. Uma prática e um pensamento da imagem em cujo discurso prevalece um olhar empobrecido, cada vez mais cínico, lançado à condição humana. Pois, se "a fotografia não pode ignorar o grande desafio de revelar e celebrar a realidade",[708] mas uma realidade cuja *re-presentação*, por suas numerosas manipulações técnicas, revela-se cada vez mais aporética e descontextualizada, a imagem-saudade pode nos oferecer, pelo contrário, a possibilidade de pensar o mundo de maneira outra e paradoxal, ao mesmo tempo atemporal e anacrônica, abrindo o acesso para o espaço de um imaginário singular, heterotópico, que sua prática jamais cessou de reatualizar. Esse espaço é seu espaço *poiético*, no sentido do termo grego *poiésis*, seu desígnio de "portar o ser", especialmente por sua função arquivística: "a experiência que se encontrava no centro da *poiésis* era a produção na presença, ou seja, o fato de que, nela, alguma coisa advenha do não ser ao ser, da ocultação à plena luz da obra".[709] A partir daí, continuamos a observar hoje como essa luz age à maneira de uma força que anima a magia de seu dispositivo, capturando e reunindo por suas mais ínfimas partículas de matéria todo e qualquer indício mergulhado na obscuridade, capturado nesse curto instante do clique.

Essa noção de *poiésis* se esboçou assim, de modo implícito, ao longo de toda a nossa pesquisa, evocada especialmente através dessa *senscience* [sentidociência], que Paul Valéry chamou também de *esthésique* [estésica], essa "ciência do belo". A conjugação desses dois termos, "sentido" e "ciência", devia "lhe entregar todos os segredos da arte" e conduzi-lo ao "estudo da invenção e da composição, o papel do acaso", visando examinar de perto seus "meios e suportes de ação". Verdadeiro agenciamento heterogêneo, a imagem-saudade não nasce de uma imagem única e congelada, ou seja, "no sentido em que devemos ver a obra como um *assemblage* de materiais 'muito disparatados', devemos fazer um corte radical com a ideia de uma obra como um todo orgânico, completo e

[708] ABOTT. From a Talk Given at the Aspen Institute, Conference on Photography, 6 October 1951. In: *New York in the Thirties: The Photographs of Berenice Abott*, p. 23 *apud* TAGG. The Currency of the Photograph: New deal Reformism and Documentary Rhetoric. In: *The Burden of Representation: Essays on Photographies and Histories*, p. 153.
[709] AGAMBEN. Poïesis et praxis. In: *L'Homme sans contenu*, p. 92.

ordenado".[710] Se a saudade não cessa de encontrar sua localização no coração, ela não gera por isso uma completa ausência do espírito, sem o qual nossa consciência e nossa percepção prioritária do tempo seriam indefinidamente caducas, especialmente no que concerne à sua relativa elasticidade temporal. Fenômeno que aparece como um estado vivido num tempo presente, mas que rememora o passado de um objeto ausente ou perdido, considerando a própria representação de seu retorno futuro, a saudade gera uma faculdade de abstração que alia coração e espírito. Nascida de uma ruptura de que a fotografia costuma consignar a experiência "traumatológica", a simples evocação visual de seu objeto por sua imagem vem assim paliar a falta criada pelo fato de sua ausência ou perda. Se existe uma iconografia da saudade, conservando no mais fundo de si mesma essa capacidade de fazer renascer um objeto ou acontecimento passado, ela não submeteria paralelamente essa inquietante força que consiste em dar lugar, destruir o objeto, verdadeira algolagnia de nosso cruel, mas não menos delicioso, sofrimento?

Temos de admitir então que essa possibilidade pode se revelar paradoxalmente agressiva, precisamente quando vem compor aquilo que Giorgio Agamben estima ser da ordem de um extraordinário poder de *estranhamento*, identificado na figura benjaminiana do colecionador. No entanto, esse estranhamento, aplicável a qualquer imagem, a libera dessa exigência de conformidade: "As imagens se conformam raramente àquilo que queremos [...] Elas se conformam antes a seu mistério, e a resolução desse mistério não tem obrigação de aparecer [...] o que para si mesmo um outro viu é muito íntimo. Somos capazes, e temos a coragem, de penetrar uma intimidade tão secreta?".[711] Sigamos esse colecionador. Seu gesto não consistiria em privar cada um dos objetos de seu valor, ou seja, tanto desse "valor de uso quanto da significação ético-social de que estavam investidos pela tradição"? Se corre o risco de anular seu sentido, esse gesto arbitrário acaba no entanto por alterar sua representação simbólica estagnada, conferindo-lhe uma outra presença, aquela de uma verdadeira transcendência, mística, sublime. Se a fotografia pôde se aparentar com uma ruptura da tradição pictórica que "construía os lugares e os objetos onde se realizava incessantemente a soldadura entre o presente e o passado", é preciso observar que ela pouco a pouco se tornou o lugar estranho onde não cessa de se realizar o mais "inefável dos mistérios":

---

[710] TAGG. *The Burden of Representation: Essais on Photographies and Histories,* p. 176.
[711] COULANGE. *La Magie sinon rien*, p. 37.

o de sua epifania. Embarcamos então, em resposta ao convite lançado por Miguel Torga, numa outra viagem, deixando o cais que nos amarra, sem necessariamente prever uma volta:

> Aparelhei o barco da ilusão
> E reforcei a fé de marinheiro.
> Era longe o meu sonho, e traiçoeiro
> O mar...
> (Só nos é concedida
> Esta vida
> Que temos;
> E é nela que é preciso
> Procurar
> O velho paraíso
> Que perdemos).
> Prestes, larguei a vela
> E disse adeus ao cais, à paz tolhida.
> Desmedida,
> A revolta imensidão
> Transforma dia a dia a embarcação
> Numa errante e alada sepultura...
> Mas corto as ondas sem desanimar.
> Em qualquer aventura,
> O que importa é partir, não é chegar. [712]

---

[712]TORGA. A viagem. In: *Libertação*, p. 13.

BIBLIOGRAFIA

ADORNO, Theodor W. *Mahler: une physionomie musicale*. Paris: Éditions de Minuit, 1976.

ADORNO, Theodor W. *Théorie esthétique*. Paris: Klincksieck, 1989.

AGAMBEN, Giorgio. *L'Homme sans contenu*. Paris: Circé, 1996.

AGAMBEN, Giorgio. *Stanze*. Traduit par Yves Hersant. Paris: Rivages, 1998. (Petite Bibliothèque).

ALBERTI, Léon Battista. *De pictura*. Traduit par J. L. Schefer. Paris: Macula, 1992. v. 2.

ALCIDES, Sérgio. Sob o signo da iconologia. *Topoi*, Rio de Janeiro, v. 2, n. 3, p. 131-172, jul.–dez. 2001.

ALEKSANDRAVICIUS, Maisa Queiroz. Brasil e Portugal: reflexões em torno da saudade. In: COLÓQUIO DO PPRLB: RELAÇÕES LUSO-BRASILEIRAS: ENTRE ILUMINADOS E ROMÂNTICOS, 3., 2006, Rio de Janeiro.

ALGHIERI, Dante. *La Divine comédie*. Traduit par Arnaud de Montor. Paris: J. Smith, 1812.

ALLIEZ, Éric. *Deleuze, filosofia virtual*. Tradução de Heloise B. Rocha. São Paulo: Editora 34, 1996.

ALQUIÉ, Ferdinand. *La Nostalgie de l'être*. Paris: PUF, 1973.

AMARAL, Aracy (Org.). *Tendências da arte moderna*. São Paulo: Edusp, 2001, p. 126

ANDRADE, Carlos Drummond de. *Poesia errante*. Rio de Janeiro: Record, 1988.

ANDRADE, Mário de. *O turista aprendiz*. Belo Horizonte: Hataia, 2002.

ANDRADE, Oswald de. *Obras completas de Oswald de Andrade*. Rio de Janeiro: Civilização Brasileira, 1971. t. 5. (Vera Cruz, Literatura Brasileira; 153).

ANTELME, Robert. *L'Espèce humaine*. Paris: Tel; Gallimard, 1978.

ARASSE, Daniel. *Le Détail: pour une histoire rapprochée de la peinture*. Paris: Flammarion, 1996.

ARISTOTE. *De l'âme*. Paris: Gallimard, 2005. (Folio).

ARISTOTE. *L'Homme de génie et la mélancolie*. Traduit par Jackie Pigeaud. Paris: Rivages Poche, 2006.

AUGÉ, Marc. *Non-lieux: introduction à une anthropologie de la surmodernité*. Paris: Seuil, 1992.

AUMONT, Jacques. *L'Image*. Paris: Nathan-Université, 1990.

AUSCHER, Christian. *Portugal*. Paris: Seuil, 1992. (Points Planète).

AUSTIN, John Langshaw. *Quand dire, c'est faire*. Traduit par Gilles Lane. Paris: Seuil, 1970. (Points Essais).

BACHELARD, Gaston. *L'Air et les songes: essai sur l'imagination du mouvement*. Paris: Le Livre de Poche, 2004. (Biblio Essais).

BACHELARD, Gaston. *L'Eau et les rêves*. Paris: José Corti, 1991.

BACHELARD, Gaston. *L'Expérience intérieure*. Paris: Gallimard, 2006.

BALZAC, Honoré de. *Ferragus*. Paris: Garnier-Flammarion, 2001.

BALZAC, Honoré de. *La Recherche de l'absolu*. Paris: Flammarion, 1993.

BANDEIRA, Manuel. *Antologia poética*. Rio de Janeiro: José Olympio, 2002.

BAQUÉ, Dominique. *Histoires d'ailleurs: artistes et penseurs de l'itinérance*. Paris: Éditions du Regard, 2006.

BARROS, Manoel de. *Ensaios fotográficos*. Rio de Janeiro: Record, 2007.

BARTHES, Roland. *A câmara clara: notas sobre a fotografia*. Rio de Janeiro: Nova Fronteira, 1984.

BARTHES, Roland. *Essais critiques*. Paris: Seuil, 1981. (Points Essais).

BARTHES, Roland. *La Chambre claire: note sur la photographie*. Paris: Seuil; Gallimard, 1994. (Cahiers du Cinéma).

BARTHES, Roland. L'Effet de réel. *Communications*, Paris, n. 11, p. 84-89, 1968.

BARTHES, Roland. *L'Obvie et l'obtus: essais critiques III*. Paris: Seuil, 1982. (Points Essais).

BARTHES, Roland. *Mitologias*. Tradução de Rita Buongermino. Rio de Janeiro: Difel, 2007.

BARTHES, Roland. *Roland Barthes par Roland Barthes*. Paris: Seuil, 1975. (Écrivains de Toujours).

BATALHA, Maria Cristina. Le Paysage dans "Demônios" d'Aluísio Azevedo: une troisième rive du naturalisme. *Paysages de la Lusophonie*, Paris, 2007.

BAUDELAIRE, Charles. *Le Spleen de Paris*. Paris: Garnier-Flammarion, 1987.

BAUDELAIRE, Charles. *Les Fleurs du mal*. Paris: Le Livre de Poche, 1972.

BAZIN, André. *Qu'est-ce que le cinéma?* Paris: Éditions du Cerf, 2002.

BEAUMONT-MAILLET *et al*. *La Photographie humaniste: autour d'Izis, Boubat, Brassai, Doisneau, Ronis....* *Études Photographiques*, n. 20, jun. 2007. Disponível em: <http://etudesphotographiques.revues.org/1953>. Acesso em: 23 dez. 2014.

BECKETT, Samuel. *Proust*. São Paulo: Cosac Naify, 2003.

BELTING, Hans. *Pour une anthropologie des images*. Paris: Gallimard, 2004. (Le Temps des Images).

BENAYOUN, Robert. *Alain Resnais: arpenteur de l'imaginaire – de Hiroshima a Mélo*. Paris: Ramsay; Stock, 1980.

BENJAMIN, Walter. *Charles Baudelaire: um lírico no auge do capitalismo*. São Paulo: Brasiliense, 2000. (Obras Escolhidas III).

BENJAMIN, Walter. *Écrits français*. Traduit par Jean Maurice Monnoyer. Paris: Gallimard, 1991. (Folio).

BENJAMIN, Walter. *L'Homme, le langage et la culture*. Paris: Denoël; Gonthier, 1971.

BENJAMIN, Walter. *Magia e técnica, arte e política*. São Paulo: Brasiliense, 2000. (Obras Escolhidas I).

BENJAMIN, Walter. *Rua da mão única*. São Paulo: Brasiliense, 2000. (Obras Escolhidas II).

BENJAMIN, Walter. *Sur l'art et la photographie*. Traduit par Marc B. de Launay. Paris: Carré, 1997.

BERENSON, Bernard. *Esthétique et histoire des arts visuels*. Paris: Albin Michel, 1953.

BERENSON, Bernard. *The Florentine Painters of the Renaissance*. New York: GP Putnam's Sons; The Knickerbocker Press, 1909.

BERGSON, Henri. *Durée et simultanéité*. Paris: PUF, 2007. (Quadrige).

BERGSON, Henri. *Matéria e memória*. Tradução de Paulo Neves. São Paulo: Martins Fontes, 1972.

BERGSON, Henri. *Matéria e memória*. Paris: PUF, 2004. (Quadrige).

BERGSON, Henri. *Mélanges*. Paris: PUF, 1972.

BERQUE, Augustin. *Médiance de milieux en paysage*. Montpellier: GIP RECLUS, 1990.

BIDERMANAS, Izis; BORHAN, Pierre. *Retrospective Izis 14 octobre-8 janvier, Hôtel de Sully*. Paris: Caisse Nationale des Monuments Historiques, 1988.

BLUTEAU, Raphael. *Vocabulario portuguez e latino*. Coimbra: Collegio das Artes da Companhia de Jesu, 1712-1728. v. 1.

BOISSIERE, Anne. *Adorno, la vérite de la musique moderne*. Villeneuve d'Ascq: Presses Universitaires du Septentrion, 1999.

BOLETIM FOTO CLUBE. São Paulo, n. 36, 1949. Edição especial.

BOLETIM FOTO CLUBE. São Paulo, n. 81, fev. 1953.

BOLETIM FOTO CLUBE. São Paulo, n. 101, ago.-set. 1953.

BONNEFOY, Yves. La mélancolie, la folie, le génie – la poésie. In: CLAIR, Jean (Dir.). *Mélancolie: génie et folie en Occident*. Paris: RMN; Gallimard, 2008. p. 14-22.

BORER, Alain. *Un sieur Rimbaud: la terre et les pierres*. Paris: Lachenal et Ritter, 1984.

BORGES, Christian, JESUS, Samuel de. Mémoires de gestes dans l'oeuvre d'Agnès Varda. In: FIANT; Anthony; HAMERY, Roxane; THOUVENEL, Eric (Org.). Agnès Varda: le cinéma et au delà. Rennes: Presses Universitaires de Rennes, 2008. p. 64 - 66.

BORREGO, João. Lisboa cidade triste e alegre. *Imagem*, Lisboa, n. 34, p. 800-801, set. 1960.

BOTELHO, Afonso; TEIXEIRA, António Braz (Org.). *Filosofia da saudade*. Lisboa: Pensamento Português; Imprensa Nacional; Casa da Moeda, 1986.

BOURDIEU, Pierre. *Un art moyen: essai sur les usages sociaux de la photographie*. Paris: Éditions de Minuit, 1965.

BRASSAÏ. *Proust e a fotografia*. Tradução de André Telles. Rio de Janeiro: Jorge Zahar, 2005.

BRAZ, Adelino. *L'Universel et le Singulier dans la saudade: une philosophie de l'interculturel*. Paris: Éditions Lusophones, 2005.

BRÉCHON, Robert. Étrange étranger. Paris: Christian Bourgois, 1996.

BURGÈRE, Fabienne. Foucault et Baudelaire: l'enjeu de la modernité. In: BURGIN, Victor. Olhando as fotografias. In: FERREIRA, Gloria; COTRIM, Cecilia (Org.). *Escritos de artistas: anos 60/70*. Rio de Janeiro: Jorge Zahar, 2006. p. 389

BURTON, Robert. *Anatomie de la mélancolie*. Gisèle Venet [org.]. Paris: Folio, Gallimard, 2005.

CABANNE, Pierre. *Entretiens avec Marcel Duchamp*. Paris: Belfond, 1967.

CABANNE, Pierre. *Marcel Duchamp: engenheiro do tempo perdido*. São Paulo: Perspectiva, 2008. (Debates).

CALAFATE, Pedro. A mundividência de António Vieira. In: *Metamorfoses da palavra: estudos sobre o pensamento português e brasileiro*. Lisboa: Editorial Caminho, 2001. p. 703-731.

CALAFATE , Pedro (Dir.): História do Pensamento Filosófico Português , I. Idade Média, Lisboa, Caminho, 1999, p. 379-411.

CAMÕES, Luis de. *Os lusíadas*. Cotia, SP: Ateliê Editorial, 1999.

CANDIDO, Antonio. *Formação da literatura brasileira*. Belo Horizonte: Itatiaia, 1997. v. 1.

CANDIDO, Antonio. *Graciliano Ramos: trechos escolhidos*. Rio de Janeiro: Agir, 1966.

CARAION, Marta. *Pour fixer la trace: photographie, littérature et voyage au milieu du XIXe siècle*. Paris: Droz, 2003.

CARERI, Giovani. Aby Warburg: Rituel, Pathosformel et forme intermédiaire. *L'Homme*, n. 165, p. 41-76, jan. 2003.

CARTIER-BRESSON, Henri; MORA, Gilles. Conversation. *Les Cahiers de la Photographie*, Paris, n. 18, 1986. Numéro spécial: Henri Cartier-Bresson.

CARUS, Carl Gustav; FRIEDRICH, Caspar David. *De la peinture de paysage dans l'Allemagne romantique*. Paris: Klicksieck, 1983. (L'Esprit et les Formes).

CARVALHO, Joaquim de. Elementos constitutivos da consciência saudosa. *Revista Filosófica*, Coimbra, v. 3, n. 6, 1952.

CARVALHO, Joaquim de. *Obra completa de Joaquim de Carvalho*. Direção de J. V. Pina Martins. Lisboa: FCG, 1978-1997. 9 v.

CASEY, Edward. S. *Representing Place, Landscaping and Maps*. Minneapolis: The University of Minnesota Press, 2002.

CASEY, Edward. S. *The Fate of Place: a Philosophical History*. Berkeley: University of California Press, 1998.

CASSIRER, Ernst. *Essai sur l'homme*. Traduit par Norbert Massa. Paris: Éditions de Minuit, 1975. (Le Sens Commun).

CERTEAU, Michel de. *L'Invention du quotidien I: arts de faire*. Paris: Gallimard, 1990. (Folio).

CHASTEL, André. *Le Geste dans l'art*. Paris: Liana Levi, 1995.

CICERON. *De l'orateur*. Traduit par Edmond Courbaud. Paris: Les Belles Lettres; PUF, 1959.

COSGROVE, Denis E. *Geography and Vision: Seeing, Imaging and Representing the World*. London: I. B. Tauris, 2008.

COSTA, Dalila Pereira da; GOMES, Pinharanda. *Introdução à saudade*. Porto: Lello & Irmão Editores, 1976.

COULANGE, Alain. *La Magie sinon rien: remarques sur des images*. Photographies d'Arnaud Claass. Paris: Filigranes, 1999.

CROCE, Benedetto. *Une théorie de la tache*. Traduit par Gilles A. Tiberghien. Paris: Éditions du Cavalier Vert, 1989. (Idées du Monde).

CROWLEY, Martin. *Robert Antelme: l'humanité irréductible*. Traduit par Edgar Morin. Fécamp: Lignes, 2003.

DAMATTA, Roberto. *Conta de mentiroso: sete ensaios de antropologia brasileira*. Rio de Janeiro: Rocco, 1994.

DAMISCH, Hubert, prefacio do catalogo Denis Roche. *Ellipse et laps*. Paris: Maeght Editeur, col. Photo – Cinéma, 1991, p. 16-17.

DANEY, Serge. *La Rampe: cahier critique 1970-1982*. Paris: Gallimard, 1983.

D'AQUIN, Thomas. *La Somme théologique*. Paris: Éditions du Cerf, 1985. t. 2.

DEBRAY, Régis. Qu'est-ce que la médiologie?. *Le Monde Diplomatique*, août 1999. Disponível em: <http://www.monde-diplomatique.fr/1999/08/DEBRAY/3178>. Acesso em: 15 jan. 2015.

DEBRAY, Régis. *Vie et mort de l'image*. Paris: Gallimard, 1992. (Folio).

DÉCAUDIN, Michel. *Anthologie de la poésie française du XXe siècle*. Paris: Gallimard, 1985. (Poésie/Gallimard, 344).

DÉMORIS, René. *Chardin, la chair et l'objet*. Paris: Adam Biro, 1991.

DESCARTES, René. *Correspondance (1648-1650)*. Paris: PUF, 1963. t. 3.

DESCARTES, René. *Méditations métaphysiques*. Paris: PUF, 2000. (Quadrige).

DELEUZE, Gilles. *Cinéma 2: l'image temps*. Paris: Éditions de Minuit, 1985. (Critique).

DELEUZE, Gilles. *Différence et répétition*. Paris: PUF, 2008. (Épiméthée).

DELEUZE, Gilles. *Francis Bacon: logique de la sensation*. Paris: Seuil, 2002. (L'Ordre Philosophique).

DELEUZE, Gilles. *Proust e os signos*. Tradução de Antonio Carlos Piquet e Roberto Machado. Rio de Janeiro: Forense Universitária, 2006.

DELEUZE, Gilles; GUATTARI, Félix. *O anti-Édipo*. Rio de Janeiro: Imago, 1974.

DELEUZE, Gilles; PARNET, Claire. *Diálogos*. São Paulo: Escuta, 1998.

DEMERSON, Paulette. *L'amour dans "O leal conselheiro" de Dom Duarte*. Paris: Fundaçâo Calouste Gulbenkian, 1983.

DERRIDA, Jacques. *Apories*. Paris: Galilée, 1996.

DERRIDA, Jacques. *Khôra*. Paris: Galilée, 1993.

DERRIDA, Jacques. *L'Écriture et la différence*. Paris: Seuil, 1979. (Points).

DERRIDA, Jacques. *Mal de arquivo*. Trad. Cláudia do Rego Monteiro. Rio de Janeiro: Relume Dumara, 2001, p. 15

DERRIDA, Jacques. *Mal d'archive*. Paris: Galilée, 2005.

DERRIDA, Jacques. *Tombeau du dieu artisan*. Paris: Éditions de Minuit, 1995.

DIDEROT, Denis; D'ALEMBERT, Jean. *Encyclopédie, ou dictionnaire raisonné des sciences, des arts et des métiers*. Lausanne, 1780. v. 29.

DIDI-HUBERMAN, Georges. *Ce que nous voyons, ce qui nous regarde*. Paris: Éditions de Minuit, 1992.

DIDI-HUBERMAN, Georges. *Devant le temps: histoire de l'art et anachronisme des images*. Paris: Éditions de Minuit, 2000.

DIDI-HUBERMAN, Georges. *Devant l'image: question posée aux fins d'une histoire de l'art*. Paris: Éditions de Minuit, 1990.

DIDI-HUBERMAN, Georges. *Génie du non-lieu*. Paris: Éditions de Minuit, 2001.

DIDI-HUBERMAN, Georges. *L'Étoilement: conversation avec Simon Hantaï*. Paris: Éditions de Minuit, 1998.

DIDI-HUBERMAN, Georges. *L'Image survivante: histoire de l'art et temps des fantômes selon Aby Warburg*. Paris: Éditions de Minuit, 2002.

DIDI-HUBERMAN, Georges. *L'Invention de l'hystérie: Charcot et l'iconographie photographique de la Salpêtrière*. Paris: Macula, 2000. (Macula Scènes).

DIDI-HUBERMAN, Georges. *O que vemos, o que nos olha*. São Paulo: Editora 34, 1998.

DOLLÉ, Jean-Paul. *Métropolitique*. Paris: Les Éditions de la Villette, 2002.

DOM DUARTE. *Leal conselheiro, o que fez Dom Duarte*. Lisboa: Livraria Bertrand, 1942.

DUBOIS, Philippe. *O ato fotográfico*. Campinas: Papyrus, 1994.

DUBOIS, Philippe. Palimpsestes ou la photographie comme appareil psychique. *Figures: Cahiers du Centre de Recherche sur l'Image, le Symbole, le Mythe*, Dijon: Éditions Universitaires de Dijon, n. 8, 1991.

DUMESTRE, Vincent (Interp.). *Pierre Guédron: Le concert des consorts, Le poème harmonique*. Paris: Label Alpha, 2002. 1 CD.

DUMÊZIL, Georges. *Tarpeia*. Paris: Gallimard, 1947.

DURAND, Gilbert. *A imaginação simbólica*. São Paulo: Cutrix; Edusp, 1988.

DURAND, Gilbert. *As estruturas antropológicas do imaginário*. Tradução de Hélder Godinho. São Paulo: Martins Fontes, 2002.

DURAND, Régis. *Le Temps de l'image: essai sur les conditions d'une histoire des formes photographiques*. Paris: La Différence, 1995.

FATORELLI, Antonio. *Fotografia e viagem: entre a natureza e o artifício*. Rio de Janeiro: Faperj; Relume Dumará, 2003.

FAVARETTO, Celso. *A invenção de Hélio Oiticica*. São Paulo: Edusp; FAPESP, 2000.

FERREIRA, João. *Miscelánia de estudos a Joaquim de Carvalho*. Figueira da Foz: Biblioteca Museu Joaquim de Carvalho, 1961.

FLOCH, Jean-Marie. *Petites pythologies de l'œil et de l'esprit*. Paris: Hadès-Benjamin, 1985. (Actes Sémiotiques).

FOUCAULT, Michel. *A arqueologia do saber*. Rio de Janeiro: Forense Universitária, 2008.

FOUCAULT, Michel. *Dits et écrits: 1954-1988*. Paris: Gallimard, 2001. t. 1: 1954-1975. (Quarto).

FOUCAULT, Michel. *Dits et écrits: 1954-1988*. Paris: Gallimard, 1994. t. 2: 1976-1988. (Quarto).

FOUCAULT, Michel. *Dits et écrits: 1954-1988*. Paris: Gallimard, 1994. t. 4: 1980-1988. (Bibliothèque des Sciences Humaines).

FOUCAULT, Michel. *História da loucura na Idade Clássica*. Tradução de José Teixeira Coelho Netto. São Paulo: Perspectiva, 1978.

FOUCAULT, Michel. *Histoire de la folie à l'âge classique*. Paris: Gallimard, 1972. (Tel).

FOUCAULT, Michel. *La Peinture de Manet*. Paris: Seuil, 2004. (Traces Écrites).

FREUD, Sigmund. *Essais de psychanalyse appliquée*. Traduit par Marie Bonaparte et Mme E. Marty. Paris: Gallimard, 1971. (NRF).

FREUD, Sigmund. *Luto e melancolia*. Tradução de Marilene Carone. São Paulo: Cosac Naify, 2013.

FRIED, Michael. *La Place du spectateur: esthétique et origines de la peinture moderne*. Paris: Gallimard, 1990. (NRF Essais).

FRY, Maxwell. *A arte na era da maquina*. São Paulo: Perspectiva, 1976. (Debates).

FRY, Roger. *Vision and Design*. London: Chatto and Windus, 1969.

GAILLARD, André. *Les Mythes du Christianisme*. Paris: Publibook, 2005.

GARRETT, João Batista de Almeida. *Camões*. Lisboa: Bertrand e Filhos, 1858.

GAUTRAND, Jean-Claude. Regarder les autres, in Michel FRIZOT [org.], *A new history of photography*. Köln: Könemann, 1998, p. 613-619.

GRACQ, Julien. *La Forme d'une ville*. Paris: José Corti, 1985.

GREEN, Eugène. *Présences*. Paris: Desclée de Brouwer, 2003.

GRIMALDI, Nicolas. *Traité des solitudes*. Paris: PUF, 2003.

GUIMARÃES, Fernando. *Poética do saudosismo*. Lisboa: Presença, 1988.

HANNOOSH, Michèle. La Femme, la ville, le réalisme: fondements épistémologiques dans le Paris de Balzac. *Romanic Review*, New York, v. 82, p. 127-145, 1991.

HEGEL, Georg Wilhelm Friedrich. *Esthétique des arts plastiques*. Paris: Hermann, 1993.

HEIDEGGER, Martin. *Essais et conférences*. Traduit par André Préau. Paris: Gallimard, 2008. (Tel).

HEIDEGGER, Martin. *Ser e Tempo*. Tradução de Fausto Castilho. Campinas: Ed. da Unicamp; Petrópolis: Vozes, 2012. (Heideggeriana I; Multilíngues de Filosofia Unicamp).

HERDER, Johann Gottfried von. *Traité sur l'origine du langage*. Trad. Denise Modigliani. Paris: PUF, 1992

HERDER, Johann Gottfried von. *Idées sur la philosophie de l'histoire de l'humanité*. Traduit par Edgar Quinet. Paris: F. G. Levrault, 1834. t. 2-6.

HOLANDA, Sérgio Buarque de. *Visão do paraíso*. São Paulo: Brasiliense, 2007.

HOLLIER, Denis. *La Prise de la concorde*. Paris: Gallimard, 1974.

JACOBY, Mario. *Saudades do paraíso: perspectivas psicológicas de um arquétipo*. São Paulo: Paulus, 2007.

JUDICE, Nuno. *Un chant dans l'épaisseur du temps, suivi de Méditation sur les ruines*. Traduit par Michel Chandeigne. Paris: Gallimard, 1996. (Poésie/Gallimard, 306).

KANDINSKY, Wassily. *Du spirituel dans l'art et dans la peinture en particulier*. Paris: Gallimard, 2001. (Folio).

KOSSOY, Boris. *A fotografia como fonte histórica: introdução à pesquisa e interpretação das imagens do passado*. São Paulo: Secretaria da Indústria, do Comércio, da Ciência e Tecnologia, 1980. (Museu & Técnicas, 4).

KRAUSS, Rosalind. *Le Photographique: pour une théorie des écarts*. Traduit par Marc Bloch et Jean Kempf. Paris: Macula, 1990.

LE PONT des Arts. Direção: Eugène Green. Paris: MACT Productions, 2004. 126 min., son., color.

LANGER, Suzanne K. *Sentimento e forma*. São Paulo: Perspectiva, 2006. (Estudos).

LAOUYEN. Ruptures et signification dans les *Romanesques* d'Alain Robbe-Grillet. In: CHOL, Isabelle (Ed.). *Poétiques de la discontinuité: de 1870 à nos jours*. Clermont-Ferrand: Presse Universitaire Blaise Pascal; Université de Clermont-Ferrand II, 2004. p. 173-185.

LARUE, Anne. *L'Autre mélancolie: acedia, ou les chambres de l'esprit*. Paris: Hermann, 2001.

LEMAGNY, Jean-Claude. Genius loci ou l'étendue rêveuse. *Cahiers de la Photographie*, Paris, n. 14, 1984.

LEMAGNY, Jean-Claude. *L'Ombre et le temps: essais sur la photographie comme art*. Paris: Armand Colin, 2005. (Essais et Recherches).

LENAIN, Thierry. *Eric Rondepierre: un art de la décomposition*. Paris: La Lettre Volée, 1999.

LENAIN, Thierry. *Esthétique et philosophie de l'art: repères historiques et thématiques*. Louvain: De Boeck Université, 2002. (Le Point Esthétique).

LESSING, Gotthold Ephraïm. *Laocoon ou Des frontières de la peinture et de la poésie*. Paris: Hermann, 1964.

LEUTRAT, Jean-Louis; LIANDRAT-GUIGUES, Suzanne. Repérages, photographies d'Alain Resnais. 2007. Disponível em: <http://www.cinema-theque.fr/uk/museum-and-collections/actualite-collections/actualite-patri-moniale/reperages-photographies-resnais.html>. Acesso em: 27 dez. 2014.

LÉVI-STRAUSS, Claude. *Entretiens avec Georges Charbonnier*. Mexico: Siglo XXI, 1968.

LÉVI-STRAUSS, Claude. *Le Regard éloigné*. Paris: Plon, 1983.

LÉVI-STRAUSS, Claude. *Saudades de São Paulo*. São Paulo: Instituto Moreira Salles; Companhia das Letras, 1996.

LÉVI-STRAUSS, Claude. *Saudades do Brasil*. São Paulo: Instituto Moreira Salles; Companhia das Letras, 1994.

LÉVI-STRAUSS, Claude. *Tristes tropiques*. Paris: PLON, 1952.

LISPECTOR, Elisa. *En exil*. Paris: Des Femmes, 1987.

LISPECTOR, Elisa. *No exílio*. Rio de Janeiro: José Olympio, 2005.

LISSOVSKY, Mauricio. *A máquina de esperar: origem e estética da fotografia moderna*. Rio de Janeiro: Mauad X, 2008.

LISSOVSKY, Mauricio. O visível e os invisíveis: imagem fotográfica e ima-ginário social. In: JAGUARIBE, Beatriz (Org.). *O choque do real: estética, mídia e cultura*. Rio de Janeiro: Rocco, 2007. p. 77.

LOURENÇO, Eduardo. *A nau de Ícaro*. Lisboa: Gradiva, 2004.

LOURENÇO, Eduardo. *O labirinto da saudade*. Lisboa: Dom Quixote, 1978.

LOURENÇO, Eduardo. *La Splendeur du chaos*. Traduit par Annie de Faria. Bordeaux: L'Escampette, 2002. (Essais).

LOURENÇO, Eduardo. *Mitologia da saudade, seguido de Portugal como destino*. São Paulo: Companhia das Letras, 1999.

LUGON, Olivier. *Le Style documentaire: d'August Sander à Walker Evans, 1920-1945*. Paris: Macula, 2001.

LUSSAGNET, Suzanne. *A. Thevet, le Brésil et les Brésiliens*. Paris: PUF, 1953. (Les Classiques de la Colonisation).

MACHADO, Arlindo. *O quarto iconoclasmo e outros ensaios hereges*. Rio de Janeiro: Contracapa; Marca d'Água, 2001.

MAGALHÃES, Antonio Pereira dias de. Metafísica e saudade. In: REVISTA PORTUGUESA DE FILOSOFIA. Actas do Primeiro Congresso Nacional de Filosofia. Braga, 1955. p. 282-289.

MAGALHÃES, Domingos José Gonçalves de. *Suspiros poéticos e saudades.* Brasília: Ed. da Universidade de Brasília, 1999.

MANVEL, Roger. *Film.* London: Pelican Books, 1950.

MARCADÉ, Bernard. *Marcel Duchamp.* Paris: Flammarion, 2007. (Grandes Biographies).

MARGOLIN, Jean-Claude; MATTON, Sylvain (Éd.). *Alchimie et philosophie à la Renaissance.* Actes du Colloque International de Tours, 4-7 déc. 1991. Paris: Vrin, 1993.

MATOS, Gregório de. *Poemas escolhidos.* São Paulo: Cultrix, 1997. p. 317

MAURON, Véronique. *La Bibliothèque en feu: naissance des images – installation picturale de Claudio Parmiggiani à Montpellier.* Disponível em: <http://www.vox-poetica.com/sflgc/biblio/bibliafin/mauron.html>. Acesso em: 20 dez. 2014.

MAUSS, Marcel. *Œuvres.* Paris: Éditions de Minuit, 1969. v. 3.

MÉAUX, Danièle; VRAY, Jean-Baptiste (Org.). *Traces photographiques, traces autobiographiques.* Saint-Étienne: Presses Universitaires de Saint-Étienne, 2004.

MÉCHAIN, François. *L'Exercice des choses.* Paris: Somogy Éditions d'Art, 2002.

MELLO, dom Francisco Manuel de. *Epanáfora amorosa.* Lisboa: Officina de Henrique Valente de Oliveira, 1660.

MOISÉS, Massaud. *A literatura brasileira através dos textos.* São Paulo: Cultrix, 2001.

MONS, Alain. *Paysages d'images: essais sur les formes diffuses du contemporain.* Paris: L'Harmattan, 2006.

MORA, Gilles. *Jean Dieuzaide: voyages en Ibérie.* Paris: Contrejour, 1983.

MORAES, Vinicius de. *Livro de letras.* São Paulo: Companhia das Letras, 2005.

MORAIS, Frederico. A fotografia como forma artística. *Boletim Foto Clube*, São Paulo, n. 106, fev. 1959.

MOUNIN, Georges. *Les Problèmes théoriques de la traduction.* Paris: Gallimard, 1963.

MUNCH, Edvard. *The Private Journals of Edvard Munch: We Are Flames which Pour out of the Earth.* Madison: University of Wisconsin Press, 2005.

NANCY, Jean-Luc. *Au fond des images.* Paris: Galilée, 2003. (Ecritures/Figures).

NANCY, Jean-Luc. *Du sublime.* Paris: Belin, 1998. (L'Extrême Contemporain).

NEVES, João Alves das. *Fernando Pessoa: o poeta singular e plural.* São Paulo: Expressão, 1985.

NOBRE, Antonio. *Só*. Porto: Livraria Tavares Martins, 1968.

NOVAES, Sylvia Caiuby. Lévi-Strauss: raison et sensibilité. *Revista de Antropologia*, São Paulo, v. 42, n. 12, 1999.

NOVAES, Sylvia Caiuby. O uso da imagem na antropologia. In: SAMAIN, Etienne (Org.). *O fotográfico*. São Paulo: Hucitec; CNPq, 1998. p.116.

NOVAES, Sylvia Caiuby; FERRARI, Florencia; SZTUTMAN, Renato (Org.). *Escrituras da imagem*. São Paulo: Edusp; FAPESP, 2004.

PAGEAUX, Daniel-Henri. *Imagens do Portugal na cultura Francesa*. Lisboa: Instituto de Cultura e de Língua Portuguesa; Bertrand, 1984.

PANOFSKY, Erwin; KLIBANSKY, Raymond; SAXL, Fritz. *Saturne et la mélancolie: études historiques et philosophiques, nature, religion, médecine et art*. Paris: Gallimard, 1989. (Bibliothèque des Histoires, Série illustrée).

PASCOAES, Teixeira de. *A saudade e o saudosismo (dispersos e opúsculos)*. Lisboa: Assírio & Alvim, 1988.

PASCOAES, Teixeira de. *Obras completas*. Lisboa: Fundação Calouste Gulbenkian, 1987. v. 2.f

PASCOAES, Teixeira de. *Os poetas lusiadas*. Lisboa: Assírio & Alvim, 1987.

PASSERON, Jean-Claude. *Tracés*, Paris, n. 4, aut. 2003. Entrevista concedida a Paul Costey e Arnaud Fossier.

PEDROSA, Mário. *Modernidade cá e lá*. Organização de Otilia Arantes. São Paulo: Edusp, 2000.

PEIXOTO, Nelson Brissac. *Paisagens urbanas*. Rio de Janeiro: Senac; FAPESP; Marca d'Água, 1996.

PEREIRA, Víctor. La politique d'émigration de l'Estado Novo entre 1958 et 1974. *Cahiers de l'Urmis*, n. 9, fév. 2008. Disponível em: <http://urmis.revues.org/31>. Acesso em: 20 dez. 2014.

PESSOA, Fernando. *Le Gardien de troupeaux et les autres poèmes d'Alberto Caeiro avec Poésies d'Alvaro de Campos*. Paris: Gallimard, 1987. (Poésie).

PESSOA, Fernando. *Mensagem*. São Paulo: Companhia das Letras, 2008.

PHILIPPOV, Karin. *Saudade* e *Nhá Chica*: duas cenas de gênero de José Ferraz de Almeida Júnior. *19&20*, Rio de Janeiro, v. 3, n. 2, abr. 2008. Disponível em: <http://www.dezenovevinte.net/obras/obras_kp_aj.htm>. Acesso em: 15 dez. 2014.

PIAGET, Jean. *La Formation du symbole chez l'enfant: imitation, jeu et rêve, image et représentation*. Genève: Delachaux et Niestlé, 1976.

PIAGET, Jean. *Vygotsky aujourd'hui*. Neuchâtel; Paris: Delachaux et Niestlé, 1992.

PEIRCE, Charles S. *Ecrits sur le signe*. Traduit par Gérard Deledalle. Paris: Seuil, 1978.

PIGEAUD, Jackie. *De la mélancolie: fragments de poétique et d'histoire*. Paris: Dilecta, 2005.

PIÑEIRO, Ramón. Pra unha filosofia da saudade. In: PIÑEIRO, Ramon *et al*. *La saudade*. Vigo: Galaxia, 1953. p. 11-40.

PORFIRIO, José Luis. *La Tentation de Saint Antoine*. Paris: Adam Biro, 1989.

PRÉVERT, Jacques. *Paroles*. Paris: Gallimard, 1949. (Folio).

PROUST. *Du côté de chez Swan*. Paris: Gallimard, Collection La Pléiade, 1987, p. 45.

PROUST, Marcel. *Em busca do tempo perdido. No caminho de Swan Combray* (1913), v. 1. Trad. Fernando Py. Rio de Janeiro: Ediouro; Paradidatic, 1995.

PROUST, Marcel. *O tempo redescoberto*. Tradução de Lúcia Miguel Pereira. São Paulo: Globo, 2007. RAMOS, Graciliano. *Linhas tortas*. Rio de Janeiro: Record, 2005.

PROUST, Marcel. *Le Temps retrouvé*. Paris: Gallimar, Coll. La Pléiade, 1998.

RANCIÈRE, Jacques. *Le Destin des images*. Paris: La Fabrique, 2003.

RANCIÈRE, Jacques. *Le Partage du sensible: esthétique et politique*. Paris: La Fabrique, 2000.

RANCIÈRE, Jacques. *Le Spectateur émancipé*. Paris: La Fabrique, 2008.

RAYMOND, Marcel. *Marsile Ficin (1433-1499)*. Paris: Les Belles Lettres, 1958. (Les Classiques de l'Humanisme).

RESNAIS, Alain; SEMPRUN, Georges. *Repérages: photographies d'Alain Resnais*. Paris: Chêne, 1974.

RIEGL, Alois. *Le Culte moderne des monuments*. Traduit par Jacques Boulet. Paris: L'Harmattan, 2003.

RIMBAUD, Arthur. *Reliquaire*. Paris: L. Genonceaux, 1891.

RIVAS, Pierre. *Diálogos interculturais*. São Paulo: Hucitec, 2005.

ROCHE, Denis. *La Photographie est interminable*. Paris: Seuil, 2007.

ROSENBAUM, Yudith. *Manuel Bandeira: uma poesia da ausência*. São Paulo: Edusp, 2002.

ROUILLÉ, André. *La Photographie*. Paris: Gallimard, 2005. (Folio).

SAINT-AUGUSTIN. *Les Confessions*. Paris: Garnier-Flammarion, 1993. Livres XI-XIV.

SAMAIN, Etienne (Org.). *O fotográfico*. São Paulo: Hucitec; CNPq, 1998.

SANTOS, Gilda (Org.). *Jorge de Sena: ressonâncias e cinquenta poemas*. Rio de Janeiro: 7Letras, 2007.

SANTOS, Milton. *A natureza do espaço*. São Paulo: Hucitec, 1999.

SÃO Bernardo. Direção: Leon Hirszman. Brasil: Saga Filmes, 1972. 113 min., son., color.

SARDO, Delfim (Ed.). *Luxury Bound: Photographs of Jorge Molder*. Milan: Electa, 1999.

SARDOEIRA, Ilídio; PASCOAES, Teixeira de. *Antologia poética*. Lisboa: Guimarães Editores, 1962.

SARTRE, Jean-Paul. *Critique de la raison dialectique*. Paris: Gallimard, 1958.

SCHAEFFER, Jean-Marie. *L'Image précaire: du dispositif photographique*. Paris: Seuil, 1987. (Poétique).

SCHERINGHAM. *Parisian Fields*. London: Reaktion, 1996.

SCHUSTER, Peter-Klaus. *Melencolia I: Dürers Denkbild*. Berlin: Mann, 1991. t. 1.

SCLIAR, Moacyr. *Saturno nos trópicos: a melancolia européia chega ao Brasil*. São Paulo: Companhia das Letras, 2003.

SOUSA, João da Cruz e. *Obra completa*. Rio de Janeiro: Aguilar, 1961.

SPINA, Segismundo. *Apresentação da lírica trovadoresca*. Rio de Janeiro: Livraria Acadêmica, 1956.

PESSOA, Fernando. *Mensagem; Poemas esotéricos*. Organização de José Augusto Seabra. Paris: Université Paris X; CNRS; Scipione Cultural, 1997.

SENA, António. *Uma história da fotografia: sínteses da cultura portuguesa*. Lisboa: Imprensa Nacional; Casa de Moeda, 1991.

SENA, Jorge de. *Quarenta anos de servidão*. Lisboa: Arcádia e Moraes, 1979.

SENA, Jorge de. *Trinta anos de Camões: 1948-1978 – estudos camonianos e correlatos*. Lisboa: Edições 70, 1980. 2 v.

SONTAG, Susan. *Sob o signo de Saturno*. São Paulo: L&PM, 1986.

SOUGEZ, Marie-Loup. *História da fotografia*. Rio de Janeiro: Dinalivro, 2001.

SOULAGES, François. *Esthétique de la photographie*. Paris: Armand Colin, 2005.

STAROBINSKI, Jean. *La Mélancolie au miroir: trois lectures de Baudelaire*. Paris: Julliard, 1997.

TABUCCHI, Antonio. *La Nostalgie du possible: sur Pessoa*. Paris: Seuil, 1998. (Points).

TAGG, John. *The Burden of Representation: Essays on Photographies and Histories*. Minneapolis: University of Minnesota Press, 1993.

TARKOVSKI, Andrei. *Esculpir o tempo*. São Paulo: Martins Fontes, 1990.

TEIXEIRA, Bento. *Prosopopéia*. Rio de Janeiro: Instituto National Das Letras, 1972.

THEVET, André. *Les Vrais pourtraits et vies des hommes illustres Grecz, Latins et Payens, recueilliz de leurs tableaux, livres, medalles antiques, et modernes*. Paris: Guillaume Chaudière, 1584.

TIBERGHIEN, Gilles. Henri Cartier-Bresson, la photographie comme forme de vie. *Les Cahiers du MNAM*, Paris, n. 92, 2005.

TIBERGHIEN, Gilles. *Notes sur la nature... la cabane et quelques autres choses*. Paris: Le Félin Kiron, 2008.

TOBIAS, José Antônio. *O mistério da saudade*. São Paulo: Faculdade de Filosofia, 1966.

TOMKINS, Calvin. *Duchamp: A Biography*. New York: Henry Holt and Company, 1996.

TOMKINS, Calvin. *Duchamp: uma biografia*. Tradução de Maria Thereza de Rezende Costa. São Paulo: Cosac Naify, 2004.

TORGA, Miguel. *Diário XII*. Coimbra: Gráfica de Coimbra, 1978.

TORGA, Miguel. *En franchise intérieure*. Paris: Aubier-Montaigne, 1991.

TORGA, Miguel. *Libertação*. Coimbra: Coimbra Editora, 1952.

TORGA, Miguel. *Orfeu rebelde*. Coimbra: Coimbra Editora, 1968.

TRASSARD, Jean-Loup. *Dominance*. Paris: Gallimard, 2000.

TRASSARD, Jean-Loup. Sous les nuages d'argent. *Prospectus*, Cognac, p. 163-180, 1994. Numéro hors série.

VASCONCELOS, Carolina Michaëlis de. *A saudade portuguesa*. Coimbra: Guimaraes Editores, 1996.

VERGER, Pierre. Entretien avec Véronique Mortaigne. Paris, 15 sept. 1992. Disponível em: <http://www.pierreverger.org/br/pierre-fatumbi-verger/textos-e-entrevistas-online/entrevistas-de-verger/entrevista-por-veronique-mortaigne.html>. Acesso em: 28 dez. 2014.

VIEIRA, João Luiz. Meandros imprevisíveis da memória. In: BORGES, Cristian; AISENGART, Ines (Org.). *Alain Resnais, a revolução discreta da memória*. Rio de Janeiro; São Paulo: Centro Cultural Banco do Brasil, 2008. p. 55.

VIRILIO, Paul. *La Vitesse de lib*ération. Paris: Galilée, 1995.

VOLTAIRE (François Marie Arouet, *dito*). *La Henriade, poéme en dix chants, suivie de Essai sur les guerres civiles et de Essai sur les poètes*. Paris: Librairie de Firmin Didot Frères, 1848.

WAT, Pierre. *Naissance de l'art romantique: peinture et théorie de l'imitation en Allemagne et en Angleterre*. Paris: Flammarion, 1998.

WORRINGER, Wilhelm. *Abstraction et Einfülhung*. Paris: Klincksieck, 1978.

XIBERRAS, Martine. *La Pratique de l'imaginaire, lecture de Gilbert Durand*. Laval: Presses de l'Université de Laval, 2002.

YATES, Frances A. *L'Art de la mémoire*. Traduit par Daniel Arasse. Paris: Gallimard, 1975. (Bibliothèque des Histoires).

CATÁLOGOS GERAIS

BEAUMONT-MAILLET, Laure; DENOYELLE, Françoise; VERSAVEL, Françoise (Org.). *La Photograhie humaniste*. Paris: Bibliothèque Nationale de France, 2006. (Galeries de Photographies).

CLAIR, Jean. *Malinconia: motifs saturniens dans l'art de l'entre-deux-guerres*. Paris: Gallimard, 1996. (Art et Artistes).

CLAIR, Jean (Dir.). *Mélancolie: génie et folie en Occident*. Paris: RMN; Gallimard, 2008.

COSTA, Helouise. Obra em contexto: Tarsila do Amaral. In: AMARAL, Tarsila. *Tarsila do Amaral*. São Paulo: Museu de Arte Contemporânea da Universidade de São Paulo, 2002. Catálogo de exposição.

COSTA, Helouise; SILVA, Renato Rodrigues da (Org.). *A fotografia moderna no Brasil*. São Paulo: Cosac Naify, 2004.

FERNANDES JÚNIOR, Rubens. *Labirinto e identidades: panorama da fotografia no Brasil 1946-1998*. São Paulo: Cosac Naify; Centro Universitário Maria Antonia; USP, 2004.

FRIZOT, Michel (Org.). *A New History of Photography*. Köln: Könemann Verlaggesellschaft, 1998.

HAMILTON, Peter. La Photographie humaniste: une style made in France?. In: BEAUMONT-MAILLET, Laure; DENOYELLE, Françoise; VERSAVEL, Françoise (Org.). *La Photograhie humaniste*. Paris: Bibliothèque Nationale de France, 2006. (Galeries de Photographies). p. XX-YY.

PAIVA, Joaquim. *Visões e alumbramentos: fotografia contemporânea brasileira na coleção Joaquim Paiva*. São Paulo: Brésil Connects, 2002.

PALLA, Victor. *Roteiro da colecção do Centro de Arte Moderna José de Azeredo Perdigão*. Lisboa: Centro de Arte Moderna; Fundação Calouste Gulbenkian, 2004.

PERSICHETTI, Simonetta. *Imagens de fotografia brasileira*. São Paulo: Estação Liberdade; SENAC, 2000. v. 1-2.

POIVERT, Michel. *La Photographie contemporaine*. Paris: Flammarion, 2002. (La Question Contemporaine).

RIPA, Cesare. *Iconologia*. Milan: P. Buscaroli, 1992.

THEVET, André. *La Cosmographie universelle d'André Thevet, cosmographe du Roy*. Paris: Guillaume Chaudière, 1575. t. 1-4.

TRASSARD, Jean-Loup. *La campagne de Jean-Loup Trassard:* écrits et photographies. Paris: BPI; Centre Georges Pompidou, 1992. Catálogo de exposição.

CATÁLOGOS MONOGRÁFICOS

ALMEIDA JÚNIOR, José de. *Almeida Júnior: um criador de imaginários*. São Paulo: Pinacoteca do Estado; Governo do Estado de São Paulo, 2007.

ALMEIDA JÚNIOR, José Ferraz de. *José Ferraz de Almeida Júnior: vida e obra*. São Paulo: Art, 1979. Catálogo de exposição.

BARROS, Geraldo de. *Geraldo de Barros: Sobras + Fotoformas*. Organização de Rubens Fernandes Júnior. São Paulo: Cosac Naify, 2008.

BELIN, Valérie. *Valérie Belin*. Arles: Actes Sud, 2000.

BIDERMANAS, Izis. *Paris des rêves*. Lausanne: La Guilde du Livre, 1950.

CALLE, Sophie. *M'as tu vue?*. Paris: Centre Pompidou; Xavier Barral, 2003.

CARCO, Francis. In: BIDERMANAS, Izis. *Paris des rêves*. Lausanne: La Guilde du Livre, 1950. p. 52.

CARTIER-BRESSON, Henri. *Images à la sauvette*. Paris: Verve, 1952.

CARTIER-BRESSON, Henri. *L'Imaginaire d'après nature*. Paris: Fata Morgana, 1997.

CENDRARS, Blaise. La Seine. In: BIDERMANAS, Izis. *Paris des rêves*. Lausanne: La Guilde du Livre, 1950. p. 14.

COCTEAU, Jean. In: BIDERMANAS, Izis. *Paris des rêves*. Lausanne: La Guilde du Livre, 1950. p. 7.

DIEUZAIDE, Jean. *Atzera-Begirakoa = Retrospectiva = Rétrospective*. Donostia: San Telmo Museoa, 2001.

ÉLUARD, Paul. In: BIDERMANAS, Izis. *Paris des rêves*. Lausanne: La Guilde du Livre, 1950. p. 18.

FATELA, João. Prefácio. In: MARTINS, Jorge; MOLDER, Jorge. *O fazer suave de preto e branco: 20 desenhos de Jorge Martins; 20 fotografias de Jorge Molder*. Lisboa: Fundação Calouste Gulbenkian; Centro de Arte Moderna, 1985. p. XX-YY.

FERNANDES JÚNIOR, Rubens; MOURA, Diógenes; NAKAGAWA, Suely (Org.). *Thomaz Farkas: notas de viagem*. São Paulo: Cosac Naify, 2006.

FELTEN, Christine Felten; MASSINGER, Dominique. *Caravana obscura*. Bruxelles: Communauté Française de Belgique, 2004.

FERREZ, Gilberto. *Iconografia do Rio de Janeiro: 1830-1890*. Rio de Janeiro: Casa Jorge Editorial, 2000. v. 2.

FRANCK, Robert. *Hold still. Keep Going*. Edited by Ute Eskildsen. New York: Scalo, 2001.

FUSSLER, Nicolas. *Le Long de la ligne*. Textes de Marion Michaud. Madrid: Slovento, 2006.

GASPARIAN, Gaspar. *Gaspar Gasparian: um fotógrafo paulista*. Organização de Margarida Cintra Gordinho. São Paulo: Marca d'Água, 1988.

GUMPERT, Lynn. *Christian Boltanski*. Paris: Flammarion, 1992.

HERKENHOFF, Paulo. Prefácio. In: BARROS, Geraldo de. *Geraldo de Barros: Sobras + Fotoformas*. Rubens Fernandes Júnior (Org.). São Paulo: CosacNaify, 2008. p. 3

JOUVE, Valérie; POIVERT, Michel. *Valérie Jouve*. Paris: Centre National de la Photographie, 1998.

LEMOS, Fernando. *Fernando Lemos: à sombra da luz, à luz da sombra: fotografias 1949-1952*. São Paulo: Pinacoteca do Estado, 2004.

LORCA, German. *Fotografia como memória: German Lorca*. São Paulo: Pinacoteca do Estado, 2006.

MARTINS, Jorge; MOLDER, Jorge. *O fazer suave de preto e branco: 20 desenhos de Jorge Martins; 20 fotografias de Jorge Molder*. Lisboa: Fundação Calouste Gulbenkian; Centro de Arte Moderna, 1985.

MOLDER, Jorge. *Jorge Molder Photographs*. London: South London Gallery; Portugal 600, 1998.

PERNOT, Mathieu. *L'État des lieux*. Texte de François Cheval. Paris: SFP, 2004.

RENNÓ, Rosângela. *Rosângela Rennó: o arquivo universal e outros arquivos*. Textos de Adriano Pedrosa e Maria Angélica Melendi. São Paulo: Cosac Naify, 2003.

ROCHE, Denis. *Ellipse et laps*. Préface d'Hubert Damish. Paris: Maeght Editeur, 1991.

SAGGESE, Antonio. *Antonio Saggese*. Apresentação de Maurício Lissovsky. São Paulo: Cosac Naify, 2006. (Fotoportátil, 4).

SOUZA, E. Cidade. Disponível em: <http://www.ritamagalhaes.com>.

TABERNA, Patrick. *Patrick Taberna: au fil des jours*. Collaboration de Bernard Plossu. Arles: Actes Sud; Fondation CCF pour la Photographie, 2004.

TURAZZI, Maria Inez. *Marc Ferrez*. São Paulo: Cosac Naify, 2002. (Espaços da Arte Brasileira).

VARDA, Agnès. *Varda par Agnès*. Paris: Cahiers du Cinéma, 1994.

VASCONCELLOS, Cassio. *Noturnos São Paulo*. São Paulo: Bookmark Publishing, 2002.

VASQUEZ, Pedro Karp. *Fotografia: reflexos e reflexões*. Porto Alegre: L&PM, 1986.

WALKER, Ian. *Terrain vague apud* Paul Seawright. Salamanca: Ediciones Universidad Salamanca/The Brittish Council. p. 126.

VERGER, Pierre. *Bahia de tous les poètes*. Photos de Pierre Verger. Introduction, choix de textes et maquette de Arlette Frigout. Lausanne: Clairefontaine, 1955.

WEISS, Sabine. *Intimes convictions*. Paris: Contrejour, 1989.

Este livro foi composto com tipografia Bembo Std e impresso
em papel Avena 80 g/m² na Formato Artes Gráficas